为新三板市场发展提供专业领跑智力支持

新三板智库成功举办第三届中国新三板并购高峰论坛

1. 全国股转系统副总经理隋强先生在第三届中国新三板并购高峰论坛上致辞
2. 新三板智库联合创始人罗党论教授在第三届中国新三板并购高峰论坛上发表主题演讲
3. 武汉大学余明桂教授在第三届中国新三板并购高峰论坛上发表主题演讲
4. 第三届中国新三板并购高峰论坛圆桌论坛二的嘉宾们

1. 参加新三板智库举办的第三届全国新三板价值分析大赛的部分选手
2. 第三届全国新三板价值分析大赛颁奖典礼
3. 晋级第三届全国新三板价值分析大赛全国总决赛的队伍合影
4. 参加第三届全国新三板价值分析大赛的队伍到新三板企业调研

1. 新三板智库联合创始人罗党论教授点评参加第三届全国新三板价值分析大赛的选手表现
2. 参加第三届全国新三板价值分析大赛的队伍到新三板企业调研（一）
3. 参加第三届全国新三板价值分析大赛的队伍到新三板企业调研（二）
4. 新三板智库联合创始人罗党论教授与嘉宾们出席第三届新三板价值排行榜发布会

 新三板智库丛书

新三板：学术研究与价值投资

罗党论等　编著

图书在版编目(CIP)数据

新三板:学术研究与价值投资/罗党论等编著. —上海:立信会计出版社,2018.5
(新三板智库丛书)
ISBN 978-7-5429-5772-6

Ⅰ.①新… Ⅱ.①罗… Ⅲ.①中小企业—企业融资—研究—中国 Ⅳ.①F279.243

中国版本图书馆 CIP 数据核字(2018)第 082689 号

策划编辑　孙　勇
责任编辑　彭秋龙

新三板:学术研究与价值投资

出版发行	立信会计出版社
地　　址	上海市中山西路 2230 号　邮政编码　200235
电　　话	(021)64411389　传　真　(021)64411325
网　　址	www.lixinaph.com　电子邮箱　lxaph@sh163.net
网上书店	www.shlx.net　电　话　(021)64411071
经　　销	各地新华书店
印　　刷	江苏凤凰数码印务有限公司
开　　本	787 毫米×1092 毫米　1/16
印　　张	18.75　插　页　3
字　　数	471 千字
版　　次	2018 年 5 月第 1 版
印　　次	2018 年 5 月第 1 次
书　　号	ISBN 978-7-5429-5772-6/F
定　　价	48.00 元

如有印订差错,请与本社联系调换

新三板智库丛书编委会

主　任
　　罗党论　　中山大学

副主任
　　徐　舜　　新三板智库
　　邱　翼　　新三板智库
　　吴文轩　　武汉大学

编　委
　　郑国坚　　中山大学
　　余明桂　　武汉大学
　　夏立军　　上海交通大学
　　应千伟　　四川大学
　　吉　利　　西南财经大学
　　李颖琦　　上海立信会计学院
　　陈　俊　　浙江大学
　　方　芳　　北京师范大学
　　吴文轩　　武汉大学

新三板智库简介

新三板智库成立于 2014 年,由业界知名的分析师团队、投行与咨询机构高管、高校教授和专家联袂打造,总部位于广州,在北京、上海、武汉、成都、厦门、重庆、东莞等地均设有分支机构,业务范围辐射全国。

新三板智库以专业投研为基础,致力于挖掘企业价值,同时为投资机构提供优质的投后管理服务。凭借强大的团队背景和研究实力,公司于 2016 年获得天风证券、国泰君安力鼎 A 轮投资。

新三板智库公众号

序一
耕耘在一片研究与实务相结合的沃土之上
——新三板研究第一人罗党论教授的新三板之路[①]
翟 宁

回忆大学,你还能想起几位印象深刻的老师、教授?那位让你多年后还能想起来的老师,一定是因为当年他(她)的课或有趣,或有用吧。如果能在懵懂的大学时期遇上一位授课既有趣又有用的老师,那是何其幸运。罗教授的学生们,一定都是拯救过宇宙X派系的人。没错,本期的主人公就是一位大学教授,但他又不仅仅是一位教授。

名字,在人的一生中到底发挥着怎样的作用?对名字有特殊执念的我,不得不承认,名字与人生,有时充满机缘。人如其名,或许有着几分科学的道理。

罗党论,看到这个名字,你的大脑第一时间是如何运转的?比如我,除了一声感叹"有一种父母叫别人家的父母"之外,我的大脑停止运转,停滞了一秒,然后去百度"党论",即正直之论,我脑中闪现了两个关键词:正直和研究。是的,人如其名,甚至名字暗示了他一生的使命——搞研究和"搞事情",他都是认真的。

罗教授,风趣幽默,能静能动。静下来做研究,他是极其严苛的;动起来"搞事情",他玩出了新三板投研的第一品牌——新三板智库;他说他是学术界里最不安分的人之一。罗教授个头不高,但全身散发出一股强大的自信,还有一份来自教授的本能——追求自由的可爱和清高,一口真不怎么样的普通话,让这个人物更多了一层有趣的里儿,他自信,也常自嘲,这些表象背后是他多年执着追求不将就的性格,更是对自己研究成果深刻的认可。底气,从来都不是来自身高!

清高本无属性

罗教授是广东人,本科时他带着从小的企业家梦想学了一年工商管理,后来觉得无用,转专业到会计。从此,会计专业一直是他认为最值得选择的专业,而且他必将受益终身。

"本科毕业后,我想要的别人给不了,所以继续读了硕士。硕士毕业后,人家觉得我普通话不行,个子不高,所以好的实习机会永远不会优先给我。但那时候我的自我要求还是很高的,心气也很高,又不屑于给人打杂,所以没有好的实习机会我就干脆不去了。上学那段时间没事我就待在图书馆看书,读各种书籍,包括杂书。最后直到读博士,我才找到我的人生价值。我做研究很有感觉,而且还觉得比较容易,能做得不错,没有比大学教授更适合我的职业了。"罗

[①] 本文整理自洞见资本翟宁女士对新三板智库联合创始人罗党论教授的专访。

教授轻松、调侃地讲述着自己当初的寻找和抉择,而他之后的留校教书和创办新三板智库,也不过是将"研究"一做到底。

有位奥地利作家曾说:"一个人生命中最大的幸运,莫过于在他的人生中途,还年富力强的时候,发现了自己的使命!"这是我听到罗教授那段经历时最大的感慨,而那份幸运有时需要承受当下和执着追求的勇气,抑或是内心那份不将就的倔强。

率先把新三板搬到课堂的教授

2014年,当时新三板正兴起,罗教授就觉得这是一个很好的机会。他觉得新三板是一个给优质中小企业的资本市场,在中国的资本市场体系中,多层次资本市场还远远没形成,A股市场的发展存在着太多弊端。"A股企业有大量的人在研究,新三板公司的实际业务也会有很多人进入,但对于新三板的学术研究应该还没有人发现其中的价值,这个市场不仅有大量可以公开的中小企业数据,更重要的是,对于发展迅猛的市场而言,很多制度还不完善,甚至还没出台,急需有研究能力的人参与其中。我觉得自己在这个市场应该很有发挥余地,说不定可以做成新三板研究的第一人,若干年后,如果新三板真的发展起来了,这个市场说不定还会记得我曾经的贡献,想想就激动。"就这样,罗教授先把新三板搬到了自己的课堂。

罗教授主要教授财务报表分析、公司治理与审计等课程。在财务报表分析课上,他要求学生选择值得投资的新三板企业进行研究;在公司治理课上,他主张研究中小企业的公司治理;在审计课上,他发动大家研究新三板的骗子公司。

从"玩"到创办新三板投研第一品牌,开始了就没停止

随着研究的深入,他发现这个市场太有趣了,于是他想,干脆找一帮高校老师一起成立个研究智库吧。"这个市场(新三板)对于做教学研究很有用,未来我们可以让学生去企业现场调研,在课堂上也会有很多案例。"罗教授把自己的想法讲给其他教授们听,武汉大学、上海交通大学、西南财经大学、四川大学、北京师范大学的各位教授听了罗教授的想法后,对这个新的市场研究都产生了浓厚的兴趣。"不如大家搞个公司吧"罗教授说,于是2014年12月,新三板智库真的就成立了。注册公司名是罗教授起的,叫"广东新三板信息科技有限公司",这个公司由罗教授牵头,经七八个圈内教授众筹而组建。能把"新三板"三个字写入公司名的,目前应该是少之又少,而当时工商局还不知道"新三板"是一个专属名词。"说不定以后这个名字都很值钱",他笑着说。

这是一群不仅有想法,还有超强执行力的教授们。但最初大家真的只是抱着玩一下的心态,开发了一些课堂作业,还有一些教授做了部分学术研究。2014年下半年,新三板市场发展得还不错。如果只想着玩的话最后也就不了了之,为什么不能把它当作一件全职的事情来做?于是罗教授就找到了当时的广证恒生的新三板研究员徐舜,当时,广证恒生在新三板方面还是做了挺多布局,因为这个市场还比较新,所以其他券商还没有大量投入。于是,他说服了徐舜全职加入了新三板智库。自此,新三板智库的运营管理从兼职状态进入全职时代。

从2015年到2016年,罗教授团队人数最多的时候大概有15个人,他们在全职做新三板的研究,其中不包括教授和其他的实习生们。目前,全职的研究员还有10个,这在惨淡的新三板研究市场中,几乎是最多的了。"熬死了同行,就成为第一。"其实新三板智库做的一件很有意义的事情,就是培养了大量的新三板研究员。他们通过举办比赛、实训,为新三板输送了大量的人才,这也是其他机构做不了的。

备受投资机构青睐

从最初几个高校教授众筹的 100 万元,到后面引入新三板基金的 300 万元,再到 2016 年天风证券、国泰君安力鼎的投资,在短时间内,新三板智库就进入了加速发展阶段。新三板智库在投研领域一直备受瞩目,罗教授也大致分享了他的几点心得:

首先,就目前新三板的发展状态,一流的券商是绝对不可能投入做新三板的行研的,因为这个市场是个鸡肋。当年曾经有一些券商研究员做过新三板投研,后来都转行了。但在新三板上万家的企业中,"排雷探矿",一直都需要专业的研究机构来完成,投研能力发展不起来,也是这个市场令人苦恼的地方。研究的人才成本是大家要考虑的,而罗教授所在的高校提供了这个舞台,"我们真的是用最一流的人来做新三板的研究,因为我们本身就是一流的,我们带的学生也是一流的"。

其次,"新三板这个市场刚刚发展起来,太多的制度需要完善,很多制度甚至还没出台,大家都在摸索,这个时候需要将理论基础与实践结合,才能自上而下来设计这个市场。高校的教授有天然的优势,我们会投入很多精力来做这个市场的研究,不管是理论研究,还是实证研究,都是这个市场稀缺的。"罗教授平静地说,"新三板给了很多人机会,我跟我的学生们说可能你们没有机会做 A 股的分析师,但你能通过新三板的研究对接到很多投资机构,在新三板做研究很容易出成绩,因为券商里都没有人愿意做三板的研究,这就是机会。高校的资源,加上系统的培养,新三板智库为新三板行业源源不断地培养了大量优秀的新三板研究人才。"

再次,"很多人在初期蜂拥而来,都以为这个市场有红利,当发现没有红利的时候,大家就散了。我们耐得住寂寞,而且很多时候相对有公信力。"

最后,"很多人都相信新三板一定有好项目,但他们更相信新三板的烂项目更多,所以需要'排雷探矿',我们作为一个研究机构,最重要的产出就是判断出哪些项目是好的,推荐给机构,这也是我们这个机构存在的价值。所以,天风证券、国泰君安愿意投我们,也是因为反正他们都要花这笔钱去做研究,与其自己养人建团队,还不如交给我们,以股权投资的方式达成合作,解决了他们对好项目的需求。如果我们真做成了,对他们来说也是惊喜,而我们的研究能力一定是专业的。"

"很多人问我,罗教授你能出来全职创业吗,那样我们会再多投点。""我跟他们说,其实我在高校比我出来全职创业会更有价值,因为做新三板研究,需要动用大量的学术资源还有研究资源,这个在高校是有天然的基础的。而且高校的社交网络很好,我们可以影响到很多企业家,同时能帮助很多企业家。企业家遍地都是,不稀缺,当然教授也不缺我一个,但是很多人单纯在高校做很多与实践脱轨的研究。高校老师创业成功率确实不高,但如果是做智库,成功率会高很多。一件能把理论与实践相结合的事情,是一个很值得投入的事业,未来很多人都会借鉴的。"

他是最实干的教授——新三板价值分析大赛、价值排行榜、并购高峰论坛

从 2015 开始,新三板智库在几年时间里,做了很多重要的工作。新三板价值分析大赛、新三板价值排行榜、新三板并购论坛,每年都在持续开展,受到了股转系统等圈内机构的一致好评!

他们做的第一件事是新三板价值分析大赛。新三板价值分析大赛开始于 2015 年,旨在培养新三板的分析师,2018 年已经是第四届了,2016 年规模最大的时候全国有六个赛区。随着

市场的变化,赛事规模也在不断调整,但对新三板行研人才的培养,他们从没停止,新三板智库为更多的研究人才提供了平台和机会,得到了很多人支持。用心做事,大家都会帮忙。

他们做的第二件事是打造了最权威的新三板的价值排行榜。新三板经过几年的发展,已经取得了一些成绩,但依旧还在路上。同时由于挂牌公司数量众多,各种分化都特别明显,这给价值投资带来了很大的挑战。新三板已经成为一个天然的投资"标的池",但需要"排雷探矿",投资风险很大。

"因专业而权威,因客观而公正",新三板价值排行榜是新三板智库从2015年开始推出的,是根据新三板公司特点专门设计的,以价值为导向的综合排行榜,覆盖了新三板所有行业和挂牌企业。它已经成为新三板价值投资的重要风向标。

新三板价值排行榜到2018年已经是第四年了。2015年新三板智库面对的样本是2300多家企业,到2016年,他们面临的样本是7800多家企业,而2018年他们面对的样本是11 000多家企业。总体来说,整个研究的工作量成倍增加了。

"可以负责任地讲,在目前新三板的各种各样的排行榜中,我们肯定是最专业的,没有之一,因为我们是用学术体系建立的评价体系。"罗教授自信地说。

新三板智库把新三板上万家的样本公司都做了一个全面扫描,几年里,他们确定了完整的研究指标和标准体系,涉及12个维度,每个维度又有至少60个具体标准,完全遵照学术精神,综合考虑了很多维度。

新三板价值排行榜体系的特点如下。

1. 指标科学,体系完整

指标体系经过几年的锤炼,到第三届新三板价值排行榜发布时,指标体系分为价值创造、价值体现与价值趋势三个主维度。在审慎选取指标和赋予权重的基础上,新三板智库构建了一套科学的、适用于新三板公司的价值评估体系,这是新三板智库"排雷挖矿"的法宝。

2. 客观公正

"我们不是投资机构,也不是媒体,我们是新三板独立的第三方研究平台。目前新三板发展最大的问题是盈利前景不明朗,专业的研究力量严重缺乏。而这种专业研究力的缺乏又导致了这个市场的价值投资理念遭受挑战。我始终相信,对于新三板市场,研究力是这个市场发展的重要助力。"罗教授若有所思地说道。

当前新三板市场的发展处于调整期,新三板企业只有扎实做好自己,才能更好地利用新三板这个资本工具。新三板中的优质企业不少,但新三板始终是各机构投资的洼地。

第一届新三板价值排行榜发布的时候,罗教授带领50多个学生,根据之前打磨好的指标体系收集评估数据,做了3个月。第一届新三板价值排行榜在新华网总部发布,引起了圈内的极大反响。之后的两届也分别在全景网和中国网权威发布,他们投入了大量的人力、物力,分行业展开研究。客观公正的研究成果,倍受好评。

他们做的第三件事是每年持续举办新三板并购高峰论坛和发布新三板并购蓝皮书。罗教授说:"2015年,我说新三板未来一定是一个并购市场,它就是一个标的池,但只有少数公司注重投资价值。他们的出路是IPO或者并购重组,低过会率的IPO让并购成了一条主要出路。"所以,新三板的并购高峰论坛他们也持续做了3年,2018年的论坛敬请大家期待。

"2015—2017这三年,我们做的事情都是带有研究性质的,我们不是媒体,不会做FA,也不做投资,其实我们真正做的就是研究。所以我们整个团队,全职研究员最多的时候有十多个,这基本上是新三板中最大的,券商里面最多也就是一两个全职研究员带一两个实习生,我们全职的有十多个,还不包括教授和大量的实习生。我们每个学期所有的财务报表分析课程都做新三板研究,所有的作品就是新三板行业报告。直到今天,我们还有8个人。我们前后写的行业报告大概有五六百篇,大部分报告都是在Wind、东方财富上首发的。因为券商基本不写了,我们做的事在整个新三板生态圈,从行业研究的角度来说,我觉得是重要的!"罗教授自信地说。

教授与创业,我的思考

罗教授说,在商学院的时候他会接触到很多机构和企业,自己以前做的事情更多是参谋,所以自己过去也帮助很多企业成长,当然也会反馈到了自己的教学当中,所以在教学方面他的实践经验是比较丰富的。一直到2015年,他去创业的时候,再回头看,对创业的感觉就完全不一样。他说:"我现在就特别尊重企业家,不管他们是大的还是小的,我觉得他们太辛苦了,太不容易了,因为太难了。做成了,企业家获得的收益是应该的,做不成也不是因为企业家不努力,企业家已经努力够了,但创业受很多因素影响。"所以,罗教授说自己很多时候也学会了换位思考。

"以前碰到项目,我都会试图往好的方面想,现在激动的程度小很多,因为好项目是很少的。同样地,我认为如果一个教授去做企业家,大概率他会失败。因为我们相对来说不喜欢听别人指挥,也不善于去指挥别人,我们只善于提建议。这样落实公司管理的时候,与团队磨合就会很累。整个创业过程,其实是很辛苦的,得不停地换位去跟各种人打交道,有时候很受挫,这比做研究难多了。所以,我觉得我们这种文化人只能做智库,还不能干投资,也不能去干生产。但就做智库来说,没有人比教授更适合了,因为我们有耐心,更敢讲,所以就能保持研究的客观性!"罗教授真是句句肺腑。

新三板的定位中应加入"优质"两个字

关于新三板的定位,市场人士普遍认为,从长远来看,新三板一定是一个独立的市场。但实际上,很少人能真正意识到,这个独立的市场绝对不应该是现在的上交所与深交所的模样。如果我们通过努力,将新三板发展成为一个与上交所、深交所一样的所谓的"北交所",那么新三板其实是失败的!

主板、中小企业板和创业板用了将近23年时间,才发展成拥有3000多家企业的规模,而新三板在短短3年的发展后挂牌企业已破万家,很多人认为这是一个了不起的成就,也是中国资本市场发展当中一个里程碑式的事件。这说明我们对新三板的定位始终没思考清楚。很多时候我们的标准是数据,而且我们会有偏见地去看数据,只看对我们有利的数据,而不看对我们不利的数据,这种出发点是好的,但不利于系统解决问题。

在资本市场上,不同的投资者与融资者都有不同的规模与主体特征,存在着对资本市场金融服务的不同需求。投资者与融资者对投融资金融服务的多样化需求,决定了资本市场应该是一个多层次的市场体系。我们过去对中小微企业的资本市场发展扶持是相当薄弱的,大家对资本市场的理解大多是基于主板、中小企业板和创业板。因此,一个为创新、创业、成长型中小微企业发展服务的市场就难能可贵。

但这个市场主体不应该在交易、融资投资、资本运作等方面与其他交易所主体具有高度一致性,或者努力追求一致,这种想法还是要成为上交所、深交所,没有回到新三板本身的定位。

作为多层次资本市场重要的环节,新三板应该始终坚持"新三板"之路,形成与上交所、深交所的差异化竞争,也就是说要找准特色与定位。当这个市场发展到足够大的时候,自然就是很大的交易所了。所谓三大交易所到时候是水到渠成,根本不需要成为一个目标。

当前的新三板需要一场"瘦身",让优质的中小微企业把新三板作为必备资本工具是新三板发展的方向。这里我把新三板的定位放低了,我把它定位为"优质的中小微企业的资本工具"。这里有几个关键词:优质、中小微、资本工具。

我们的新三板市场并不是服务于所有的中小微企业,而是服务于它们当中的佼佼者,或者说有机会成为其中的佼佼者的企业。特别是近年来,在新经济、新技术、新业态、新模式的推动下,国内会不断催生出了一大批中小微企业的佼佼者。它们在很短的时间里,就成长为细分行业的"隐形冠军",成为"各领风骚的独角兽企业"。

也就是说,其实很多中小微企业不是新三板的服务对象,这是新三板作为一个资本舞台必然的走向。目前,当我们在欢呼新三板已经有上万家企业挂牌的时候,会有多少人反思其中有多少是不适合在新三板中挂牌的?换言之,如果我们把新三板的定位想清楚,当前有相当部分的挂牌企业应该"主动"或"被动"离场。

因此,当前的新三板需要一场"瘦身"!

新三板瘦身时代,各种企业的正确面对姿势

新三板企业"分化"这个词语最早是我提出的,当时我还在新三板智库的研究策略讨论上说:"绝大部分新三板企业是没有研究价值的,因为它们没有投资价值,但哪怕其中有5%的公司有研究价值,若从总量来说,也有500多家公司。以前我们很难拿到这500家公司的信息,如今给了大家一个相对公平的机会:这500家公司都在新三板挂牌,我们就可以拿到一些相对全面的数据,但是没有人告诉我们,这500家公司到底是哪些公司。所以,我们就要在上万家公司中寻找这500家具有研究价值的公司。如果我们能找到哪怕50家,我们的研究价值就很大……我们都知道,新三板一定是有不少好企业的,但是我们更清楚,新三板鱼龙混杂,"地雷"更多! 因此,对于新三板企业,我们一定要分类去看,不要一味否定,也不要一味肯定。

我认为,新三板有几类企业,它们面对新三板应该有不一样的姿势。

第一类,新三板的明星公司。明星公司,是指很多人都注意到的公司。这些公司要么市值很大,如神州优车、恒大淘宝、齐鲁银行等;要么盈利很强,如华强方特、成大生物等。这类公司在新三板应该有1%左右,也就是上百家。

第二类,新三板的PreIPO潜力公司。这类公司也很好区分,就是那些业绩基本达到IPO业绩标准(注意是达到业绩标准)。比如,2016年和2017年平均净利润不低于3000万元。这类公司是很多机构的"猎物"。

第三类,业绩好但问题也多的公司。这类公司的业绩看上去虽然达到了IPO标准,但是它有这种或那种的问题,注定上不了市。这种公司可能成为上市公司并购的标的。在这一层面上,新三板是一个很好的并购标的库,未来并购市场会成为一个大市场。

第四类,有潜力的细分行业冠军。这类公司不大好区分,因为行业众多,细分的行业更多。有不少新三板企业在大行业中不起眼,因为大家动不动就对标上市公司,但在足够细分的行业已经是冠军,体量还不算大,有可能一年的净利润才上千万元。这类公司在新三板所占的比例应该有5%~10%,而且还会持续增加。大家注意了,这些公司不止5%,可是如果我们对行业不继续细分,对行业发展有没有很好地了解,这些公司大部分都会被我们忽视,因为我们都把注意力放到了前面的几种公司,而这类公司正是我们新三板智库研究的重点。我们也认为,这

是新三板市场最有魅力的地方,也是新三板市场发展的希望所在!

第五类,20%左右的新三板公司,不好也不坏。它们有些可能在当地是龙头企业,但是离IPO业绩标准又还有点距离,在行业中也处于中等的位置。但是,这类企业是新三板的中坚力量。我们总不能觉得资本市场都是给头部企业所准备的。利用新三板这个工具,它们也可以募集到资金,降低企业的融资成本,实实在在发展,也能为股东取得合理的回报。

第六类,"误挂"新三板的公司。它们的地位最尴尬,在我看来它们是"误挂"新三板了!注意是"误挂",在新三板发展很红火的时候,政府、中介到处发动,很多企业也现身说法,结果很多企业都以为在新三板挂牌就等同上市了,企业可以融资了,可以有钱了,结果呢……当然,也有不少企业的确是因为在新三板挂牌而得到了融资,有些股东也变现了。但更多的是付出了高昂的成本,主要是规范成本(中介费用大部分是政府埋单)。问题是,这些企业付出了规范成本后没有成功融资。对这些企业来说,在新三板挂牌是个心酸的故事。

第七类,"假冒伪劣产品"。这类企业通过各种手段,来到了新三板,希望利用这个资本市场实现骗钱目的。这类企业有各种各样的手段。初期,新三板的审核、监管没那么严格,它们当中也有不少实现了目的。这类企业可能占10%,甚至更多。

这七类企业在2018年面对新三板的正确姿势应当是什么样的呢?

对于第一类企业,它们或许不能到IPO市场,那只能在新三板好好发展。听说港股可能要跟新三板打通,对这些企业来说,又多了一种期待。既然是明星公司,当然希望更多人关注,更重要的是更多人来投资和交易,流动性大一点是很有好处的。

对于第二类企业,地球人都在关注它们。所以,它们注定是顺利的。只要打着拟IPO概念,想融资,就看估值了。能真正有底气去IPO的,坚决去IPO,这个根本不需要考虑,新三板注定不是你们的舞台,你们有更大的舞台。很多企业的业绩达到了IPO标准,但它是怎么达到的,投资人要擦亮眼睛。另外,如果估值太高,投资人还不如去A股直接收购,现在A股有很多便宜的标的。很多投资人已经跟我说了,投一级市场很累,在二级市场有很多可选择的,还便宜,流动性大。

对于第三类企业,它们应该大胆去拥抱并购,被别人并购有时候是最好的出路。

对于第四类企业,新三板智库时刻在关注着,它们才是新三板的主角。不过它们也要学会更好地利用好新三板这个市场,这个资本工具可以为它们提供很好的帮助。酒香也怕巷子深,欢迎这类企业主动来找我们做研究。

对于第五类企业,新三板这个市场对它们而言也就这样了,该利用的应该也利用了。反正它们也不可能到A股市场。它们可能被同行并购,或者被上下游企业并购。

对于第六类企业,它们可以摘牌或者把业务剥离,把壳卖了,趁还有点价值,把成本回收是一种很好的选择。我们不得不承认,有时候不规范甚至成了中小企业生存的法宝。

对于第七类企业,等待它们的是监管与处罚,未来跟它们预想的绝对不一样。

90后的基因

罗教授骨子里有着90后"爱玩"的基因,打羽毛球、打牌、读书,他每天最起码读一个半小时的玄幻小说。

"我的行动力还是比较强的,而且我很喜欢去做一些别人不敢尝试的事情,所以我创办新三板智库,开始创业,我身边的人都很不理解,在我学术研究如日中天的时候,大家觉得我去创业就是去玩,但是到今天我已经坚持了4年。"罗教授侃侃而谈。

罗教授给学生们的几点建议

洞见资本:"罗教授,在洞见资本微信公众号的十几万粉丝中,有一部分也是在校的金融专业学生,对于这些在校生,您有什么建议吗?"

罗党论教授:"我觉得最重要的一点就是不要太浮躁,基础知识一定要学扎实。"

"我觉得从整体上看,现在的学生学习太浮躁了,我也经常批评我的学生。很多学生在学校不好好学习,天天想着去外面实习,然后在履历上加入更多的实习经历以证明自己很厉害。但实际上,若干年后他们可能会发现,很多当初该学的基础知识都没学到。当然他们也会抱怨,现在老师的教学水平一般,学不到什么东西。实际上这个问题一直存在,也是常态。学生如果真想学东西,可以学习的太多了,可接受的资源也太多了,跟我们当年还不一样。学生应该静下心来,珍惜在学校的这段不被打扰的时光,真正地学习该学的东西,有的老师不行,你就去找行的老师。总之,基础课程一定要学扎实,这决定了未来你能走多远。有很多同学都是早早地出去转一圈,然后感叹这门课、那门课没学好,当初应该好好学。基础知识不扎实,再好的机会也抓不住,所以,如果有学生能看到这段话,我觉得你们一定要想明白其中的道理。所有欠下的债都是要还的,作为一个过来人,我深有体会,最基础的地基看似最没有技术含量,却有'根'的影响力。学习、事业、人生也是如此。找到自己的人生价值,并能'花式'做下去,该是一种多大的幸福!"

序二
新三板的方向与未来

新三板市场太需要信心了,因此从 2015 年新三板下行以来,大家期待 2016 年会有好转,结果没有;期待 2017 年会有好转,结果又没有。于是越来越多的人带着伤心与不甘(哀其不幸,更怒其不争),带着怨恨(被坑了)离场了……

年年岁岁板相似,岁岁年年盼不同

进入 2018 年,还在场的人们又开始新一轮的期待[其实不离场可能也是出于无奈:对企业来说,已经挂牌了,离场也需成本;对投资机构来说,被套牢了,怎么走也走不了;对其他生态(自媒体、服务机构)来说,"食之无味,弃之可惜"]。

本文试图从一些最新的官方发言来解读新三板的希望:

2017 年 12 月 22 日,股转公司总经理李明,副总经理隋强和副总经理张梅一起亮相新闻发布会,宣布新三板分层与交易制度改革相关政策。他们对一直以来备受市场各方关注的"交易制度""分层制度"以及"信息披露制度"做出了新的安排,最终敲定新三板将于 2018 年 1 月 15 日迈进集合竞价时代。彼时,市场各方对新政可以说是充满期待。

在全国股转公司的指导下,由上海证券报社主办的"2018 新三板创新发展论坛"于 2018 年 1 月 24 日在上海举行,此次论坛的主题是"新时代、新起点、新征程"。全国中小企业股份转让系统公司总经理李明出席论坛,全面、详细地阐述了深化新三板市场改革的思路和工作部署。

做自己的新三板

如果 2018 年重要看点是这些市场改革思路,笔者对新三板的未来走向还是不敢乐观。新三板该勇敢走出一条"新三板之路"了。那么怎么样的"新三板之路"才有前途?笔者作为一个做新三板研究的学者,想谈谈几点看法。

第一,新三板的定位不应该向上交所、深交所看齐,而是定位于扎扎实实的多层次资本市场中的新三板。

在最新的讲话中,李明表示,新三板是我国三大全国性证券交易场所中,唯一定位于主要为创新型、创业型、成长型中小微企业发展服务的市场,具有专属性。自新三板扩充以来,大家都为新三板能成为一个全国性的证券交易所而努力。大家认为,新三板承载着国家经济转型的众望,也肩负着扩大中小微企业直接融资渠道的重任,担负着支持科创企业成为高科技企业推进器的使命。市场上也经常会有新三板的定位究竟是中国的纳斯达克还是 A 股市场预备板的讨论。

2017 年 2 月 10 日,证监会主席刘士余首次公开谈及新三板,他说,新三板既要有苗圃功能,又要发挥土壤功能,让一批创新能力强、诚实守信、市场前景好的企业,能够转板的就转板,不愿意转板的就在新三板里面绽放,这是未来中国资本市场又一道风景线。围绕什么是苗圃,什么是土壤,又有一堆的猜想。

关于新三板的定位,市场人士普遍认为,"长远来看,新三板一定是一个独立的市场"。但实际上,很少人能真正意识到,这个独立的市场绝对不应该是现在的上交所与深交所的模样。如果我们通过努力,将新三板发展成为一个与上交所、深交所一样的所谓的"北交所",那么新三板其实是失败的!

主板、中小企业板和创业板用了将近23年时间,才发展成拥有3000多家企业的规模,而新三板在短短3年的发展当中,企业规模已破万家,很多人认为这是一个了不起的成就,也是中国资本市场发展过程中一个里程碑式的事件,这说明我们对新三板的定位始终没思考清楚。我们很多时候的标准是看数据,而且有偏见地去看数据,只看数据对我们有利的部分,而没有看数据对我们不利的一面,这种出发点是好的,但不利于系统解决问题。

在资本市场上,不同的投资者与融资者都有不同的规模与主体特征,存在着对资本市场金融服务的不同需求。投资者与融资者对投融资金融服务的多样化需求,决定了资本市场应该是一个多层次的市场体系。我们过去对中小微企业的资本市场发展扶持力度是相当弱的,大家对资本市场的理解大多是基于主板、中小企业板和创业板。因此,一个为创新型、创业型、成长型中小微企业发展服务的市场就难能可贵。但这个市场主体不应该在交易、融资投资、资本运作等方面的需求,与其他交易所主体具有高度一致性,或者努力形成一致性,这种想法还是要成为"上交所""深交所",没有回到新三板本身的定位。

作为多层次资本市场重要的环节,新三板应该始终坚持"新三板"之路,形成与上交所、深交所的差异化竞争,也就是说找准特色与定位,当这个市场发展到足够大的时候,自然就是很大的交易所了。所谓三大交易所到时候是水到渠成的事情,根本不需要成为一个目标。

第二,当前的新三板需要一场"瘦身",让优质的中小微企业把新三板作为必备的资本工具是新三板发展的方向。

笔者把新三板的定位放低了,将之定位为"优质的中小微企业的资本工具"。这里有几个关键词:优质、中小微、资本工具。

在2017年举办的小微企业创新发展高层论坛上,国家工商总局局长张茅表示:"到2017年7月底,中国小微企业名录收录的小微企业已达7328.1万户。"国家发改委秘书长李朴民指出:"当前中小微企业占我国企业数量的99%,中小微企业在国民经济中具有不可替代的地位和作用,提供了50%以上的税收,创造了60%以上的国内生产总值。"

中小微企业正在成为我国经济新动能培育的重要源泉之一,是经济结构优化升级的重要支撑,也是保障和改善民生的重要依托。

我们的新三板市场不是为了服务所有的中小微企业,而是为了服务这些企业中的佼佼者,或者说其中有机会成为佼佼者的企业。特别是近年来,在新经济、新技术、新业态、新模式的推动下,国内不断涌现了一大批中小微企业的佼佼者。他们往往在很短的时间里,就成长为细分行业的"隐形冠军",成为"各领风骚的独角兽企业"。也就是说,其实很多中小微企业不是新三板的服务对象,这是新三板作为一个资本舞台必然的走向。当前,当我们在欢呼新三板已经有上万家企业挂牌的时候,可能很少意识到或者反思其中有多少是不适合在新三板中挂牌的。换言之,如果我们把新三板的定位想清楚,当前有相当部分的挂牌企业应该"主动"或"被动"离场。因此,当前的新三板需要一场"瘦身"!

中小企业融资难是一个全世界的难题

早在1931年,英国有位政治家麦克米伦,他调研了英国企业之后,向政府提交了一份报告,现在叫作《麦克米伦报告》。他分析指出,在英国的金融体制下,中小企业筹措必要的长期资金时,尽管有担保,但是仍然存在融资难的问题,所以他建议政府采取一系列的救济措施,以便让中小企业走出危机。从那以后,中小企业融资难的问题被称之为"麦克米伦缺口"。但是,麦克米伦认为是因为市场失灵,所以需要政府来救济,加强政策性融资。这是作为治理麦克米伦缺口的一个重要的思路,但这些在后来被证明是走不通的。

中小企业融资,更重要的是缺乏一套对于中小企业的支持、辅导、孵化、培育的机制。因此,优质的中小微企业更需要用好资本工具。2017年9月14日,中国证监会副主席姜洋在2017北京CBD国际金融圆桌会议上明确表示,要围绕服务实体经济这一根本宗旨,把大力发展直接融资放在经济金融全局来谋划和推进,加快多层次资本市场体系建设。哪个市场能在一定程度上解决这个机制,这个市场就不可能不会成为一个大市场。也就是说,如果新三板实实在在解决了这个问题,我们根本不担心新三板的未来!

因此,我们当前对新三板的工作重心应该是找准定位,切切实实回到用资本市场的工具来支持、辅导、孵化、培育优质的中小企业的制度、原则上来。凡是有利于这个方向的,用最高的效率来推行,市场是很理性的,我们不用怀疑市场的分辨能力;凡是不利于这个方向的,用最高的效率坚决推倒重来,这需要有改革的勇气。

作为新三板专业投研机构,新三板智库会针对新三板的制度做一系列的评价,敬请期待。

目　录

第一部分　新三板政策研究篇

传统企业挂牌新三板，可能是压死骆驼的最后一根稻草 …… 2
2016 年新三板年报分析：1％明星企业＋3％中坚力量＋16％潜力股 …… 4
2016 年广州新三板企业年报分析：科技摇篮，成长典范 …… 10
分化，新三板的新常态 …… 17
新三板分化 2.0 时代，市场各方何去何从 …… 40
想进创新层，这十二类高频违规行为得避开 …… 42
拯救优质三板企业流动性：与其降低投资者门槛，不如推出大宗交易 …… 49
新三板市场五大"骗局"，你不可不知 …… 71
细数闷死新三板市场投资者的那几个坑 …… 75
投研能助力新三板市值提升吗 …… 80
做市：烫手的山芋 or 赚钱的聚宝盆 …… 84
做市策略初探：八仙过海，各显神通，适合做市的企业不到 30％ …… 95
国有企业改革下一站：新三板挂牌 …… 108

第二部分　新三板行业研究篇

一步之遥——自媒体风口和退场之间的距离 …… 112
互联网巨头争秀云服务，新三板高冷一笑 …… 116
2016 年新三板大数据股投资指南 …… 124
掘金新三板汽车后市场的养护维修：资本助力，百家争鸣 …… 129
易简集团 EJAM（834498）布局移动媒体生态圈，打造移动营销产业变现新模式 …… 141
虚拟现实行业深度研报：以定力跨越虚拟与现实 …… 159
地理信息行业：政策持续发力，吹开万亿级行业风口 …… 213

第三部分　新三板并购蓝皮书

前言 …… 230
第一章　2016 年新三板并购市场概述 …… 231
第二章　2016 年上市公司并购新三板挂牌企业情况 …… 235
第三章　2016 年新三板挂牌企业发起并购情况 …… 242

第四章　2016新三板企业控制权转让给非上市公司的情况 ……………… 248
第五章　新三板并购市场与上市公司并购市场的差异 ……………………… 253
第六章　政策建议 …………………………………………………………… 257

第四部分　新三板智库最新观点

流动性是新三板要解决的第一要务？ ………………………………………… 264
新三板前进的方向——让众多优质的中小微企业利用新三板这个资本工具做大做强 … 267
新三板的公司治理问题不容忽视 ……………………………………………… 270
还要在新三板挂牌吗？理性运用资本工具，无所谓对错，只在乎适合与否 …… 272
新三板是中场，赛跑刚刚开始 ………………………………………………… 274
扎实高效服务优质中小微企业的资本舞台是新三板发展的重要机遇 ………… 275
政策不确定性下的新三板该何去何从 ………………………………………… 278

第一部分

新三板政策研究篇

传统企业挂牌新三板,可能是压死骆驼的最后一根稻草

罗党论　吴文轩①

最近一段时间,我在新三板智库与好几家传统企业管理者见面,他们大多数碰到相同的问题:究竟自己企业是否适合挂牌新三板?如果挂新三板,自己企业能估值、能融到资金吗?

这些公司大同小异,都是传统的制造企业,这里我介绍两家企业。

一个企业是券商、会计师、律师等中介团队已经进驻公司开展一段时间了。券商要求企业规范的方面很多,起初老板号召公司上下高度重视、最大程度配合。结果配合了一段时间,发现问题不断,比如没房产证的要补房产证,要办员工社保,供应商、客户都要规范备案等。折腾了3个月,统计下来已经花费了1000多万元。关键是这样下去,公司将要面临年度亏损的局面!

另外一个企业则正在等券商立案。为达到券商立案要求,他们已经准备了好久,因为券商要求他们必须营收达到4000万元以上。实际上它真实的营收远不止这个数,只是开票的营收离这数个还有比较大的距离,更严重的是由于2015年度准备不足,从现在开始往前追溯,发现最大的成本还是补税。企业原来计划少补点,可是面对严格的监管,券商为了防范风险,一点商量余地都没有。"我们感觉在苦苦哀求券商立项,这种感觉相当不好。"这个老板如是说。"怎么券商现在这么强势,他们不想挣钱吗?"这个老板觉得很是不解。

券商向企业提出如下问题。

第一个问题:你们现在行业毛利有多少?公司按照不规范经营有多少净利润?

第一个企业的老板回答:我们行业毛利还不错,有30%,因为规模比较大,一年下来利润过亿。这么多年企业没有任何负债,反而有很多资产,如厂房、大卖场等。

第二个企业老板回答:我们行业毛利一般,也就15%左右,一年下来利润上千万元。不过现在经营越发艰难,估计利润还是会下滑,说不定会亏损。

第二个问题:为什么要上新三板?

第一个企业老板回答:周围好多朋友的企业都上中小板、创业板了,不上中小板、创业板的也上新三板了,就我没动。我们高管都着急了。券商本来说我们可以直接往IPO准备的,结果进来一段时间,发现规范上还做得不行就建议我们先挂新三板。我们以为边规范边准备,可是没想到挂新三板的规范成本也这么高。按照目前的情形,挂上去估计要花几千万元,这样一算估计今年会亏损。

第二个企业老板回答:周围好多不如我的都挂新三板了,我也不能落后。挂上去万一企业不行也可以找到其他出路。我认为,变现也是一种出路。

第三个问题:不挂新三板对我们有影响吗?

第一个老板回答:其实这段时间折腾下来,我个人觉得没必要挂新三板,只是企业的高管们很想上市,不挂有点寒他们心。如果能挂上融笔大钱,那我觉得还是可以挂。

---

① 罗党论,中山大学岭南(大学)学院教授,新三板智库联合创始人;吴文轩,新三板智库研究员。

第二个老板回答：还是挺有影响的，现在我们所处行业不行，要寻求转型。挂上去说不定能整合更多的资源，或许有新的出路。

我们与企业老板对传统企业挂牌与否讨论许久。带着问题来，带着部分答案回去。这些不一定是解决的最好方法，但是最起码找到了一些解决路径。

我们的部分观点如下：

（1）大量传统企业其实是不适合挂牌新三板的，一来规范成本高，二来即使是规范后市场对这些企业估值并不显优势。比如，第一个企业，规范后盈利勉强做到2000万元，即使是做了十多亿元的盈利，市场对其的估值还不如其几块物业。如果规范成本不高还可以考虑，至少还可以当作提升品牌的一种手段。新三板的确是没有多高门槛，但正是因为门槛低，使很多企业进来不光是白进，还没人理睬，而且还要缴费。

（2）传统企业可以利用新三板，但并不一定要把自己挂上新三板。我们对第一个企业的建议是：利用自身的产业优势，拿出部分资金围绕上下游来进行产业投资，说不定能投资一些有潜力的新三板公司，这样也算是参与了新三板这场大戏。对第二个企业来说，希望通过挂牌融资来改变自己基本是不可能的，要么就自己做改变或转型，要么与其他企业进行整合。反正不管怎么样，不要指望挂新三板能对它们有什么改变，说不定没挂上就死在挂牌的路上了。

（3）新三板对传统企业的估值是没有任何优势，甚至可能是没有估值之说。所以希望通过估值来融资那更是天方夜谭。我们面对的不是散户市场，是一堆精明的机构。

（4）地方政府极力推动本地的传统企业挂牌新三板是有问题的，除非这些企业的确有转型成功的可能。所以，这些企业没必要为了政府的一些补贴而把自己推上这个舞台。

（5）券商等中介机构对传统企业是没多大热情的。它们是按个数收费，而且只能收那么多。传统企业业务流程复杂，对券商来说性价比相当低，再说挂牌后也没什么好的后续增值服务。传统企业只能被要求越来越规范，其实券商很多时候是希望它们知难而退。

（6）对于很多利润雄厚、现金流丰富的传统企业来说，除非特别优质、拔尖的可以通过IPO实现跨越式爆发外，更多的可以依靠自身的现金流以及多年的行业资源，组建自身的产业基金。产业基金依靠自身比较雄厚的现金流，以及产业资源，拥有较大的议价能力和吸引力。通过对上下游的资源整合，可以形成属于自身的生态群，发挥各环节的协同作用，能够起到迅速扩大市场、提升核心竞争优势的作用，同样能起到提高公司市场价值、塑造资源平台的作用。

2016年新三板年报分析：1%明星企业+3%中坚力量+16%潜力股

邱 翼[①]

截至2017年4月28日，新三板共有挂牌企业11,114家，已经披露2016年年报的企业10,552家，比例达到94.94%，562家企业未能按时披露年报。按交易方式来看，发布年报的协议转让和做市转让企业分别为9052家和1500家，尚有484家协议转让企业和78家做市转让企业未披露年报；按所属分层来看，发布年报的基础层企业和创新层企业分别为9669家和883家，尚有504家基础层企业和58家创新层企业未披露年报。具体如图1至图4所示。

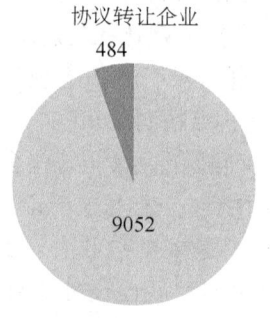

图1　9052家协议转让企业已披露年报

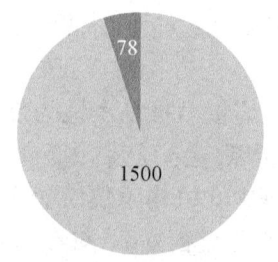

图2　1500家做市转让企业已披露年报

资料来源：Wind、新三板智库。

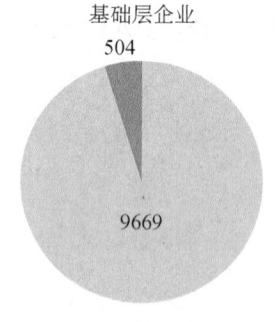

图3　9669家基础层企业已披露年报

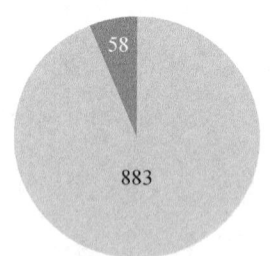

图4　883家创新层企业已披露年报

资料来源：Wind、新三板智库。

---

① 邱翼，新三板智库研究总监。

一、新三板企业整体成长性弱于中小板和创业板企业

对已经披露年报的 10,552 家企业进行分析,所有企业 2016 年实现营业总收入和归属母公司股东的净利润分别为 17,486.06 亿元和 1145.56 亿元,相比 2015 年总营收增长了 17.64%,归属母公司股东的净利润同比增长 7.81%。相应的,2016 年全部 A 股公司总营收同比增长 6.75%,归属母公司股东的净利润同比增长 5.43%,全部中小板公司总营收同比增长 17.36%,归属母公司股东的净利润同比增长 30.25%,全部创业板公司总营收同比增长 33.03%,归属母公司股东的净利润同比增长 36.37%。比较而言,新三板企业整体成长性略优于全部 A 股公司,但明显弱于中小板和创业板企业。具体如图 5 所示。

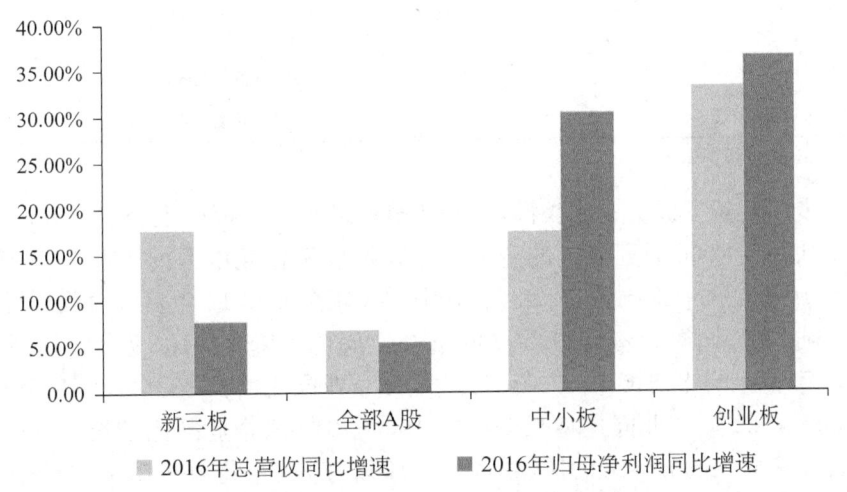

图 5　新三板企业与中小板和创业板的成长性比较

资料来源:Wind、新三板智库。

二、规模以上企业中超过 50% 的企业增速超过 20%

对这 10,552 家新三板企业做一些简单统计,2016 年平均营业总收入 1.66 亿元,营业总收入中位数为 7000 万元,平均净利润 1085.64 万元,净利润中位数为 483.03 万元;对其收入区间进行统计,653 家企业收入在 1000 万以下,收入在 1000 万～3000 万元区间的企业有 1962 家,收入在 3000 万～5000 万元区间内的企业有 1524 家,收入在 5000 万至 1 亿元的企业有 2480 家,收入在 1 亿～3 亿元的企业有 2802 家,收入在 3 亿～10 亿元的企业有 920 家,收入在 10 亿元以上企业有 211 家,5000 万至 1 亿元和 1 亿～3 亿元这两个区间段内企业占比最多;对其净利润区间进行统计,亏损 5000 万以上的企业 70 家,亏损 1000 万～5000 万元的企业 463 家,亏损 1000 万元以内的企业 1587 家,盈利 1000 万元以内的企业 4858 家,盈利 1000 万～3000 万元的企业 2489 家,盈利 3000 万～5000 万元的企业 635 家,盈利 5000 万至 1 亿元的企业 305 家,盈利 1 亿元以上的企业 145 家,大部分企业净利润落在 0～3000 万元这个区间内。具体如表 1 所示。

表 1　　　　　　　　　　新三板企业净利润落分布　　　　　　　金额单位：元

2016年新三板企业收入区间分布		2016年新三板企业净利润区间分布	
收入区间	对应新三板企业数量	净利润区间	对应新三板企业数量
1000万以下	653	亏损5000万以上	70
1000万~3000万	1962	亏损1000万~5000万	463
3000万~5000万	1524	亏损1000万以内	1587
5000万~1亿	2480	0~1000万	4858
1亿~3亿	2802	1000万~3000万	2489
3亿~10亿	920	3000万~5000万	635
10亿以上	211	5000万至1亿	305
—		1亿以上	145
2016年平均收入：1.66亿		2016年平均净利润：1085.64万	
2016年收入中位数：7000万		2016年净利润中位数：483.03万	

资料来源：Wind、新三板智库。

为了进一步评估新三板企业成长性,将企业范围缩小到规模以上企业,即收入在1亿元以上的企业和净利润在1000万元以上的企业。收入规模1亿元以上的企业3959家,2016年收入平均增速为44.19%,中位数为17.23%,其中374家企业2016年营收总收入同比下滑10%以内,245家企业同比下降10%~20%,236家企业同比下降20%以上,692家企业同比增长10%以内,560家企业同比增长10%~20%,421家企业同比增长20%~30%,583家企业同比增长30%~50%,529家企业同比增长50%~100%,319家企业同比增长100%以上,如果以20%作为是否高速成长的分界线的话,46.78%(1852家)的企业属于高速成长企业,一定程度上反映出规模以上的新三板企业良好的成长性。净利润规模1000万以上企业3574家,2016年平均净利润增速241.92%,中位数42.33%,其中,2016年净利润同比下滑20%以内的企业有334家,下滑20%~50%的企业有273家,下滑50%以上的企业有70家,2016年净利润同比增长20%以内企业576家,同比增长20%~50%的企业有695家,同比增长50%~100%的企业有664家,同比增长100%以上企业有962家,如果以20%作为是否高速成长的分界线的话,64.94%(2321家)企业展现出良好的成长性,总的来说,规模以上的新三板企业展现出良好的成长性。具体如表2所示。

表 2　　　　　　规模以上企业中超过50%的企业增速超过20%

收入1亿元以上企业的营收增速区间分布		净利润1000万元以上企业的净利润增速区间分布	
收入增速区间	新三板企业数量	净利润增速区间	新三板企业数量
下滑20%以上	236	下滑50%以上	70
下滑10%~20%	245	下滑20%~50%	273
下滑10%以内	374	下滑20%以内	334
增长10%以内	692	增长20%以内	576
增长10%~20%	560	增长20%~50%	695
增长20%~30%	421	增长50%~100%	664
增长30%~50%	583	增长100%以上	962

(续表)

收入1亿元以上企业的营收增速区间分布		净利润1000万元以上企业的净利润增速区间分布	
收入增速区间	新三板企业数量	净利润增速区间	新三板企业数量
增长50%~100%	529	—	—
增长100%以上	319	—	—
收入1亿元以上企业平均营收增速：44.19%		净利润1000万元以上企业平均净利润增速：241.92%	
收入1亿元以上企业营收增速中位数：17.23%		净利润1000万元以上企业净利润增速中位数：42.33%	

资料来源：Wind、新三板智库。

三、创新层企业"创新"不足

记得2016年分层政策刚实施不久后的一次论坛活动上，有主持人问到创新层企业"创新"不足这个问题，从2016年创新层企业交的答卷来看，不幸被言中。目前共有883家创新层企业披露年报，这883家企业2016年总营收为3858.27亿元，同比增长24.95%，总的归属母公司股东的净利润为345.42亿元，同比仅增长0.16%，比10,552家新三板企业整体净利润增速还要低得多。从收入和净利润区间分布来看，创新层企业优于新三板整体，883家创新层企业平均收入4.37亿元，收入中位数为1.94亿元，平均净利润3911.85万元，净利润中位数为2412.96，78.93%的企业收入在1亿以上，77.35%的企业净利润在1000万以上。但从收入增速和净利润增速区间分布来看看，创新层难言"创新"，创新层企业收入增速平均值为28.21%，中位数为15.74%，收入增速下滑20%以上企业77家，下滑10%~20%的企业60家，下滑10%以内企业67家，增长10%以内企业146家，增长10%~20%家136家，增长20%~30%企业84家，增长30%~50%企业158家，增长50%~100%企业104家，增长100%以上企业51家，仅44.96%的企业增速超过20%；净利润增速平均值27.92%，中位数8.95%，净利润同比下滑50%以上企业139家，下滑20%~50%企业132家，下滑20%以内企业110家，增长20%以内企业145家，增长20%~50%企业170家，增长50%~100%企业100家，增长100%以上企业80家，仅40.43%企业增速超过20%。具体如表3所示。

表3　　　　　　　　　　　　创新层企业难言"创新"

创新层企业营收增速区间分布		创新层企业净利润增速区间分布	
收入增速区间	新三板企业数量	净利润增速区间	新三板企业数量
下滑20%以上	77	下滑50%以上	139
下滑10%~20%	60	下滑20%~50%	132
下滑10%以内	67	下滑20%以内	110
增长10%以内	146	增长20%以内	145
增长10%~20%	136	增长20%~50%	170
增长20%~30%	84	增长50%~100%	107
增长30%~50%	158	增长100%以上	80
增长50%~100%	104	—	—
增长100%以上	51	—	—
创新层企业平均营收增速：28.21%		创新层企业净利润增速：27.92%	
创新层企业营收增速中位数：15.74%		创新层企业净利润增速中位数：8.95%	

资料来源：Wind、新三板智库。

四、复盘 2012—2015 年挂牌企业年报：掘金 10% 的头部企业

从 2014 年新三板获得更多机构关注开始到 2015 年的企业挂牌潮再到现今，大部分企业已经形成三个完整年度的年报，我们按照挂牌年份进行复盘：

（1）2012 年挂牌企业 98 家，按照 2016 年年报披露的数据，收入规模在 1 亿元以上的企业 28 家，归属母公司股东的净利润在 1000 万元以上的企业 32 家，其中连续 2 年净利润增速超过 20% 的企业只有 14 家，产生了 8 家诸如聚利科技、科曼股份、华岭股份、金润科技、新眼光等成长性和业绩双优的明星公司，同时也有 3 家业绩大变脸的企业：卡联科技、天大清源、点点客。

（2）2013 年挂牌企业 142 家，按照 2016 年年报披露的数据，收入规模在 1 亿元以上的企业 48 家，归属母公司股东的净利润在 1000 万元以上的企业 47 家，其中连续 2 年净利润增速超过 20% 的企业只有 15 家，产生了 9 家诸如亿童文教、颂大教育、大汉三通、优炫软件等成长性和业绩双优的明星公司，同时也有 7 家业绩大变脸的企业：易所试、随视传媒、欧萨咨询、奥凯立、精英智通、六合伟业、呈创科技。

（3）2014 年挂牌企业 1142 家，按照 2016 年年报披露的数据，收入规模在 1 亿元以上的企业 500 家，归属母公司股东的净利润在 1000 万以上的企业 439 家，其中连续 2 年净利润增速超过 20% 的企业只有 150 家，产生了 45 家诸如圣泉集团、新产业、华图教育、安达科技、西部超导、捷昌驱动、致生联发、树业环保、康泽药业等成长性和业绩双优的明星公司，同时也有 21 家业绩大变脸的企业：云南路桥、凯立德、帝联科技、幸美股份、华丽包装、红豆杉、参仙源、金达莱等。

（4）2015 年挂牌企业 3282 家，按照 2016 年年报披露的数据，收入规模在 1 亿元以上的企业 1367 家，归属母公司股东的净利润在 1000 万元以上的企业 1275 家，其中连续 2 年净利润增速超过 20% 的企业有 560 家，产生了 69 家诸如科顺防水、贝特瑞、确成硅化、蓝海之略、瑞立科密、华强方特、赛特斯等成长性和业绩双优的明星公司，同时也有 29 家业绩大变脸的企业：瑞立达、海王星、青雨传媒、追日电气、环球石材、分豆教育、山东绿霸等。

鉴于新三板挂牌企业多多少少有隐藏利润的习惯，容易对分析结果产生重大影响，故暂不对 2016 年及之后挂牌的企业复盘。从 2012 年到 2015 年挂牌企业复盘可以看出：

（1）挂牌企业质量有明显提升，规模以上企业的占比由 2012 年的 32.65% 提升到了 2015 年的 38.85%，连续 2 年净利润增长超过 20% 的企业占比由 2012 年的 14.28% 提高到 17.06%。

（2）新三板投资显示出较高的风险性，尤其体现在昔日明星股的业绩大变脸，据我们不完全统计，2012 年以来分别有 3 家、7 家、21 家和 29 家企业出现业绩大幅下滑，乃至巨额亏损。

（3）从现有统计结果来看，站在投资成长股的角度，新三板具备投资价值的企业可能没有外界盛传的 2/8 法则那么高的比例，2012 年挂牌的企业在 2014—2016 年 3 年连续 2 年净利润增速超过 20% 的企业只占 14.28%，2013 年挂牌的企业是 10.56%，2014 挂牌的企业是 13.13%，2015 年挂牌的企业是 17.06%，这只是偏宏观的数据统计，落到具体标的上，可能真正具备投资价值的企业也就 10% 左右，新三板市场注定是一场辛苦的掘金之旅。

五、新三板的多层次市场：1%明星企业＋3%中坚力量＋16%潜力股＋80%幼苗

虽然股转暂时将新三板企业分为基础层和创新层2层，但实际上新三板的多层次市场已经初步形成，即归属母公司股东净利润在1亿元以上的顶层企业，这部分企业数量为145家，占比1.37%，是新三板上当之无愧的明星企业；归属母公司股东的净利润在5000万至1亿元这个区间内的第二层企业，这部分企业有305家，占比2.89%，是新三板上的中坚力量，也是新三板的未来之星；归属母公司股东的净利润在1000万～5000万元这个区间内的第三层企业，这部分企业数量多达1702家，占比16.12%，是新三板的潜力股，剩余的净利润规模在1000万元以下的企业构成了新三板庞大的底层，这部分企业占比高达80%，是新三板的幼苗。而新三板的魅力在于，明星企业，中坚力量，潜力股和幼苗的身份是一个动态转化的过程，每年都会有企业一鸣惊人，比如前段时间大热的大汉三通（430237），2016年净利润同比增长262.17%，由2015年的1263.59万元增长至2016年的4583.14万元，股价年初至今涨了70%，市值达到15亿元；又比如纳科诺尔（832522）16年净利润同比127.95%，由2015年的930.94万元增至2016年的2122.08万元。同时也有明星企业跌落神坛的，如分豆教育、公准股份、红豆杉等。1%的明星企业让人看到成功的希望，而3%的中坚力量和16%的潜力股给投资者提供了足够概率成功的标的池，这种自然形成的层次结构和动态调整必然是新三板市场长盛不衰的根本所在。

2016年广州新三板企业年报分析：科技摇篮，成长典范

邱翼 王飞飞[①]

截至2017年5月3日，广州企业在新三板挂牌共400家，已经披露2016年年报的企业383家，比例达到95.75%，17家企业未能按时披露年报。按交易方式来看，发布年报的协议转让和做市转让企业分别为336家和47家，尚有14家协议转让企业和3家做市转让企业未披露年报；按所属分层来看，发布年报的基础层企业和创新层企业分别为352家和31家，尚有13家基础层企业和4家创新层企业未披露年报。具体如图1至图4所示。

图1 336家协议转让企业已披露年报

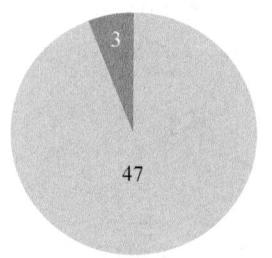

图2 47家做市转让企业已披露年报

资料来源：Wind、新三板智库。

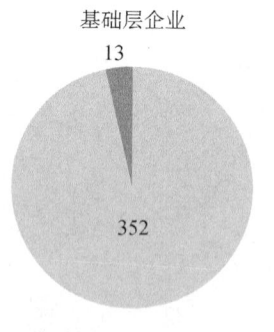

图3 352家基础层企业已披露年报

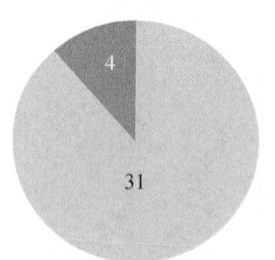

图4 31家创新层企业已披露年报

资料来源：Wind、新三板智库。

---

① 邱翼，新三板智库研究总监；王飞飞，新三板智库研究员。

一、广州新三板企业整体成长性强于全国新三板及A股、中小板和创业板企业

对已经披露年报的383家企业进行分析,广州所有企业2016年实现营业总收入和归属母公司股东的净利润分别为654.42亿元和32.48亿元,相比2015年总营收增长了24.08%,归属母公司股东的净利润同比增长64.71%。与挂牌企业数量相近的苏州和杭州比,苏州挂牌企业458家,其中已公布年报445家,2016年实现营业总收入和归属母公司股东的净利润分别为534.29亿元和40.69亿元,相比2015年总营收增长了13.67%,归属母公司股东的净利润同比增长24.30%;杭州挂牌企业373家,其中已公布年报360家,2016年实现营业总收入和归属母公司股东的净利润分别为586.64亿元和41.54亿元,相比2015年总营收增长了20.33%,归属母公司股东的净利润同比增长16.33%。广州企业营收规模、营收增长率和净利润增长率等数据都优于苏州和杭州2个城市。具体如表1所示。

表1　广州新三板企业与挂牌企业数相近城市相比成长性更好

项目	广州	苏州	杭州
挂牌企业数量	400	458	373
披露年报企业数量	383	445	360
总营收(亿元)	654.42	534.29	586.64
总净利润(亿元)	32.48	40.69	41.54
总营收增长	24.08%	13.57%	20.33%
总净利润增长	64.71%	24.30%	16.33%

资料来源:Wind、新三板智库。

为了进一步分析广州企业的成长性,我们将其与主板公司进行对比。2016年全国的新三板公司总营收同比增长17.64%,归属母公司股东的净利润同比增长7.81%;全部A股公司总营收同比增长6.75%,归属母公司股东的净利润同比增长5.43%;全部中小板公司总营收同比增长17.36%,归属母公司股东的净利润同比增长30.25%;全部创业板公司总营收同比增长33.03%,归属母公司股东的净利润同比增长36.37%,比较而言广州新三板企业整体成长性优于全国新三板企业及全部A股公司、中小板和创业板企业。具体如图5所示。

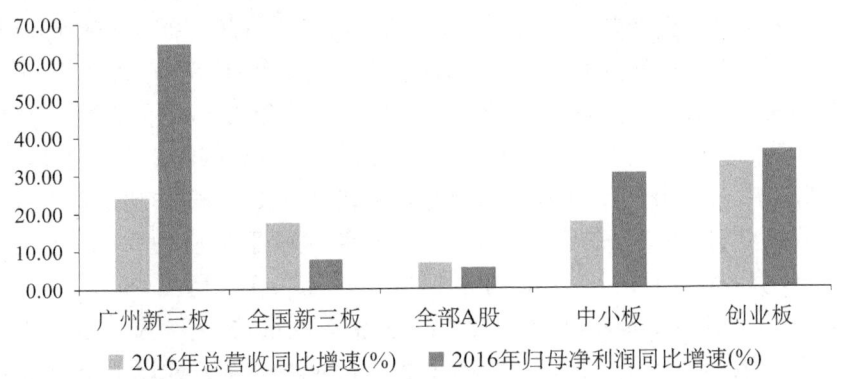

图5　新三板企业成长性优于全国新三板及全部A股公司、中小板和创业板

资料来源:Wind、新三板智库。

二、广州规模以上企业占比高于杭州和苏州

对上述广州383家新三板企业做一些简单统计,2016年平均营业总收入1.71亿元,营业总收入中位数为7631万元,平均净利润853.53万元,净利润中位数为550.81万元;对其收入区间进行统计,20家企业收入在1000万以下,收入在1000万~3000万元区间的企业有54家,收入在3000万~5000万元区间内的企业有57家,收入在5000万~1亿元的企业有92家,收入在1亿~3亿元的企业有112家,收入在3亿~10亿元的企业有41家,收入在10亿以上企业有7家,5000万至1亿元和1亿~3亿元这两个区间段内企业占比最多;对其净利润区间进行统计,亏损5000万元以上的企业2家,亏损1000万~5000万的企业10家,亏损1000万元以内的企业55家,盈利1000万元以内的企业170家,盈利1000万~3000万元的企业109家,盈利3000万~5000万元的企业20家,盈利5000万至1亿元的企业14家,盈利1亿元以上的企业3家,大部分企业净利润落在0~3000万元这个区间。具体如表2所示。

表2　　　　新三板企业大部分净利润落在0~3000万元这个区间　　　　金额单位：元

2016年新三板企业收入区间分布		2016年新三板企业净利润区间分布	
收入区间	对应新三板企业数量	净利润区间	对应新三板企业数量
1000万以下	20	亏损5000万以上	2
1000万~3000万	54	亏损1000万~5000万	10
3000万~5000万	57	亏损1000万以内	55
5000万至1亿	92	0~1000万	170
1亿~3亿	112	1000万~3000万	109
3亿~10亿	41	3000万~5000万	20
10亿以上	7	5000万至1亿	14
—		1亿以上	3
2016年平均收入：1.71亿		2016年平均净利润：853.53万	
2016年收入中位数：7631万		2016年净利润中位数：550.81万	

资料来源：Wind、新三板智库。

为了进一步评估广州企业质量,将企业范围缩小到规模以上企业,即收入在1亿元以上的企业和净利润在1000万元以上的企业。广州收入1亿元以上企业数量共计160家,占比41.78%,收入3亿元以上企业数量共计48家,占比12.53%;净利润1000万元以上企业数量共计146家,占比38.12%;净利润3000万元以上企业数量共计37家,占比9.66%;2016年营收平均值为1.71亿元,收入中位数7631万元,平均净利润853.53万元,净利润中位数550.81万元。苏州收入1亿元以上企业数量共计159家,占比35.73%,收入3亿元以上企业数量共计44家,占比9.89%;净利润1000万元以上企业数量共计152家,占比34.16%;净利润3000万元以上企业数量共计48家,占比10.79%;2016年营收平均值为1.20亿元,收入中位数7005.44万元,平均净利润912.02万元,净利润中位数456.33万元。杭州收入1亿元以上企业数量共计135家,占比37.50%,收入3亿元以上企业数量共计39家,占比10.83%;净利润1000万元以上企业数量共计130家,占比36.11%;净利润3000万元以上企业数量共计37家,占比10.28%;2016年营收平均值为1.63亿元,收入中位数7064万元,平均净利润1156.43万元,净利润中位数510.09万元。上述各项指标中,除了净利润3000万元以上企业收入广州占

比略低之外,其余指标均优于苏州和杭州。具体如表3所示。

表3　　　　　广州新三板企业与挂牌企业数相近城市相比多项指标位居第一

	广州	杭州	苏州
收入1亿元以上企业数量	160	135	159
收入1亿元以上企业数量占比	41.78%	37.50%	35.73%
收入3亿元以上企业数量	48	39	44
收入3亿元以上企业数量占比	12.53%	10.83%	9.89%
净利润1000万元以上企业数量	146	130	152
净利润1000万元以上企业数量占比	38.12%	36.11%	34.16%
净利润3000万元以上企业数量	37	37	48
净利润3000万元以上企业数量占比	9.66%	10.28%	10.79%
营收平均值	1.71亿元	1.63亿元	1.2亿元
营收中位数	7631万元	7064万元	7005.44万元
净利润平均值	853.53万元	1156.43万元	912.02万元
净利润中位数	550.81万元	510.09万元	456.33万元

资料来源:Wind、新三板智库。

三、广州规模以上企业中增速超过20%的占比高于杭州和苏州

为了进一步评估广州企业成长性,对规模以上企业增速进行区间分布统计。收入规模1亿元以上的企业(160家),2016年收入平均增速为51.96%,中位数为22.10%,其中10家企业2016年营收总收入同比下滑10%以内,5家企业同比下降10%~20%,6家企业同比下降20%以上,30家企业同比增长10%以内,21家企业同比增长10%~20%,21家企业同比增长20%~30%,23家企业同比增长30%~50%,31家企业同比增长50%~100%,13家企业同比增长100%以上,如果以20%作为是否高速成长的分界线的话,55.00%(88家)的企业属于高速成长企业,一定程度上反映出规模以上的广州新三板企业良好的成长性。净利润规模1000万元以上企业(146家),2016年平均净利润增速130.65%,中位数51.62%,其中,2016年净利润同比下滑20%以内的企业有7家,下滑20%~50%的企业有7家,下滑50%以上的企业有1家,2016年净利润同比增长20%以内企业28家,同比增长20%~50%的企业有29家,同比增长50%~100%的企业有26家,同比增长100%以上企业有48家,如果以20%作为是否高速成长的分界线的话,70.55%(103家)企业展现出良好的成长性,总的来说,规模以上的新三板企业展现出良好的成长性。具体如表4所示。

表4　　　　　规模以上企业中企业增速超过50%的占比超过20%

收入1亿元以上企业的营收增速区间分布		净利润1000万元以上企业的净利润增速区间分布	
收入增速区间	新三板企业数量	净利润增速区间	新三板企业数量
下滑20%以上	6	下滑50%以上	1
下滑10%~20%	5	下滑20%~50%	7
下滑10%以内	10	下滑20%以内	7

(续表)

收入1亿元以上企业的营收增速区间分布		净利润1000万元以上企业的净利润增速区间分布	
收入增速区间	新三板企业数量	净利润增速区间	新三板企业数量
增长10%以内	30	增长20%以内	28
增长10%~20%	21	增长20%~50%	29
增长20%~30%	21	增长50%~100%	26
增长30%~50%	23	增长100%以上	48
增长50%~100%	31	—	—
增长100%以上	13	—	—
收入1亿元以上企业平均营收增速：51.96%		净利润1000万元以上企业平均净利润增速：130.65%	
收入1亿元以上企业营收增速中位数：22.10%		净利润1000万元以上企业净利润增速中位数：51.62%	

资料来源：Wind、新三板智库。

苏州收入规模1亿元以上的企业(159家)，营业收入同比增长超20%的企业有66家，占比41.51%，收入平均增长35.77%，营收增速中位数为13.74%；净利润1000万元以上企业增速超20%企业数量为98家，占比64.48%，净利润平均增速207.33%，中位数为44.18%。杭州收入规模1亿以上的企业(135家)，营收同比增长超20%的企业有66家，占比48.89%，收入平均增长162.54%，营业收入增速中位数为18.05%；净利润1000万元以上企业增速超20%企业数量为81家，占比62.31%，净利润平均增速141.48%，中位数为35.88%。总的看来，广州规模以上企业中增速超过20%的企业占比高于杭州和苏州。具体如表5所示。

表5　　　　　　　　规模以上企业中超过50%的企业增速超过20%

	广州	杭州	苏州
收入1亿元以上企业中营收增速超20%企业数量	88	66	66
收入1亿元以上企业中营收同比增长超20%企业数量占比	55.00%	48.89%	41.51%
收入1亿元以上企业收入平均增速	51.96%	162.45%	35.77%
收入1亿元以上企业收入增速中位数	22.10%	18.05%	13.74%
净利润1000万元以上企业中增速超20%企业数量	103	81	98
净利润1000万元以上企业中增速超20%企业数量占比	70.55%	62.31%	64.48%
净利润1000万元以上企业净利润平均增速	130.65%	141.48%	207.33%
净利润1000万元以上企业净利润增速中位数	51.62%	35.88%	44.18%

资料来源：Wind、新三板智库。

四、广州31家创新层企业中高成长企业占比较高

目前广州共有31家创新层企业披露年报，这31家企业2016年总营收为81.90亿元，同比增长41.21%，总的归属母公司股东的净利润为7.39亿元，同比增长15.37%。从收入和净利润区间分布来看，创新层企业优于新三板整体，31家创新层企业平均收入2.64亿元，收入中位数为1.30亿元，平均净利润2391.89万元，净利润中位数为1540.95，64.52%的企业收入在1亿元以上，58.06%的企业净利润在1000万元以上。从收入增速和净利润增速区间分布来看，创新层企业收入增速平均值为38.36%，中位数为22.58%，收入增速下滑20%以上企业2家，下滑10%~20%的企业2家，下滑10%以内企业0家，增长10%以内企业4家，增长10%~

20%企业6家,增长20%~30%企业4家,增长30%~50%企业6家,增长50%~100%企业3家,增长100%以上企业4家,54.84%的企业增速超过20%;净利润增速平均值9.16%,中位数18.94%,净利润同比下滑50以上企业6家,下滑20%~50%企业1家,下滑20%以内企业4家,增长20%以内企业7家,增长20%~50%企业5家,增长50%~100%企业3家,增长100%以上企业5家,41.94%企业增速超过20%。具体如表6所示。

表6　　　　　　　　　广州创新层企业增速区间分布情况

创新层企业营收增速区间分布		创新层企业净利润增速区间分布	
收入增速区间	新三板企业数量	净利润增速区间	新三板企业数量
下滑20%以上	2	下滑50%以上	6
下滑10%~20%	2	下滑20%~50%	1
下滑10%以内	0	下滑20%以内	4
增长10%以内	4	增长20%以内	7
增长10%~20%	6	增长20%~50%	5
增长20%~30%	4	增长50%~100%	3
增长30%~50%	6	增长100%以上	5
增长50%~100%	3	—	—
增长100%以上	4		
创新层企业平均营收增速:38.36%		创新层企业净利润增速:9.16%	
创新层企业营收增速中位数:22.58%		创新层企业净利润增速中位数:18.94%	

资料来源:Wind、新三板智库。

苏州共有35家创新层企业披露年报,占比7.87%,其中营收增长20%的14家,占苏州总披露企业的40%,净利润增长20%的13家,占比37.14%。

杭州共有27家创新层企业披露年报,占比7.50%,其中营收增长20%的18家,占杭州总披露企业的6.67%,净利润增长20%的8家,占比29.63%。

广州31家创新层企业与苏州、杭州创新层企业比较如表7所示。

表7　　　　　　　广州31家创新层企业高成长企业占比较高

	广州	杭州	苏州	全体创新层企业
创新层企业数量	31	27	35	883
创新层企业数量占比	8.09%	7.50%	7.87%	100%
营收增速超过20%企业数量	17	18	14	397
营收增速超过20%企业数量占比	54.84%	66.67%	40%	44.96%
净利润增速超20%企业数量	13	8	13	357
净利润增速超20%企业数量占比	41.94%	29.63%	37.14%	40.43%

资料来源:Wind、新三板智库。

附录

广州 2016 年净利润 TOP10 企业

证券代码	证券简称	营业总收入（亿元）	营业总收入同比增长率	归属母公司股东的净利润（万元）	归属母公司股东的净利润同比增长率
870972.OC	广州塔	4.92	1.50%	11,821.88	310.42%
833321.OC	瑞立科密	4.32	72.18%	11,750.92	126.31%
870399.OC	通达电气	5.78	44.53%	10,494.33	62.04%
430759.OC	凯路仕	5.71	18.38%	9111.19	22.75%
839729.OC	永顺生物	3.52	16.59%	7432.69	3.21%
837628.OC	和兴隆	7.41	18.29%	7329.31	14.09%
831397.OC	康泽药业	17.56	60.23%	7258.30	39.32%
837615.OC	中海怡高	7.99	62.26%	6551.38	102.94%
832462.OC	广电计量	5.65	36.70%	6431.17	54.78%
834498.OC	易简集团	4.58	256.66%	6401.81	200.60%

资料来源：Wind、新三板智库。

分化,新三板的新常态

吴文轩[①]

新三板市场不对企业挂牌实施实质性前置审核条件,挂牌企业基本面多元化,加之市场化的导向,挂牌企业在交易、融资以及估值日益多元化。同时,新三板较为自由、鼓励创新的定价、融资以及并购制度,具有较强的市场化属性,导致市场资源向部分优质企业倾斜,从而导致市场走向分化。我们认为,2017年,分化将成为常态,二八法则下,资源将向"20%"的企业集中。

一、新三板市场分化格局明显,分化成为主旋律

(一)挂牌公司数量井喷,基本面呈多元化特征

2015年新三板挂牌公司数量井喷,全年新增挂牌公司数量超过3000家(见图1)。进入2016年,这一趋势依然在持续,截至2017年4月29日,新三板市场挂牌公司数量达到11,113家,已超过全部A股上市公司3201家的数量。

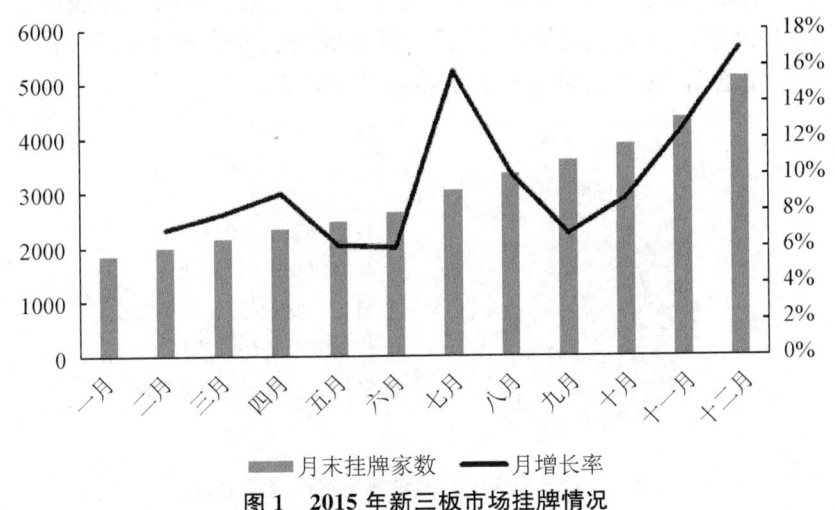

图1　2015年新三板市场挂牌情况

数据来源:全国中小企业股份转让系统。

挂牌数量的井喷主要是因为挂牌并无实质性的前置审核条件以及程序流程的便捷。与之相伴随的是,挂牌企业行业、规模、发展阶段呈多元化特征。行业方面,新三板市场有大量的沪深交易所市场未有的细分新兴领域,如移动互联网、体育、网红、情趣用品等。规模方面,2014年营收的中位数为5517.62万元,最大值为275.20亿元,最小值为1.34万元;2014年净利润的中位数为336.52万元,最大值为10.95亿元,最小值为-4.83亿元,见图2。

[①] 吴文轩,新三板智库研究员。

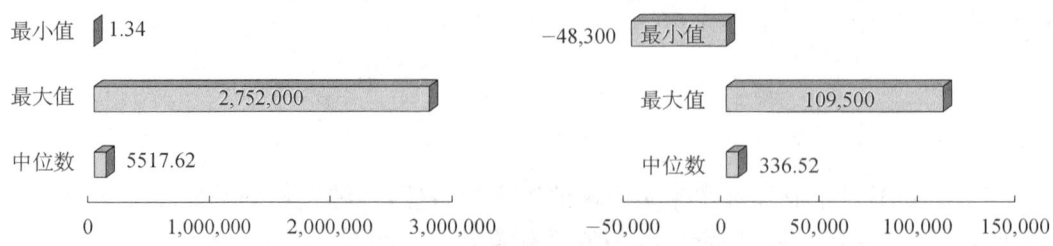

图 2　新三板 2014 年营收与净利润分化较大

数据来源：东方财富 Choice。

（二）基本面多元化使市场交易、融资、估值呈两极分化

1. 挂牌公司交易分化现状

➤ 一半以上挂牌企业零成交，日均成交量最大的超过 1800 万股

新三板市场现状是一半以上挂牌企业零成交，0.55％的公司日均成交量超过 100 万股，少量的日均交易量较大的公司拉升整个市场。截至 2016 年 2 月 23 日，新三板市场平均日均交易量为 4.41 万股/家，日均成交量最大的为 1800 万股，最小的是 0。5770 家挂牌企业中，自挂牌日起日均成交量为零的企业共有 3193 家，占比达到 55.34％，也就是说新三板市场中自挂牌伊始便没有成交过的所谓"僵尸股"占到一半以上。日均成交量 0 到 1 万股的企业共 917 家，占总挂牌企业的 15.89％；日均成交量 1 万股到 10 万股的企业占比达到 21.77％；日均成交量大于 100 万股的企业合计 32 家，占比仅为 0.55％，具体见图 3。

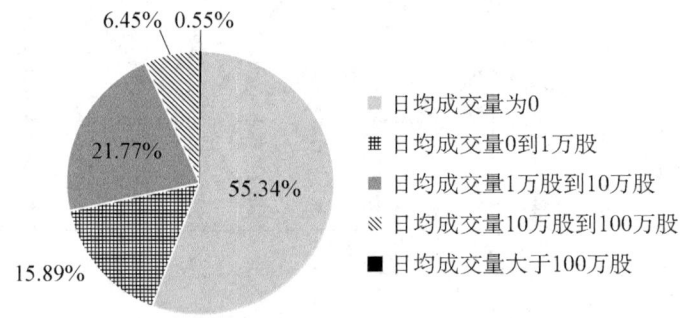

图 3　新三板挂牌日起企业日均成交量分布

数据来源：东方财富 Choice。

成交量大的公司具有高增长性、新兴行业等典型特征，交易方式没有太大影响。32 家日均成交量高于 100 万股的挂牌企业具备一定的共性：①除去中海阳外，所有企业均于 2014 年之后挂牌，2015 年挂牌的企业最多，这是因为新三板市场在过去两年对优质标的股的吸引力增强，见图 4；②大部分企业属于制造业和金融业，互联网属性特征明显，见图 5；③采取协议交易方式的企业略多于做市交易企业，32 家企业中，共有 18 家企业采取协议交易，见图 6、图 7。这说明交易方式相对基本面对交易活跃度的作用并没有显著强化。典型的案例是九鼎投资，在协议转让阶段，日均成交量达到 917.25 万股；④规模增长较快，32 家企业中，25 家企业 2014 年营业收入增长率为正，平均营业收入增长率达到 318.06％，新三板市场全部企业 2014 年营

业收入同比增长 134.13%。这 32 家企业中,去除增长率极高的日久广电(5135.03%)和信中利(3406.34%),平均增长率依然在 54.55%,见表 1。

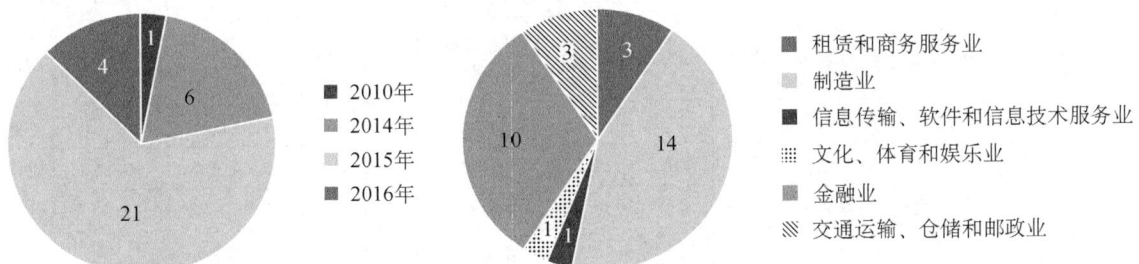

图 4　日均交易量高于 100 万股企业挂牌日期分布

数据来源:东方财富 Choice。

图 5　日均交易量高于 100 万股企业行业分布

数据来源:东方财富 Choice。

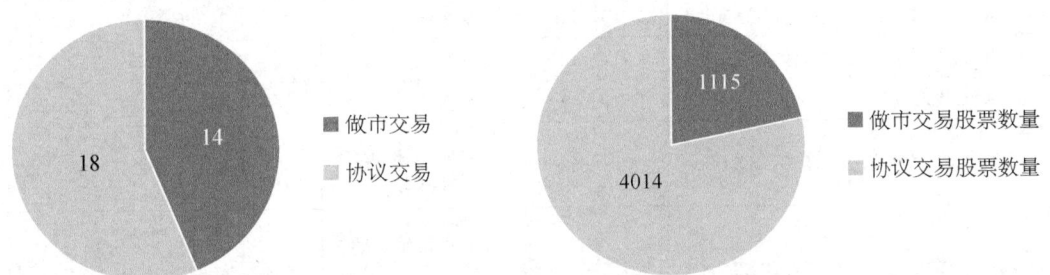

图 6　2015 年年末新三板市场两种交易方式股票分布

数据来源:东方财富 Choice。

图 7　日均交易量高于 100 万股企业交易方式分布

数据来源:东方财富 Choice。

表 1　日均交易量高于 100 万股企业汇总

股票代码	证券简称	挂牌起日均交易量	挂牌日	所属证监会行业分类	2014 年营业收入	营收增长率	转让方式
430065.OC	中海阳	1,024,523.6837	2010-03-19	制造业	728,170,126.6700	-30.15%	做市
430719.OC	九鼎集团	9,172,473.8841	2014-04-29	金融业	688,300,802.2600	120.32%	做市
830899.OC	联讯证券	18,067,879.0594	2014-08-01	金融业	559,221,706.4500	72.89%	做市
830958.OC	鑫庄农贷	1,847,294.1989	2014-08-08	金融业	64,942,782.0700	12.07%	做市
831199.OC	海博小贷	2,007,717.1946	2014-10-24	金融业	159,785,847.3300	-12.58%	协议
831379.OC	融信租赁	1,699,379.5652	2014-12-05	租赁和商务服务业	83,636,973.2200	-8.22%	做市
831494.OC	美居客	1,875,000.0000	2014-12-11	制造业	14,309,437.7700	73.22%	协议
831900.OC	海航冷链	2,263,842.6966	2015-01-29	交通运输、仓储和邮政业	125,261,112.1900	89.54%	做市
831954.OC	协昌科技	1,041,666.6667	2015-02-06	制造业	142,850,037.8700	113.15%	协议
831963.OC	明利股份	5,346,011.6279	2015-02-16	交通运输、仓储和邮政业	14,454,023.8200	29.76%	做市
832043.OC	卫东环保	3,292,848.7395	2015-02-25	制造业	77,153,429.4100	-19.61%	做市
832168.OC	中科招商	2,413,791.5217	2015-03-20	金融业	515,875,004.0700	17.59%	协议

(续表)

股票代码	证券简称	挂牌起日均交易量	挂牌日	所属证监会行业分类	2014年营业收入	营收增长率	转让方式
832379.OC	鑫融基	5,757,921.8750	2015-04-30	租赁和商务服务业	287,576,573.3500	78.11%	做市
832958.OC	艾芬达	1,430,821.4286	2015-07-28	制造业	371,084,741.5000	65.16%	协议
832970.OC	东海证券	8,653,898.5507	2015-07-27	金融业	2,844,890,441.9800	106.20%	协议
833114.OC	商汇小贷	5,668,800.0000	2015-08-10	金融业	241,207,806.2200	51.46%	做市
833499.OC	中国康富	4,396,973.3333	2015-09-09	租赁和商务服务业	551,935,118.4600	42.90%	协议
833858.OC	信中利	1,198,996.4167	2015-10-23	金融业	25,943,396.2000	3406.34%	做市
833868.OC	南京证券	1,386,120.4773	2015-10-30	金融业	1,421,284,620.5200	40.17%	协议
834102.OC	电联股份	4,478,700.1951	2015-11-20	制造业	863,322,066.4300	19.95%	协议
834178.OC	金田铜业	3,850,977.2727	2015-12-01	制造业	27,519,933,638.3300	13.19%	做市
834295.OC	虎彩印艺	2,800,977.7778	2015-11-25	制造业	1,149,542,957.5400	−3.46%	协议
834616.OC	京博物流	6,530,250.0000	2015-12-02	交通运输、仓储和邮政业	681,386,151.7000	28.33%	协议
834678.OC	东方网	1,371,812.5000	2015-12-28	信息传输、软件和信息技术服务业	531,074,672.3400	14.54%	协议
834683.OC	爹地宝贝	1,760,860.8485	2015-12-10	制造业	478,053,540.2500	14.54%	做市
834754.OC	八马茶业	6,880,000.0000	2015-12-08	制造业	393,891,770.9200	−7.46%	协议
834793.OC	华强文化	1,123,447.2222	2015-12-28	文化、体育和娱乐业	2,354,423,365.2000	7.87%	做市
834915.OC	津同仁堂	1,257,142.8571	2015-12-11	制造业	485,794,431.2500	−4.80%	协议
835229.OC	日久光电	1,220,000.0000	2016-01-05	制造业	87,559,413.5900	5135.03%	协议
835248.OC	博森科技	1,119,863.6364	2016-01-18	制造业	111,084,271.7400	90.83%	协议
835337.OC	华龙证券	1,714,285.7143	2016-01-21	金融业	1,317,367,460.4000	72.80%	协议
835560.OC	羿珩科技	1,382,250.0000	2016-01-18	制造业	76,607,006.9900	548.09%	协议

数据来源：东方财富 Choice。

2. 55%的挂牌企业零成交，日均成交额最大的7800万元

截至2016年2月23日，新三板企业挂牌日起日均成交额平均值为23.38万元/家，而四分位数和中位数均为0元/家，大量企业日均成交额较小，少数成交额较大的企业抬升了整体平均值。自挂牌日起日均成交额为零的企业共计3193家，占比为55.34%；日均成交额0到10万元的企业共计1355家，占比为23.48%；日均成交额大于等于10万元小于100万元的企业共计985家，占比为17.07%；与日均成交量情况相似，挂牌日起日均成交额大于100万元的企业较少，共计237家，占比为4.11%，见图8。

成交额大的公司具有高增长性、新兴行业等典型特征，做市交易促进成交量。12家日均成交额大于1000万元的股票呈现如下特征：①所有企业挂牌时间在2014年与2015年，见图9；②企业所属行业多为金融业（5家）和制造业（3家），多带有互联网属性，见图10；③采取做市交

易方式企业占多数,共计8家,见图11。④营业收入规模增长较快,2014年营业收入平均增长率达到317.57%,新三板市场全部企业2014年营业收入同比增长134.13%。除去信中利3406.34%超高增长率的影响,12家企业平均增长率依然维持在36.78%的高位,见表2。

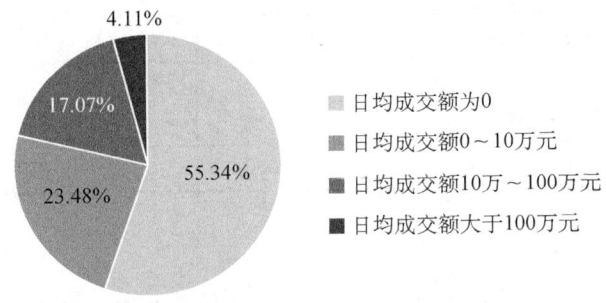

图8　新三板挂牌日起企业日均成交额分布

数据来源:东方财富Choice。

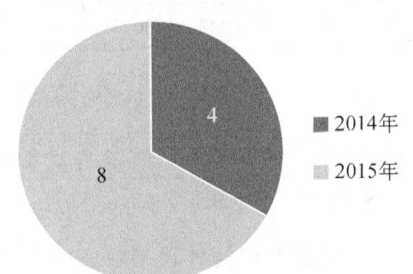

图9　日均交易额高于1000万元企业挂牌日期分布图

数据来源:东方财富Choice。

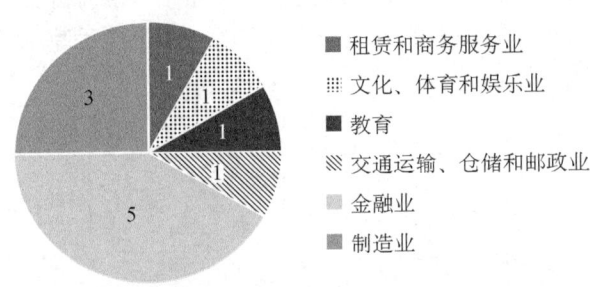

图10　日均交易额高于1000万元企业行业分布

数据来源:东方财富Choice。

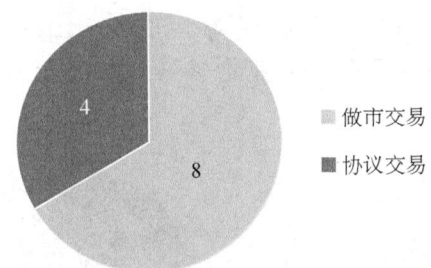

图11　日均交易额高于1000万元企业行业交易方式分布

数据来源:东方财富Choice。

表2　日均交易额高于1000万元企业汇总

证券代码	证券简称	日均成交额(元)	挂牌日	所属证监会行业分类	2014年营业收入(元)	2014年营业收入增长率	转让方式
430719.OC	九鼎集团	78,123,825.74	2014-04-29	金融业	688,300,802.26	120.32%	做市
830858.OC	华图教育	35,421,830.15	2014-07-24	教育	1,155,426,119.40	17.38%	做市
830899.OC	联讯证券	49,413,375.10	2014-08-01	金融业	559,221,706.45	72.89%	做市
831379.OC	融信租赁	14,728,249.50	2014-12-05	租赁和商务服务业	83,636,973.22	-8.22%	做市
831963.OC	明利股份	27,914,729.01	2015-02-16	交通运输、仓储和邮政业	14,454,023.82	29.76%	做市
832043.OC	卫东环保	10,773,553.32	2015-02-25	制造业	77,153,429.41	-19.61%	做市
832168.OC	中科招商	38,363,949.21	2015-03-20	金融业	515,875,004.07	17.59%	协议
832958.OC	艾芬达	12,573,036.07	2015-07-28	制造业	371,084,741.50	65.16%	协议

(续表)

证券代码	证券简称	日均成交额(元)	挂牌日	所属证监会行业分类	2014年营业收入(元)	2014年营业收入增长率	转让方式
832970.OC	东海证券	47,537,306.41	2015-07-27	金融业	2,844,890,441.98	106.20%	协议
833858.OC	信中利	20,857,446.83	2015-10-23	金融业	25,943,396.20	3406.34%	做市
834793.OC	华强文化	21,340,123.89	2015-12-28	文化、体育和娱乐业	2,354,423,365.20	7.87%	做市
834915.OC	津同仁堂	14,717,142.86	2015-12-11	制造业	485,794,431.25	-4.80%	协议

数据来源：东方财富 Choice。

1. 挂牌日起日均换手率平均数为 1.80%

截至 2016 年 2 月 23 日，挂牌日起日均换手率平均数为 1.80%/家，而四分位数与中位数均为 0，说明日均换手率分化依然严重，大量小数额换手率充斥在市场中。自挂牌日起日均换手率为 0 的企业共计 3192 家；日均换手率大于 0 小于 1% 的企业共计 1615 家，占新三板市场挂牌企业总数的 27.99%，日均换手率大于等于 1% 小于 10% 的企业共计 756 家，占比为 13.10%，日均换手率大于等于 10% 小于 50% 的企业共 155 家，占比 2.69%，日均换手率大于等于 50% 的企业共 52 家，占比为 0.90%，见图 12。

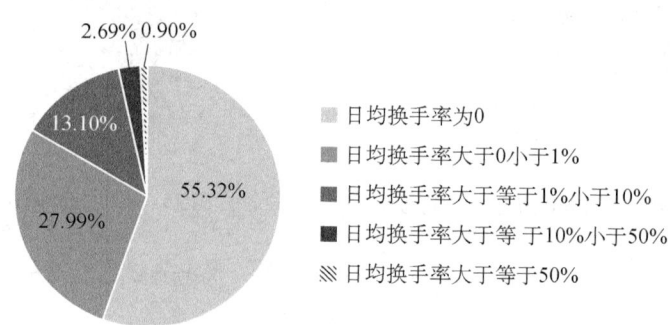

图 12 新三板挂牌日起企业日均换手率分布

数据来源：东方财富 Choice。

我们选取换手率较为健康的 7%~8% 的共计 37 家公司进行分析，发现这些公司有如下特征：①多为 2014 年及 2015 年挂牌企业，两者合计 30 家；②制造业和信息技术股占比最高，分别有 21 家和 6 家企业；③多为协议交易股票，仅有两家企业为做市交易。详见表 3。

表 3　日均换手率为 7%~8% 的企业汇总

证券代码	证券简称	日均换手率(%)	挂牌日	所属证监会行业分类	2014年营业收入(元)	2014营业收入增长率	转让方式
430246.OC	佳星慧盟	7.80	2013-07-23	批发和零售业	28,058,604.90	-44.03%	协议
831191.OC	彩通科技	7.39	2014-10-09	信息传输、软件和信息技术服务业	38,036,347.88	-40.32%	协议
831436.OC	白水农夫	7.24	2014-12-09	农、林、牧、渔业	55,474,872.24	-29.12%	协议

(续表)

证券代码	证券简称	日均换手率(%)	挂牌日	所属证监会行业分类	2014年营业收入(元)	2014营业收入增长率	转让方式
832813.OC	瑞博检测	7.72	2015-07-24	科学研究和技术服务业	10,123,607.98	-28.90%	协议
430096.OC	航天宏达	7.37	2011-08-30	制造业	6,148,309.24	-26.12%	协议
430712.OC	索天科技	7.89	2014-04-24	制造业	23,044,161.78	-24.06%	协议
834188.OC	九九华立	7.50	2015-11-23	制造业	66,336,565.46	-21.78%	协议
833017.OC	力诺特玻	7.25	2015-08-12	制造业	438,701,666.33	-8.93%	协议
833597.OC	雷格讯	7.50	2015-09-17	制造业	15,340,755.02	-8.39%	协议
430063.OC	工控网	7.15	2010-02-08	科学研究和技术服务业	40,856,250.50	-5.53%	协议
834915.OC	津同仁堂	7.30	2015-12-11	制造业	485,794,431.25	-4.80%	协议
830941.OC	明硕股份	7.78	2014-08-01	交通运输、仓储和邮政业	106,154,651.09	-3.58%	协议
831746.OC	弘奥生物	7.15	2015-01-15	制造业	22,276,918.57	0.21%	协议
430078.OC	君德同创	7.52	2011-01-18	制造业	40,129,783.77	0.49%	协议
831894.OC	高捷联	7.74	2015-02-05	批发和零售业	495,149,482.45	2.27%	协议
430474.OC	恒裕灯饰	8.00	2014-01-24	制造业	40,180,471.87	14.31%	协议
833410.OC	百味斋	7.21	2015-08-25	制造业	104,009,440.07	15.60%	协议
831548.OC	光大百纳	7.94	2014-12-31	制造业	26,324,749.93	16.02%	协议
832381.OC	国汇小贷	7.92	2015-04-30	金融业	40,649,626.15	17.11%	协议
832857.OC	宏景电子	7.29	2015-07-28	制造业	205,364,023.57	17.43%	协议
430068.OC	纬纶环保	7.16	2010-06-08	信息传输、软件和信息技术服务业	71,156,216.52	20.95%	协议
830884.OC	华盛供水	7.25	2014-07-22	制造业	15,449,602.56	22.85%	协议
831302.OC	飞扬天下	7.31	2014-11-06	信息传输、软件和信息技术服务业	7,058,894.16	27.10%	协议
430195.OC	欧泰克	7.28	2012-12-26	制造业	40,466,594.16	28.26%	协议
430066.OC	南北天地	7.23	2010-04-22	信息传输、软件和信息技术服务业	70,217,217.32	29.76%	协议
831263.OC	科华控股	7.49	2014-11-03	制造业	505,324,723.09	36.52%	协议
831460.OC	光和光学	7.02	2014-12-22	制造业	69,800,490.12	39.79%	协议
832808.OC	中帅医药	7.41	2015-08-06	科学研究和技术服务业	6,048,679.24	46.71%	协议
430690.OC	酷买网	7.58	2014-04-10	批发和零售业	22,560,449.68	49.75%	协议
830867.OC	全华光电	7.42	2014-07-15	制造业	12,592,419.41	50.85%	协议
832958.OC	艾芬达	7.15	2015-07-28	制造业	371,084,741.50	65.16%	协议
832942.OC	名品彩叶	8.00	2015-07-30	农、林、牧、渔业	23,647,147.77	75.11%	协议

（续表）

证券代码	证券简称	日均换手率(%)	挂牌日	所属证监会行业分类	2014年营业收入(元)	2014营业收入增长率	转让方式
831551.OC	世纪合辉	7.16	2014-12-19	制造业	27,792,342.30	97.11%	协议
833504.OC	骐俊股份	7.62	2015-09-10	制造业	102,151,544.93	115.44%	协议
833109.OC	灵犀金融	7.15	2015-08-07	信息传输、软件和信息技术服务业	4,109,734.41	427.75%	协议
831221.OC	聚阳环保	7.12	2014-10-17	制造业	8,140,847.30	-20.53%	做市
830953.OC	惠当家	7.93	2014-08-08	信息传输、软件和信息技术服务业	7,052,104.36	72.54%	做市

数据来源：东方财富 Choice。

2. 新三板融资分化现状

整体上，市场融资高速扩张。根据股转系统披露的《2015年年度统计快报》显示，2015年新三板市场共计发行股票2547次，股票发行次数为2014年的7.75倍，2013年的42.45倍。2015年新三板市场股票发行融资金额达到1213.38亿元，分别为2014年的9.17倍和2013年的121.10倍。详见图13。

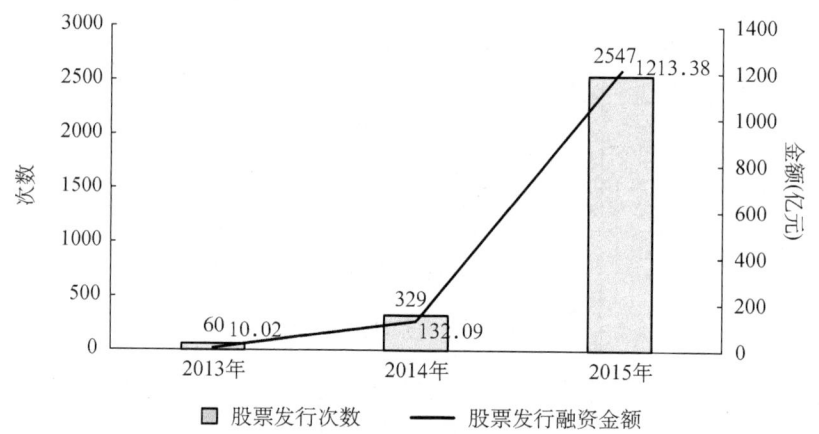

图13 2015年新三板股票发行情况

数据来源：全国中小企业股份转让系统。

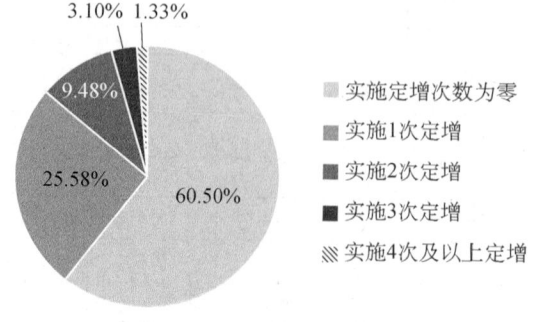

图14 新三板定增分布情况

数据来源：东方财富 Choice。

近40%的企业实现至少一次融资，14%的企业实现多次融资。截至2016年2月23日，新三板市场的5770家挂牌企业中，自挂牌日起增发实施次数为零的企业共计3491家，占比60.50%。自挂牌日起增发实施次数为1次的企业共计1476家，占比为25.58%。除楼兰股份自挂牌起共实施12次定增外，其余802家企业自挂牌日起实施了2~6次增发，占比为13.90%，见图14。

最大规模融资额超过百亿元，26%的企业融资金额在 1000 万至 1 亿元。从增发募集金额方面来看,自挂牌日起增发募集金额为零的企业共计 3494 家,占比为 60.55%。增发募集总金额最小的只有 30.56 元,而金额最大的九鼎集团共增发募集 157.87 亿元,两者相差 5.17 亿倍。除去募集金额为零的企业,自挂牌日期增发募集金额在 1000 万元以下的企业共计 507 家,占比为 8.79%;增发募集金额在 1000 万~

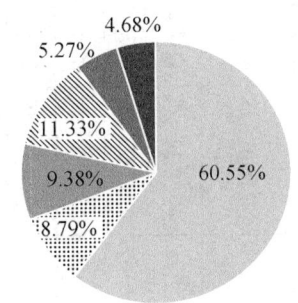

图 15　新三板增发募资情况

数据来源:东方财富 Choice。

2000 万元的企业共计 541 家,占比为 9.38%;融资募集金额在 2000 万~5000 万元的企业共计 654 家,占比为 11.33%;融资募集金额在 5000 万至 1 亿元的企业共计 304 家,占比为 5.27%;增发募集金额在 1 亿元以上的企业共计 270 家,占比为 4.68%,见图 15。其中增发募集金额达到百亿元级别的企业共两家,为九鼎集团和中科招商,增发募集金额分别为 157.87 亿元和 108.84 亿元。发生过定增募资的企业,平均每家企业每次能够募集到资金 4313 万元。

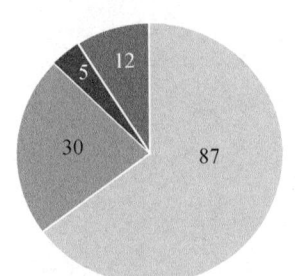

图 16　新三板平均每次募资额在 1 亿元以上的募资情况

数据来源:东方财富 Choice。

平均每次增发募资超过 1 亿元的 134 家企业(见图 16),具有一定的业绩体量、高成长性等显著特征:(1)多数企业于 2014 年和 2015 年挂牌新三板,见图 17;(2)企业多集中于信息技术—互联网和相关服务、信息技术—软件和信息技术服务业以及金融业—资本市场服务行业,见图 18;(3)营业收入增长速度低于市场平均水平,平均营业收入增长率为 51.78%,新三板市场全部企业 2014 年营业收入同比增长 134.13%。除去思考投资 1893.03% 的超高增长率,134 家企业平均营业收入增长率为 37.83%,见表 4;(4)做市交易股票略多于协议交易股票,采取做市交易方式的企业共计 74 家,略高于协议交易的 60 家,见图 19。

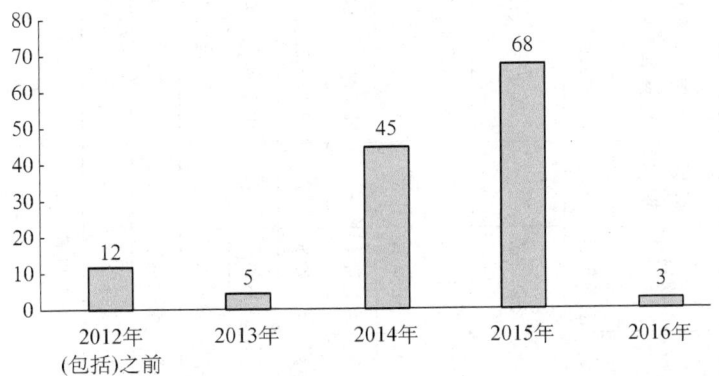

图 17　新三板平均每次募资额在 1 亿元以上企业挂牌时间分布

数据来源:东方财富 Choice。

表 4　挂牌日起平均定增募集金额前十名企业

证券代码	证券简称	挂牌日起增发募资次数	挂牌日起增发募集资金	平均每次增发募资金额	挂牌日	所属证监会行业分类	2014年营业收入(元)	2014年营业收入增速	挂牌日	转让方式
832666.OC	齐鲁银行	1	1,500,960,000	1,500,960,000	2015-06-29	金融业—货币金融服务	3,531,232,952.00	24.62%	2015-06-29	协议
831900.OC	海航冷链	1	1,706,416,320	1,706,416,320	2015-01-29	交通运输、仓储和邮政业—道路运输业	125,261,112.19	89.54%	2015-01-29	做市
833840.OC	永安期货	1	1,750,500,000	1,750,500,000	2015-10-28	金融业—其他金融业	2,501,369,357.63	183.89%	2015-10-28	协议
833499.OC	中国康富	1	1,875,000,000	1,875,000,000	2015-09-09	租赁和商务服务业—租赁业	551,935,118.46	42.90%	2015-09-09	协议
830899.OC	联讯证券	2	3,791,357,999	1,895,679,000	2014-08-01	金融业—资本市场服务	559,221,706.45	72.89%	2014-08-01	做市
833979.OC	天图投资	2	3,880,520,953	1,940,260,476	2015-11-16	金融业—资本市场服务	193,374,059.01	-35.81%	2015-11-16	协议
832168.OC	中科招商	4	10,884,345,670	2,721,086,418	2015-03-20	金融业—资本市场服务	515,875,004.07	17.59%	2015-03-20	协议
833044.OC	硅谷天堂	1	3,071,400,000	3,071,400,000	2015-07-30	金融业—资本市场服务	371,311,499.71	7.91%	2015-07-30	协议
833868.OC	南京证券	1	3,443,997,018	3,443,997,018	2015-10-30	金融业—资本市场服务	1,421,284,620.52	40.17%	2015-10-30	协议
430719.OC	九鼎集团	3	15,786,773,900	5,262,257,967	2014-04-29	金融业—资本市场服务	688,300,802.26	120.32%	2014-04-29	做市

数据来源：东方财富 Choice。

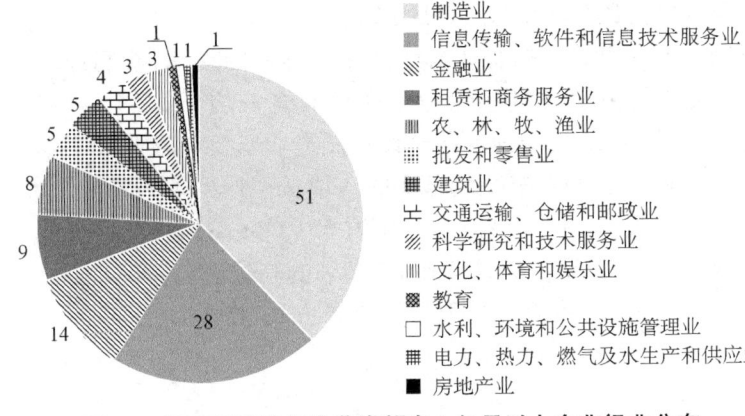

图 18　新三板平均每次募资额在 1 亿元以上企业行业分布

数据来源：东方财富 Choice。

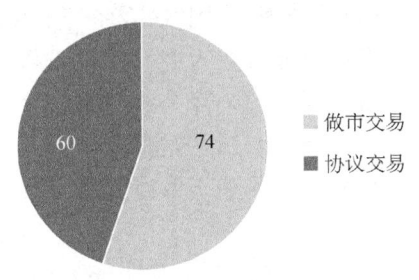

图 19　新三板平均每次募资额在 1 亿元以上企业交易方式分布

数据来源：东方财富 Choice。

3. 新三板估值分化现状

根据股转系统数据显示，截至 2015 年 12 月 31 日，新三板平均市盈率为 47.23 倍，见图 20。

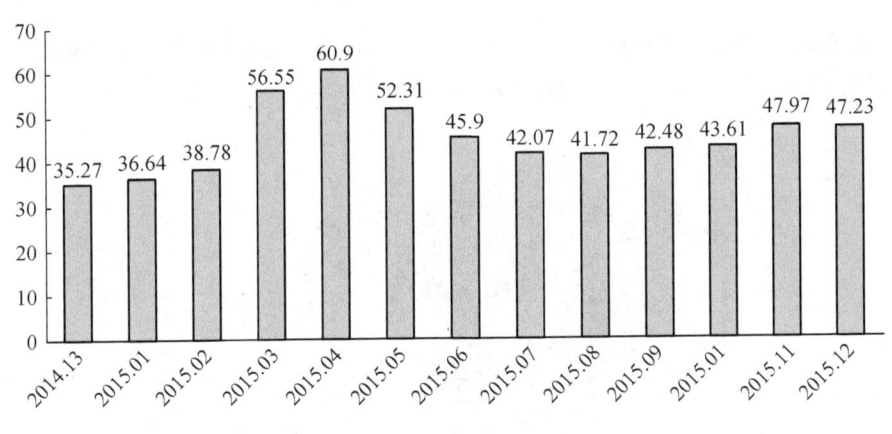

图 20　2015 年新三板市盈率分布情况

数据来源：全国中小企业股份转让系统。

4. 新三板市盈率分布情况

截至 2016 年 2 月 23 日，除去新三板市场中动态市盈率为负或为零的 3559 家企业，剩余的 2211 家市盈率为正的企业中，动态市盈率最小的企业只有 0.02 倍，动态市盈率最大的企业为汇量科技，动态市盈率达到了 29.73 万倍。动态市盈率在 0～20 倍的企业共计 712 家，占新三板市场市盈率为正的企业为 32.20％，动态市盈率在 20～40 倍的企业共计 742 家，占比为 33.56％，

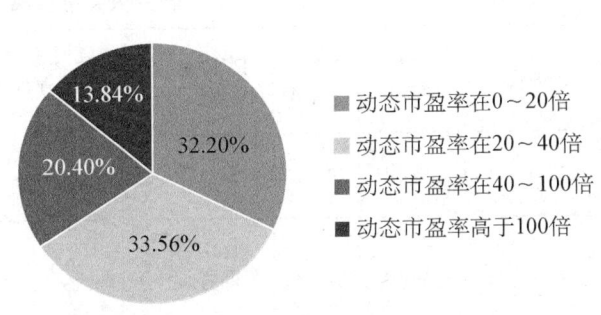

图 21　新三板动态市盈率为正的企业占比分布

数据来源：东方财富 Choice。

动态市盈率大于100倍的企业共计306家,占比为13.84%,见图21。

由于新三板市场定价功能并不完善,千倍市盈率的企业可能缺乏交易量的支撑,我们选取交易量比较大且市盈率较高的30家企业进行分析,其特征如下:①所有企业均于2014年(包括)后挂牌,见图22;②企业以制造业——计算机、通信和其他电子设备制造业以及金融业——资本市场服务行业为主,见图23;③营业收入规模增长较快,平均营业收入增长率达到了349.81%,新三板市场全部企业2014年营业收入同比增长134.13%。除去信中利(3406.34%)与日久广电(5135.03%)的超高增长率,平均营业收入增长率依然维持在69.75%的高位,见表5;④协议交易股票略多于做市交易股票,30家企业中有17家企业采取协议交易方式,见图24。

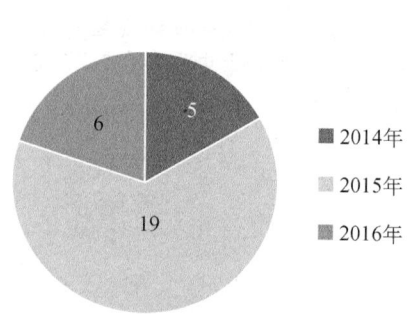

图22 高市盈率企业挂牌日分布情况

数据来源:东方财富Choice。

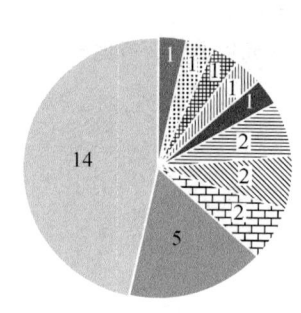

图23 高市盈率企业行业分布情况

数据来源:东方财富Choice。

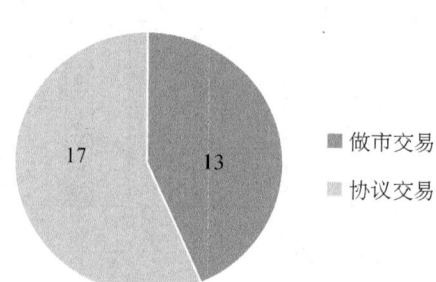

图24 高市盈率企业交易方式分布情况

数据来源:东方财富Choice。

表5　　　　　　　　　　新三板高市盈率十家企业汇总

证券代码	证券简称	市盈率(TTM)	日均成交量(股)	挂牌日	证监会行业分类	2014年营业收入(元)	2014年营业收入增长率	交易方式
430719.OC	九鼎集团	176.40	9,172,473.88	2014-4-29	金融业——资本市场服务	688,300,802.26	120.32%	做市
831900.OC	海航冷链	989.80	2,263,842.70	2015-1-29	交通运输、仓储和邮政业——道路运输	125,261,112.19	89.54%	做市

(续表)

证券代码	证券简称	市盈率(TTM)	日均成交量(股)	挂牌日	证监会行业分类	2014年营业收入(元)	2014年营业收入增长率	交易方式
835248.OC	博森科技	909.00	1,119,863.64	2016-1-18	制造业—化学原料及化学制品制造业	111,084,271.74	90.83%	协议
834915.OC	津同仁堂	353.59	1,257,142.86	2015-12-11	制造业—医药制造业	485,794,431.25	−4.80%	协议
835229.OC	日久光电	274.09	1,220,000.00	2016-1-5	制造业—计算机、通信和其他电子设备制造业	87,559,413.59	5135.03%	协议
834678.OC	东方网	204.19	1,371,812.50	2015-12-28	信息传输、软件和信息技术服务业—互联网和相关服务	531,074,672.34	14.54%	协议
833858.OC	信中利	198.63	1,198,996.42	2015-10-23	金融业—资本市场服务	25,943,396.20	3406.34%	做市
835902.OC	科盾科技	184.16	510,500.00	2016-2-22	制造业—计算机、通信和其他电子设备制造业	8,126,558.07	3.28%	协议
833677.OC	芯能科技	163.78	747,712.77	2015-9-30	制造业—电子机械和器材制造业	869,259,777.91	129.14%	协议
835574.OC	鸿鑫互联	156.71	483,952.38	2016-1-19	建筑业—建筑装饰和其他建筑业	302,219,699.05	44.96%	协议

数据来源：东方财富 Choice。

5. 新三板市销率分布现状

新三板市场不设财务门槛的准入制度，导致市盈率的估值指标对部分优质的创新型、成长型企业失效，我们选取市场上另一个常用的估值指标——市销率(BS)对新三板市场估值分布现状进行分析。

截至 2016 年 2 月 23 日，新三板市场挂牌的 5770 家企业中，动态市销率(TTM)为零的企业共计 3202 家，占总挂牌企业数量的 55.49%。除去上述企业，动态市销率在 5 倍以下的企业共计 1704 家，占动态市销率为正的企业数量的 66.35%；动态市销率在 5 倍(包括)到 20 倍(包括)的企业共计 691 家，占比为 26.91%；动态市销率在 20 倍(不包括)到 50 倍(不包括)的企业共计 98 家，占比为 3.82% 动态市销率在 50 倍(包括)以上的企业共计 75 家，占比为 2.92%，见图 25。

同样由于新三板市场的流动性问题，仅仅依靠市销率有失偏颇，我们选取了挂牌日起日均成交量较大的 30 家高市销率企业进行分析，有如下特征：(1)企业均于 2014 年(包括)之后挂牌，其中 2015 年挂牌的有 20 家，占比最高，见图 26；(2)金融业—资本市场服务业占比最高，见

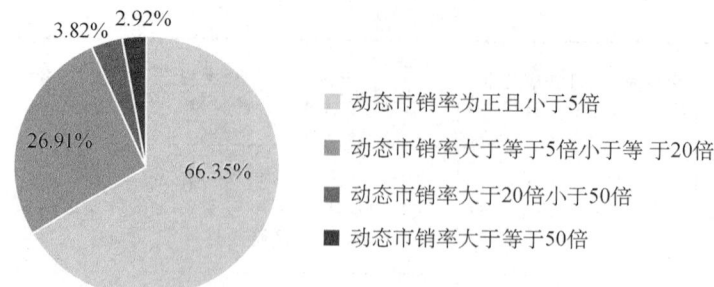

图 25　新三板动态市销率为正各阶段企业比例分布

数据来源：东方财富 Choice。

图 27；(3)营业收入规模增长较快,2014 年平均营业收入增长率为 396.01%,新三板市场全部企业 2014 年营业收入同比增长 134.13%。除去思考投资(1893.03%)、信中利(3406.34%)及菁英时代(4984.03%)三家超高增长率企业,27 家企业 2014 年平均营业收入增长率为 59.15%,见表 6;(4)做市交易企业与协议交易企业数量相近,前者共计 14 家企业入选,见图 28。

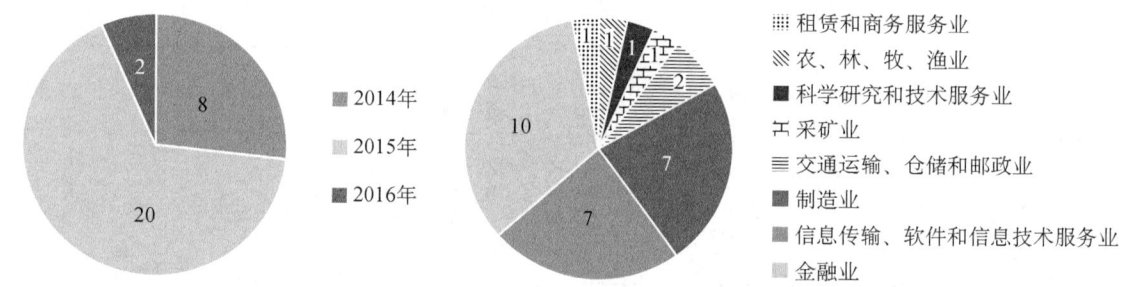

图 26　高动态市销率企业挂牌时间分布　　　　**图 27　高动态市销率企业行业分布**

数据来源：东方财富 Choice。　　　　　　　　　　数据来源：东方财富 Choice。

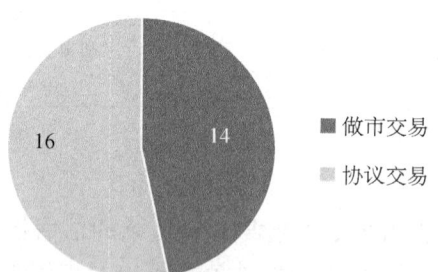

图 28　高动态市销率企业交易方式分布

数据来源：东方财富 Choice。

表 6　　　　　　　　　　　　　　　高市销率企业汇总

证券代码	证券简称	市销率(TTM)	挂牌日起日均成交量	挂牌日	所属证监会行业分类	2014 年营业收入(元)	2014 年营业收入增长率	转让方式
430719.OC	九鼎集团	40.57	9,172,473.88	2014-04-29	金融业	688,300,802.26	120.32%	做市
830819.OC	致生联发	8.96	359,189.19	2014-06-24	信息传输、软件和信息技术服务业	121,105,609.30	102.67%	做市

(续表)

证券代码	证券简称	市销率(TTM)	挂牌日起日均成交量	挂牌日	所属证监会行业分类	2014年营业收入(元)	2014年营业收入增长率	转让方式
830855.OC	盈谷股份	12.19	385,551.32	2014-07-04	制造业	97,908,608.75	83.93%	做市
830978.OC	先临三维	12.78	397,610.02	2014-08-08	信息传输、软件和信息技术服务业	115,442,419.03	25.06%	做市
831090.OC	锡成新材	11.91	423,196.43	2014-12-10	采矿业	33,357,449.13	312.78%	做市
831199.OC	海博小贷	10.95	2,007,717.19	2014-10-24	金融业	159,785,847.33	-12.58%	协议
831379.OC	融信租赁	23.00	1,699,379.57	2014-12-05	租赁和商务服务业	83,636,973.22	-8.22%	做市
831472.OC	ST复娱	37.72	337,702.13	2014-12-08	信息传输、软件和信息技术服务业	42,481,114.55	-59.58%	做市
831639.OC	达仁资管	172.32	666,916.67	2015-01-12	金融业	23,802,067.93	230.80%	协议
831850.OC	分豆教育	16.95	287,255.05	2015-01-26	信息传输、软件和信息技术服务业	28,981,512.91	410.08%	做市

数据来源：东方财富 Choice。

二、新三板制度框架导向分化

（一）挂牌低门槛，新三板企业供给端暴增

与主板不同，为了适应中小企业的发展现状和要求，新三板市场推行"类注册制"，在挂牌审查方面实行宽松的准入制度，不对企业规模、收入、盈利等财务指标设置门槛，而是强调信息披露为核心，不对企业盈利做实质性审核，主要针对挂牌条件和信息披露的合规性、有效性进行审查，详见表7、图29。同时新三板倡导市场化选择机制，强调主办券商等中介机构提供持续的督导和其他经济服务，投资者基于公司的披露文件，对公司投资价值进行自主判断并作出决策。

表7　　　　　　　　　　新三板相对宽松的挂牌制度

	新三板	创业板	主板 & 中小板
上市主体资格	证监会核准的非上市公司	公开发行股票	公开发行股票
股东人数	可超过200人	不少于200人	不少于200人
存续时间	存续满2年	存续满3年	存续满3年
盈利要求	具有持续经营能力	最近两年连续盈利,最近两年净利润累计不少于1000万元且持续增长;或最近一年盈利,最近一年营业收入不少于5000万元	近三个会计年度净利润为正,累计超过3000万元,净利润以扣非前后较低者为计算依据
现金流要求	无	无	近三个会计年度现金流累计超过5000万元;或近三个会计年度营业收入超过3亿元
净资产要求	无	最近一期末净资产不少于2000万元,且不存在未弥补亏损	最近一期末无形资产占净资产比例不高于20%

(续表)

	新三板	创业板	主板 & 中小板
股本总额	无	公司股本总额不少于 3000 万元	公司股本总额不少于 5000 万元
其他条件	主券商推荐并持续督导	持续督导期为上市当年剩余时间及其后三个会计年度	持续督导期为上市当年剩余时间及其后两个会计年度

资料来源：新三板智库。

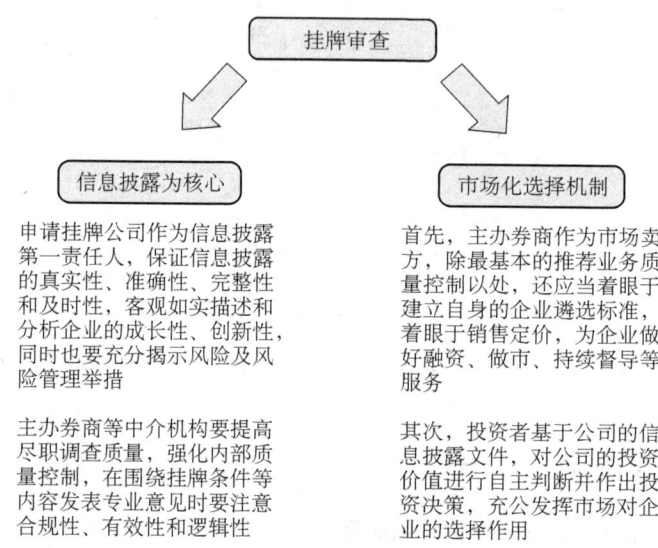

图 29　新三板挂牌审查着重信息披露与市场选择

资料来源：全国中小企业股份转让系统。

同时，新三板由事前审核转向事中事后监管，大大简化了挂牌流程，减少了等待时间，从确定券商中介到审查备案、股份登记，平均 6~8 个月便可挂牌，见图 30。

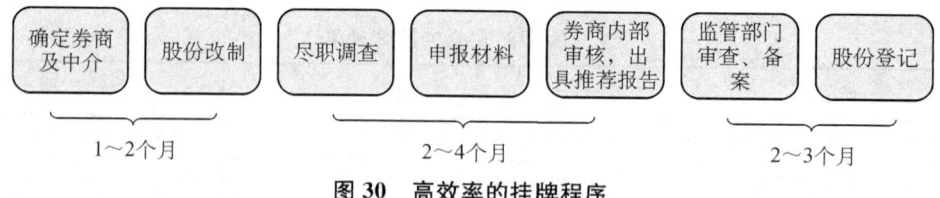

图 30　高效率的挂牌程序

资料来源：新三板智库。

新三板宽松的准入制度直接增大了市场企业的供给量。2015 年新三板市场新增挂牌企业共计 3557 家，2016 年新增挂牌企业 5034 家，分别同比增长了 2.26 倍和 1.98 倍，见图 31。

（二）挂牌后，市场对资源配置起决定作用

市场在企业融资过程中起决定作用。新三板融资制度以市场化为导向，重视信息披露，定位于为中小企业提供"小额、便捷、灵活、多元"的投融资体制。目前新三板市场融资采取股权融资和债权融资并举的方式，见图 32。目前最主要的融资方式为股票增发，并已推出

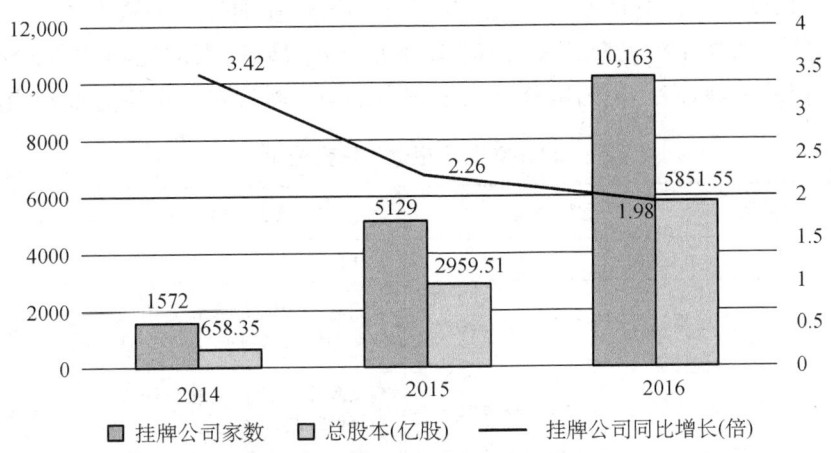

图31 新三板市场供给端暴增

数据来源：全国中小企业股份转让系统。

优先股，中小企业私募债在市场中也屡见不鲜，另外现有政策也为公司债、可转债提供了空间。

在股权融资方面，新三板对股票发行采取较为宽松灵活的机制。2015年9月，股转系统发布了《全国中小企业股份转让系统优先股业务指引（试行）》，明确了新三板发行优先股实施细则，为股权融资提供又一市场化的灵活工具。

目前新三板股票发行具有较高的灵活性，监管机构对其束缚较少，鼓励创新，主要体现在股票发行审查、发行要求、限售、信批、定价等方面。在发行审查方面，采取小额发行豁免制度，对于股票发行后股

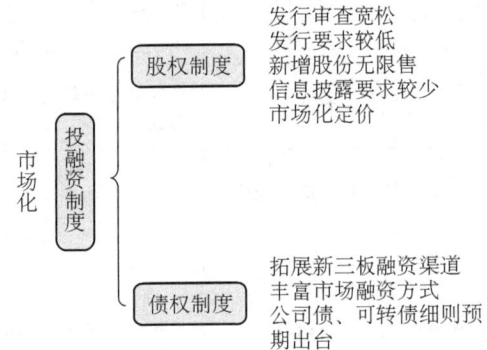

图32 市场化的投融资制度

资料来源：新三板智库。

东人数累计少于等于200人的，只需发行后向股转系统备案即可，不需要向证监会申请核准；在股票发行的要求方面，挂牌公司在发行时点方面具有较大自由选择权，公司在挂牌前期、中期、后期都可以发行，并且对股票的发行不进行财务指标的限制，无时间间隔要求，不设融资规模限制；在发行对象方面，发行对象包括公司股东、董事、监事和高级管理人员与核心员工，以及符合投资者适当性要求的投资者，单次发行新增对象可至35人，发行对象既可以公司事前确定，也可以通过券商向不确定对象以询价方式来确定；在限售安排方面，对于新增的股份，不设锁定期，不强制限售；在信息披露方面，挂牌公司发行股票不强制披露募集投向项目的可行性分析、投后盈利分析等；在发行定价方面，新三板充分发挥市场机制作用，股票发行价格能够与特定对象协商谈判决定，同时也能够通过路演进行询价。

增发作为新三板较为成熟、市场化的融资方式，新三板充分发挥市场化、灵活创新的特点，出现多种颇具特色的股票发行方式，比如出现发行对象不确定，换股"收购"，股权资产与现金资产混合认购等股票发行方式的现象。新三板充分交由公司自行创新，体现了市场在融资中的作用。

相对于较为成熟的股权融资，债券融资较为单薄（见表8），但债券作为拓展新三板融资渠道、丰富融资方式的重要工具，充满发展空间。2015年12月，全国股转系统公司新闻发言人隋

强明确指出,未来新三板市场将着力开发适用于中小微企业的债券融资种类,逐步实现挂牌公司非公开发行公司债并在新三板转让,同时结合市场分层研究推动挂牌公司公开发行公司债试点。债权融资的发展,多元化的融资方式也成为市场在融资过程中决定性作用的最好验证。

表8　　　　　　　　　　　　　2015年新三板债券融资企业

公司简称	发行类型	发行金额	票面利率	发行进度
信中利	公司债	1亿元	8.60%	已完成
方林科技	公司债	不超过人民币2,000万元	票面利率由发行人和承销商根据询价结果确定	发行方案
普滤得	公司债	不超过人民币1,000万元	票面利率由发行人和承销商根据询价结果确定	发行方案
中海阳	私募债	备案金额不超过人民币20,000万元	7.2%	完成登记结算及备案事项
鑫融基	公司债	不超过人民币6亿元	通过簿记建档方式确定	
九鼎投资	公司债	不超过人民币10亿元	—	获得中国证监会批复
纬纶环保	私募债	备案金额不超过人民币3,000万元	7.50%	完成登记结算及备案事项
开源证券	一期次级债	人民币5亿元	6%	发行完成
中外名人	公司债	不超过人民币1.2亿元	以非公开方式向具备相应风险识别和承担能力的合格投资者进行询价,由发行人和主承销商大通证券股份有限公司协商确定	董事会审议通过
湘财证券	二期次级债	人民币5.8亿元	7%	发行完成
公准股份	私募债	不超过人民币4亿元	—	获得备案
欧神诺	私募债	人民币6,000万元	7.50%	发行完成
鸿仪四方	私募债	人民币2,680万元	9.00%	发行完成
海格物流	私募债	人民币3,000万元	7.63%	发行完成

资料来源:全国中小企业股份转让系统。

市场在定价过程中起决定作用。目前,新三板市场的定价制度较为自由,无论是股票定增价格、协议交易价格、做市商定价,还是并购定价,监管层对其限制并不多,市场在价格形成中起到决定性作用,见图33。

在定向增发的股票定价方面,与主板要求"定向增发股价不得低于定价基准日前20个交易日均价的90%"不同,新三板定向增发实行市场化定价。发行公司通过参考公司所处行业、成长性、每股净资产、市盈率等因素,与投资者沟通后协商确定,没有定量的定价要求。

在交易定价方面,新三板不设涨跌幅限制,监管机构不对股票价格进行干预,充分发挥市场的定价功能。具体而言,在协议交易定价方面,新三板协议交易方式中,买卖双方线下议定价格,通常是买卖方直接洽谈,然后通过股转系统交易,交易价格完全交给交易双方决定,监管机构不进行干预。在做市商定价方面,做市商通过连续报出做市股票的买价和卖家,利用买卖价差获

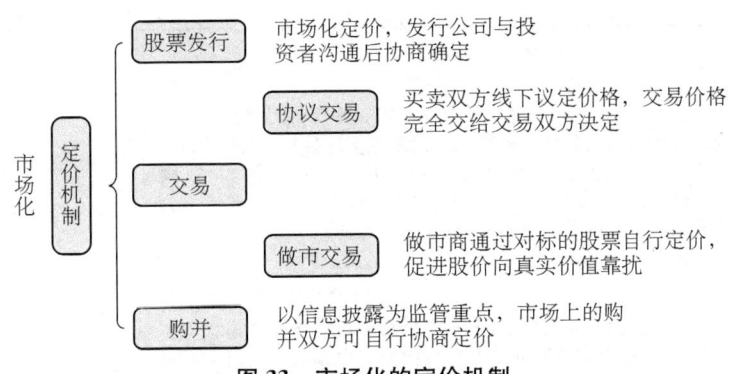

图 33　市场化的定价机制

资料来源：全国中小企业股份转让系统。

益。在报价过程中，做市商通过对标的股票的专业研究，自行定价，促进股价向真实价值靠拢。

在并购定价方面，新三板对市场购并的标的定价没有强制要求，以信息披露为监管重点，市场上的购并双方可自行协商定价，市场在定价中起到关键作用。

市场在并购过程中起决定作用。由于实行了较为严格的投资者适当性制度，新三板市场对收购行为不设行政许可，以信息披露为监管核心，强调责任主体的自我约束和市场的自律监管，力图充分发挥市场的约束机制，具体见图34、表9。

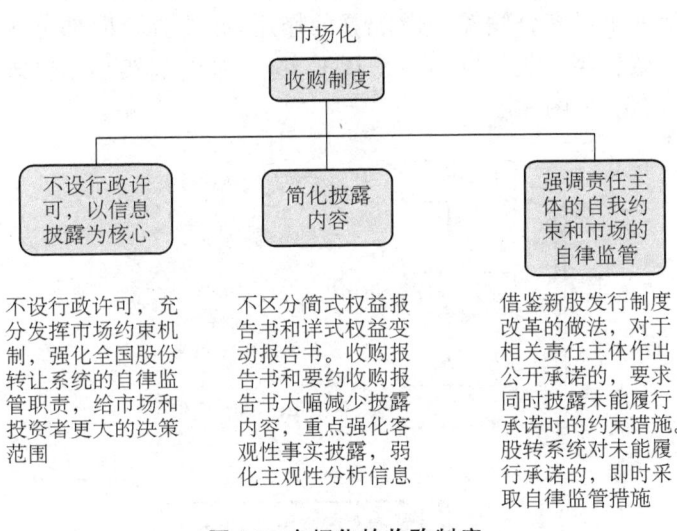

图 34　市场化的收购制度

资料来源：全国中小企业股份转让系统。

表9　新三板宽松的收购制度要求

内容	新三板要求	备注
权益披露	首次披露：投资者及其一致行动人持有挂牌公司的股份（拟）达到或者超过10% 持续触发：在满足首次触发时点后，投资者及其一致行动人拥有权益的股份占该公众公司已发行股份的比例每增加或者减少5%（即其拥有权益的股份每次达到5%的整数倍时）	不区分简式权益变动报告书和详式权益变动报告书；相比主板触发由5%上升到10%

(续表)

内容	新三板要求	备注
收购报告书	通过全国股转系统的证券转让,投资者及其一致行动人拥有权益的股份变动导致其成为公众公司第一大股东或实际控制人,或者通过投资关系、协议转让、行政划转或者变更、执行法院裁定、继承、赠予、其他安排等方式拥有权益的股份变动,导致其成为或拟成为公众公司第一大股东或实际控制人,且拥有权益的股份超过公众公司已发行股份的10%	相对于主板持股比例超过30%继续增持需编制收购报告书,新三板对此要求更为宽松自由
全面要约	没有关于强制全面要约的规定,但要求公众公司应当在公司章程中约定,在公司被收购时收购人是否需要向公司全体股东发出全面要约收购,并明确全面要约收购的触发条件以及相应的制度安排	相对于主板持股超过30%继续增持需要约,新三板不要求强制要约
披露内容	简要披露收购人基本情况、持股数量和比例、持股性质、权益取得方式等信息。重点强化客观性事实披露,弱化主观性分析信息	主板收购要求披露主观性分析信息,新三板较上市公司的相关要求减少一半以上

资料来源:全国中小企业股份转让系统。

(三)宽口径入口＋市场化选择,最终会形成漏斗型资本市场

综上,新三板市场通过低门槛的挂牌准入制度,扩大了市场的供给端,提供大量挂牌公司,从而导致市场上基本面参差不齐。而挂牌后,新三板市场在融资、定价、收购等方面采取市场化、自由化的制度,促使市场充分发挥资源配置的作用,导致资金向部分优质企业汇集。可见新三板市场的制度框架贯穿企业的资本生命周期,这一制度框架必然出现和加剧市场分化现象,形成漏斗型资本市场,见图35。

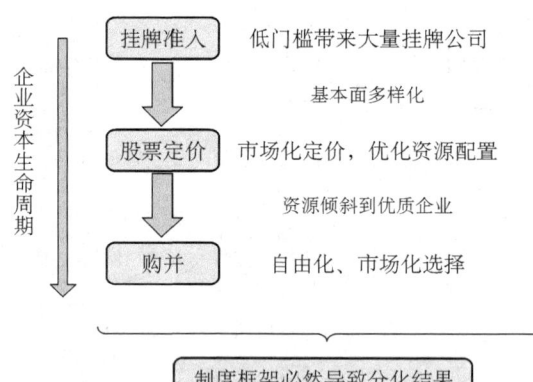

图35 宽松的入口＋市场化选择,必然导致分化结果

资料来源:新三板智库。

三、2016年新三板分层＋监管强化将进一步加剧分化

2016年以来,新三板市场分层逐步落地。分层制度的推出,为企业提供差异化管理,转变投资者投资理念,直接推动了新三板市场的分化。同时,与分层机制推出同步进行的,是新三板市场监管的趋严。严格的监管,促使企业更加规范地运营,更加充分地披露信息。

(一)分层制度的推出,直接推动新三板分化

股转系统公布的《全国股转系统挂牌公司分层管理办法(试行)》将新三板划分为多个层次

的市场,将不同质地的公司挂靠在不同层次的市场。随着新三板市场机制的不断健全和成熟,未来市场层次将不断进行优化和调整。新三板的分层实施,对不同层级挂牌公司实施差异化的服务和监管,市场资源将加速合理流动,最终形成分化结果,见图36。

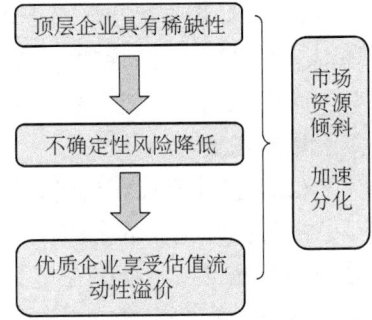

图36 分层管理使得市场资源倾斜

资料来源:新三板智库。

分层制度的推出,将直接造成挂牌公司分化不断加剧:(1)分层管理将导致市场资源倾斜,局部资金充裕,优质企业享受估值和流动性溢价;(2)顶层企业将享受差异化的政策优待,见表10;(3)顶层企业透明度要求更高,信息披露为核心的制度促进市场优化选择,见表11。上述三点将极大地促进增量市场资金入场,并重新配置市场资源,优质企业将享受更加优质的投融资环境,市场分化是分层后的必然结果。

表10　　　　　　　　　　　顶层企业享受政策优待

享受创新投融制度	顶层企业优先进行交易制度、融资制度的创新试点机会
享受自由发行机制	对顶层挂牌公司建立一次审批、分次实施的储架发行制度和挂牌公司股东大会一次审议、董事会分期实施的授权发行机制
享受融资机会	优先探索顶层企业并购贷款和并购基金的可行性

资料来源:全国中小企业股份转让系统。

表11　　　　　　　　　　　顶层企业透明度要求更高

更加严格的信息披露要求	适当提高信息披露的时效性和强度,强制要求顶层公司披露业绩快报或业绩预告,同时加强定期报告、临时报告的及时性约束,鼓励披露季度报告,加强对公司承诺事项的管理
完善公司治理	要求顶层公司完善公司治理结构,设置专职董事会秘书,强化对公司董监高敏感期股票买卖、短线交易的管理
严格监管制度	实施严格的违规计分制度和公开披露制度,并与责任人强制培训制度相衔接,研究引入自原限售制度
加强融资管理	加强融资定价指导、限售管理和募集资金使用的管理

资料来源:全国中小企业股份转让系统。

分层制度的推出,将导致投资者投资理念根本性变化,促进市场资金的分化配置,见图37。分层实施前,新三板市场投资处于整个企业投资周期的前端,市场中的投资主体存量资金主体基本为风险容忍度较高和投资周期容忍度较长的VC/PE产品,投资思维更偏向于一级市场投

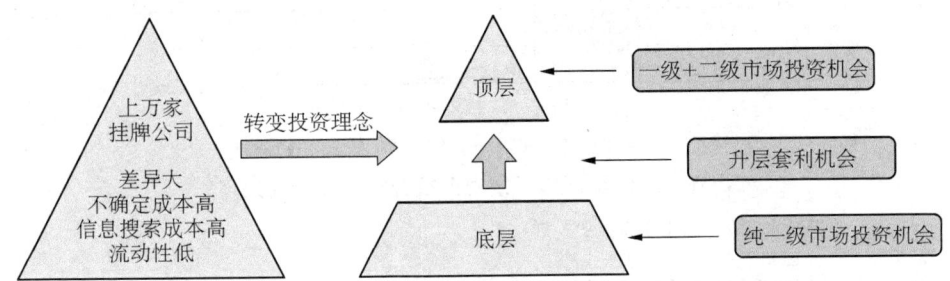

图37 分层制度转变投资者投资理念,促进市场资金分化配置

资料来源:新三板智库。

资,市场存量资金较少。分层实施后,投资机会呈现多元化态势,顶层市场变为一级与二级市场混合的投资市场,底层市场为纯一级市场,同时顶层与底层之间存在着升层的溢价套利机会。多元化的投资机会将重新配置市场资源,对增量资金存在较大吸引力,同时顶层市场将汇集大量市场资金。

(二)监管层连环出击,为新三板分化保驾护航

随着挂牌企业数量的快速增长,监管日趋严格。根据股转系统官方统计,2016年全国股转公司共实施自律监管措施1351次,涉及44家挂牌公司、35名挂牌公司董监高、1193个投资者账户(1238次)、31家主办券商(35次)、2家做市商、1家会计师事务所。监管层对1家挂牌公司、1名挂牌公司董监高实施了纪律处分;对未按期披露年报的1家公司实施摘牌;及时向证监会移交涉嫌内幕交易、市场操纵、大股东违规减持等涉嫌违法违规的案件27起,见图38、图39。

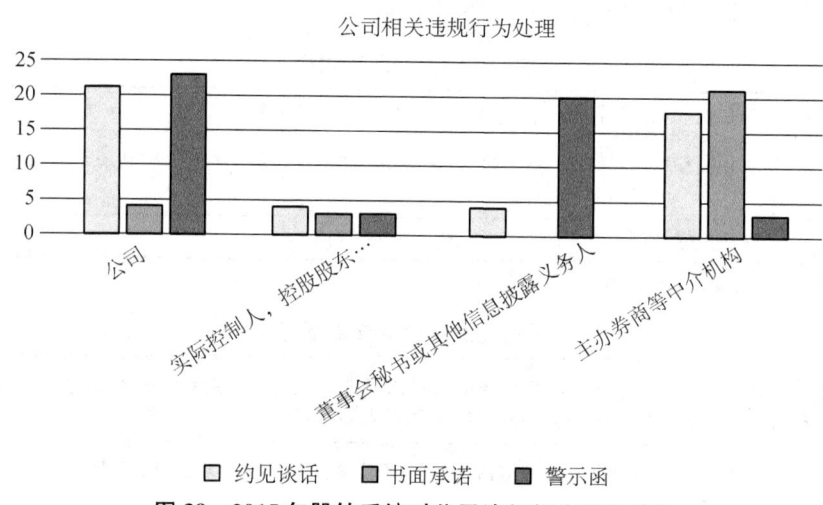

图38　2015年股转系统对公司违规行为处理统计

资料来源:全国中小企业股份转让系统。

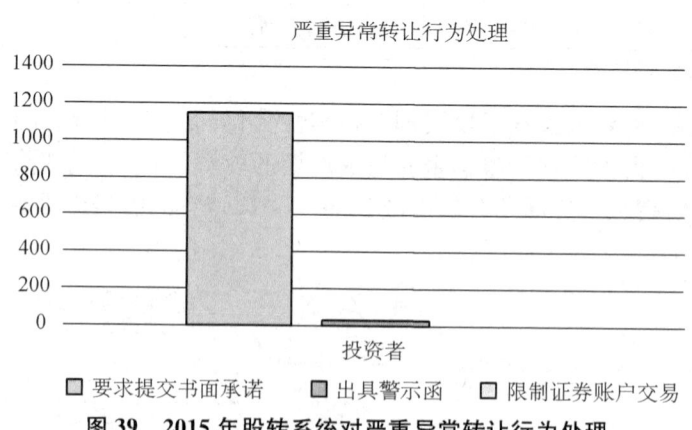

图39　2015年股转系统对严重异常转让行为处理

资料来源:全国中小企业股份转让系统。

2016年以来,股转系统更是在强化监管方面频频发声,新三板监管趋紧。2016年1月27日,股转系统连发两文《莫将"包容"当"纵容"》《以强有力的市场监管护航新三板》,1月29日,

股转系统再次发文《执纪问责没有"化外之地"》。当天,股转系统在就国泰君安异常报价事件,依法对国泰君安以及有关负责人做出纪律处分决定。1月29日,股转系统发布《全国中小企业股份转让系统主办券商执业质量评价办法(试行)》文件,针对主办券商执业质量监管措施进行进一步细化,完善主办券商的评价体系。

新三板监管制度的完善和强化,将传导至中介机构,促使中介机构更谨慎、更专业地执业,从事前、事中、事后强化持续督导企业更规范运营,更充分披露。更规范的环境,对优质企业严格的监管制度是正向激励。而对基本面较差的企业,合规成本加大很可能对其形成巨大的压力。

新三板分化 2.0 时代,市场各方何去何从

吴文轩[①]

市场的分化,将成为新三板未来的新常态。随着市场交易制度、监管制度的完善,市场优质资源将向顶层公司集中。新常态下,对挂牌企业、投资者以及做市商提出了新的要求,市场各方的理性参与将成为市场的主旋律。

一、企业:放弃幻想,脚踏实地,做大做强或被收购

2016 年,新三板不只是分层,更重要的是分化。分化导致资源向优质公司集中,"20%"的优质公司能充分享受到资本市场提供的好处。"20%"的公司将能以更好的价格融到更多的资金,流动性更好,估值有溢价。这又进一步为这些公司的发展提供更好的资本助力。正向反馈形成,优质公司在资本的帮助下,发展很可能更快更好。反过来,"80%"的公司挂牌后不仅很难享受到挂牌后的好处,反而带来了很多成本。首先,"20%"的公司吸引了绝大部分资源,"80%"的公司很可能会面临融资困难、交易不活跃、估值不高的现状。其次,监管趋严,整体性的政策套利机会不再,合规成本大幅提升。"20%"的优质公司应该充分利用资本的力量,加快发展。而"80%"的公司要么脚踏实地,努力成为"20%";要么寻找其他退出途径,被并购或者退出。

二、投资者:合理选择风险偏好,把握资金配置机会

新三板市场的分化,将打造全新的市场投资格局。新三板市场的分化,使得新三板市场的投资更加多元化,见图 1,目前正在逐步形成"底层+上升通道+顶层"的投资格局。底层企业数量庞大,流动性差,风险较大,投资周期更长,更加类似于 VC/PE 投资市场,覆盖了企业投资

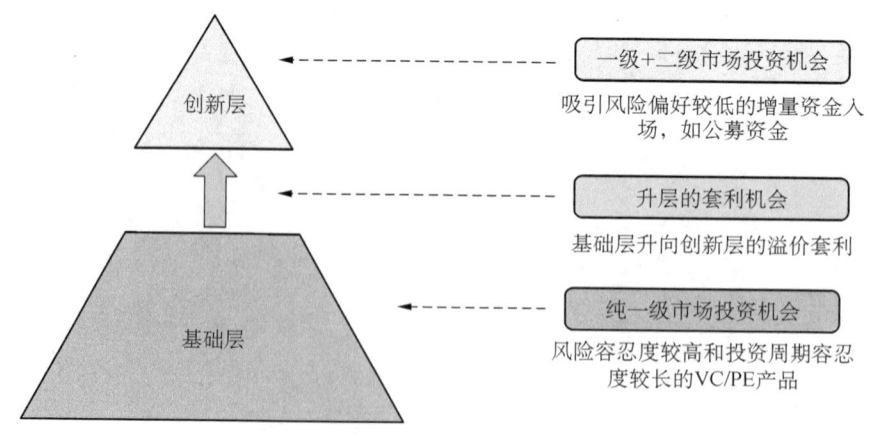

图 1 新三板分化后投资机会多元化

资料来源:新三板智库。

---

① 吴文轩,新三板智库研究员。

生命周期前期;顶层投资市场企业数量较少,汇集新三板最为优质的企业,具备较好流动性、较低的投资风险,更加类似于二级市场;同时底层与顶层投资市场间的溢价套利也成为投资者的重要投资机会。

对于投资者而言,分化为新三板投资重塑格局,原有的纯一级市场正逐步转为一级+二级市场,投资者需要转变原有的投资理念,依据自身的风险偏好,合理把握资金配置机会,理性选择投资策略。

三、主办券商:应转变为全链条资本服务提供者来获得更高收益

监管力度加强,持续督导重要性显现。2016年1月29日,股转系统发布《全国中小企业股份转让系统主办券商执业质量评价办法(试行)》,将记录主办券商的负面行为,加强对主办券商进行执业质量评价。监管层对主办券商执业质量提升到新的高度。而与主板持续督导期要求的"为上市当年剩余时间及其后两个会计年度"不同,新三板市场要求挂牌公司的主办券商"推荐并持续督导",这意味着做市商尤其是主办券商承担着辅导挂牌公司的更大的责任,主办券商成为辅导企业的终身伴侣。分化的新常态带来大批量不同质地的公司,市场将对主办券商执业要求进一步提高,随着监管层对主办券商的监管力度加大,持续督导的重要性正逐步得到重视和提升。

挂牌业务只是入口,应该将业务从纯粹的挂牌往挂牌后一揽子服务延伸。持续督导将主办券商与挂牌企业命运绑定在一起。随着分化现象愈演愈烈,主办券商挂牌后的服务成为重点。挂牌后的规范信批、完善公司治理、协助股票发行和资本运作将成为主办券商的核心竞争力。主办券商业务将由过去的"跑马圈地"、注重挂牌业务承揽,向挂牌后的持续一揽子服务转变。挂牌公司挂牌后续的表现,将成为考核主办券商的重点。

四、做市商:定价能力将成为核心竞争力

市场分化弱化做市商话语权,躺着挣钱成为过去。当前做市商利用类似垄断地位,成为唯一能够提供挂牌公司辨识度的市场角色,利用做市前低价购入库存股,做市商高价抛售的方式成为股票的"庄家+PE"。从历史的经验来看,这种强势地位带来的是,做市商脱离做市本质,成为助涨杀跌的因素之一;抑制市场价格发现功能的发挥;脱离活跃交易的角色定位。而分化的新常态下,顶层企业将享受估值和流动性溢价,做市商的话语权削弱。市场将由目前"做市商提供企业辨识度"向"企业自动享受辨识度"转变,做市商的影响力大大下降。

定价能力将成为做市商的核心竞争力。市场的分化将对做市商职责提出更高的要求,做市商地位的下降使其依靠低价入股、高价卖出的方式获得的超额利润将逐步消失,"简单粗暴"的盈利模式蕴含极大的风险。实际上,目前已有挂牌公司以市场价发行做市库存股,抑制做市商投机动机。在分化的新常态下,做市商将脱离"类PE"的盈利模式,重新重视定价功能,利用自身的研究能力提供做市服务,依靠双向报价的买卖价差获利,同时提高市场流动性,并为市场提供定价功能,见图2。

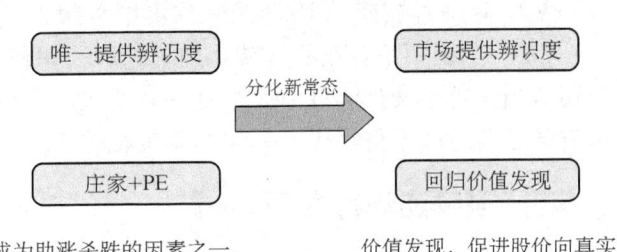

图2 新三板分化使做市商回归价值发现

资料来源:新三板智库。

想进创新层,这十二类高频违规行为得避开

王晶晶[①]

2016 年 5 月 27 日,股转系统发布《全国中小企业股份转让系统挂牌公司分层管理办法(试行)》(以下简称《分层管理办法》)。《分层管理办法》对创新层企业提出了更高的信息披露要求,如挂牌公司或挂牌公司的控股股东、实际控制人、董事、监事和高级管理人员在最近 12 个月内因信息披露违规、公司治理违规等行为被采取纪律处分以上自律监管措施,则无法进入创新层;挂牌公司或挂牌公司的控股股东、实际控制人、董事、监事和高级管理人员在最近 12 个月内因信息披露违规、公司治理违规等行为被采取约见谈话、提交书面承诺、出具警示函、责令改正、限制证券账户交易等自律监管措施 3 次以上的,无法进入创新层。为此,新三板智库查看了股转系统发布的《自律监管措施信息表》,总结出十二类高频违规行为,希望董事会秘书们能轻松跨越信息披露盲点。

一、高频违规行为一

年报披露过程中未披露财务报表附注,出现重大遗漏。违规企业共计 18 家。

根据《公开发行证券的公司信息披露编报规则第 15 号——财务报告的一般规定》(2014 年修订)第十一条规定,公司应按照企业会计准则和中国证监会有关规定的要求,必须编制和披露财务报表附注。公司编制和披露附注时应遵循重要性原则,财务报表附注应当对财务报表中相关数据涉及的交易、事项做出真实、充分、明晰的说明。

二、高频违规行为二

在提交股票发行备案材料前就使用了募集资金,股票发行存在违规行为,违规企业共计 10 家。

股票发行流程见图 1,根据《挂牌公司股票发行审查要点》,挂牌公司需要待股票发行完成后才能使用募集资金。

三、高频违规行为三

2015 年 7 月披露 2015 年第一季度财务报告,信息披露违规企业共计 4 家。

根据《全国中小企业股份转让系统挂牌公司信息披露细则(试行)》规定,披露季度报告的,公司应当在每个会计年度前 3 个月、9 个月结束后的一个月内披露季度报告。另外,第一季度报告的披露时间不得早于上一年的年度报告。

四、高频违规行为四

年报信息未按《全国中小企业股份转让系统挂牌公司年度报告内容与格式指引(试行)》相

[①] 王晶晶,新三板智库研究员。

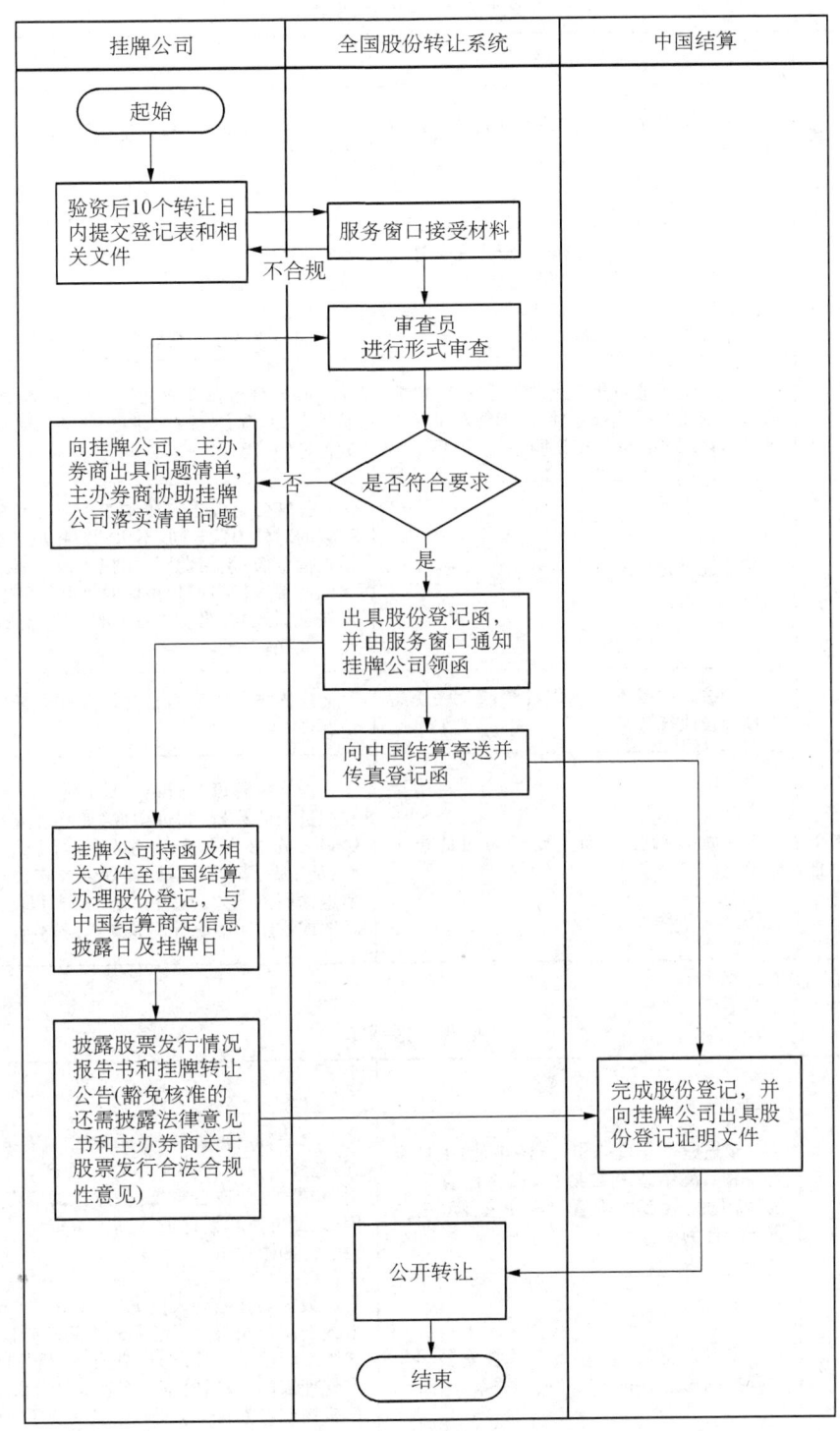

图 1　股票发行业务流程

数据来源：新三板智库。

关要求披露，违规企业共计 3 家。

这类违规行为多以信息遗漏为主，新三板智库以企业为例，汇总年报中披露不规范之处，并指出改正措施，见表 1、表 2。

表1　　　　　　　　　　　　　　　企业A年报披露纠错

具体章节	细节问题	改正措施
■章第一节：重要■、目录和释义	未说明与上一年度相比重大风险的变化之处	公司须说明与上一年度所提示重大风险的变化之处，P4
■章第四节：管理■讨论与分析	未披露本年度内行业发展、周期波动等情况；应说明行业发展因素、行业法律法规等的变动及对公司经营情况的影响	应披露本年度内行业发展、周期波动等情况；应说明行业发展因素、行业法律法规等的变动及对公司经营情况的影响，P6
	未披露持续经营能力评价	应披露持续经营能力评价，P8
	未结合行业发展趋势、公司发展战略、经营计划或目标、不确定性因素对下一年度经营计划或目标进行说明	应结合行业发展趋势、公司发展战略、经营计划或目标、不确定性因素等对下一年度经营计划或目标进行说明，P8
■二章第五节：重要事项	未披露本年度对外担保情况	挂牌公司应当披露本年度内履行的及尚未履行完毕的对外担保合同（不包括对控股子公司担保），包括担保金额、担保期限、担保对象、担保类型（一般担保或连带责任担保）、担保的决策程序等；对于未到期担保合同，如有明显迹象表明有可能承担连带清偿责任，应明确说明，P10
	未披露披露本年度内日常性关联交易的预计及执行情况	应披露本年度内日常性关联交易的预计及执行情况，P10
■章第七节：董■监事、高级管理■及核心员工情况	未披露母公司和主要子公司的员工情况	应当披露母公司和主要子公司的员工情况，包括在职员工的数量、人员构成（如管理人员、生产人员、销售人员、技术人员、财务人员、行政人员等）、教育程度、员工薪酬政策、培训计划以及需公司承担费用的离退休职工人数。其中，人员构成和教育程度须以柱状图或饼状图等统计图表列示，P13

数据来源：新三板智库。

表2　　　　　　　　　　　　　　　企业B年报纠错

具体章节	细节问题	改正措施
第二章第五节：重要事项	未披露本年度末资产（经审计）中被查封、扣押、冻结或者被抵押、质押的资产类别、发生原因、账面价值和累计值及其占总资产的比例	对于资产被查封、扣押、冻结或者抵押、质押的情况，挂牌公司应披露本年度末资产（经审计）中被查封、扣押、冻结或者被抵押、质押的资产类别、发生原因、账面价值和累计值及其占总资产的比例，并说明对公司的影响
第二章第六条：股本变动及股东情况	未以方框图及文字的形式披露公司与实际控制人之间的产权和控制关系	披露实际控制人情况后，还应以方框图及文字的形式披露公司与实际控制人之间的产权和控制关系。披露实际控制人情况时，应当披露到自然人、国有资产管理部门，包括股东之间达成某种协议或安排的其他机构或自然人，以及以信托方式形成实际控制的情况
第二章第七节：董事、监事、高级管理人员及核心员工情况	未披露现任董事、监事、高级管理人员的职业经历	披露本年度内董事、监事、高级管理人员的变动情况。公司应当披露发生变更的董事、监事和高级管理人员的情况，内容包括但不限于：现任董事、监事、高级管理人员的姓名、性别、年龄、任期起止日期、职业经历、年初和年末持有本公司股份、本年度内股份增减变动量、持股比例、与股东之间的关系

（续表）

具体章节	细节问题	改正措施
	未披露人员构成和教育程度的柱状图或饼状图等统计图表	披露母公司和主要子公司的员工情况,包括在职员工的数量、人员构成（如管理人员、生产人员、销售人员、技术人员、财务人员、行政人员等）、教育程度、员工薪酬政策、培训计划以及需公司承担费用的离退休职工人数。其中,人员构成和教育程度须以柱状图或饼状图等统计图表列示
	未披露监事会书面审核意见	监事会应当对定期报告进行审核并提出书面审核意见,说明董事会对定期报告的编制和审核程序是否符合法律、行政法规、中国证监会及全国股份转让系统公司的规定和公司章程,报告的内容是否能够真实、准确、完整地反映公司实际情况

数据来源：新三板智库。

五、高频违规行为五

股东人数超过200人的公众公司,向特定对象发行股票,未经中国证监会核准,便披露认购公告进行认购,违规企业共计3家。

基本的审核流程见图2,根据《中国证监会非上市公众公司行政许可事项审核工作流程》规定,公司需要待证监会核准批复后方可发布认购公告。

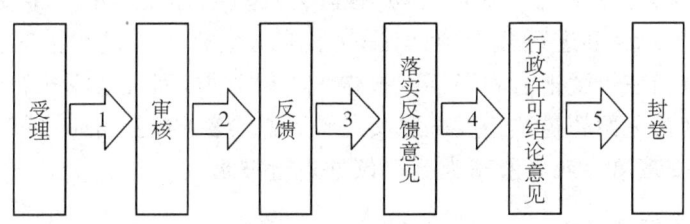

图2 基本审核流程

数据来源：新三板智库。

六、高频违规行为六

关联方披露不完整,关联交易和关联方资金占用未经内部决策程序且均未披露,违规企业共计2家。

以新三板公司A为例,该公司总经理既为公司控股股东,又担任另一家有限公司B的总裁,而在A申请挂牌时,并未如实提供控股股东个人兼职信息,导致有限公司B未被认定为A的关联方,且挂牌后A与有限公司B发生委托采购、资金借款事宜,但没有经过公司内部有效决策程序,且未披露相关信息。公司A违规问题汇总见表3。

表3　新三板公司A违规问题汇总

问题类别	具体案例
关联方披露不完整	未披露有限公司B为挂牌公司的关联方
■交易和关联方资金占用未经内部决策程序	挂牌后,A与有限公司B发生委托采购、资金借款事宜,都没有经过公司内部有效决策程序

(续表)

问题类别	具体案例
■交易和关联方资金占用情况未及时披露	挂牌后，A 与有限公司 B 发生委托采购、资金借款事宜，均未披露相关信息

数据来源：新三板智库。

根据《全国中小企业股份转让系统挂牌公司信息披露细则（试行）》规定，关联交易信息披露具体做法见表 4。

表 4 关联交易披露相关政策详解

■类别	《全国中小企业股份转让系统挂牌公司信息披露细则（试行）》规定
■方披露不完整	挂牌公司的关联方及关联关系根据《企业会计准则第 36 号——关联方披露》规定和实质重于形式原则认定
■交易和关联方资金占■经内部决策程序	挂牌公司董事会、股东大会审议关联交易事项时，应当执行公司章程规定的表决权回避制度
■交易和关联方资金占■况未及时披露	● 挂牌公司的控股股东、实际控制人或者其关联方占用资金时应当自事实发生之日起两个转让日内披露 ● 控股股东或者其关联方占用资金的公司应当至少每月发布一次提示性公告，披露违规对外担保或资金占用的解决进展情况

数据来源：新三板智库。

提示：对于每年发生的日常性关联交易，挂牌公司应当在披露上一年度报告之前，对本年度将发生的关联交易总金额进行合理预计，提交股东大会审议并进行披露。对于预计范围内的关联交易，公司应当在年度报告和半年度报告中予以分类，列表披露执行情况。如果在实际执行中，预计关联交易金额超过本年度关联交易预计总金额的，公司应当就超出金额所涉及事项依据公司章程提交董事会或者股东大会审议并进行披露。

七、高频违规行为七

在未取得同意做市函的情况下发布股票转让方式变更的提示性公告，信息披露违规，违规企业共计 2 家。

根据《全国中小企业股份转让系统股票转让方式确定及变更指引（试行）》规定，做市方式变更的流程见表 5，待完成做市方式变更流程后，企业方能发布转让方式变更的提示性公告。

表 5 做市方式变更流程

流　程	具体细节
股东大会决议	挂牌公司拟申请变更股票转让方式的，其股东大会应当就股票转让方式变更事宜做出决议。挂牌公司应当在股东大会会议结束后 2 个转让日内在全国股份转让系统公司指定信息披露平台（以下简称指定网站）公告决议内容
向全国股份转让系统提交申请	挂牌公司应当在做出有关变更转让方式的决议后 3 个月内，向全国股份转让系统公司提交以下申请材料：变更股票转让方式为做市转让方式申请、挂牌公司关于变更股票转让方式的决议、做市商为挂牌公司股票提供做市报价服务申请、全国股份转让系统公司要求的其他材料
公告股转系统回复意见	全国股份转让系统公司收到申请材料后，在 3 个转让日内出具意见，并于出具意见当日（T 日）收市后通知挂牌公司和相关做市商。挂牌公司应当于 T 日在指定网站公告

(续表)

流　程	具　体　细　节
变更股票转让方式	股份转让系统公司同意挂牌公司股票转让方式变更为做市转让方式的，自T+2转让日起该股票转让方式变更为做市转让方式，相关做市商应当履行对该股票的做市报价义务

数据来源：新三板智库。

八、高频违规行为八

申请重大资产重组暂停转让方式和时间不符合相关指引规定，构成违规，违规企业共计2家。

某挂牌企业于9月14日9时21分通过邮件申请重大资产重组暂停转让，导致挂牌公司股票盘中紧急停牌，不符合重大资产重组暂停转让的相关规定。根据《全国中小企业股份转让系统非上市公众公司重大资产重组业务指引（试行）》，在公司证券转让时段，全国股份转让系统公司不接受任何关于公司重大重组事项的暂停转让申请及材料报送。全国股份转让系统公司设立专门的纸质文件传真机（传真号010-63889872），在转让日收市后的15时30分至16时30分接收公司的暂停转让申请。公司通过其他方式、其他渠道提交的暂停转让申请，不得早于通过前述专门用途传真机的提交时间。全国股份转让系统公司对公司重大重组事项暂停转让申请实行统一登记、集中管理。公司必须在确认公司证券已暂停转让后，才能开始与我方工作人员沟通重大重组事项相关业务。

九、高频违规行为九

1年内转让的股份已超过所持有公司股份总数的25%，构成违规减持，违规企业共计1家。

根据《中华人民共和国证券法》规定，董事、监事、高级管理人员在任职期间，每年转让的股份不得超过其所持有本公司股份总数的25%，其中持有股份应包括其发起持有、配售或在二级市场买入的股份。对于在二级市场买入的股份，除应遵守减持限额外，还应遵守短线交易的规定，即在买入后6个月内不得卖出，否则不仅卖出的股票份额要纳入减持总额的范围，而且还应承担利益归入的民事责任。

十、高频违规行为十

在未通过全国股份转让系统指定信息披露平台披露融资具体方案的情况下，有关人员向媒体透露融资的具体细节，构成信息披露违规，违规企业共计1家。

这里提醒广大新三板企业的高级管理人员及董事会秘书，一切未在股转系统指定信息披露平台披露的重大信息，均不宜对外介绍。

十一、高频违规行为十一

公司高级管理人员被采取强制措施及公司控股股东占用资金等重大事项，未履行信息披露义务，违规企业共计1家。

根据《全国中小企业股份转让系统挂牌公司信息披露细则（试行）》规定，公司及其董事、监事、高级管理人员、公司控股股东、实际控制人在报告期内存在受有权机关调查、司法纪检部门采取强制措施、被移送司法机关或追究刑事责任、中国证监会稽查、中国证监会行政处罚、证券市场禁入、认定为不适当人选,或收到对公司生产经营有重大影响的其他行政管理部门处罚挂牌公司情形的,挂牌公司应当自事实发生之日起两个转让日内披露,见表6。《全国中小企业股份转让系统挂牌公司年度报告内容与格式指引(试行)》第二十三条规定,本年度内发生股东及其关联方以各种形式占用或者转移公司的资金、资产及其他资源的,挂牌公司应当说明发生原因及整改情况,其中发生控股股东、实际控制人及其关联方占用资金情形的,挂牌公司应当充分披露相关的决策程序,以及占用资金的期初金额、发生额、期末余额、占用资金原因、预计归还方式及时间。

表6　　　　　　　　　　　　重大事项信息披露纠错

出现问题	正确做法
公司2013年年报披露使用未经会计师事务所正式出具的审计报告	挂牌公司年度报告中的财务报告必须经具有证券、期货相关业务资格的会计师事务所审计
2013年年度股东大会结束后未进行信息披露	挂牌公司召开股东大会,应当在会议结束后两个转让日内将相关决议公告披露
2014年5月12日发布的临时公告未加盖董事会公章	公告必须加盖董事会公章,保证信息披露内容的真实、准确、完整,不存在虚假记载、误导性陈述或重大遗漏

数据来源:新三板智库。

十二、高频违规行为十二

年报披露的"重要提示"中做出的承诺与事实不符,公司的董事、监事、高级管理人员未能恪尽职守、履行诚信勤勉义务,违规企业共计1家。

《全国中小企业股份转让系统挂牌公司信息披露细则(试行)》第四、第十三、第二十九条规定:(1)挂牌公司及相关信息披露义务人应当及时、公平地披露所有对公司股票及其他证券品种转让价格可能产生较大影响的信息(以下简称"重大信息"),并保证信息披露内容的真实、准确、完整,不存在虚假记载、误导性陈述或重大遗漏;(2)挂牌公司年度报告中的财务报告必须经具有证券、期货相关业务资格的会计师事务所审计;(3)挂牌公司召开股东大会,应当在会议结束后两个转让日内将相关决议、公告进行披露,见表7。

表7　　　　　　　　　　　　"重要提示"信息披露纠错

出现问题	正确做法
未披露公司高级管理人员被采取强制措施信息	应当自事实发生之日起两个转让日内披露
未披露公司控股股东占用资金等重大事项	应当充分披露相关的决策程序,以及占用资金的期初金额、发生额、期末余额、占用资金原因、预计归还方式及时间

数据来源:新三板智库。

拯救优质三板企业流动性：与其降低投资者门槛，不如推出大宗交易

邱 翼[①]

2016年上半年整个新三板市场交投逐渐转冷，关注流动性的讨论也逐渐增多。隋强在中国社科院举办的新三板发展战略高层论坛上表示，"市场上有种声音，投资者门槛从500万元降到300万元，甚至降到100万元，我们可以探讨"，外界将其解读为有望降低投资者门槛（我们并不认为短期内会降低投资者门槛）。在讨论新三板流动性问题之前，我们有必要先厘清几个概念。

流动性是指资产能够以一个合理的价格顺利变现的能力，我们常说这只股票流动性很差，就是指这只股票很难按理想价格卖出。

所谓的流动性只针对做市企业而言，协议转让企业不在本文讨论范围之内。

对流动性应有清醒的认识，即新三板市场一定是一个流动性高度分化的市场，不同质地的企业，它们的流动性差异很显著。

市场整体流动性低迷并不可怕，怕的是优质企业并没有享受到与其基本面对应的流动性溢价，这也是大量优质企业出逃的主要原因。

优质企业的流动性困局在于：企业市值管理诉求与投资者退出诉求之间的矛盾没有一个很好的解决通道，即在不对企业市值造成较大影响的情况下，投资者能够实现部分或者全部退出。

在现有条件下，机构的收益兑现往往是建立在对企业市值的损害之上的。即使外部投资者认为企业价值被低估，也会由于对卖盘信息知之甚少而止步，无论是对机构还是对企业而言，都不是好事。我们认为，降低投资者门槛，对于解决优质企业的流动性困局效果甚微，以个人投资者为代表的增量资金体量（假设增量资金会入市）与机构按合理价格退出所需要的资金体量相去甚远，两者至少相差几个量级，无异于杯水车薪，不妨尝试推出大宗交易，打通机构与机构之间交易的通道。

目前市场上已经出现两个不太好的苗头，监管层有必要对流动性困局给予足够的重视，尽早从顶层设计角度提出解决方案。第一个苗头是出现了做市板块的市盈率持续低于协议板块的情况（详见中信证券胡雅丽团队新三板市场策略周报2016年第33期：做市板块估值溢价持续6周收缩）。这个情况可能会导致优质企业选择以协议转让方式交易，而缺乏优质企业注入的做市板块有可能失去投资者关注，新三板市场彻底沦为一级市场。第二个苗头是我个人比较看好的一只做市股票因为近期限售股解禁，小部分的卖单造成了股价下跌比较严重。同样的情形也许早在其他优质做市企业身上发生了，但我觉得当前这个时间点很微妙：一是第一批股票解禁大潮已经来临；二是最早一批进来的新三板基金要到期，整个做市板块会面临很强的收益兑现诉求，需要监管层在制度层面进行疏解，而且随着时间推移，收益兑现的诉求和规模会越来越大。下面是我做的一些统计结果见图1至图4，时间为2014年8月25日至2016年9

[①] 邱翼，新三板智库研究总监。

月 2 日,样本为所有做市企业。

一、做市板块流通市值 2 年上涨 18 倍,流通股占比 50% 以上的企业占 43.20%

我们对 2014 年 12 月 31 日,2015 年 12 月 31 日和 2016 年 9 月 2 日三个时间节点的做市企业数量、总股本、流通股本、总市值、流通市值、流通股本占比等进行了统计,得出以下结论:

流通市值由 2014 年年底的 271.10 亿元增加至 5103.03 亿元,增长了 17.82 倍,且流通市值占比由 43.19% 上升至 49.39%,总体上升了 6.2%。

流通股本占比 50% 以上的企业数量占比由 2014 年年底的 27.05% 上升至 43.20%,在此期间流通股占比 30%～50% 的企业数量占比由 48.36% 下降至 38.48%,而流通股占比 50%～70% 的企业数量占比则由 20.49% 上升至 32.97%,这是造成流通股本占比 50% 以上的企业数量占比提升的主要原因。

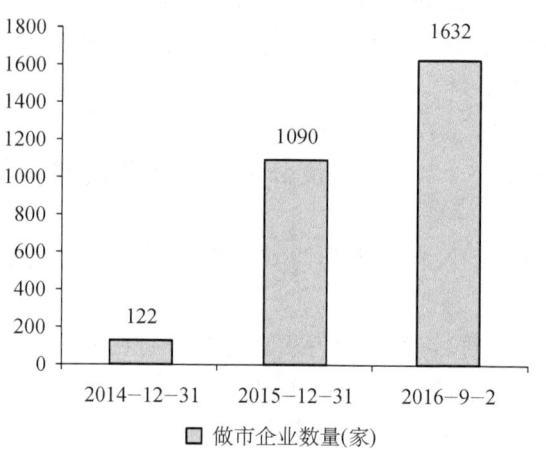

图 1 截至 2016 年 9 月 2 日做市企业数量达 1632 家

资料来源:Wind、新三板智库。

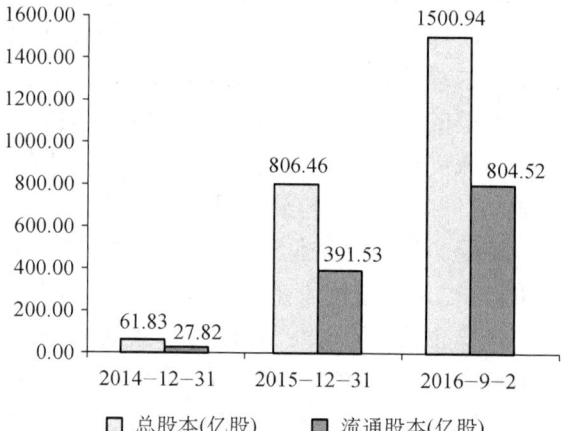

图 2 做市企业流通股本为 804.52 亿股

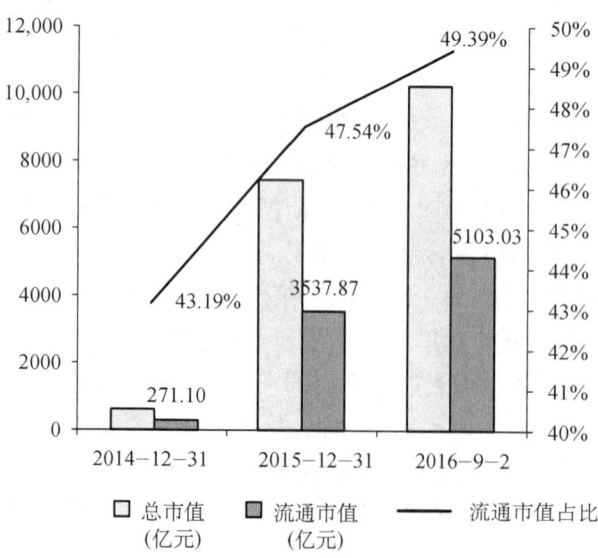

图 3 流通市值增长了 17.82 倍

资料来源:Wind、新三板智库。

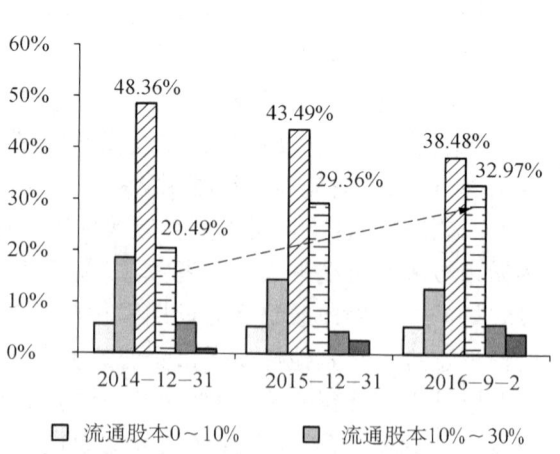

图 4 流通股本占比 50% 以上的企业占比 43.20%

小结：做市两周年之际，做市板块流通市值与股票大比例流通的企业数量出现跨越式增长，类似 2015 年 3 月股票供给不足以应对市场增量资金需求的情况基本不可能发生了，甚至当前供给端可能会给市场造成较大压力。

二、流动性困局已经开始影响 2014 年首批做市企业，总市值相较 2015 年年底缩水 29.16%

为了更细致地研究流动性困局对做市企业的影响，我们对 2014 年年底首批 122 家做市企业进行跟踪研究。这批企业比较符合我们之前的两个判断，即第一批股票解禁潮及机构股东基金产品期限临近，这批企业有强烈的收益兑现诉求。

（1）2014 年首批做市企业流通股本由 2014 年年底 27.82 亿股增加至 2016 年 9 月 2 日的 71.79 亿股，增加了 1.58 倍，见图 5，流通股本占比 50% 以上的企业数量占比由 27.05% 增加至 64.75%，见图 6，远高于做市板块整体水平（43.20%）。

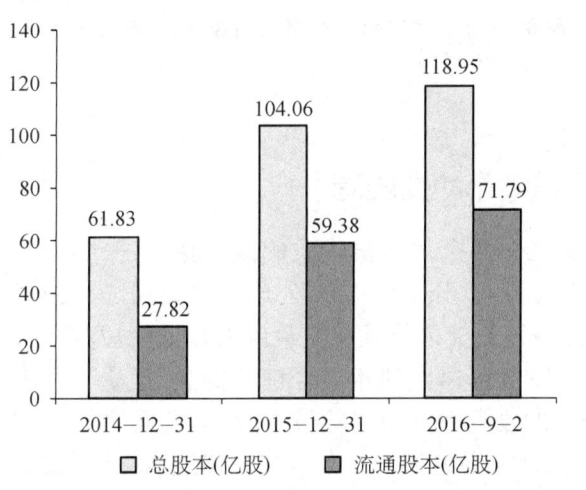

图 5　2014 年年底首批做市企业流通股本增加 1.58 倍　　**图 6　流通股本占比 50% 以上的企业占比 64.75%**

资料来源：Wind、新三板智库。

（2）截至 2014 年年底，122 家做市企业中有 100 家企业的前十大流通股东中有机构投资者（非做市商），非机构投资者（仅有做市商和个人投资者）的企业为 22 家（16 家为做市商＋个人投资者，6 家为纯个人投资者）。按照早期基金 2+1 的设置，122 家做市企业中的机构基金陆续到期，存在机构收益兑现诉求的企业占比最高达到 81.97%，见图 7。

（3）随着流通股本的增加及机构收益兑现诉求不断增强，流动性困局已经开始对 2014 年年底首批 122 家做市企业造成影响，122 家做市企业 2016 年 9 月 2 日的总市值相较 2015 年 12 月 31 日缩水了 29.16%，见图 8。

小结：相对而言，2014 年年底做市的 122 家企业在整个做市板块中算是流动性较好的一批企业，而从数据上来看，随着解禁潮来临及基金产品期限临近，机构收益兑现诉求与企业市值管理诉求发生了严重冲突。这类现象应引起监管层重视，相关部门应及时出台政策予以解决。

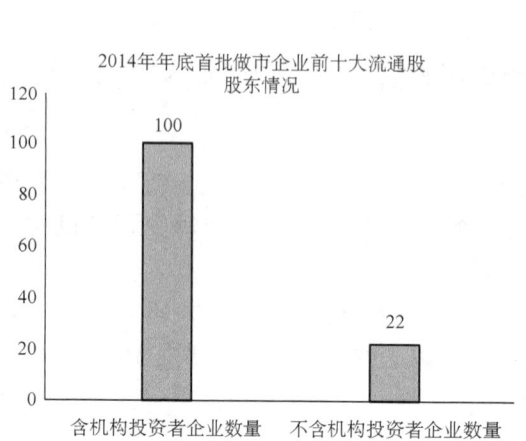

图7 存在机构收益兑现诉求的企业占比最高达到81.97%

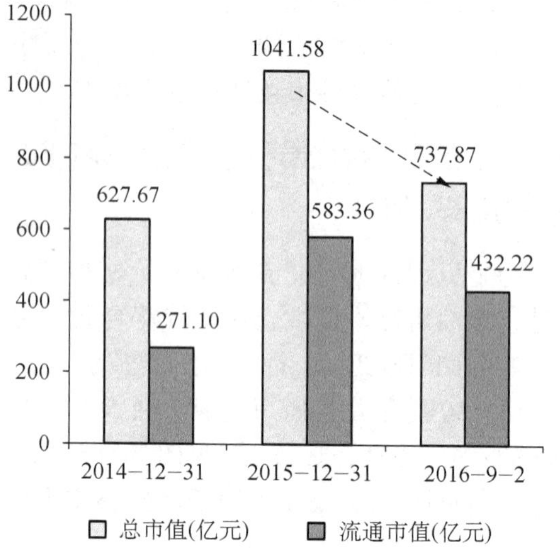

图8 122家做市企业总市值相较2015年缩水了29.16%

资料来源：Wind、新三板智库。

三、从两个实际案例看大宗交易如何解决流动性困局

最后我们通过两个案例来阐述大宗交易的意义。两家都是很优质的做市企业，一家市值10亿元以上，一家净利润3000万元，都属于非传统行业，分别称作A公司和B公司。A公司是借做市商之手进行大宗交易（特点很鲜明，价格明显低于市价且成交量巨大），虽然短时间内股价下滑严重，但原有股东完成股票交割后，公司股价迅速回到相对合理的价位，且3个月内都始终在合理价位范围内上下波动。看好A公司的投资者参与风险较小，对B公司自然是减持，之所以判断B公司没有借助做市商之手进行大宗交易的原因是其成交价格逐步下跌，交易量与往日相对没太大差异。目前公司股价还处于下跌通道，作为看好B公司的投资者而言，不

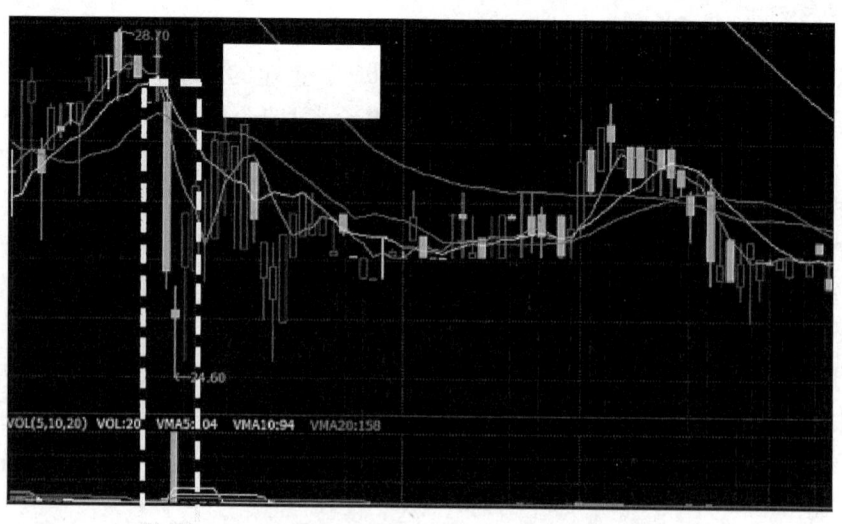

图9 A公司借做市商之手进行大宗交易，机构和企业双赢

资料来源：新三板智库。

太好判断价格底部在哪里,容易被套在"半山腰",参与风险很大。从这两个实际案例可以看出,A公司通过大宗交易的方式完成了机构股东的退出,公司市值也没有受到太大冲击,见图9;B公司目前处于机构减持初期,按照正常自然减持发展下去,有可能是机构收益缩水和公司市值低迷双输结局,见图10。

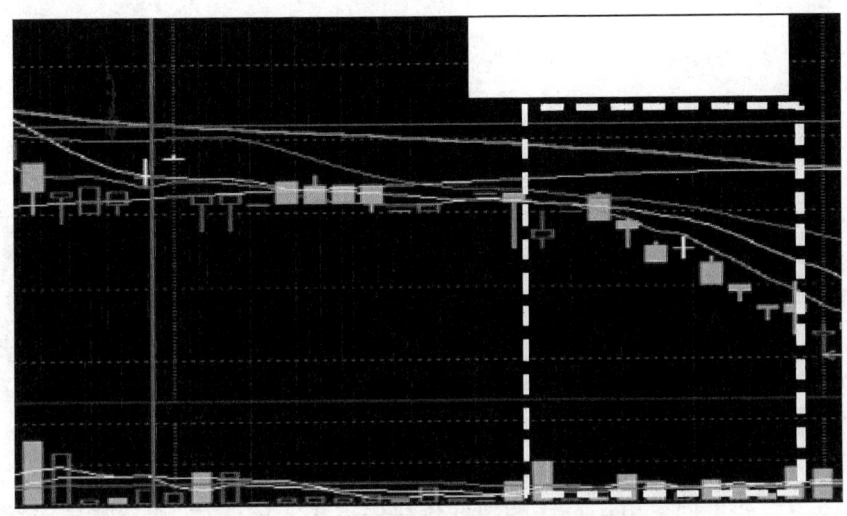

图10　B公司有可能是机构和企业双输结局

资料来源:新三板智库。

新三板一分钱交易的动机、危害及治理

施运豪[①]

一、提出问题及研究价值

尽管"严"字当头,2016年中国的资本市场环境依然不容乐观,扰乱市场秩序的行为时有发生。在A股市场上,恒大人寿短线炒作梅雁吉祥、栋梁新材、金洲管道等多只股票并造成恶劣社会影响[②];前海人寿先后5次举牌南玻A并导致7位高级管理人员集体辞职,并存在编制提供虚假材料、违规运用保险资金等问题[③]。在新三板市场上,扰乱市场秩序的行为屡见不鲜,一分钱交易作为其典型,更是频频发生,屡次引发媒体对新三板公平性的质疑:2015年6月5日,"王秀荣"因一分钱"捡漏"九鼎集团10万股被告上法庭并被判合法合规[④];11月23日,路嘉路桥出现一分钱交易,一个月后2名董事以及总经理、董事长纷纷提出辞职[⑤];2017年2月6日,"姜素华"由于以严重偏离市场行情的超低价格先后买入威明德、鸿铭科技等数只股票且屡教不改,被股转系统采取限制证券账户交易六个月的自律监管措施[⑥]。

新三板尽管关注度不如主板,但依然是我国多层次资本市场体系的重要组成部分,为创新型、创业型、成长型的中小微企业提供投融资便利的机制,在当前中国经济转型中扮演着重要作用。维护新三板市场秩序的稳定,具有非常重要的现实意义。本文以新三板一分钱交易为切入点,旨在为改善新三板交易环境,稳定市场秩序提供制度建议。选择该研究方向的原因在于:①学界研究明显滞后于新三板的高速发展。2016年新三板挂牌企业翻一番,挂牌公司数量突破一万家,当年融资超过1391亿元[⑦],李克强在政府工作报告中提到"要深化多层次资本市场改革,完善主板市场基础性制度,积极发展创业板、新三板,规范发展区域性股权市场"。比起新三板愈发重要的地位,学界对新三板的关注较少且研究不系统,这客观上制约了新三板未来的变革与发展。②一分钱交易是扰乱市场秩序的行为。除了一分钱交易,新三板市场中低于1元、低于0.1元的交易更加普遍存在。一分钱作为新三板交易中的最低价格,是背离证券公允价值的典型,对其展开研究有助于更好地发现一分钱交易的内在规律。③一分钱交易是新三板市场中的独特现象,对其展开研究有利于发现新三板特有的制度漏洞,从而更准确地提供解决方案。本文的主要贡献在于:①本文填补了新三板一分钱交易的研究空白。本文对

[①] 施运豪,新三板智库研究员。
[②] 保监罚〔2017〕14号:恒大人寿违规运用保险资金行为主要表现在"2016年1~11月,未按照保险资金委托投资管理要求开展股票投资,股票投资交易笔数2480笔,股票平均持有期73天,其中9月下旬至11月上旬短期炒作相关股票造成恶劣社会影响"。
[③] 保监罚〔2017〕13号:经查,前海人寿存在以下违法行为,违法事实具体如下:一、编制提供虚假资料的行为;二、违规运用保险资金的行为……
[④] http://company.stcn.com/2017/0207/13038427.shtml(读懂新三板)。
[⑤] http://money.163.com/16/0222/18/BGET893E00253E5C.html(挖贝网)。
[⑥] 股转系统发〔2017〕5号:《关于对"姜素华"采取限制证券交易的自律监管措施的决定》。
[⑦] 数据来源:2017年2月26日的国新办新闻发布会。

新三板一分钱交易进行了系统化、多维度的梳理,不仅为管理层开展市场监管提供了有效的数据支撑,也有利于提升学界对新三板制度建设的关注度。②本文提供了众多有价值的研究结论。本文通过翔实的数据分析,首次揭示了新三板一分钱交易中的诸多内在规律,为后续学者的研究提供了思路。③本文具有较强的政策意义。本文为稳定新三板秩序提供了相关制度建议,对进一步发展壮大新三板市场,完善我国多层次资本市场具有重要的参考价值。本文剩余内容包括四个部分:第一部分对一分钱交易的制度背景和概况进行说明;第二部分通过对理论的分析和数据的总结,初步探究一分钱交易的动机;第三部分进一步阐明一分钱交易的市场危害;第四部分对一分钱交易的治理提供制度建议。

二、一分钱交易的制度背景及概况

在新三板的交易机制中,目前只有做市转让和协议转让两种转让方式,而一分钱交易仅发生在采用了协议转让的股票之中,对其进行介绍有助于加深对一分钱交易的认识。

在协议转让交易方式①中,投资者可以选择三种委托类型进行交易。第一种是定价委托,就是投资者在委托界面上设定对某只股票的买卖意向、股票价格和数量,随后报单便显示在交易系统上,见图1。第二种是成交确认委托,这种委托方式与定价委托相匹配,即投资者通过选择"成交确认卖出"可以查询到相应的"定价买入"报单,再通过选择具体报单和设置卖出数量进行成交,见图2。第三种是互报成交确认委托,即投资者事先已经在场外约定好对手方、成交价格和数量,并进行交易。

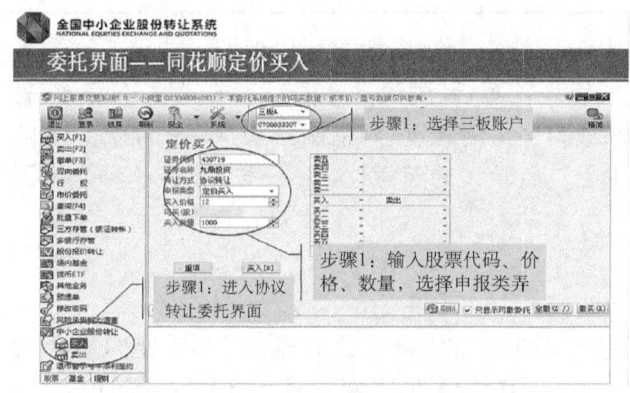

图1 定价买入操作步骤

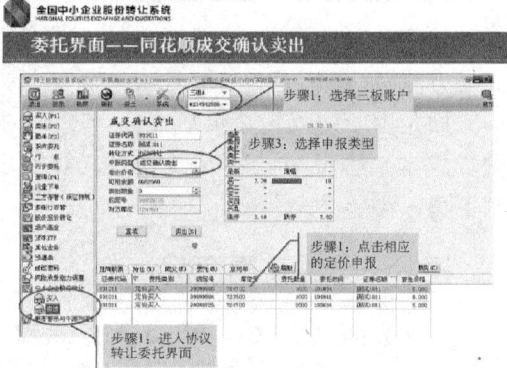

图2 成交确认卖出操作步骤

如果没有一个明确的对手方,那么投资者可以通过定价委托的方式将其转让意向对全市场的合格投资者进行推送,这是一种"一对多"的交易方式。成交确认委托类似抢火车票,投资者若想在二级市场上以其期望价格买入股票,则需要时刻留意交易系统不断刷新的报单,否则价格合适的"定价卖出"股票可能会被其他投资者一抢而光。互报成交确认委托则是一种"一对一"的买卖,非指定的对手方无法参与,具有非常强的排外性。

不同的委托方式不一定都能成交,官方规定的成交类型只有图3所示的3种,其具体含义如表1所示。

---

① 此部分根据股转系统官网的"全国股转系统交易制度解读"和《全国中小企业股份转让系统股票转让细则(试行)》整理和归纳而得。

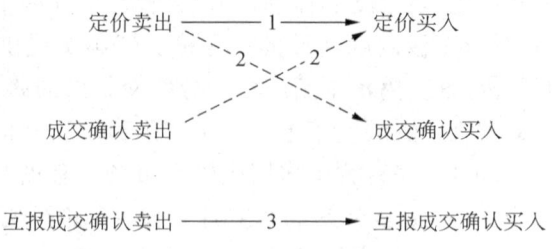

图 3　协议转让的三种成交类型

表 1　　　　　　　　　　　协议转让的三种成交类型及其含义

编号	成交类型	含　义
1	盘后自动匹配成交	定价买入和定价卖出即便方向相反、价格相同,在盘中不能自动成交,因此,系统会在每个转让日 15:00 按照时间优先原则,将证券代码相同、申报价格相同、买卖方向相反的未成交定价申报进行匹配成交
2	定价委托,点击确认方式成交	投资者根据自己的买卖意愿报出确定的委托价格和委托数量(定价委托);其他投资者如果愿意与委托方进行交易,则可以通过点击该定价委托的方式(成交确认委托)选择与之成交
3	互报成交确认方式成交	投资者事先在场外确定好成交价格和数量,系统将对证券代码、申报价格和申报数量相同,买卖方向相反,指定对手方交易单元、证券账户号码相符及成交约定号一致的成交确认申报进行确认成交

从表 1 可以看出,协议转让的方式多样且流程烦琐,而现阶段之所以保留了协议转让这种交易方式,笔者认为一方面是由于新三板发展历程较短,制度设计本身就存在诸多不完善;另一方面是由于协议转让灵活性强,有利于提高股票交易活跃度,降低新三板众多中小型企业的融资成本。然而,也正是因为协议转让在定价上具有较大的随意性,一分钱交易在这种制度漏洞下得以滋生。

三、一分钱交易概况

本文数据主要来自 Wind 数据库和股转官网发布的"转让公开信息"。统计的对象为 2014—2016 年 3 年时间内 10,183 家新三板挂牌公司(截至 2017 年 1 月 3 日)所披露的一分钱交易明细。在数据处理上,本文将相同买卖方、在同一交易日内、对同一公司的一分钱成交量进行合并,并将数据与公司日 K 线图和股转官网的"转让公开信息"进行再次校对,最终得到了 751 条(次)包括交易标的、买卖方名称、买卖方营业部、成交量等指标在内的一分钱交易样本。接下来,本文将从一分钱交易发生的时间(when)、地点(where)、标的(what)和买卖方特点(who)共 4 个角度对 751 次一分钱交易进行描述性统计。

（一）交易时间视角

如图 4 所示,一分钱交易在 2015 年 4 月最为活跃,合计 174 次,在 2015 年 9 月又经历了 40 次的小高峰。而在此后的 15 个月中,每月的一分钱交易次数则较为稳定,在 12 次上下波动。

（二）交易地点视角

出现过一分钱交易的买卖方营业部主要集中在北京、上海、深圳、长沙、中山等 15 个城市,它们的买卖次数合计占比在 70% 以上,见表 2。从具体营业部来看,华泰证券长沙韶山北路证

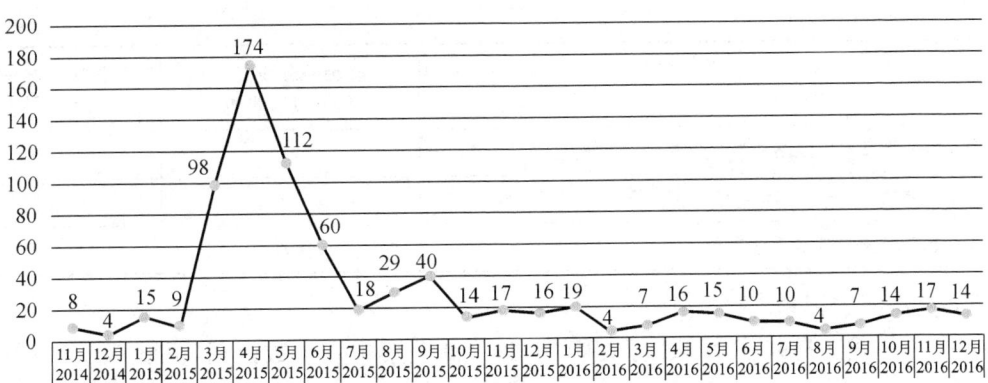

图 4　一分钱交易的时间序列

券营业部是出现一分钱交易次数最多的买方营业部（29 次），红塔证券股份有限公司长沙中意一路证券营业部则是出现次数最多的卖方营业部（28 次）。除此之外，表 3 所示的 5 个证券营业部也一分钱交易的主要集中场所，其一分钱交易的次数都处于较高水平。

表 2　一分钱交易的城市分布

城市名称	一分钱买入的营业部	一分钱卖出的营业部
北京市	127	124
上海市	101	108
深圳市	57	56
长沙市	41	40
沈阳市	32	28
中山市	31	29
济南市	27	31
成都市	25	21
杭州市	24	29
绍兴市	22	25
章丘市	19	21
广州市	17	17
南京市	14	17
烟台市	12	13
郑州市	9	11
合计占比	74.3%	75.9%

表 3　一分钱交易较为集中的营业部

	作为一分钱交易的买方营业部	作为一分钱交易的卖方营业部
中信证券中山四路证券营业部	26	28
方正证券深圳别墅路证券营业部	25	17

	（续表）	
	作为一分钱交易的买方营业部	作为一分钱交易的卖方营业部
齐鲁证券有限公司章丘山泉路证券营业部	21	18
齐鲁证券有限公司上海东方路证券营业部	12	12
新时代证券北京马家堡西路营业部	8	15

（三）交易标的视角

751次一分钱交易共涉及231家挂牌公司,并高度集中在少数公司,见图5。从次数上看,约87%的企业一分钱交易次数在3次以下,约55%的企业只出现过一次一分钱交易,交易次数在10次以上的企业只有8家,见图6。

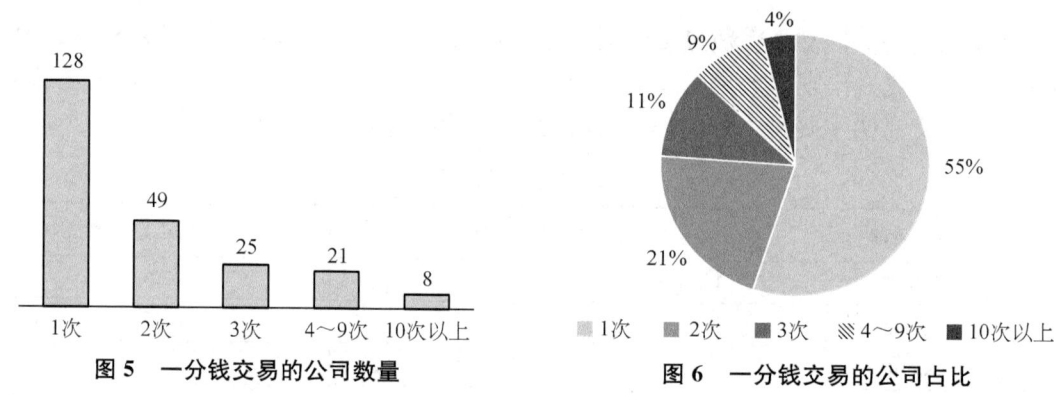

图5　一分钱交易的公司数量　　　　图6　一分钱交易的公司占比

对于交易次数排名前十的企业,其一分钱交易次数合计359次,占总交易次数的47.8%。如表4所示,一分钱交易次数最多的是九鼎集团,合计136次,3年累计的一分钱成交量也高达10,673.74万股。圣泉集团、联讯证券等公司也出现过多次一分钱交易。

表4　一分钱交易次数排名前十数的标的

公司代码	公司简称	交易次数	一分钱成交3年汇总(万股)
430719.OC	九鼎集团	136	10,673.74
830881.OC	圣泉集团	65	468.39
830899.OC	联讯证券	37	4618.10
831873.OC	环宇建工	28	1406.29
831896.OC	思考投资	26	215.50
831550.OC	成大生物	24	432.18
430015.OC	盖特佳	14	29.50
430004.OC	绿创环保	11	44.40
832168.OC	中科招商	9	311.70
430064.OC	金山顶尖	9	217.30

（四）买卖方视角

总体来看,一分钱交易的双方都以个人为主,他们参与的买卖次数都在600次以上。对于卖方来说，机构投资者交易的次数有了较大提升，见图7。

根据买卖双方是否为个人或机构，我们可以将751次一分钱交易划分成4大类，按照由"卖方→买方"的形式分别记为："个人→个人"型，"机构→个人"型，"机构→机构"型，"个人→机构"型。表5列出了每一类所出现的一分钱交易次数和平均成交量。可以发现，"个人→个人"型交易次数最多，其次是"机构→个人"型，而"机构→机构"型的平均成交量最高。进一步细分来看，每一大类的内部也存在较大区别。

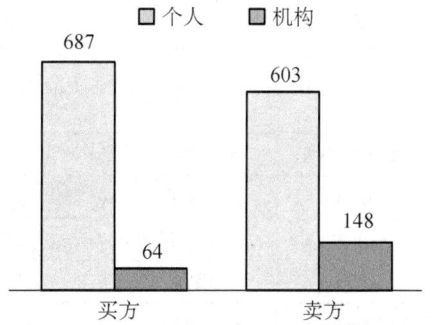

图7　一分钱买卖方中个人和机构交易次数比较

表5　一分钱交易分类概况

分类	一分钱交易次数	占比	平均成交量（万股）
个人→个人	579	77.10%	39.05
机构→个人	108	14.38%	52.95
机构→机构	40	5.33%	154.35
个人→机构	24	3.20%	24.42

对于"个人→个人"型的交易，最具代表性的是以"周波波""袁双红"为代表的自买自卖交易和以"望微""麦伟文"为代表的对倒交易。从统计数据可以看出，名为"周波波"的新三板账户在2015年4月22日至23日共进行了高达28次的一分钱交易，共涉及28家挂牌公司，见表6。每次交易的买卖方账户名称均为"周波波"一人。而在此之前，"袁双红"也以同样的手法自买自卖了10只新三板股票，见表7。

表6　"周波波"以一分钱自买自卖的股票

证券代码	证券简称	交易日期	成交量（万股）	证券代码	证券简称	交易日期	成交量（万股）
430004.OC	绿创环保	2015-4-22	2.8	831,506.OC	昌信农贷	2015-4-22	2.0
430283.OC	景弘环保	2015-4-22	2.8	831,571.OC	大洋股份	2015-4-22	2.1
430329.OC	百林通信	2015-4-22	1.8	831,577.OC	安阳机床	2015-4-22	6.0
430414.OC	三光科技	2015-4-22	2.6	831,690.OC	恒升机床	2015-4-22	5.9
430509.OC	银利智能	2015-4-22	1.6	831,844.OC	会友线缆	2015-4-22	1.8
430529.OC	恒成工具	2015-4-22	0.9	831,873.OC	环宇建工	2015-4-22	1.6
430558.OC	均信担保	2015-4-22	3.6	832,043.OC	卫东环保	2015-4-22	1.6
430663.OC	大陆股份	2015-4-22	0.8	430,682.OC	中天羊业	2015-4-23	0.2
430680.OC	联兴科技	2015-4-22	0.8	430,733.OC	御食园	2015-4-23	0.3
430753.OC	琼中农信	2015-4-22	2.0	831,090.OC	锡成新材	2015-4-23	
830785.OC	冰洋科技	2015-4-22	1.0	831,556.OC	文正股份	2015-4-23	0.8
830796.OC	云南路桥	2015-4-22	3.0	831,583.OC	未来宽带	2015-4-23	0.5
830958.OC	鑫庄农贷	2015-4-22	2.8	831,696.OC	赤诚生物	2015-4-23	0.1
831335.OC	时空客	2015-4-22	2.6	831,792.OC	海思堡	2015-4-23	0.8

表7　　　　　　　　　　"袁双红"以一分钱自买自卖的股票

证券代码	证券简称	交易日期	成交量（万股）	证券代码	证券简称	交易日期	成交量（万股）
430064.OC	金山顶尖	2015-3-26	29.4	830796.OC	云南路桥	2015-4-9	6.0
430753.OC	琼中农信	2015-3-26	8.7	830,899.OC	联讯证券	2015-4-9	4.9
831003.OC	金大股份	2015-3-26	2.0	831,143.OC	焕鑫新材	2015-4-9	2.0
831890.OC	中润油	2015-3-26	6.8	831,506.OC	昌信农贷	2015-4-9	4.2
430064.OC	金山顶尖	2015-4-8	16.0	831,550.OC	成大生物	2015-4-9	1.0
430753.OC	琼中农信	2015-4-8	5.0	832,043.OC	卫东环保	2015-4-9	3.3

另外，"望微"和"麦伟文"两人在2015年3月18日和19日频繁地对11只股票进行了低价对倒交易：先由"望微"在3月18日以一分钱价格卖给"麦伟文"，再由"麦伟文"在3月19日回卖给"望微"，双方两日的交易量几乎完全一致，见表8。

表8　　　　　　　"望微"和"麦伟文"两人以一分钱对倒交易的股票

证券代码	证券简称	交易日期	买方账户	卖方账户	异动成交量（万股）
430426.OC	长城软件	2015-3-18	望微	麦伟文	1.0
		2015-3-19	麦伟文	望微	1.1
430005.OC	原子高科	2015-3-18	望微	麦伟文	0.7
		2015-3-19	麦伟文	望微	0.7
831029.OC	银丰棉花	2015-3-18	望微	麦伟文	5.0
		2015-3-19	麦伟文	望微	5.0
430653.OC	同望科技	2015-3-18	望微	麦伟文	3.1
		2015-3-19	麦伟文	望微	3.1
831511.OC	水治理	2015-3-18	望微	麦伟文	1.5
		2015-3-19	麦伟文	望微	1.5
430139.OC	华岭股份	2015-3-18	望微	麦伟文	2.0
		2015-3-19	麦伟文	望微	2.0
430610.OC	瀚远科技	2015-3-18	望微	麦伟文	4.8
		2015-3-19	麦伟文	望微	4.9
430670.OC	东芯通信	2015-3-18	望微	麦伟文	3.9
		2015-3-19	麦伟文	望微	3.9
831550.OC	成大生物	2015-3-18	望微	麦伟文	0.8
		2015-3-19	麦伟文	望微	0.8
831920.OC	车头制药	2015-3-18	望微	麦伟文	3.8
		2015-3-19	麦伟文	望微	3.8
430635.OC	ST展唐	2015-3-18	望微	麦伟文	0.3
		2015-3-19	麦伟文	望微	0.3

"机构→机构"型交易主要发生在"中山市八通街商务服务有限公司"和"中山市广安居企

业投资管理有限公司"①之间,见表9。尽管成交量较小(单次交易均未超过0.5万股),但双方交易次数较多(19次,占"机构→机构"型交易的比例达47.5%)且时间较为集中(交易均发生2015年1~3月)。

表9　　　　　　　　　　　　　"中山帮"的一分钱交易

证券代码	证券简称	交易日期	买方账户	卖方账户	异动成交量(万股)
831074.OC	佳力科技	2015-1-5	中山八通街	中山广安居	0.1
831074.OC	佳力科技	2015-1-6	中山八通街	中山广安居	0.1
430107.OC	土星教育	2015-1-7	中山八通街	中山广安居	0.4
430004.OC	绿创环保	2015-1-8	中山八通街	中山广安居	0.3
831329.OC	海源达	2015-1-8	中山八通街	中山广安居	0.1
430313.OC	国创富盛	2015-1-8	中山八通街	中山广安居	0.1
430097.OC	赛德丽	2015-1-9	中山广安居	中山八通街	0.1
831556.OC	文正股份	2015-1-12	中山广安居	中山八通街	0.1
430758.OC	四联智能	2015-1-12	中山广安居	中山八通街	0.1
830821.OC	雪郎生物	2015-1-13	中山八通街	中山广安居	0.1
830785.OC	冰洋科技	2015-1-13	中山八通街	中山广安居	0.1
430233.OC	星原丰泰	2015-3-10	中山八通街	中山广安居	0.1
831237.OC	飞宇科技	2015-3-11	中山八通街	中山广安居	0.1
430572.OC	奥普节能	2015-3-12	中山广安居	中山八通街	0.1
430320.OC	江扬环境	2015-3-17	中山八通街	中山广安居	0.1
831441.OC	瓷爵士	2015-3-20	中山广安居	中山八通街	0.3
831052.OC	金开利	2015-3-23	中山八通街	中山广安居	0.3
430762.OC	荣昌育种	2015-3-24	中山广安居	中山八通街	0.2
831690.OC	恒升机床	2015-3-25	中山广安居	中山八通街	0.3

对于"机构→个人"型和"个人→机构"型交易,机构投资者无论是作为买方或是卖方,都以投资管理或资产管理有限公司为主,部分的商贸有限公司和信息技术有限公司也参与其中。值得注意的是,在"机构→个人"型的一分钱交易中,出现了较多的合伙制企业(共计14家),其一分钱交易的平均成交量也高达65.1万股,比同类型交易的均值高出近23%,见图8。

四、一分钱交易的动机分析

(一) 避税

一分钱交易属于股权转让的范畴,需要按法律规定支付相应的税费。相比转让经手费

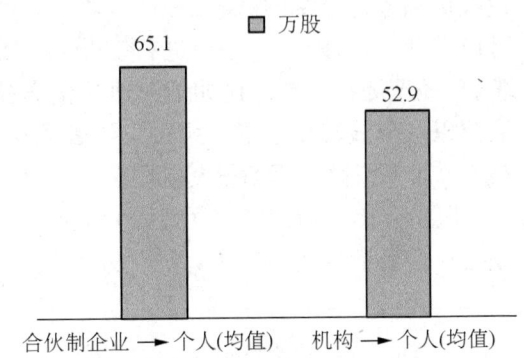

图8 "机构→个人"型交易中合伙制企业的成交量

---

① 市场一般将"中山市广安居企业投资管理有限公司""中山市八通街商务服务有限公司""中山市三宝股权投资管理有限公司""谭均豪"4个账户称为"中山帮"。中山帮在曾因大量频繁地以严重偏离市场行情的价格进行交易而被股转处罚。

(0.5‰)、交易佣金(不超过3‰)和交易印花税(1‰)①,逃避税率相对较高的个人所得税和企业所得税才是新三板一分钱交易者的最大获利点。根据现行的法律法规,若股权转让方为个人,应纳税额②=(股权转让收入-财产原值-合理费用)×20%(个人所得税税率);若股权转让方为企业,应纳税额③=(企业转让股权收入-取得该股权所发生的成本)×25%(企业所得税税率)。

结合相关法律法规和新三板交易制度可以发现,利用一分钱交易进行避税主要有以下几个条件:(1)协议转让定价灵活。股权转让产生的税收直接关系到股权转让人的切实利益,因此,股权转让人主观上存在着隐瞒股权转让价格的动机。在本着"尊重当事人的价格协商权和决定权"④的协议转让制度下,交易双方可能早已在场外协商好了成交的数量和价格,在交易系统上只是走一个流程而已,因此,新三板市场显示的成交价格未必就是交易双方真实的成交价格,这为一分钱交易的避税提供了极大便利。(2)新三板无涨跌停限制。在协议转让制度下,无论股票在市场上的公允价值是多少,以一分钱的价格进行成交是在技术上可行⑤且法律法规未明确禁止的。(3)在股权转让过程中,个人所得税税率比企业所得税税率低5%。一些股权转让方为了逃避相关税收,往往会达成某种默契,签订一份平价转让或低于实际转让额的虚假股权转让合同。若这种情况发生在公司(卖方)与个人(买方)之间,个人再以正常价格卖出股票时,所得税税率便下降了5%。合伙制企业在避税方面具有天然优势,这也就解释了为什么在"机构→个人"型交易中,有近14家合作制企业参与交易且成交量远高于平均水平。由于合伙企业不是企业所得税的纳税主体,且相对于公司制实体而言,合伙企业的所得税一般只在合伙人层面征收,而企业本身并不是所得税的纳税主体。这就避免了公司税负中的双重征收问题,极大地降低了投资人的税收负担。

根据以上三个条件可以对751次一分钱交易中可能存在避税动机的交易进行粗略统计。首先,在"个人→个人"型交易中,排除自买自卖和对倒交易,其余的496次一分钱交易都存在避税嫌疑。由于以0.01元每股所计算出的"股权转让收入"必定小于"财产原值",因此产生的税收为零。其次,在"机构→个人"型交易中,不管是14起合伙企业与个人的交易还是94起有限责任公司与个人的交易,都存在利用企业所得税与个人所得税税率差,或是利用合伙制企业税收优惠进行避税的嫌疑。另外,通过查阅"国家企业信用信息公示系统"和企业注册信息还可以发现,与有限责任公司进行一分钱交易的个人投资者中有58.8%为卖方公司的董事、监事、总经理等管理层。比如上海迪静信息技术有限公司曾在2015年4~6月将多家挂牌公司股票以一分钱转让给了公司法人代表兼执行董事刘涛,涉及的异动成交量合计18.9万股,见表10;汕头保税区西动投资有限公司在2016年4月22日将公司所持有的西电动力(834409.OC)股份分别转让给了公司经理、监事、执行董事等成员且成交量巨大,见表11。由于管理层是公司经营活动的决策者,此类"左手卖右手买"的行为实施难度较小,而经过这样一番操作,

---

① 数据来源:全国股转系统《投资者交易指南》。
② 股权转让个人所得税计算依据:《个人所得税法》第三条;《股权转让所得个人所得税管理办法(试行)》第四条。
③ 股权转让企业所得税计算依据:《企业所得税法》第一、第四、第六条;《企业所得税法实施条例》第十六条;《国家税务总局关于企业所得税核定征收有关问题的公告》第二条;《国家税务总局关于贯彻落实企业所得税法若干税收问题的通知》第三条。
④ 2014年6月,证监会新闻发言人邓舸针对九鼎集团投资价格巨幅波动的情况表示:由于协议转让的股票交投通常不活跃,个股交易风险外溢的可能性较小,对公众投资者的影响也不大,因此,监管部门尊重当事人的价格协商权和决定权。
⑤ 实现一分钱交易的技术手段包括三种:一是直接使用互报成交确认委托并定价0.01元;二是买方以0.01元"定价买入",卖方再以0.01元"成交确认卖出";三是通过"成交确认买入"捡漏由于操作者失误而产生的0.01元"定价卖出"报单。

不仅在名义上降低了企业的转让股权收入,还降低了股权转让的所得税,是较有代表性的避税行为。

表 10　　　　　　　　　上海迪静信息技术有限公司的避税行为

卖方账户	交易日期	标的代码	标的名称	一分钱成交量（万股）	买方账户
上海迪静信息技术有限公司	2015-4-24	430558.OC	均信担保	2.7	刘涛（卖方公司的法人代表兼执行董事）
	2015-4-24	430620.OC	益善生物	1.6	
	2015-4-24	430719.OC	九鼎集团	6.4	
	2015-4-24	430733.OC	御食园	1.2	
	2015-4-24	830899.OC	联讯证券	2.5	
	2015-4-24	831866.OC	蔚林股份	0.4	
	2015-4-29	430324.OC	上海致远	0.4	
	2015-4-29	430545.OC	星科智能	0.1	
	2015-4-29	831859.OC	祁药股份	1.1	
	2015-4-29	831887.OC	长潮股份	0.4	
	2015-5-28	830899.OC	联讯证券	1.0	
	2015-6-16	832168.OC	中科招商	1.1	

表 11　　　　　　　　　汕头保税区西动投资有限公司的避税行为

卖方账户	交易日期	证券代码	证券简称	一分钱成交量（万股）	买方账户	买卖方关系
汕头保税区西动投资有限公司	2016-4-22	834409.OC	西电动力	420.9	陈啟芳	卖方经理
				150.0	张婕	卖方股东、标的董事、副总经理
				120.0	刘升	卖方股东、标的董事、副总经理
				500.0	徐文捷	卖方法人代表、执行董事
				197.0	詹史淮	卖方监事

(二) 利益输送

除了避税,一分钱交易还可涉及不同目的的利益输送,比如股权激励、代持还原等。由于利益输送的具体目的和方式较为隐蔽,本文在此只结合已有的样本进行简要分析。

通过考察交易方与交易标的的关联性可以看出,751 次一分钱交易中买卖双方任意一方为公司前十大股东或是公司管理层的交易有共有 125 次,占比 16.6%。对于存在前十大股东的一分钱交易,其异动成交量平均为 131.98 万股/次;对于涉及公司管理层的交易来说,涉及的职务主要为董事长、董事、董事会秘书、监事、总裁等,其中有公司董事参与的一分钱交易的更加普遍(作为买方出现了 15 次,作为卖方出现了 21 次)。从公司的财务表现上看,既存在公司业绩下滑而导致的大股东抛售①,也存在公司经营发展前景良好但遭遇大股东低价转让的情况,如表12列示的中讯四方、致生联发和九鼎集团。大股东将所持股票一分钱卖出会导致亏损,在公司业绩下滑时尚可被视为一种及时止损的行为。而在公司业绩和成长性都非常好的情况下,以一分钱的价格"贱卖"公司股票的行为令人费解。其一,在这种情况下股东没有必要进行低价转让;其二,即便进行了低价转让,卖方也必定会私下与买方进行其他的交易来弥补这种"名义上的亏损",因此,利益输送必然存在。

表12　公司经营发展前景良好但遭遇大股东低价卖出的部分企业

证券代码	430075.OC	830,819.OC	430719.OC
证券简称	中讯四方	致生联发	九鼎集团
交易日期	2015-3-30	2015-5-12	2015-4-21
买方账户	李永久	天津正泰仁合企业管理咨询合伙企业(有限合伙)	方燕
买方身份	无	无	无
卖方账户	闫丽萍	卜巩岸	易彬
卖方职位	前十大股东	前十大股东、董事长、董事	前十大股东
异动成交量合并(万股)	125.00	210.00	1227.30
2014年营业收入(万元)	13,914.64	12,110.56	68,576.61
2015年营业收入(万元)	20,892.22	28,594.60	237,365.57
2014年净利润(万元)	1870.91	1443.34	36,382.81
2015年净利润(万元)	2623.36	4025.49	67,316.51
2014年营业收入同比增长	57.85%	102.67%	119.50%
2015年营业收入同比增长	50.15%	136.11%	246.13%
2014年净利润同比增长	44.94%	213.48%	848.23%
2015年净利润同比增长	40.22%	178.90%	85.02%

五、一分钱交易的危害

(一)造成公司股价异常波动,扰乱新三板市场秩序

在现代市场经济体系中,市场秩序是指以明晰的产权为基本制度,以价格体系为资源配置的基本机制,以有效竞争为结构特点的市场经济体系在配置资源中所呈现出来的和谐、有序、稳定的运行状态。就资本市场秩序而言,"和谐、有序、稳定的运行状态"意味着资本市场被赋予的筹融资功能、价值发现功能、规范公司治理等功能可以正常、稳定地运行,从而促进资源配置的优化。一分钱交易直接导致公司股价在短时间内异常波动,是扰乱市场交易秩序的行为。

根据《全国中小企业股份转让系统股票转让细则(试行)》第112条至第114条的规定,一分钱交易明显属于"可能影响股票转让价格或者股票成交量的异常转让行为"。一分钱交易涉嫌违背的法律条款包括"单个证券账户,或两个以上固定的或涉嫌关联的证券账户,大笔申报、连续申报、密集申报或申报价格明显偏离该证券行情揭示的最近成交价""同一证券营业部或

---

① ST展唐前十大股东Sunrasia Investment Limited, Smart Target Management Ltd. 和CGmobile Holdings Limited 在2016月7月25日合计抛售公司股票4648.78万股。

同一地区的证券营业部集中买入或卖出同一股票且数量较大"等。从数据也可以看出,751 次一分钱交易中有 708 次导致公司股价较前收盘价下跌 99% 以上,接近跌幅的极限。正如价格机制是市场经济的基本机制一样,合理、真实的股票价格也是资本市场配置资源的关键。尽管股票价格会受到利率、汇率、经济增长等各种因素的影响,但公司本身的因素对股票价格的影响更为重要,特别是上市公司的经营管理水平、财务状况、科技开发能力、行业内的竞争实力和竞争地位等从各个不同的方面影响着股票价格。从本质上说,投资者投入的资金是由股票发行人独立使用,该项资金的增值是由发行人通过其经营活动实现的,因此,股票投资收益及由此决定的股票价格在根本上是由发行人经营状况决定的。以一分钱成交的股票扭曲了股票发行方的经营状况,是对公司真实、合理股价的极端背离,何况交易中还混杂着前文提到的自买自卖交易、对倒交易等乱象。一分钱交易传递的错误价格信号不仅会对投资者产生误导,也是对资本市场价格形成机制的破坏,它所产生的不正之风也污染了整个新三板的交易生态。

(二)加剧信息不对称,影响挂牌公司形象

买卖双方以一分钱的价格进行股权转让,不仅扰乱了市场秩序,也给交易标的造成了较大的负面影响。通过表 13 的标准对 231 家涉及一分钱交易的公司进行划分可以发现,近 60% 的企业的财务表现一般,优质企业和较差企业在数量上也十分接近,见图 9、图 10。就优质标的来说,九鼎集团、圣泉集团、联讯证券、齐鲁银行、硅谷天堂等企业在营业收入和净利润上体量巨大;亚成微、东方碳素、瓷爵士等企业的营业收入和净利润增长迅速;联赢激光、阿尔特、指南针等企业的各项指标都非常均衡。就较差标的来说,ST 展唐和 ST 亚锦连续两年亏损,ST 鑫秋连续两年净利润增速为负,绿创环保、坦博尔、恒神股份、现代农装等企业连续两年亏损千万元,甚至是上亿元。

表 13　　　　　　　　　　　　　　公司分类及其标准

标的分类	分类标准
优质标的(规模型)	2015 年营业收入在 10 亿元以上且净利润在 1 亿元以上
优质标的(均衡型)	两年营业收入均在 1 亿~10 亿元;两年净利润均在 1000 万元以上;两年营业收入和净利润增长率都在 10% 以上。
优质标的(成长型)	两年营业收入在 1000 万至 1 亿元;两年营显收入增长率和净利润增长率都大于 20%
较差标的(标准 1)	两年净利润都为负
较差标的(标准 2)	2015 年净利润为负且营业收入小于 1 亿元
较差标的(标准 3)	两年净利润增速均小于 0;2014 年净利润大于 0;2015 年营业收入大于 1 亿元
一般标的	除了优质标的和较差标的外的其他标的

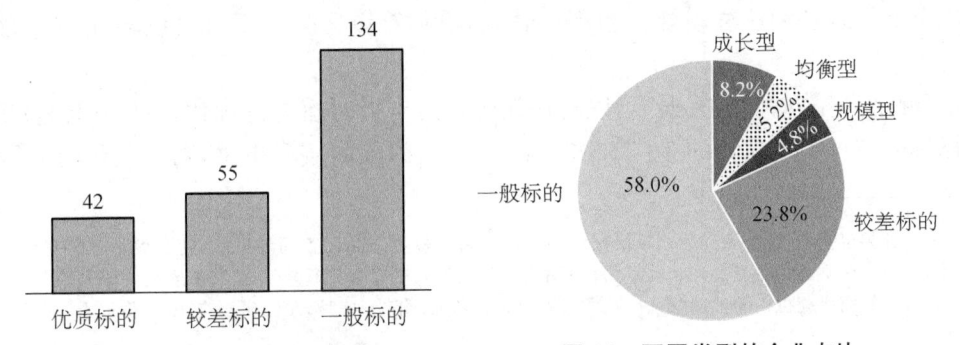

图 9　不同类型的企业数量　　　　图 10　不同类型的企业占比

231家出现过一分钱交易的公司的质量参差不齐,甚至还包括58家创新层企业,仅凭是否发生过一分钱交易很难对企业优劣进行判别。特别是在目前新三板投研服务严重滞后的情况下[①],一分钱交易的乱象进一步加剧了企业与投资者之间的信息不对称。此外,由于一分钱交易"打制度擦边球"明显有悖于"公平、公正、公开"的市场交易原则,媒体往往以负面形式对其进行报道,其中涉及的企业的形象也受到了负面报道的影响,从而给投资者留下较为消极的印象。

六、一分钱交易的治理

一分钱交易是投资双方利用协议转让制度漏洞导致公司股价异常波动的极端表现。尽管极端,但一分钱交易发生次数多,涉及的成交量大。如果将1元以下的低价成交行为也进行统计的话,其数量可能数倍于一分钱交易。本文虽然没有对其进行统计,但其性质和危害都与一分钱交易类似。本文虽然只着重分析了一分钱交易,但以下的制度建议不局限于一分钱交易的治理。这也是为了稳定市场秩序,减少新三板股价异常波动的制度设计。

2017年3月25日,全国中小企业股份转让系统有限责任公司发布了《关于对协议转让股票设置申报有效价格范围的通知》,将协议转让股票的有效申报范围限制在了"不高于前收盘价的200%且不低于前收盘价的50%"。该规定充分显示了全国中小企业股份转让系统有限责任公司对协议转让制度漏洞的重视以及进行治理的决心。然而该政策通过直接限制申报价格的方式来防止股价异常波动,方式过于简单且不系统,是一种短期内的权宜之计。若要从根本上解决问题,本文建议从以下三方面入手。

(一)优化交易流程以避免交易者操作失误

协议转让不仅包括三种成交方式,在具体操作时还有六种申报类型可以选择,经常导致投资者出现两类操作失误:一类是对价格设置的错误,比如宁波水表买方误将19.70元的报价填成了1970元;另一类是对委托方式选择的错误,比如姜素华通过"点击成交其他投资者的低价卖出申报"成功"截胡",说明卖方是将"互报成交确认卖出"误选成了"定价卖出",从而造成损失。

对于"报价设置错误",完全可以通过优化交易系统的方式,对交易方报价超过前收盘价的9.99倍的交易和报价低于前收盘价9.99%的交易进行警示和再次确认。设置该区间主要是出于投资者对小数点设置的错误,并不是为了界定股价波动的合理区间。监管层应当根据收益与风险相当的原则,让投资者自己去发现证券价格。目前全国中小企业股份转让系统有限责任公司对交易价格在收盘价50%以下及200%以上的交易直接判定为无效申报,可以说是人为地限制了股价的波动,一方面干扰了投资者对发行人的经营情况做出合理的价格判断,另一方面也可能导致各种违法违规行为更加隐蔽,更加难以区分。现行协议转让交易时间表见图11。

对于"混淆委托方式"的失误,可以对协议转让的申报时间进行优化,见图12:①互报成交确认委托仅能在每个交易日的9:15~9:45这一时间段内接受申报,对在其他时间段选择了

---

① 据中国证券报道,民生证券新三板研究中心进行的新三板生态圈调查问卷显示,新三板卖方研究存在覆盖率太低、主动性不强、满意度不高的特点。在495家调查样本中,高达97%的企业渴望券商提供多形式的研究服务,但仅有不到17%的企业获得了券商研究机构的主动联系。从研报数量来看,2016年1~8月,A股研报有4000份以上,而新三板研报还不到1000份。

互报成交确认委托的投资者进行警示并禁止其申报。②9:45~10:00 则由系统对互报成交确认成交进行撮合,同时接受投资者的定价委托申报。③10:00~11:30,13:00~15:00 则保持现状,为"定价委托、点击确认方式成交"的时间段,15:00 之后的"盘后自动匹配成交"同样保持不变。采取这些措施进行优化主要是出于以下方面考虑:首先,"互报成交确认成交"必须在"定价委托、点击确认方式成交"之前完成,否则如果投资者误将互报成交确认委托混淆为定价委托,则其报单会被其他投资者抢先交易,而优化后的交易时间则完全可以避免该问题出现。其次,由于互报成交确认委托不会与定价委托自动成交,因此,在9:45~10:00进行互报成交确认委托的撮合和定价委托的申报既不会出现错误成交,又节约了交易时间。

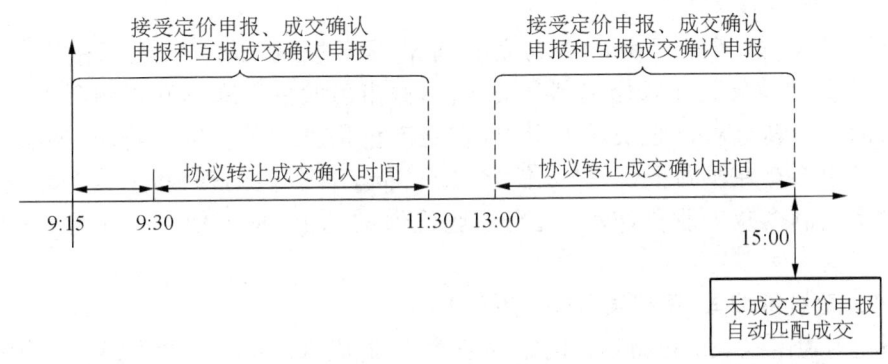

图 11 现行的协议转让交易时间表

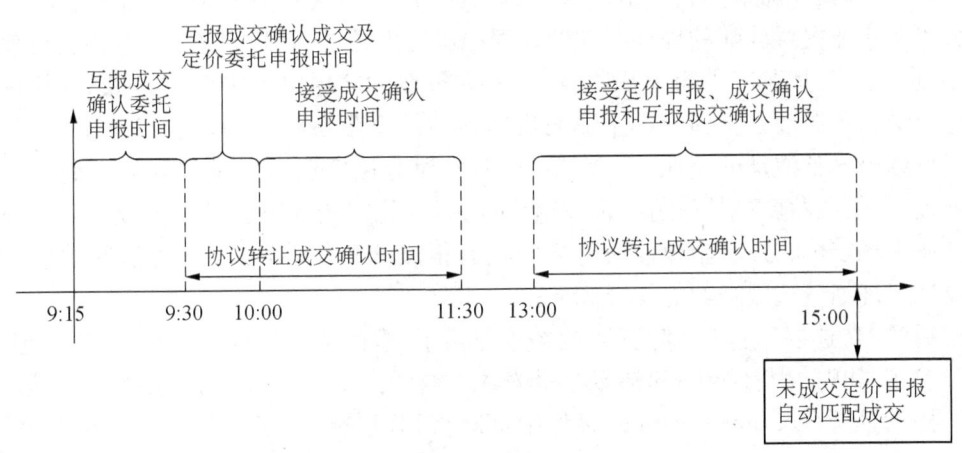

图 12 优化后的协议转让交易时间表

通过以上两种手段,可以极大地消除因投资者操作失误而造成的股价异常波动,为进一步治理打下基础。

(二)进一步完善竞争性做市商制度

目前在全球前十大交易所中,已经有 NYSE、NASDAQ、东京证券交易所、伦敦证券交易所、中国香港证券交易所、澳大利亚交易所等 8 家交易所在不同程度上采用了做市商交易制度。众多早期的学术研究也证实,做市商的数量及其相互之间的竞争与股票买卖差价存在明显的负相关性,说明竞争性做市商制度能够有效抑制公司股价的大幅波动。

新三板做市商制度自从 2014 年 8 月正式上线以来,一定程度上提高了市场流动性,但其发展时间短,制度建设依旧不完善,"竞争性"体现得并不明显。从数量上看,包括私募做市在内,新三板也只有不到100家的做市商,要服务的做市企业超过1800家。而纳斯达克市场做市商数量达到了600家,平均每只挂牌股票有20多家做市商做市,微软、苹果等规模较大的明星公司做市商数量超过了60个,甚至做市商之间存在过度竞争。从功能上看,如果做市商数量偏少,做市商之间合谋、串通、协同的成本就相对较低,会导致一个寡头垄断市场,从而损害投资者的利益和市场效率。就国外成熟的场外市场而言,竞争性做市商制度都是场外交易市场的核心制度。在NASDAQ市场上,由于每只股票都有多个做市商,他们之间的竞争有利于减少买卖差价,使价格定位更加准确。参与竞争的做市商越多,他们为市场带来的资本就越多,从而也有利于价格的稳定。这一方面有利于刺激投资者对公司股票的需求,另一方面又使得市场运作处于严格监管之下。

就目前情况来看,新三板做市商制度的前景不容乐观,甚至出现了做市转协议的逆流①,原因主要是协议转让比较好控制公司股价,做市后股价下跌不利于融资等②,这也从侧面反映了目前做市转让对企业缺乏吸引力,在稳定价格方面的功能发挥不到位。尽管竞争性做市商制度也会存在协同报价,操纵价差,赚取非正常收益的现象,但当务之急是要发挥出竞争性做市商制度减少股价波动、发现企业价值的功能,从而使做市企业在融资上更加便利。

(三)将公司股价纳入"精选层"参考指标中

价格的相对稳定是股市正常运行的重要条件,而造成价格不稳定的原因主要有两个:一是价格大幅度偏离价值;二是市场上缺乏资金投入,交易不活跃。前者可以通过竞争性做市商制度来缓解,后者则需要靠落实新三板分层,以便在投资者门槛较高的情况下,将有限的资金用来给部分优质企业提供较强的局部流动性。据中国证券报2月22日报道,监管层目前以再分层为抓手,加大新三板制度供给改革研究,未来有望在创新层之上推出"精选层",并在此基础上引入竞价交易等制度。全国中小企业股份转让系统有限责任公司应当以这次分层为契机,坚决将股价频繁异常波动的企业排除在精选层外,对分层后股价异常偏低的企业也应及时进行降层处理,以便在"精选层"打造一批业绩优良、股价稳定的新三板龙头企业。鉴于新三板与纳斯达克在市场定位、分层、企业性质等方面具有很大的相似性,可以考虑借鉴纳斯达克相关的制度设计来规划精选层企业的挂牌标准。

新三板的"精选层"可以说对应的是纳斯达克全球精选市场③,是三个层次中挂牌门槛最高的。除了常规的财务指标和流动性指标外,纳斯达克全球精选市场在初次挂牌(initial listing)及持续挂牌(continued listing)条件中都对公司股价设置了下限,表14和表15列出了其具体要求④。可以看出,不管公司满足的是哪一个标准,股价都是挂牌时必须考虑的因素。

---

① 据新三板在线的统计,截至2017年3月23日,已经有164家企业由做市转为协议,仅2017年的1—3月就有共有81家挂牌企业由做市转为协议转让。

② 根据股转系统在对券商发出的"协议转让调查问卷"的总结,挂牌公司主动选择协议转让包括"协议转让可以较好控制股东人数,担心采用做市方式不利于企业IPO,比较好控制公司股价,做市后股价下跌不利于融资,大股东希望采取协议方式实现一对一灵活交易,便于股权激励和收购"。

③ 纳斯达克内部分为纳斯达克全球精选市场、纳斯达克全球市场、纳斯达克资本市场三层。

④ 数据来源:根据纳斯达克"Intial Listing Guide","Continued Listing Guide"。

表 14　　　　　　　　　　　纳斯达克全球精选市场初次挂牌条件

财务要求	标准1：利润	标准2：市值与现金流	标准3：市值与收入	标准4：资产与股权
公司必须要满足四个标准中的至少一个				
税前收入（持续经营活动的所得税前收入）	前3年合计大于等于$11,000,000且前三年每年的收入大于等于0且最近两年每年的收入大于等于$2,200,000	—	—	—
现金流	—	前3年合计$27,500,000且前3年每年大于等于0	—	—
市值	—	前12个月平均大于等于$550,000,000	前12个月平均大于等于$850,000,000	$160,000,000
收入	—	前1年大于等于$110,000,000	前1年大于等于$90,000,000	—
总资产	—	—	—	$80,000,000
股东权益	—	—	—	$55,000,000
买价①	$4	$4	$4	$4

注：全球精选市场包括"财务要求"和"流动性要求"两方面，流动性要求在此未列出。

表 15　　　　　　　　　　　纳斯达克全球精选市场持续挂牌条件

财务要求	股权标准	市值标准	总资产/总收入标准
一旦挂牌，公司必须要满足三个标准中的至少一个			
股东权益	$10,000,000	—	—
挂牌证券市值	—	$50,000,000	—
总资产和总收入（最近1年或最近3年）	—	—	$50,000,000和$50,000,000
公众持股数量	750,000	1,100,000	1,100,000
公众持股市值	$5,000,000	$15,000,000	$15,000,000
买价	$1	$1	$1
股东总人数	400	400	400
做市商数量	2	4	4

注：全球精选市场和全球市场的持续挂牌条件相同

1美元的最低买入价条件（minimum bid price requirement）不仅是全球精选层的要求，也是纳斯达克股权交易指南对所有持续挂牌企业的硬性规定，具体的生效方式如下②：如果全球精选市场的公司股价在30个交易日连续收盘于1美元以下，则纳斯达克会下发对该公司的违规通知书（deficiency notice），该公司有180个自然日的时间来使公司股价重回1美元（收盘价连续十天在1美元或以上），否则公司将会被降层至纳斯达克资本市场或是被摘牌。新三板在

---

① 买价（bid price）：买方愿意为购买某一证券而支付的最高价格。
② 根据"NASDAQ listing center-reference library"整理而得。

进行精选层划分时应当像纳斯达克全球精选市场一样重视公司股价,要向投资者和企业传递出一个强烈的信号:股价是公司持续挂牌、升降层,甚至是转版的硬性指标,是公司价值最直接的体现。股东作为公司的所有者,自己先要承担起稳定公司股价的责任。股东如果以极端低价进行股票交易,除了会受到相应的处罚外,更需要承担公司被降层甚至是摘牌的风险。而通过将公司股价作为分层的硬性条件,可以进一步捆绑公司和股东的利益,增强股东的自律性。

新三板市场五大"骗局",你不可不知

Wayen[①]

接触新三板一年多,从案头研究到实地调研,其间笔者接触了不少新三板中介服务机构、新三板挂牌非挂牌公司高级管理人员以及个人投资者。不得不说,新三板这个新兴资本市场确实乱象丛生。这个市场存在着大量打着为企业服务的幌子却玩弄资本手段的中介服务机构,也存在着忽悠个人投资者的公司。本文希望通过五个问题,来提醒投资者、挂牌企业在新三板市场投资中要提高警惕性。

一问:新三板只要挂牌就能赚大钱?

很多市场上新生的中介服务机构,为了扩大自身业务量,会想尽各种方法给中小企业相关人员洗脑。最常用的一套说辞便是新三板为国家战略,是历史潮流,企业挂牌后一定能赚大钱。不错,从新三板的战略定位来讲,新三板市场处于中国多层次资本市场的奠基层,为中小创新创业企业进行资本服务,也是国家级的战略。但问题是,是否搭上这班车,就能实现财富增值?

通过之前的数据收集,截至 2016 年 2 月 27 日,新三板市场挂牌的 5770 家企业中,有 55.34% 的企业自挂牌日起股票成交量为零。也就是说,新三板市场中自挂牌伊始便没有成交过的所谓"僵尸股"占到一半以上。这说明什么?目前市场上至少有 3000 家企业付出了大量挂牌成本,然而并没有享受到任何的红利。

一个称职的服务机构是与企业平等的进行交流,企业作为企业信息的甲方,服务机构作为市场信息的甲方相互沟通。我们在企业调研中,反复与企业管理人员探讨新三板市场成本与风险。简单来说,新三板作为一个创新型的资本市场,定位更加市场化,并非适用于所有中小企业。对于中小企业而言,挂牌新三板主要面临以下主要成本问题:

一是规范成本、监管成本。新三板作为全国性证券交易场所,其挂牌企业成为公众公司,接受股转系统和证监会的监管。因而企业的管理结构、股权结构要进行重整、规范,同时包括企业改制、出资到位、公司决策程序等问题,这些都涉及企业的重大调整变动。而挂牌期间的审计、信息披露一旦疏忽,企业在资本市场可就不那么好混了。

二是税务成本。很多中小企业在挂牌前,依靠税务筹划,税务成本较低,但是被很多中介忽悠到新三板后,一切财务信息公开,税务成本上升。这里特别说明的一点,之所以很多地方政府给予企业挂牌补贴,除了业绩目标外,也包含了企业挂牌后所缴纳的税收因素。

三是控制权流失风险。企业公开转让股权,后续增发股票必然会导致原有大股东股权的稀释。另外,公司决策程序的规范,使得公司决策要按照股权投票决定,一家独大的局面很可能成为过去时。

所以,即便是国家战略,也要认真分析成本与收益。一些中介就是看中技术出身的企业家不懂资本市场,渴望做大做强的急迫心态。如果公司仅仅是抱着跟风,获得政府补贴,"上市"

---

① Wayen,新三板智库研究员。

圈钱的想法,这个市场真的不太适合。

二问:市值管理交给中介服务机构,究竟是管理还是炒作?

新三板市场的发展,也带动了一批打着市值管理幌子的中介服务机构的滋生。

市值,简单理解就是股价和股本的乘数。因为股本相对来说是比较稳定的,所以一般情况下,市值的管理都离不开股价的管理。无论是机构研究还是投资者投资,目前市场上对股价的判断基本是基于市场比较法,更细化地讲,是基于 PE 倍数来评判的。根据这种方法,股价就是每股收益和估值倍数的乘积,可以看出,市值管理有两个重要的因素:一个是公司净利润,也就是公司的基本面;另一个就是市场的预期,即估值倍数。要真正实现企业的长期发展,获得资本市场给予的增值,两个因素缺一不可。

而目前市场上,很多中介机构试图通过短期的股价炒作来拉升股价,好一点的会为企业拉几个名人站台,或者炒作资源对接,达到短期的股价提振作用。但是,市场的人都不傻,尤其是新三板市场,更多的是机构投资人,基本面好不好,公司概念怎么样,多数投资者还是一眼就能看出来的。很多接受所谓市值管理的挂牌公司,通常只能打碎了牙齿往肚子里咽。

这里简单讲几个新三板市场冒牌市值管理的手段。前面讲到,市值一方面依靠市场预期,另一方面依靠公司利润,两者是有一定内在联系的。市场预期除了行业趋势、政策出台等因素外,一个拥有较高估值倍数的公司往往要有利润高速增长的预期才能支撑得住。简单来讲,市场预期很大一部分源于公司利润的高速增长。所以,那些忽悠企业做市值而忽视企业自身盈利情况的中介服务机构,往往只是流于表面的炒作股价而已。

另外,如果企业将市值简单地理解为股价,那么更加容易落入不良中介的圈套。要知道,新三板市场目前为大众诟病的一点就是流动性不足的问题。在这个市场中,短期内简单将股价拉低或抬高是相对比较容易的做法。比如刚刚挂牌的企业,采取协议交易,在流动性不足的情况下,投资者用几手交易量,足以让标的公司的股价产生巨大的波动。那么,一些中介机构在签订的合同中,只将股价作为服务标准,不考虑成交量的多少,这种服务对于企业来说,风险是非常大的。

三问:挂牌前最后获得原始股的机会,挂牌是否必然增值?

这一问主要针对某些未挂牌公司寻求投资人购买原始股,以及一些中介机构推出的原始股购买项目所需要考虑的内容。

随着新三板逐步走进大众视野,很多中小投资者也希望能够走进这个市场,趁机捞两笔。现实却是,中小投资者很难在新三板市场上立足。一方面,这是战略定位的原因,市场中大量中小企业投资,风险确实很大;另一方面,这块市场化的资本交易试验田,经不起专业性较差的散户折腾。

因此,某些企业和中介打着挂牌的幌子吸引个人投资者的注意。企业为了引入更多的资金,中介为了拿到佣金,它们打着公司将要挂牌的幌子圈钱。很多投资者没有自己的专业判断,再加上对新三板了解很少,便动了心,甚至拿出自己的养老钱投资。

新三板市场接纳的是中小创新创业企业,这个市场与主板市场存在着天然的区别。主板市场由于监管部门和券商掌握着上市通道,主板供给端相对稀缺,上市公司往往有着较强的流动性溢价,这也是主板公司的原始股能够在 IPO 后的几个交易日大幅涨停的主要原因之一。而回到新三板市场,由于定位、功能不同,这个市场的准入门槛要低得多,呈现出与主板市场相反的情况,即市场供给端要远远超过需求端。在市场容量不断膨胀而市场资源相对有限的情况下,市场必然走向分化。所以,我们可以看到,新三板市场超过一半的企业根本没有交易,大量的企业日均交易量不足十万股。另外,企业挂牌后如果想转让原始股,必须有对手盘,流动性非常差的公司很可能出现急于用钱,但是手中的股权无法转让或只能以非常低的价格转让出去的情况。

所以,挂牌后企业原始股与股价增值并不存在必然联系。对于新三板原始股的态度,更多地要求投资者的专业判断,因为新三板市场挂牌企业整体处于企业生命周期的前端,或者叫成长期,投资逻辑更加趋近于VC或PE。如果投资者真的对挂牌前的原始股动心,那么最好先搞清下面几个问题:稳赚的生意为何会找到你?公司基本面如何?大股东是否有实力或背景?公司业务质量如何,运营模式怎样?未来有无大的运作意图,可行性如何?

笔者再次提醒,新三板是一个投资周期前端的市场,风险很大,投资者要相信天下没有免费的午餐。

四问:资源对接,相爱容易,相处难不难?

目前很多中介机构称自己手中有很多资源,不仅包括资产、公司,甚至能将某国领导人对接给标的公司。有些中介服务机构将资源对接作为市值管理的后续服务,称作协作效应,有些服务机构干脆单干这一项服务。

如果你关注主板市场,就可以发现近两年主板市场确实处在一个并购重组热潮中,其中不乏一些新三板的并购标的,甚至一些体量较大的新三板挂牌企业开始寻找收购主板的上市公司机会。市场的热潮似乎给了企业家一种错觉:好的资源遍地开花,收购和整合资源可以迅速提高知名度和市值。收购标的从来不是某家中介为企业准备好,静静地等你来签合同的。资源的整合更像企业间的婚姻,更多的是主动地去寻找、沟通,在修成正果后还要不断地磨合。在市场中收购资源,起码要经历事前确立自身战略目标,设立自身发展规划,与第三方沟通,协调,谈判,交割,事后整合等非常必要的程序。整合资源是要花出成本并期望获得收益的,并不是说请了某位名人来站台,或者收购了与火热概念相关的小公司就能吸引资本。况且,市场中以掌握大量资源著称的券商们,对于并购重组、资源整合也非常慎重,一个整合项目往往动辄半年的时间才能完成,市场中的中小服务机构又何来的勇气为各位企业家迅速对接呢?

曾经有一家非常可惜的新三板公司,在收购了某家企业后,却逐渐被后者的管理层运用手段将原有公司的股权让渡。令人倍感担忧的是,这样的案例在新三板市场中会不会越来越多。

五问:资本运作还是资本传销?

由于自身研发能力低下、服务水平堪忧,有的中介服务结构实际上带有传销性质。有的中介服务机构人员广收弟子,将自己包装成所谓的大师,以一种居高临下的姿态去给中小企业主洗脑。说白了,他们就是利用信息不对称来忽悠中小企业主。一家称职的专业中介服务机构,应该是一种平等的态度来服务,将更多的精力放在专业的研究与服务上。

其实,只要企业家了解一些新三板的基本常识,就会发现很多疑点,也不至于被牵着鼻子走。举个简单的例子,某些中介服务机构通常会混淆新三板挂牌与上市的概念,将挂牌直接称为上市,这种情况只能有两种可能:一种是中介机构故意混淆这两个概念,以此来夸大市场作用,达到招揽生意的目的;另一种情况是中介机构真的不知道两者的区别。但无论是哪种情况,这些中介机构的专业性都值得质疑。但从法律监管层面来说,主板公司与新三板公司两者存在着本质区别,上市公司更多地适用于《公司法》《证券法》监管,而新三板挂牌公司主要受到《非上市公众公司监督管理办法》约束,两者在交易规则、信息披露等方面都有着较大的差别。

如果一家号称专业服务的中介机构在大肆混淆上市与挂牌,它的专业性程度可见一斑。

  总之,随着新三板市场的发展,越来越多的中小企业开始接触资本市场,而大券商集中在主板,这使得市场上冒出来一些打着资本服务幌子出来骗钱的机构。这些机构的共同特点就是会忽悠。而大量的中小企业管理团队对资本市场的理解不够深刻,导致一些不良机构趁机捞钱。希望这篇文章能够给初入资本市场的中小企业家们一点启发和警示。

细数闷死新三板市场投资者的那几个坑

韩和元[①]

前面有坑,投资者请注意。

一、遇到"假"的 IPO

4月28日,新三板智库公众号(ID:xsbzhiku)推送的《不是每个零交易的挂牌企业都是"僵尸",艾艾、拓斯达都上市了》一文中,我们提到"转板"成功的拓斯达、江苏中旗、三星新材乃至艾艾精工在新三板挂牌期间都是"零交易"。但与它们不同的是,新天药业有着41个成交记录日。新天药业停牌前一日,即2015年6月17日的盘面显示,协议转让的它当天报收24元,成交9.05万元,市值为12.4亿元,市盈率21.7倍。反观目前的深圳创业板,平均市盈率36倍左右,所以新天药业这个市盈率并不算高。上市之后,新天药业的股价将会发生怎样"翻天覆地"的变化,确实值得关注。

对比创业板市场上的香雪制药(300147)和新光药业(300519),这两家公司目前的动态市盈率均在63倍左右,也就是说,若新天药业上市,按此市盈率算的话,其估值将翻3倍!如果再像新光药业在上市后连续出现20个涨停板,那就更富想象空间了。如果把此前1800万元的总成交额作为持仓成本,新天药业上市后,该持仓将达5400万元。除去1800万元的成本,这次集邮的收益高达3600万元。所以,也难怪这些拟IPO的新三板企业受到集邮者的青睐。

但我们也得给那些集邮者提个醒,虽然市场上确实不乏像新天药业这样真搞IPO的公司,但是声称拟IPO乃至假IPO的公司也不少,至少拟IPO公司的IPO梦充满了不确定性。迈奇化学(831325)就是典型案例。

这家从事化工溶剂、化工助剂及电子化学品的研发、生产和销售的公司,2014年11月挂牌新三板,2015年5月转做市交易,2016年5月入选新三板创新层。无论是基本面还是流动性,都堪称新三板市场中的优等生。该公司在新三板挂牌期间,交易活跃,公司股东人数由原来的21人增加到200多人。业绩方面,该公司2014年、2015年、2016上半年营业收入分别为2.62亿元、3.22亿元和1.91亿元,净利润分别为1061.16万元、3933.26万元和3083.53万元。业绩表现不错的同时,股价也有着不俗的表现。尤其是迈奇化学于2015年10月29日在全国中小企业股份转让系统指定信息披露平台上发布上市辅导公告后,其股价一路走高,从每股7.28元涨到每股14.30元,直到停牌,迈奇化学总市值达到11亿元。公司算得上是新三板第一代"集邮概念股"。

就在集邮者憧憬着迈奇化学IPO后,其股价会越来越高。一则公司公告却给了他们当头一棒。4月6日晚间,迈奇化学发布董事会决议公告,称董事会审议通过了《关于公司终止首次公开发行股票并在创业板上市申请的议案》。公告称,由于公司2017年第一季度业绩出现亏损,预计2017年上半年同比业绩大幅下滑,可能出现不满足《首次公开发行股票并在创业板上市管理

[①] 韩和元,新三板智库研究员。

办法》中上市条件的情形。至此,迈奇化学也成了新三板史上首家"IPO终止审核"的公司。

这一公告,无疑让那些抢筹的集邮者损失惨重。受损的还有迈奇化学的两家做市商。停牌前,迈奇化学仍处于做市交易状态,做市商分别为中信证券和方正证券,通过招股书,两家券商持股数量分别为 42,420 股和 11,000 股。一旦公司确定终止审核,将在新三板复牌交易,股价免不了一阵下跌,这就苦了这两家做市商。受损的还有上海钦鹏投资、上海亨同投资等几家机构投资者。

企业终止 IPO,主要原因不外乎两方面。一方面是某些企业本身就不符合上市的条件,或离上市尚有距离,却以 IPO 为噱头,以期吸引投资者关注,好实现融资目的。另一方面是预期业绩不达标,企业只能选择终止 IPO 申请而继续留在新三板。

二、年报无法如期披露

近期公准股份(830916)就在为年度报告披露问题而发愁,以致被主办券商再三发布风险提示。

公准股份位于黑龙江绥化海伦市,主营业务为生猪收购、屠宰、冷藏和销售。公司于 2014 年 8 月 7 日挂牌新三板。2016 年 9 月,证监会发布资本市场扶贫政策,受益于此利好,公司股价开始上涨。2016 年 9 月 12 日、13 日,股价上涨超过 50%,一度涨至最高的 6.48 元/股。股东人数也随着股价的上涨而大幅增加,挂牌时公司股东人数为 10 人,据 2016 年度半年报显示,公司股东人数已达 165 名,其间最高时曾达到 197 人。

除了政策利好外,公司的财务报表看起来也很好。2016 年中期财务报告显示,公司营业收入 7.61 亿元,同比增长 43.77%;实现净利润 4957.43 万元,同比增长 9.62%。更让人惊艳的是,公司账上还有 7.22 亿元现金。

正是因为种种利好,公司在挂牌 3 个月后,股票就于 2014 年 11 月 21 日由协议转做市。初始 6 家做市商,2016 年 2 月又引进招商证券和华安证券两家做市商。2016 年,公准股份同时符合全国中小企业股份转让系统分层标准一和标准三,有幸成为首批创新层企业。

2017 年,公准股份的麻烦开始逐步显现。最为棘手的是,临近年度报告披露日,审计机构却在紧要关头甩手不干了。为此,主办券商华安证券于 2017 年 4 月 10 日就此事不得不发布公准股份的风险提示。提示称,公准股份原聘请的中审亚太会计师事务所将不再对其 2016 年年度报告进行审计。

华安证券股份有限公司关于公准肉食品股份有限公司的风险提示公告

华安证券股份有限公司(以下简称"华安证券")系公准肉食品股份有限公司(以下简称"公准股份"或"公司")的主办券商,在持续督导过程中,发现公准股份存在如下风险事项:

1. 公准股份原聘请的审计机构不再对其 2016 年年度报告进行审计。截至目前,新的会计师事务所尚未聘请。公准股份存在无法在 2017 年 4 月 30 日之前披露 2016 年年度报告的风险。

2. 2016 年 9 月,公准股份利用定增的募集资金收购黑龙江省七合畜牧集团有限公司(以下简称"七合畜牧")事项未经审计和评估。公准股份于 2016 年 9 月 14 日召开董事会,审议通过了向七合畜牧增资 7500 万元的议案,华安证券已经于 2016 年 9 月 9 日和 2016 年 9 月 23 日分别出具了关于该次收购的风险提示公告。截至目前,七合畜牧尚未投入运营,且公准股份对七合畜牧的增资事项未完成。

3. 华安证券持续督导人员近日对公准股份进行了实地走访,通过现场核查发现公准股份的经营情况存在不确定性。

综上,主办券商提醒广大投资者注意投资风险。

华安证券股份有限公司
2017 年 4 月 10 日

受此影响,公准股份的股票价格大跌。4 月 11 日,该公司以 2.5 元/股开盘,却在上午就跌至 0.98 元,跌幅近 70%。下午,公准股份尾盘有所提升,最终收于 1.49 元,但较前一个交易日,其跌幅仍高达 51.78%,成为当天新三板跌幅最大的股票。此后,公准股份股票价格一直处于下跌态势。4 月 25 日,华安证券就此事再次发布风险提示公告。公告称,该公司原定于 2017 年 4 月 24 日在全国中小企业股份转让系统指定信息披露平台上披露 2016 年年度报告,因其尚未确定审计机构,公准股份无法在 2017 年 4 月 30 日之前披露 2016 年年度报告。

华安证券股份有限公司
关于公准肉食品股份有限公司的风险提示公告

公准肉食品股份有限公司(以下简称"公准股份")原定于 2017 年 4 月 24 日在全国中小企业股份转让系统指定信息披露平台上披露 2016 年年度报告,因其尚未确定审计机构,公准股份无法在 2017 年 4 月 30 日之前披露 2016 年年度报告。根据《全国中小企业股份转让系统业务规则(试行)》4.4.1 第(五)项、4.5.1 第(三)项和《全国中小企业股份转让系统挂牌公司信息披露细则(试行)》等相关规定,公准股份股票将于 2017 年 5 月 2 日起暂停转让。若公准股份在 2017 年 6 月 30 日之前(含 6 月 30 日)仍无法披露 2016 年年度报告,其股票存在被终止挂牌的风险。

主办券商提醒广大投资者注意投资风险。

华安证券股份有限公司
2017 年 4 月 25 日

截至 2017 年 4 月 27 日,该公司股价收盘于 1.50 元。这也就意味着众多投资者被套在这股票里。

三、业绩变差

4 月 25 日,分豆教育(831850)披露了其 2016 年年度报告。年度报告显示,2016 年,分豆教育实现营业收入 9456.37 万元,同比下降 11.24%,净利润由盈转亏,亏损 1390.46 万元。上年同期这一数据高达 6285.03 万元,也就是说,一个财年,该公司的净利润整整下滑了 7600 万元。

分豆教育业绩是如何变差的呢?

一是公司转型。分豆教育是为全日制学校、教育机构、家庭和个人提供云智能教育软件、硬件等服务的,收入来源自然是这些软硬件产品的销售。在 2016 年以前,分豆教育销售的模式基本是以代理为主、直销为辅,但 2016 年变更为政府采购及两级合伙人的模式。正是这种商业模式的转变,导致 2016 年分豆教育的销售收入大幅减少,其软件销售较上年减少 1400 万元,降幅 13.16%。与此同时,学校资源的采集成本、新产品研发费用、人员用工成本、全资子公司等费用都在相应增加。其中,管理费用较上年增加近 2500 万元,销售费用增加 2000 多万元。

雪上加霜的是高级管理人员的相继离职。对于正处于转型关键期的分豆教育而言，人才的流失可能比业绩下滑更难以承受。造成这种现象的原因，很可能是管理层在战略方向上发生了根本性分歧。近期持有分豆教育股票的高级管理人员就纷纷离职，这份辞职名单包括原董事刘烨、总经理兼董事张金荣、董事陈旻、副总经理张莹、闻旭。其中，刘烨及张莹分别持有分豆教育股份2.26%、1.05%。

受此影响，分豆教育的股价应声而跌。26日上午一开盘，分豆教育在开盘5分钟内跌幅就达到28%，虽然后来有人想拉升，双方拉锯20分钟后，无奈悲观者太多，分豆教育股价继续下跌。盘中一度跌至2.16元。上午收盘，分豆教育当日跌幅高达35.88%，最终报收2.27元。

分豆教育这一跌，算是将其昔日明星股的气质给跌没了。要知道，2016年的此时，分豆教育还曾站在22.2元/股的高岗，市值近28亿元。而仅仅1年时间，市值被蒸发掉了24.87亿元，如今只剩仅剩3.13亿元，跌幅接近90%。

与分豆教育有类似遭遇的是开心麻花。早在2015年，因为《夏洛特烦恼》口碑和票房双丰收，开心麻花一炮而红。拥有14亿元票房的傲人成绩，开心麻花登陆新三板了，并在登陆资本市场两个月内，先后完成两轮融资，使得公司估值高达50亿元。

就在投资者憧憬着它的又一部高票房电影时，2016年，开心麻花投资的《驴得水》上映了，但电影的良好口碑却没能带来相应的高票房。虽然这部电影制作成本仅2500万元，但1.7亿元的票房也只为开心麻花贡献了2800多万元的收入而已。《驴得水》票房不敌《夏洛特烦恼》，后果很严重。2016年，开心麻花实现营业收入2.92亿元，同比减少23.81%，净利润7187.50万元，同比减少45.08%。虽然公司的市值仍高达51.80亿元，但面对这些数据，投资者真没有一丝心寒？

四、摘牌：钱投了，公司却没了

我们在前面提到的公准股份，能否在2017年4月30日之前披露其2016年年度报告，这确实是个问题。

根据全国中小企业股份转让系统相关规定，每年4月30日之前挂牌的新三板公司，应在当年4月30日之前披露上一年年报。对于那些延期披露年报的公司，它不仅会遭到主办券商的风险提示，更有可能会因延期披露年报而被全国中小企业股份转让系统强制摘牌。

这些情况事实上早有先例。全国中小企业股份转让系统官网2016年6月30日发布的对两家未按时披露半年报的挂牌公司实施强制摘牌的公开信息显示，据相关规定，全国中小企业股份转让系统有限责任公司在2016年6月30日对未按规定期限披露2015年年度报告的朗顿教育(831505)、中成新星(831610)实施了强制摘牌。这是全国中小企业股份转让系统有限责任公司首次对挂牌公司实施强制摘牌。随后，在2016年10月31日，全国中小企业股份转让系统有限责任公司又对未按规定期限披露2016年半年度报告的森东电力(833364)、众益达(833974)实施了强制摘牌。

当然，也有些企业，自己主动申请离开新三板。宝莲生物(835424)就是典型。2016年7月5日，全国中小企业股份转让系统有限责任公司公告称，宝莲生物向其提交了终止股票挂牌的申请。根据《全国中小企业股份转让系统业务规则(试行)》的规定，全国中小企业股份转让系统有限责任公司决定自2016年7月8日起终止宝莲生物股票挂牌，原因是其无法按时披露2015年年报。

2016年4月1日，宝莲生物公告称，鉴于公司2014年度审计机构中兴华会计师事务所聘期届满,为保证审计工作的独立性和客观性,并结合公司业务发展需求,公司董事会拟聘请瑞华会计师事务所为公司2015年度审计机构,聘期一年。宝莲生物临时更换审计机构,不排除前任审计师不愿"背锅"的可能性。然而,宝莲生物新聘的审计机构,最终也并没有出具年度报告。4月27日,宝莲生物发布公告称,原定于2016年4月27日披露2015年年度报告,由于年度审计、年报编制等相关工作尚未完成,公司无法于2016年4月30日前披露2015年年度报告,申请自2016年4月28日起开始停牌,直至公司2015年年度报告公告日申请复牌。

而后,宝莲生物年度报告迟迟不出,投资者最后等来的不是复牌,而是宝莲生物从新三板摘牌。宝莲生物在挂牌之前,已经引进了深创投等知名VC、PE。在宝莲生物前十大股东中,上海融银股权投资合伙企业(有限合伙)、扬州春雨创业投资中心(有限合伙)、扬州宝扬创业投资中心(有限合伙)、深圳市创新投资集团有限公司、深圳市红土生物创业投资有限公司、上海容银投资有限公司、中星云文化发展(北京)有限公司、南京红土创业投资有限公司等赫然在列。

这些被强制或主动摘牌公司的投资者,确实感到钱投了,但公司却没了。

五、并购有时也是坑

2016年3月21日,银橙传媒(830999)发布公告,以"正在筹划重大事项"为由,申请自次日起暂停转让并停牌。银橙传媒2014年8月13日挂牌新三板,公司主营业务为互联网广告的精准投放业务。公司总股本1.354亿股,转让方式为做市转让。公告发布时,这家公司共有10家做市商。2015年,公司实现营业收入35,985.34万元,同比增长197.96%;净利润为5617.13万元;公司总资产45,069.68万元,总负债12,789.04万元,资产负债率为28.38%。

就在银橙传媒发布公告的第二天,这次收购的另一主角金力泰(300225)也以"正在筹划重大事项"为由,发布公告宣布自3月22日起停牌。公开资料显示,上海金力泰化工股份有限公司是创业板上市公司,主营业务为"制造、加工、销售高性能涂料产品、溶剂、添加剂等相关化工材料和涂料产品及进出口贸易"。公司2015年年报披露,该公司当年营业收入1.6278亿元,同比增长11.21%,净利润1577.89万元,资产负债率为19.48%,期末现金及等价物余额为17,095.29万元。

投资者持股的公司被收购,往往意味着可获得收购方的高溢价收购,这本是一桩皆大欢喜的好事,但剧情很快反转。就在银橙传媒和金力泰相继发出公告后不久,此事引起了许多银橙传媒中小散户投资者的不满。散户投资者对银橙传媒大股东集体"贱卖"股权一事,提出多项质疑。主要诉求包括:收购涉及的股权为几大股东持有的63.57%控股权,未提出要约收购或私有化,存在股东及高级管理人员套现跑路、利益输送嫌疑;同股不同权,大股东贱卖股权或侵害小股东权益;银橙传媒是否将摘牌退市等。

首先被引爆的就是价格问题。按照金力泰和银橙传媒公告,该次收购转让对价99,186.76万元,涉及股份数约8608.67万股,平均每股作价约11.52元,有投资者指出折让价实为11.40元,存在严重贱卖嫌疑。而银橙传媒过去一年(2015年6月2日至2016年6月2日),其收盘价最低曾于2015年7月7日探底至14.4元,其后,截至停牌前的2016年3月21日,收盘价几乎都保持在20元上下。很多投资入场的价格,远高于11.52元的收购作价。顿时,哀号之声传遍市场。

最终这宗并购算是彻底黄了,谁也没走成。

这就带出了问题,新三板没有强制要约收购的条款,因此在很多并购案中,小股东常会被大股东抛弃。这颇有点"机长跳伞了,乘客却留在了飞机上"的意味。

投研能助力新三板市值提升吗

袁向前[①]

目前,新三板已有11,000多家挂牌企业,投资者想识别被淹没在挂牌大军中的好企业可谓难上加难,而分析师的投研报告起了帮助投资者发现价值被低估的企业并及时投资的作用。作为证券市场重要的信息中介,分析师通过对信息的挖掘与分析形成自己对公司价值的基本判断,通过对公司未来盈利能力的预测,将这种判断在证券分析报告中体现出来,并将研究报告提供给机构及个人投资者,引导市场投资方向。公司调研,也被称为"反向路演",是分析师获取信息最为重要的一个渠道。但在新三板市场中,由于企业挂牌的条件较低,大量企业的信息未被披露,分析师要通过公开信息撰写投研报告的操作性存在较大难度。不少研究机构采取亲自前往公司做调研的方式,对企业进行深度了解后再撰写投研报告,其信息含量及准确性比一般的电话采访会更高,也更具参考价值。

由于缺乏投研服务,投资者面对海量企业一片茫然,而许多挂牌公司自从挂牌后就无人问津。投研不足不仅制约了市场交易活跃度和发育程度,而且也是预期制度红利难以落地的重要原因之一。另外,由于众多新三板企业对资本市场的认知度问题,它们对投研的重要性也缺乏认识。以第二届"新三板智库杯"新三板价值分析比赛为例,有不少企业对研究员上门调研保持了一定的警惕性。

一、研究假设

许多投资机构花费了大量的时间和精力进行调研,以期获得公司经营状况的第一手资料,从而更加准确地为公司股票进行定价。上市公司与分析师和投资者之间的电话会议,对分析师预测行为产生重要的影响;投资者与公司管理层面对面的交流同样会对市场产生重要影响。例如,Bushee等(2011)发现,投资者与上市公司见面不但会影响到市场,而且会影响到分析师和机构投资者对公司的关注。Solomon(2012)考察了一对一沟通对基金投资决策的影响后发现,对冲基金、持股量较高的投资者,地理位置较近的投资者以及换手率较高的投资者会更频繁地与管理层见面,那些经常与管理层见面的投资者交易的相关性更高。研究表明,私人会见帮助了一些投资者做出更有信息含量的交易决策。Green等(2014)发现,那些为上市公司主持投资者见面会的经纪商下属的分析师对公司的推荐发生变化时,市场反应更加显著。

上述文献研究表明了在上市公司的市场中,分析师所撰写的投研报告对市场的投资意向所产生的影响,但投研报告在新三板市场中所带来的作用与在上市公司中带来的作用,存在着较大的区别。首先,新三板市场企业挂牌的门槛低,这使得大部分企业的信息无法得到完全披露。分析师要了解企业,对企业做全面的调研才可以撰写出准确性较高的投研报告,而这对于分析师来说,面对数量庞大的挂牌企业,这项任务难以迅速完成。其次,大部分挂牌企业由于缺乏对资本市场的了解,无法准确地将自身的价值高效传递给资本市场,使得信息沟通受阻或

[①] 袁向前,新三板智库研究员。

者迟缓,也无法把握机会在资本市场中突出企业,从而吸引分析师,这为投研报告的撰写加大了难度。准确性和获取性难题的存在,新三板市场中的投研报告比较少,但侧面反映了大部分已完成的投研报告是由分析师针对优秀企业进行精心挑选并实地调研后撰写的,其信息含量和准确性较高。因此,与上市公司的海量投研报告相比,这类投研报告更值得投资者深入地了解和探讨。

新三板由于准入门槛较低,企业的内在价值难以被发现。许多投资机构看准机会,到企业调研,发表研究报告,这不仅帮助投资者更清晰地认识企业的实力,也方便优秀企业从挂牌大军中突出自身的优势,使得融资更为便利。行业标杆企业最容易吸引投资机构调研,对该类型企业的研究报告数量往往比同行业其他企业要多很多,在某种程度上引导广大投资者更关注它们。挂牌企业更容易吸引投资者,使得企业融资更为便利,引起其股价上升,从而该企业市值上升。基于以上论述,提出研究假设1。

H1:新三板挂牌企业的投研报告数量与挂牌企业市值呈正相关。

二、研究过程

(一) 样本选择

本文选用的所有样本的财务数据均来源于东方财富Choice金融终端及Wind资讯。图1为筛选后的样本统计,在237家TMT挂牌企业中,有72家无投研报告,约占30%;38家挂牌企业有一份投研报告,接近16%。从图1中可以看出,TMT行业的投研情况相比其他行业而言较为深入,投研机构对TMT行业的挂牌企业比较感兴趣,因此选取TMT行业作为数据样本,对本研究更具有意义。

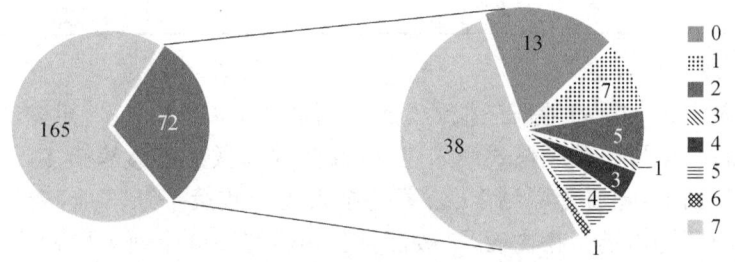

图1 筛选样本的投研报告数目统计

(二) 变量处理

市值(Mv),计算方法为挂牌企业期末股价与期末股本的乘积,在回归模型中,为解决数据的偏态性将其取自然对数(LnMv)。市值能够反映挂牌企业价值的大小,因为它不仅反映了挂牌企业的历史信息,还能够反映上市公司的未来信息。市值的大小往往反映了挂牌企业规模的大小以及整体实力。

其他变量见表1。

表1　　　　　　　　　变量名称的转化

变量	符号	变量名称	变量缩写
因变量	Y	市值	LnMy
控制变量	X1	总资产	LnAsset

(续表)

变量	符号	变量名称	变量缩写
	X2	资产负债率	Dar
	X3	净资产收益率	ROE
	X4	第一大股东持股比例	TOP1
	X5	换手率	Chr
	X6	流通股比例	Ts
	X7	董事长专业匹配度	Cmm
解释变量	X8	投研报告数	Rr

表2　描述性统计

变量	数字	最小值	最大值	平均值	标准差
	统计	统计	统计	统计	统计
投研报告数	237	0.00	8.00	0.6920	1.4737
总资产	237	6.00	9.67	8.4237	0.5993
资产负债率	237	6.25	9.18	7.7756	0.4637
净资产收益率	237	1.62	106.87	35.3533	19.9846
第一大股东持股比例	237	−175.61	131.62	17.2570	29.8721
换手率	237	8.17	99.00	41.5663	16.6799
流通股比例	237	0.00	100.0	1.9079	8.2434
总资产	237	0.00	100.0	44.8531	22.1333
资产负债率	237	0.00	1.00	0.5190	0.5007

（三）变量结果

从图1可以看出，TMT行业新三板的投研差异很大，多的有8份，更多的是1份没有。投研服务滞后也与新三板投研盈利模式尚未建立，券商内部激励不够等诸多因素有关。不过，在巨大的市场需求拉动下，随着分层制度、公募基金入场等政策不断落地，新三板投研服务正迎来一个前所未有的蓝海市场。在主板，一般证券公司会有100个研究院覆盖400～500家上市公司，但是在新三板，100家做市企业都不可能配备10个研究员。不少券商的新三板研究团队还在建立当中，一些研究员也是刚刚开始接触新三板。

数据的回归结果见表3。

表3　市值影响因素回归结果

变量	市值	变量	市值
投研报告数	0.088***	流通股比例	−0.247*
总资产	0.714***	总资产	−0.113*
资产负债率	−0.194*	资产负债率	0.088***
净资产收益率	0.204*	Constant	3.128***
第一大股东持股比例	−0.237**	Observations	237
换手率	−0.786**	R-squared	0.504

Standard errors in parentheses
*** $p<0.01$, ** $p<0.05$, * $p<0.1$

投研报告数作为解释变量进行回归,回归结果在0.1‰水平上显著,且通过了F检验表明整体回归显著。结果表明,投研报告会引导市场投资,对企业的市值产生影响,说明了企业要想提高市值,应该积极地参与企业路演活动,阐释企业自身价值,从而吸引市场对企业的反向路演,即公司调研。

三、结论

实证研究表明,投研报告对新三板这个新兴市场来说有存在的重要性及必要性,企业要在资本市场中发展,对市值进行管理是必不可少的。而投研报告作为企业外界的媒介,给投资者传递的信息带来了非常明显的作用,往往会引起市值的提升,从而助力企业发展。对于投资者而言,投研报告是投资者获取信息的渠道之一,但投资者往往会过分相信投研报告的建议而采取行动,没有深入了解企业内在价值就开始投资。因此,投资者也应当像研究机构一样主动参与企业路演,凭借自身的判断对企业的价值进行分析,将投研报告作为参考,综合分析,发现并投资价值被低估的好企业,从而获得盈利。只有全面判断,投资获利的把握才最大。

在研究机构方面,引导市场进行投资是研究机构的主要功能。因此,在对企业进行深入调研的时候,研究机构应准确地传递信息,研究分析,挖掘企业的内在价值,一方面帮助企业在资本市场中良好发展,另一方面给投资者创造投资机会,而自身则获得利差或研究收入,从而达成三赢的局面。为准确获取信息撰写投研报告,研究机构应当进行实地调研,而不是仅凭借网络公开披露且具有滞后性的信息。这样不仅无法了解企业的全貌及最新的动态,还无法为企业在资本市场的发展提供战略决策,这样撰写的投研报告的可信度毋庸置疑是较低的。在监管机构方面,全国中小企业股份转让系统应当鼓励研究机构积极在挂牌大军中发掘好的企业并引导市场投资,如对积极发表投研报告和投研报告价值高的研究机构给予政策补贴或政策红利,使得市场自主分层,突出好企业的价值,这对新三板市场来说也是非常具有意义的。

新三板投研行业陆家嘴宣言中提出:

一是落实"十三五"规划要求,支持国家"双创"战略,为推动中国多层次资本市场服务实体经济发展提供全面和客观的研究支持。

二是落实《证监会关于进一步推进全国中小企业股份转让系统发展的若干意见》要求,促进投研服务与做市业务、经纪业务协同开展,完善研究—投行—做市—投资价值链。

三是以提升新三板市场有效性为己任,深化新三板估值定价体系研究,推动价值发现和价值实现,提高投融资对接效率,为完善直接融资体系发挥积极作用。

四是以"公开、公平、公正"为基本原则,"独立、合规、专业"为行为准则,根据公开资料提供独立、严谨、客观的研究报告及投资建议。

五是坚定价值投资、长期投资理念,注重行业和企业基本面研究,形成客观、公正的研究分析报告。

六是完善新三板投研体系,加强风险控制与合规要求,强化投研业务管理。

七是加强新三板投研队伍建设,面向未来布局人才梯队。

做市：烫手的山芋 or 赚钱的聚宝盆

邱 翼[①] 施运豪[②]

做市商制度自 2014 年 8 月 25 日启动以来已走过 3 个年头，也是市场讨论的热点话题之一。企业对做市商"出工不出力"的行为颇有异议，做市商受制于各种内外部环境也是有苦说不出，做市业务到底是烫手的山芋还是赚钱的聚宝盆？让我们用数据说话。

一、70%的做市企业浮盈，高议价是做市商一大王牌

根据我们统计的结果，在不考虑分红及股份交易（个体行为）的情况下，在 974 家做市企业中，截至 2016 年 9 月 21 日，企业总市值高于做市商投后总市值的公司共有 674 家，占比达 69.20%，浮盈超过 2.5 倍的个股共有 51 只，其中有 46 家企业高收益源于做市商初始获取成本低，浮亏 50%以上企业共有 49 家，其中有 33 家源于公司自身经营恶化。做市商作为新三板市场的特殊群体，相比市场其他投资者而言展现出强大的议价能力。

（一）69.20%的做市企业浮盈，17 只个股浮盈超过 5 倍

以第一批做市商投后对应的总市值和 2016 年 9 月 21 日收盘后各企业的总市值，来计算各做市企业股票的收益率，在不考虑分红及股份交易（个体行为）的情况下，974 家做市企业中最新总市值高于做市商投后总市值的企业共有 674 家，占比达 69.20%，其中浮盈超过 5 倍的个股共有 17 只。

根据计算结果，我们将各公司的收益率分为五组：250%及以上、100%~250%（不含 250%）、0~100%（不含 0）、－50%~0（不含－50%）、－100%~－50%（不含－100%），整体呈正态分布，收益率在 0~100%的企业数量最多，为 475 家，收益率在 250%及以上的企业为 51 家，收益率在－100%~－50%的企业为 49 家，收益率为正的企业数量合计 674 家，占做市企业总数的比例为 69.20%，见图 1。对收益率在 250%及以上的企业进一步划分，有 34 只个股收益率在 250%~500%，浮盈超过 5 倍的个股共有 17 只，其中 6 只个股浮盈超过 10 倍，见图 2。

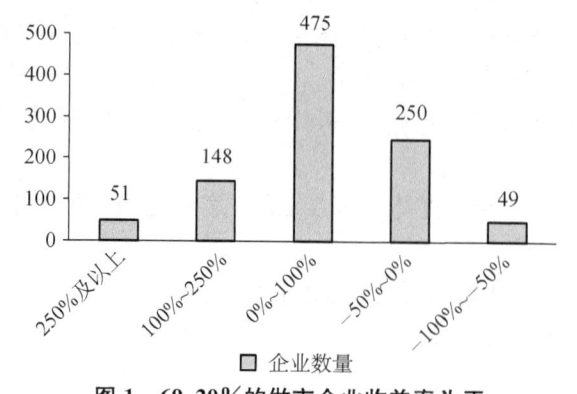

图 1　69.20%的做市企业收益率为正

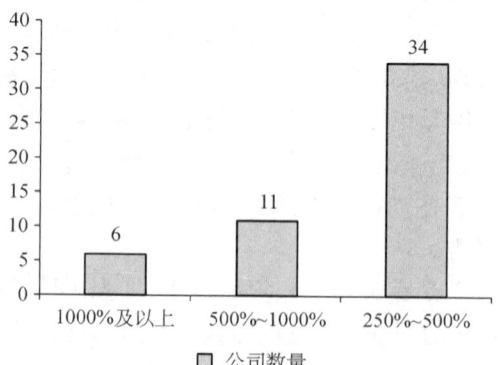

图 2　17 只个股浮盈超 5 倍

资料来源：Wind、新三板智库。

[①] 邱翼，新三板智库研究总监。
[②] 施运豪，新三板智库研究员。

浮盈超过 5 倍的个股明细见表 1。

表 1　　　　　　　　　　浮盈超过 5 倍个股明细

证券代码	证券简称	平均成交价（元）	定增后总股本(万股)	投后总市值（亿元）	做市日期	最新总市值（亿元）	收益率
831200.OC	巨正源	4	1295	0.52	2015-08-19	11.5198	2123.89%
831889.OC	天信投资	6.28	800	0.50	2015-09-29	9.9990	1890.25%
830810.OC	广东羚光	2.5	292	0.07	2015-01-30	1.0527	1342.00%
830886.OC	太尔科技	1.6	4030	0.64	2014-12-02	8.0220	1144.11%
833769.OC	中泰环保	2.5	1331	0.33	2015-11-02	4.0200	1108.11%
430165.OC	光宝联合	1.68	1232.5	0.21	2014-08-25	2.4140	1065.83%
830793.OC	阿拉丁	3	3315	0.99	2015-05-08	9.0840	813.42%
833476.OC	点动股份	1.617	1951	0.32	2015-09-17	2.7567	773.81%
830877.OC	康莱体育	1.01	2008	0.20	2014-12-26	1.6402	708.73%
831903.OC	汇川科技	10	1050	1.05	2015-05-22	8.4388	703.70%
832204.OC	易科势腾	1.35	1000	0.14	2015-05-07	1.0300	662.96%
831385.OC	大地和	10	2569.9	2.57	2016-08-15	18.0921	604.00%
831975.OC	温迪数字	1.4	3630	0.51	2015-05-19	3.4823	585.23%
830974.OC	凯大催化	1.65	4400	0.73	2015-02-12	4.7287	551.34%
832633.OC	伏泰科技	10.58	1100	1.16	2015-11-10	7.2123	519.72%
831784.OC	贝尔机械	1.2	3000	0.36	2015-08-11	2.2278	518.82%
831712.OC	创泽信息	1.4	1170	0.16	2015-09-25	1.0127	518.27%
832185.OC	双建管桩	2	7500	1.50	2015-08-24	8.6400	476.00%
831144.OC	欣影科技	3	6300	1.89	2015-03-24	10.7100	466.67%
833205.OC	博采网络	6	1381	0.83	2015-12-03	4.6619	462.62%
832171.OC	志晟信息	3	2446.79	0.73	2015-10-13	4.0607	453.20%
831850.OC	分豆教育	7.8	4500	3.51	2015-06-01	18.7625	434.54%
430609.OC	中磁视讯	5.5	4500	2.48	2014-08-25	11.8951	380.61%
832148.OC	云媒股份	10	1110.1	1.11	2015-06-12	5.1627	365.06%
830937.OC	信达智能	1.8	2402	0.43	2015-03-11	2.0085	364.54%
831449.OC	赛格立诺	2.88	2200	0.63	2015-07-17	2.9303	362.48%
830885.OC	波斯科技	6	4956	2.97	2015-02-06	13.7156	361.24%
831973.OC	善为影业	6.66	632	0.42	2015-08-17	1.8310	335.00%
832768.OC	爱可生	4.8	2880	1.38	2015-11-11	5.9328	329.17%
831916.OC	商中在线	9	1771.79	1.59	2015-06-17	6.8353	328.65%
832147.OC	斯菱股份	2.5	2270	0.57	2015-09-07	2.4289	328.00%
831101.OC	奥维云网	16	557.5	0.89	2015-05-18	3.7693	322.57%
831566.OC	盛世大联	6.66	6394	4.26	2015-05-29	17.9032	320.42%
834029.OC	中筑天佑	2.3	1919.8	0.44	2016-08-23	1.8333	315.19%
831427.OC	信通电子	4	3160	1.26	2015-07-30	5.1982	311.25%
832708.OC	三力制药	9.87	5572.23	5.50	2015-10-12	22.4307	307.85%

(续表)

证券代码	证券简称	平均成交价（元）	定增后总股本（万股）	投后总市值（亿元）	做市日期	最新总市值（亿元）	收益率
830822.OC	海容冷链	8	5405	4.32	2014-12-26	17.4000	302.41%
832356.OC	金华机械	2.5	2230	0.56	2016-05-06	2.2300	300.00%
832001.OC	黑碳节能	6	1200	0.72	2015-06-04	2.8800	300.00%
830809.OC	安达科技	5	17,363	8.68	2016-01-11	34.6913	299.60%
832936.OC	万达重工	2	5512.5	1.10	2016-02-16	4.2809	288.29%
430097.OC	赛德丽	6	4393.3	2.64	2015-03-05	9.9733	278.35%
831395.OC	智通建设	20	600	1.20	2015-08-18	4.5360	278.00%
830805.OC	德马科技	6.13	2285	1.40	2015-12-04	5.2535	275.06%
831111.OC	智明恒	3	1095	0.33	2014-12-17	1.2309	274.69%
830917.OC	网波股份	4.06	1770	0.72	2015-06-19	2.6386	267.18%
832859.OC	晨越建管	5.88	3560	2.09	2015-12-23	7.5828	262.24%
832773.OC	寰烁股份	8	3000	2.40	2015-07-24	8.6207	259.20%
832585.OC	精英科技	3	6580	1.97	2015-07-01	7.0406	256.67%
832783.OC	恒源食品	1.5	7202	1.08	2016-03-11	3.7955	251.33%
831383.OC	楼市通网	3.5	1930	0.68	2015-08-28	2.3700	250.85%

资料来源：Wind、新三板智库。

（二）92%高收益企业源于做市商初始获取成本低

对收益率在250%及以上的51家做市企业进一步分析，为便于寻找原因，删除1家净利润为负的企业，样本数据调整为50家。我们发现：有46家企业（92%）高收益源于做市商初始获取成本低，股价对应的2015年静态市盈率在15倍以下，市盈率在15倍以上的有4家，见图3。

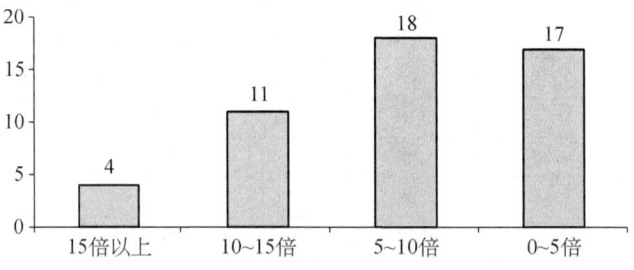

图3 做市企业市盈率分布和占比

资料来源：Wind、新三板智库。

部分初始获取成本低的个股见表2。

表2　　　　　　　部分初始获取成本低的个股

证券代码	证券简称	平均成交价（元）	定增后总股本（万股）	投后总市值（亿元）	投后市盈率	做市日期	最新市值（亿元）	收益率
830793.OC	阿拉丁	3	3315	0.99	3.34	2015-05-08	9.0840	813.42%
831903.OC	汇川科技	10	1050	1.05	3.72	2015-05-22	8.4388	703.70%

(续表)

证券代码	证券简称	平均成交价(元)	定增后总股本(万股)	投后总市值(亿元)	投后市盈率	做市日期	最新市值(亿元)	收益率
831385.OC	大地和	10	2569.9	2.57	4.08	2016-08-15	18.0921	604.00%
831975.OC	温迪数字	1.4	3630	0.51	2.32	2015-05-19	3.4823	585.23%
832633.OC	伏泰科技	10.58	1100	1.16	5.68	2015-11-10	7.2123	519.72%
831850.OC	分豆教育	7.8	4500	3.51	5.58	2015-06-01	18.7625	434.54%
430609.OC	中磁视讯	5.5	4500	2.48	7.47	2014-08-25	11.8951	380.61%
830885.OC	波斯科技	6	4956	2.97	6.70	2015-02-06	13.7156	361.24%
831427.OC	信通电子	4	3160	1.26	3.83	2015-07-30	5.1982	311.25%
830822.OC	海容冷链	8	5405	4.32	3.66	2014-12-26	17.4000	302.41%
430097.OC	赛德丽	6	4393.3	2.64	9.67	2015-03-05	9.9733	278.35%
831395.OC	智通建设	20	600	1.20	5.26	2015-08-18	4.5360	278.00%
830805.OC	德马科技	6.13	2285	1.40	5.18	2015-12-04	5.2535	275.06%
832859.OC	晨越建管	5.88	3560	2.09	6.70	2015-12-23	7.5828	262.24%
832783.OC	恒源食品	1.5	7202	1.08	5.27	2016-03-11	3.7955	251.33%

资料来源：Wind、新三板智库。

值得一提的是，做市商低成本获取库存股的现象，从做市商制度启动以来一直持续至今。2016年有效做市企业数为284家，其中48家企业收益率小于0，82家企业收益率为0~30%，43家企业收益率为30%~50%，63家企业收益率为50%~100%，48家企业收益率在100%以上。考虑到这284家企业做市时间最长的才9个月，我们将50%以上浮盈视为高收益，则高收益企业数量为111家，占比为39.08%，其中估值低于15倍的做市企业共有38家，几乎平均分布在各个月份中，见图4。做市商作为新三板市场的特殊群体，相比市场其他投资者而言展现出强大的议价能力，这是做市商获取高额回报的王牌。

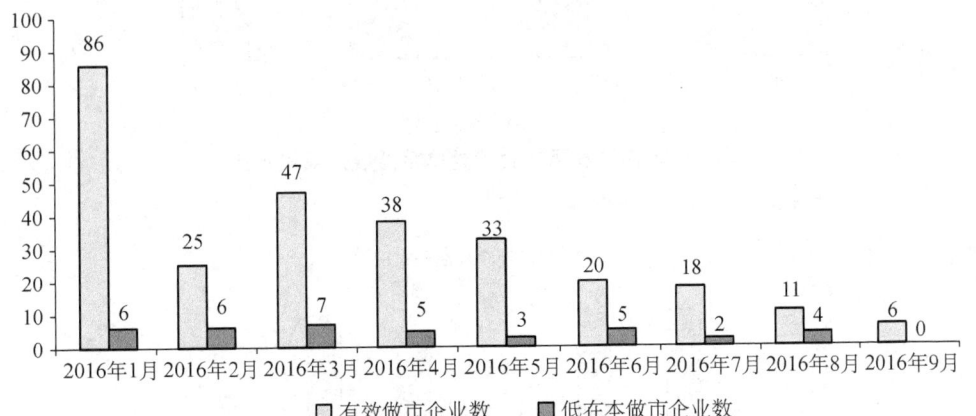

图4 做市商低成本获取库存股的现象一直延续至今

资料来源：Wind、新三板智库。

（三）企业经营恶化是收益率差的主要原因

溢价率在-50%至-100%的企业共有49家，其中由于经营情况恶化而出现低溢价率的企业共有33家，这部分企业的净利润体量小或为负，营业收入和净利润往往呈现出负增长态势。有12家企业在定增时的估值过高，做市商购买库存股时的成本太高，企业的业绩虽然还不错，但其收益率依旧为负数。还有4家企业在正常估值、经营业绩较为良好的情况下收益率依然为负，主要是由其他外生因素所致。具体见图5。

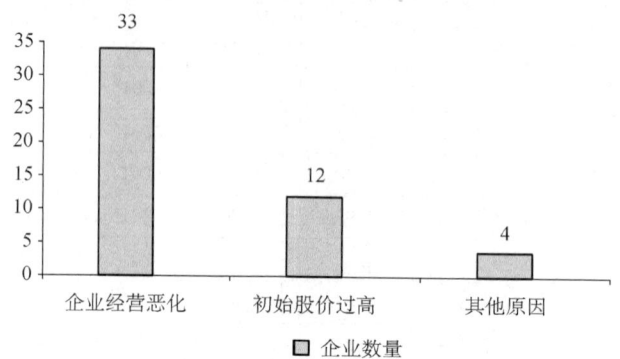

图5　不同原因导致溢价率为负的企业分布

资料来源：Wind、新三板智库。

对33家经营恶化企业的财务情况进一步分析，2015年营业收入在3000万元～8000万元和8000万至2亿元的企业数量最多，分别为15家和9家，营业收入规模不大，见图6；2015年净利润亏损的企业有17家，净利润为正的企业规模多在1000万元以内，最大的一家不足2200万元，表现为盈利能力不强，见图7；细看2015年营业收入增速和净利润增速，营业收入同比下降的企业多达23家，净利润同比下滑的企业多达31家，见图8。

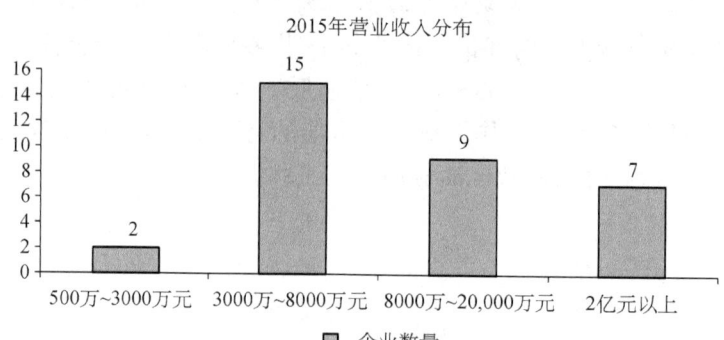

图6　33家经营恶化企业整体营业收入规模不大

资料来源：Wind、新三板智库。

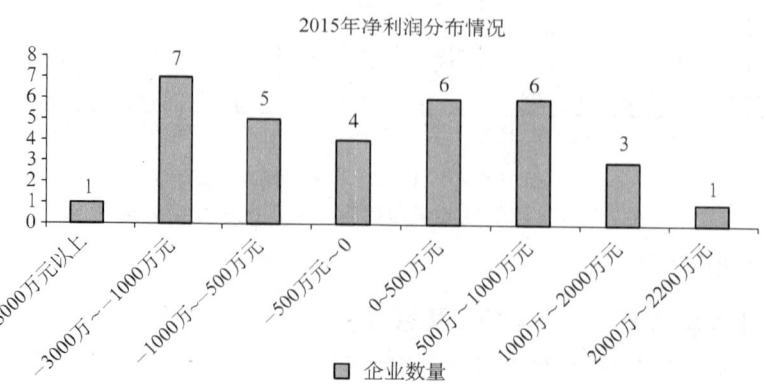

图7　33家经营恶化企业整体盈利能力不强

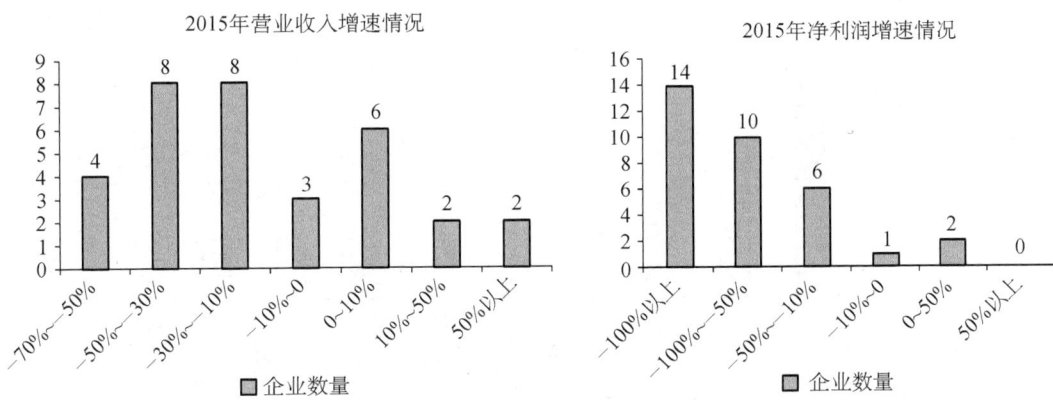

图8　31家经营恶化企业成长性堪忧

资料来源：Wind、新三板智库。

二、86家做市商投入171.23亿元，最赚钱的有可能是中信证券

考虑到数据缺失、资金滚动等因素，要想较为准确地计算86家做市商的真实做市资金投入比较困难，新三板智库希望利用已有的公开信息力求最大化地还原真实情况。另外，做市商收益比较也是一个在现有条件下无法准确计算但又绕不开的话题，新三板智库在此采用加权平均的方式为大家提供一个参考。必须声明的是文中所提绝对数值没有任何意义，基于绝对数值而产生的排名有一定参考意义。

（一）做市商平均投入近2亿元，东方证券豪掷16亿元

根据Wind已有数据，可以计算出各个做市商部分库存股的投入总金额，但由于存在数据缺失等问题，实际投入数字会大于我们的统计结果。

86家做市商共投入171.23亿元进行做市，平均每家投入约2亿元，其中投入10亿元以上的做市商有2家，5亿～10亿元的有6家，2亿～5亿元的有20家，1亿～2亿元的有16家，1亿元以下的有42家，见图9。东方证券和广发证券是做市商前两名，分别投入16亿元和11亿元，紧随其后的是中泰证券、中信证券等做市商，见图10。此外，我们还根据每家企业平均投入资金统计了排名前十的做市商，排在第一的依然是东方证券，平均投入1673.51万元。排名前十的做市商平均每家企业的投入都在600万元以上，见图11。

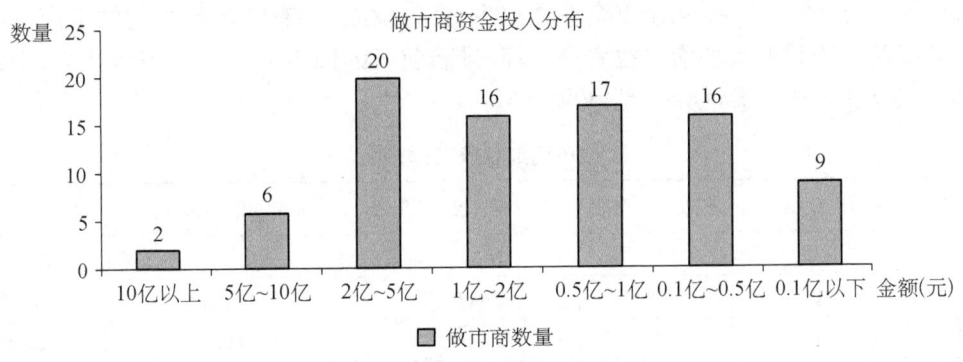

图9　做市商资金投入分布

资料来源：Wind、新三板智库。

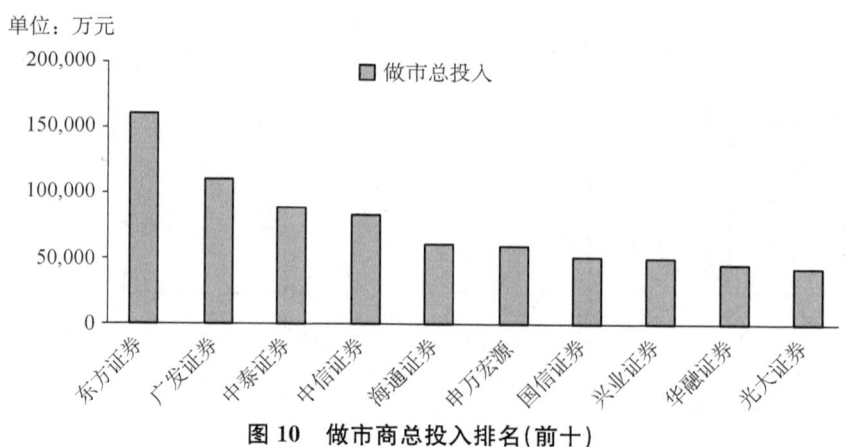

图 10　做市商总投入排名(前十)

资料来源：Wind、新三板智库。

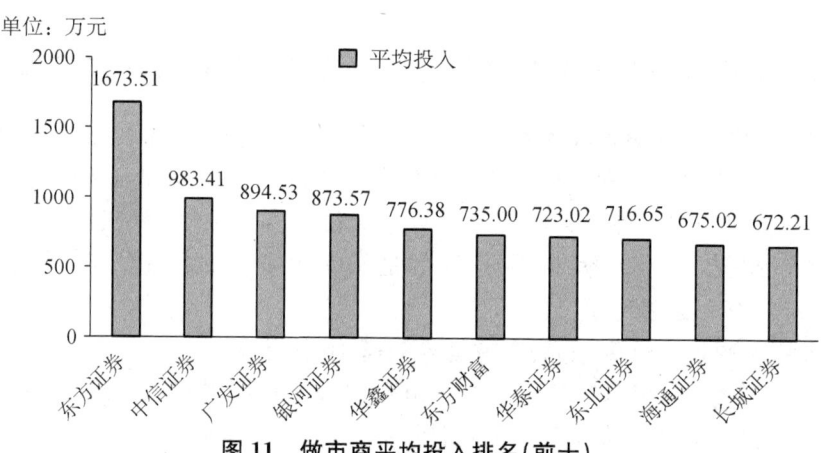

图 11　做市商平均投入排名(前十)

资料来源：Wind、新三板智库。

(二)做市商加权收益率排名前三：中信、中山、兴业

为了回答各家做市商收益率高低的问题,我们在这里采用加权平均法,即以做市商对单只股票的投入占做市总投入的比例为权重,对各只股票的收益率进行加权平均,一方面把做市商的资金投入大小纳入考量范畴,另一方面也减轻了单只股票真实收益波动对排名的影响。再次重申,按照此法计算出来的绝对数值无任何意义,依次做出的排名有一定参考意义。

在进行正式比较之前,剔除做市企业数量少、资金投入少、有效数据少的做市商,最终样本为 26 家做市商。按照加权平均收益率法计算,排名前五的做市商分别为中信证券、中山证券、兴业证券、东方证券和东吴证券。具体见表 3。

表 3　　　　　　　　　　　　做市商加权收益率排名

做市商	做市企业总数	有效做市企业	做市商总投入(万元)	平均投入(万元)	加权平均收益率
中信证券	190	83	84,572.89	983.41	76.99%
中山证券	208	76	17,178.97	217.46	60.96%
兴业证券	285	125	51,454.68	389.81	59.27%
东方证券	153	89	160,656.99	1673.51	57.06%
东吴证券	172	51	19,808.90	373.75	54.66%

(续表)

做市商	做市企业总数	有效做市企业	做市商总投入(万元)	平均投入(万元)	加权平均收益率
华安证券	132	61	25,908.40	404.82	44.72%
长江证券	224	101	30,227.07	287.88	42.73%
广发证券	203	118	110,922.23	894.53	41.92%
上海证券	259	89	28,494.06	316.60	41.77%
招商证券	187	74	40,268.85	516.27	41.63%

资料来源：Wind、新三板智库。

三、做市商高收益率大揭秘

我们从做市企业的收益率、浮盈金额和累计为做市商创收最多次数三个角度挖掘高收益率的做市企业。

（一）收益率最高的5家做市企业

由于企业向做市商定增的价格存在差异，我们以各企业能够创造的最高溢价率进行排序。截至2016年9月21日，收益率最高的5家做市企业分别是巨正源（2123.89%）、天信投资（1890.25%）、广东羚光（1342%）、太尔科技（1144.11%）和中泰环保（1108.11%），见表4。

表4　　　　　　　　　　收益率最高的5家做市企业

证券代码	证券简称	做市商数	做市商投资明细(万元)		收益率
831200.OC	巨正源	8	爱建证券	600	2123.89%
			招商证券	200	
			东兴证券	376.8	
831889.OC	天信投资	3	中银国际	62.8	1890.25%
			国海证券	62.8	
			中山证券	150	
830810.OC	广东羚光	3	东莞证券	75	1342.00%
			世纪证券	50	
830886.OC	太尔科技	3	中泰证券	160	1144.11%
			华安证券	160	
833769.OC	中泰环保	2	国泰君安	250	1108.11%
			上海证券	62.5	

资料来源：Wind、新三板智库。

（二）浮盈金额最大的5家做市企业

在不考虑股票转让的情况下，我们根据做市商投入和做市企业股票收益率，来计算各做市企业为做市商创造的浮盈总额。排名前五的做市企业分别为：仁会生物（总投入1.91亿元，浮盈5.74亿元），大地和（总投入7300万元，浮盈5.14亿元），阿波罗（总投入1.63亿元，浮盈2.38亿元），基美影业（总投入1.19亿元，浮盈2.34亿元），贝特瑞（总投入1.4亿元，浮盈2.31亿元），见表5。

表5　　　　　　　　　　浮盈最大的5家做市企业

证券代码	证券简称	浮盈金额(万元)	收益率	做市商总投资(万元)	做市商投资明细(万元)	
830931.OC	仁会生物	57,375	200.00%	19,100	中信证券	7875
					东方证券	11,250
					方正证券	200
					国信证券	200
831385.OC	大地和	51,392	604.00%	7300	中信证券	2700
					东方证券	2400
					华泰证券	600
					兴业证券	600
					申万宏源	600
					东北证券	4916.66
					国信证券	1349.95
					广发证券	5781.55
832568.OC	阿波罗	23,783.96	45.67%	16,327.06	海通证券	710.5
					安信证券	568.4
					天风证券	2000
					上海证券	1000
					海通证券	1155
					东方证券	7645.4
					天风证券	999.6
430358.OC	基美影业	23,405.39	95.99%	11,942	华鑫证券	595
					华福证券	595
					太平洋证券	476
					首创证券	476
					国信证券	2450
					华泰证券	2450
					招商证券	2450
835185.OC	贝特瑞	23,104	65.03%	14,000	东北证券	2450
					华鑫证券	1750
					光大证券	1750
					长江证券	700

资料来源：Wind、新三板智库。

（三）蝉联做市商最佳创收标的次数最多的做市企业

对各家做市商第一大浮盈项目进行统计可以发现，最佳创收标的出现次数最多的做市企业为广通软件树业环保。安达科技、大地和等11家企业，出现2次，其余企业出现1次，见图12。蝉联做市商最佳创收标的次数最多的做市企业的创收情况见表6。

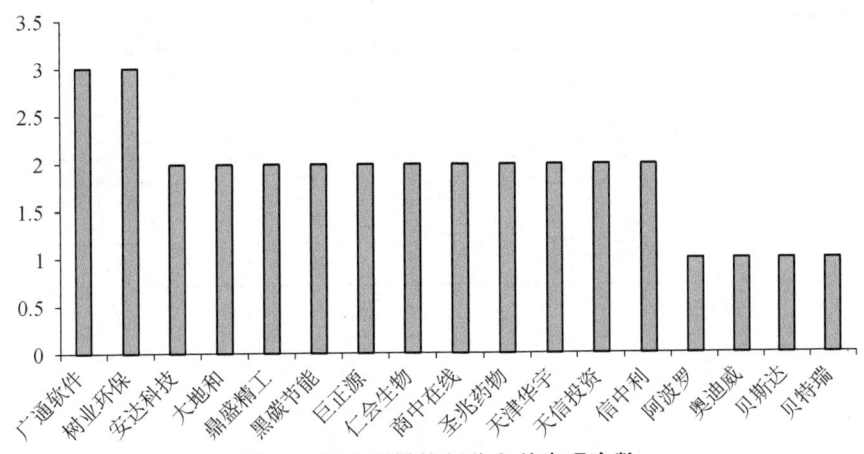

图 12　做市商最佳创收名单出现次数

资料来源：Wind、新三板智库。

表 6　蝉联做市商最佳创收标的次数最多的做市企业创收明显

证券代码	证券简称	做市券商	总投资额(万元)	浮盈金额(万元)	收益率
833322.OC	广通软件	海通证券	150.00	359.056	139.37%
		华鑫证券	450.00	1077.168	139.37%
		金元证券(最佳)	1050.00	2513.392	139.37%
		申万宏源	300.00	718.112	139.37%
		湘财证券(最佳)	150.00	359.056	139.37%
		信达证券	150.00	359.056	139.37%
		第一创业(最佳)	400.00	957.483	139.37%
		中国中投证券	400.00	957.483	139.37%
430462.OC	树业环保	东莞证券	291.00	552.760	89.95%
		光大证券	450.00	854.784	89.95%
		国泰君安证券	225.00	427.392	89.95%
		海通证券	375.00	712.320	89.95%
		红塔证券	225.00	427.392	89.95%
		中泰证券	150.00	284.928	89.95%
		中信建投证券	225.00	427.392	89.95%
		中原证券	225.00	427.392	89.95%
		广发证券	2850.00	5413.632	89.95%
		长城证券(最佳)	1425.00	2706.816	89.95%
		中国中投证券(最佳)	1425.00	2706.816	89.95%
		财富证券(最佳)	900.00	1709.568	89.95%
		兴业证券	900.00	1709.568	89.95%
		国信证券	550.00	2197.800	299.60%
		海通证券	300.00	1198.800	299.60%
830809.OC	安达科技	华林证券(最佳)	250.00	999.000	299.60%

(续表)

证券代码	证券简称	做市券商	总投资额(万元)	浮盈金额(万元)	收益率
		九州证券	100.00	399.600	299.60%
		信达证券(最佳)	300.00	1198.800	299.60%
		招商证券	300.00	1198.800	299.60%
		中山证券	150.00	599.400	299.60%
		中泰证券	300.00	1198.800	299.60%

资料来源：Wind、新三板智库。

做市策略初探：八仙过海，各显神通，适合做市的企业不到30%

邱 翼[①]

截至目前，国内证券公司129家，参与做市业务的90家，其中有半途而废的，也有坚定看多持续投入的，尤其是做市板块经历了一年多的低谷之后，各家券商对于做市业务这一新兴业态的态度差异极大，结合公司自身资源而采用的做市策略也是千差万别。理越辩越明，道越论越清，恰逢全国中小企业股份转让系统启动私募做市试点，新三板智库借此机会对目前做市商的各种策略进行初步探讨。此外，从目前来看，做市商库存股的变现路径几乎仅限于二级市场卖出（不考虑企业被并购），因此，什么样的企业适合做市，什么样的企业不适合做市，也是我们这次讨论的重点。

一、初探三大做市策略：激进型、稳健型和保守型

我们通过考量26家做市商的选股标准、资金投入情况、库存股情况、做市企业数量、挂牌业务支持程度等多个因素，将做市商的做市策略分为激进型、保守型和稳健型。采用激进型策略的做市商对单个项目的投入较大（一般在900万元以上），筛选标准相对较严，投资节奏较慢，最终做市企业数量不是特别突出（做市企业总数排名靠后），采用此策略的典型做市商有东方证券、中信证券和广发证券；采用保守型策略的做市商对单个项目的参与程度低（库存股少，50万股以下），投资金额极少（一般在300万元以下），但投资企业数量众多（做市企业总数名列前茅），意在通过小金额的分散式投资降低整体投资风险，采用此策略的典型做市商有九州证券和广州证券；采用稳健型策略的做市商，相比之下，它的投资金额小于激进型但大于保守型，单个项目投资金额在500万元左右，投资节奏快于激进型，慢于保守型，做市企业总数排名靠前，典型企业有兴业证券和中泰证券。

（一）激进型做市商代表：东方证券、中信证券和广发证券

在整个新三板市场流动性近乎枯竭，股权投资退出渠道愈发不清晰的时候，东方证券、中信证券和广发证券三家做市商选择采用单个项目重金投入的做市策略。根据我们的统计结果，截至2016年9月21日，上述三家做市商分别投入16.06亿元、11.09亿元和8.45亿元进行做市，投入金额位列前三，单个做市企业平均投入金额分别为1606.56万元、894.53万元和983.41万元，位列前三。当然这三家企业对所投企业的筛选标准也相对严格得多，三家做市商所投企业2015年的营业收入、营业收入同比增速、归母公司净利润和归母公司净利润同比增速四个指标都远远优于做市整体水平，见表1。

---

① 邱翼，新三板智库总监。

表 1 三家做市商所投做市企业 2015 年四大指标都优于做市平均水平

做市商名称	2015年做市企业财务情况					
	2015年营业总收入(万元)					
	最大值	1/4分位数	中位数	平均值	3/4分位数	最小值
	244,713.08	7747.77	14,898.46	24,453.66	25,409.11	34.28
	2015年营业总收入同比增速					
	最大值	1/4分位数	中位数	平均值	3/4分位数	最小值
东方证券	14,187.04%	4.51%	33.47%	225.33%	90.82%	−50.24%
	2015年归母公司净利润(万元)					
	最大值	1/4分位数	中位数	平均值	3/4分位数	最小值
	47,007.07	1161.29	2038.35	3345.16	3424.29	−12,258.20
	2015年归母公司净利润同比增速					
	最大值	1/4分位数	中位数	平均值	3/4分位数	最小值
	17,127.83%	3.99%	52.68%	283.99%	146.42%	−1928.68%
	2015年营业总收入(万元)					
	最大值	1/4分位数	中位数	平均值	3/4分位数	最小值
	2,119,731.289	8071.89	13,763.203	38,009.021	26,664.861	730.523
	2015年营业总收入同比增速					
	最大值	1/4分位数	中位数	平均值	3/4分位数	最小值
广发证券	949.557%	−0.455%	20.607%	42.644%	53.374%	−63.994%
	2015年归母公司净利润(万元)					
	最大值	1/4分位数	中位数	平均值	3/4分位数	最小值
	45,770.751	821.427	1697.198	2582.896	3298.392	−43,982.642
	2015年归母公司净利润同比增速					
	最大值	1/4分位数	中位数	平均值	3/4分位数	最小值
	8974.914%	−7.677%	25.971%	175.612%	124.866%	−2353.644%
	2015年营业总收入(万元)					
	最大值	1/4分位数	中位数	平均值	3/4分位数	最小值
	157,428.527	11,627.94	22,535.067	29,303.307	31,889.044	34.281
	2015年营业总收入同比增速					
	最大值	1/4分位数	中位数	平均值	3/4分位数	最小值
中信证券	358.487%	2.783%	26.866%	44.219%	51.732%	−50.244%
	2015年归母公司净利润(万元)					
	最大值	1/4分位数	中位数	平均值	3/4分位数	最小值
	45,770.75134	1692.51	2561.422	3922.035	3853.378	−7001.364
	2015年归母公司净利润同比增速					
	最大值	1/4分位数	中位数	平均值	3/4分位数	最小值
	5964.068%	9.643%	38.943%	97.08%	113.892%	−24,041.078%
	2015年营业总收入(万元)					
做市整体	最大值	1/4分位数	中位数	平均值	3/4分位数	最小值
	2,119,731.289	6184.582	11,597.367	22,349.410	21,863.332	0

(续表)

2015年营业总收入同比增速					
最大值	1/4分位数	中位数	平均值	3/4分位数	最小值
110,710.449%	0.104%	20.611%	174.068%	51.805%	−86.007%

2015年归母公司净利润(万元)					
最大值	1/4分位数	中位数	平均值	3/4分位数	最小值
53,833.467	591.374	1316.154	2077.218	2695.058	−43,982.642

2015年归母公司净利润同比增速					
最大值	1/4分位数	中位数	平均值	3/4分位数	最小值
17,127.827%	−6.837%	32.202%	138.422%	119.073%	−24,041.078%

资料来源：Wind、新三板智库。

三家做市商除了共同点之外，又各有特色：东方证券专注定向增发，二级市场买入比较少；广发证券依托强大的挂牌业务，身兼主办和做市双重身份的企业较多，见表2；中信证券是三家中二级市场买入最多的。从数据来看，广发做市商对广发证券主导的新三板企业显然投入更大，平均值1187.87万元高于非广发挂牌的688.20万元，平均库存股132.67万股高于非广发挂牌的67.5万股，收益率前十占了5席。从收益率分布情况来看，广发挂牌和做市企业的收益率优于非广发挂牌的做市企业，有挂牌业务支持的优势比较明显，见表3。三家激进型做市商做市情况见表4。

表2　　　　　　　　　　三家做市商投资情况

做市商名称	做市企业总数	排名	定向增发做市企业数	后续加入做市企业数	主办和做市企业数
东方证券	153	24	96	57	11
广发证券	203	12	124	79	51
中信证券	190	14	86	104	24

资料来源：Wind、新三板智库。

表3　　　　广发挂牌和做市企业收益率优于非广发挂牌的做市企业

做市企业类别	做市企业收益率分布情况					
非广发挂牌	最小值	1/4分位数	中位数	平均数	3/4分位数	最大值
	−62.89%	−5.03%	15.30%	61.36%	50.11%	2089.88%
广发挂牌	最小值	1/4分位数	中位数	平均数	3/4分位数	最大值
	−64.02%	0.56%	27.58%	50.22%	78.98%	314.43%

资料来源：Wind、新三板智库。

表4　　　　　　　　　三家激进型做市商做市情况一览

类　别	中信证券	广发证券	东方证券
做市企业总数	190	203	153
有效做市数据	86	124	96
企业浮盈数量	65	89	65
浮盈企业占比	75.58%	71.77%	67.71%

(续表)

类别	中信证券	广发证券	东方证券
做市总投入(万元)	84,572.89	110,922.23	160,656.99
平均投入(万元)	983.41	894.53	1673.51
收益率在250%及以上的企业数	9	6	7
收益率在100%～250%的企业数	13	13	9
收益率在0%～100%的企业数	43	70	49
收益率在-50%～0%的企业数	17	31	27
收益率在-100%～-50%的企业数	4	4	4
加权溢价率	76.99%	41.92%	57.06%
收益率排名	1	8	4

资料来源：Wind、新三板智库。

(二)保守型做市商代表：九州证券和广州证券

与激进型做市商的重金投入相反,保守型做市商基于对流动性改善的担忧,采用的是撒网式的分散投资,即对单个项目参与程度不高(库存股少),投资金额极少,但投资企业数量极多,典型的有九州证券和广州证券。上述两家券商的做市企业总数分别排名第二和第八,平均投入金额分别为344.65万元和191.55万元,位列倒数第十和倒数第一,见表5。广州证券在剔除异常值(持有联讯证券1400万股)后的平均库存股数为44.15万股,77.63%的做市企业库存股少于50万股,九州证券平均库存股为22.51万股,库存股在20万股以下做市企业占比73.21%,在50万股以下占比为94.64%,见表6。虽然分散投资有利于降低投资风险,但对应的盈利能力也大大减弱,两家做市商收益水平也较靠后。

表5　　广州证券和九州证券做市基本情况

类别	广州证券	九州证券	类别	广州证券	九州证券
做市企业总数	301	227	后续加入做市企业数	225	161
做市企业总数排名	2	8	做市平均投资金额(万元)	344.65	191.55
有效做市企业数	76	66	做市平均投资金额排名	倒数第十	倒数第一

资料来源：Wind、新三板智库。

表6　　广州证券和九州证券做市库存股情况

类别	广州证券	九州证券	类别	广州证券	九州证券
平均库存股	65.88	22.51	20万～50万股企业占比	42.11%	21.43%
平均库存股(剔除异常值)	44.15	22.51	50万股以上企业占比	22.37%	5.36%
10万～20万股企业占比	35.53%	73.21%			

资料来源：Wind、新三板智库。

从两家做市商所投企业的财务数据来看,九州证券所投做市企业的各项指标明显优于做市整体水平,广州证券与做市整体水平持平。九州证券在面对更优质的企业的时候采取了更保守的做市策略,从这个角度看,九州证券的保守程度更高。广州证券和九州证券做市库存股情况见表7。

表7　　　　　　　　　　广州证券和九州证券做市库存股情况

做市商名称	2015年做市企业财务情况					
	2015年营业总收入(万元)					
	最大值	1/4分位数	中位数	平均值	3/4分位数	最小值
	214,673.73	6291.08	11,737.00	25,266.29	25,490.18	968.98
	2015年营业总收入同比增速					
	最大值	1/4分位数	中位数	平均值	3/4分位数	最小值
广州证券	351.54%	2.18%	18.64%	36.67%	46.61%	−61.26%
	2015年归母公司净利润(万元)					
	最大值	1/4分位数	中位数	平均值	3/4分位数	最小值
	47,007.07	513.75	1328.58	2479.86	2841.91	−2405.83
	2015年归母公司净利润同比增速					
	最大值	1/4分位数	中位数	平均值	3/4分位数	最小值
	8974.91%	−8.59%	33.93%	171.11%	126.31%	−913.71%
	2015年营业总收入(万元)					
	最大值	1/4分位数	中位数	平均值	3/4分位数	最小值
	333,312.17	9770.63	18,076.23	27,139.74	29,616.72	1209.36
	2015年营业总收入同比增速					
	最大值	1/4分位数	中位数	平均值	3/4分位数	最小值
九州证券	177.63%	−3.83%	11.83%	16.81%	34.21%	−48.94%
	2015年归母公司净利润(万元)					
	最大值	1/4分位数	中位数	平均值	3/4分位数	最小值
	19,072.94	1339.83	2422.00	3384.72	4346.18	−6455.26
	2015年归母公司净利润同比增速					
	最大值	1/4分位数	中位数	平均值	3/4分位数	最小值
	730.64%	−2.02%	30.07%	9.17%	81.78%	−3632.19%
	2015年营业总收入(万元)					
	最大值	1/4分位数	中位数	平均值	3/4分位数	最小值
	2,119,731.29	6184.58	11,597.37	22,349.41	21,863.33	0.00
	2015年营业总收入同比增速					
	最大值	1/4分位数	中位数	平均值	3/4分位数	最小值
做市整体	110,710.45%	0.10%	20.61%	174.07%	51.81%	−86.01%
	2015年归母公司净利润(万元)					
	最大值	1/4分位数	中位数	平均值	3/4分位数	最小值
	53,833.47	591.37	1316.15	2077.22	2695.06	−43,982.64
	2015年归母公司净利润同比增速					
	最大值	1/4分位数	中位数	平均值	3/4分位数	最小值
	17,127.83%	−6.84%	32.20%	138.42%	119.07%	−24,041.08

资料来源：Wind、新三板智库。

两家保守型做市商做市情况见表8。

表8 两家保守型做市商做市情况一览

类别	九州证券	广州证券	类别	九州证券	广州证券
做市企业总数	227	301	收益率在100%~250%的企业数	7	6
有效做市数据	66	76	收益率在0~100%的企业数	39	38
企业浮盈数量	47	50	收益率在-50%~0的企业数	16	22
浮盈企业占比	71.21%	65.79%	收益率在-100%~-50%的企业数	3	4
做市总投入(万元)	18,740.70	26,193.62	加权溢价率	25.79%	20.02%
平均投入(万元)	283.95	344.65	收益率排名	25	26
收益率在250%及以上企业数	1	6			

资料来源：Wind、新三板智库。

(三)稳健型做市商代表：兴业证券和中泰证券

稳健是相对于东方证券等的稳重和广州证券等的保守而言。该策略的典型特点：与东方证券等激进型做市商相比，此类做市商单笔金额虽然更小，但是投资节奏也更快；而与广州证券等保守型做市商相比，此类做市商风险承受能力更高，单笔投资金额更大，典型企业有兴业证券和中泰证券。稳健型做市商最终反映在数据上是做市企业排名相对靠前，单笔投资金额居中。截至2016年9月21日，兴业证券做市企业总数排名第三名，做市总投入排第八名，平均单笔投资金额排第十五名，中泰证券做市企业总数排名第一，做市总投入排第三名，平均单笔投资金额排第七名，见表9，采用稳健型投资策略的兴业证券和中泰证券综合收益排名进入前十。

表9 兴业证券和中泰证券做市基本情况

类别	兴业证券	中泰证券	类别	兴业证券	中泰证券
做市企业总数	285	302	做市总投入金额(亿元)	5.14	9.07
做市企业总数排名	3	1	做市总投入金额排名	8	3
有效做市企业数	132	158	做市平均投资金额(万元)	389.81	574.54
后续加入做市企业数	153	144	做市平均投资金额排名	15	7

资料来源：Wind、新三板智库。

兴业证券和中泰证券做市商做市情况见表10。

表10 两家稳健型做市商做市情况一览

类别	兴业证券	中泰证券	类别	兴业证券	中泰证券
做市企业总数	285	302	收益率在0~100%的企业数	67	85
有效做市数据	132	158	收益率在-50%~0的企业数	30	39
企业浮盈数量	98	113	收益率在-100%~-50%的企业数	4	6
浮盈企业占比	74.24%	71.52%	加权溢价率	59.27%	41.05%
收益率在250%及以上的企业数	11	11	收益率排名	3	12
收益率在100%~250%的企业数	20	17			

资料来源：Wind、新三板智库。

二、规模偏小的企业不适合做市，真正适合做市的企业不到30%

在正式讨论什么类型的企业适合做市，什么类型的企业不适合做市之前，我们必须先达成一个共识，做市本身也是一种投资行为，所以不具备投资价值的企业不在我们讨论范围，此外，市场对未来政策红利的预期主要集中在创新层，不符合创新层标准的企业也不在我们讨论的范围之内。以下是我们设定的一些筛选条件：

(1) 该企业至少有一个做市商的库存股数量在50万股以上；
(2) 该企业至少有一个做市商的投资金额在400万元以上；
(3) 该企业已经进入创新层；
(4) 该企业具备持续成长能力，2015年营业收入同比增速至少在30%以上，归母公司净利润同比增速至少达到20%。

简单解释下我们这么设定的原因，如果有一家做市商愿意在该企业持股50万股以上并且投资金额在400万元以上，我们判定做市商认为该公司具有投资价值，营业收入同比增速30%以上和归母公司净利润同比增速20%以上是出于对做市企业成长性的考量（在实际操作过程中，这个数据只能提前预判，有可能会达不到预期，所以结合后面的策略选择适合做市的企业时，最终有可能因为达不到成长性条件而出现亏损），那么同时符合以上四个条件的企业我们判定为是具有投资价值的成长型企业，这类企业也是我们讨论的重点。总的来说，上面四个条件的筛选标准并不算高，最终符合条件的做市企业样本为93家（2289条信息中符合创新层标准的企业信息有1102条，同时符合库存股50万股以上和投资金额400万元以上的仅剩317条，删除重复值后剩余219条，最终符合所有条件的企业信息93条）。所以不管是讨论什么类型的企业适合做市，还是讨论什么类型的企业不适合做市，最终的结论都是来自这93家样本企业。

(一) 优质的成长型企业做市盈利能力强，流动性预判成为是否适合做市的关键

我们根据盈利性和流动性（退出便利性）两个维度对是否适合做市进行了分类，见图1，适合做市的企业需要兼顾盈利性和流动性（退出便利性），剩余情况均不是理想的做市标的。实际上从这93家企业对应的做市商的浮盈情况来看，按我们上述筛选条件选出的企业整体浮盈情况极好，93家企业中有76家实现浮盈，9家浮亏在10%以内，5家浮亏10%~20%，3家浮亏20~50%，浮亏在20%内的企业主要与做市商初始获取成本较高安全边际略显不足有关，3家浮亏比较严重的企业，见图2。其中一家源于持股成本过高，一家与公司自身基本面有关，另

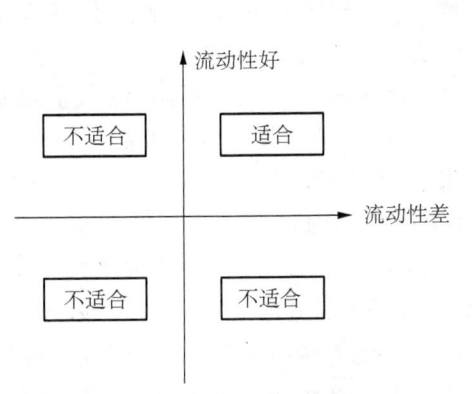

图1 基于流动性和盈利性对做市企业分类

资料来源：Wind、新三板智库。

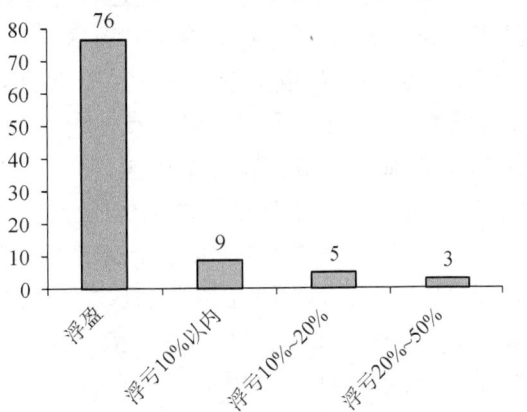

图2 93家做市企业浮盈情况

资料来源：Wind、新三板智库。

外一家原因不明,见图2。所以在保证足够安全边际的情况下,我们讨论企业是否适合做市的问题就简化为提前预判企业是否具有好的流动性。

17家浮亏做市企业主要与初始成本安全边际不高有关,见表11。

表11　　　　　　　　17家浮亏做市企业主要与初始成本安全边际不高有关

证券代码	证券简称	收益率	投后PE	2015年营业收入(万元)	2015年营业收入同比增速	2015年净利润(万元)	2015年净利润同比增速
833517.OC	策源股份	−7.73%	24.15	40,603.46	34.48%	4100.23	47.83%
430515.OC	麟龙股份	−7.62%	18.35	25,601.73	141.86%	15,839.41	231.39%
832950.OC	益盟股份	−5.67%	19.34	73,863.33	123.43%	32,321.40	403.13%
831900.OC	海航冷链	−6.76%	89.71	16,393.58	30.88%	1935.19	17,127.83%
835720.OC	宝藤生物	−27.81%	158.71	8315.59	358.49%	1389.22	272.26%
430759.OC	凯路仕	−28.17%	26.54	48,252.96	32.08%	7422.37	70.63%
831397.OC	康泽药业	−12.54%	39.17	108,874.42	137.83%	5209.88	227.03%
430356.OC	雷腾软件	−4.02%	16.89	11,749.33	50.55%	2401.31	72.37%
832051.OC	经证投资	−0.67%	18.44	23,681.57	31.98%	5184.69	34.67%
833682.OC	福特科	−12.29%	17.25	22,377.36	68.64%	3120.67	431.93%
834564.OC	光慧科技	−16.67%	37.75	8198.49	150.19%	1042.53	381.19%
430430.OC	普滤得	−3.28%	23.02	10,068.68	37.41%	1609.48	88.00%
832898.OC	天地壹号	−2.91%	16.99	157,428.53	39.79%	44,158.98	74.80%
832432.OC	科列技术	−6.44%	68.33	13,600.75	441.75%	4968.42	527.39%
835959.OC	好看传媒	−15.06%	30.93	10,548.40	88.39%	2022.58	541.46%
430225.OC	伊禾农品	−18.89%	21.37	87,661.13	86.67%	7862.15	27.36%
430730.OC	先大药业	−48.03%	21.71	14,272.62	54.63%	921.14	104.50%

资料来源:Wind、新三板智库。

(二)首批做市企业基本面好,市场认知度高,整体流动性极好

我们以区间(做市首日至2016年9月21日)日均成交量作为指标,将做市企业流动性分为5类。区间日均成交量在10手(1手=1000股)以下的定义为流动性极差,这类企业共有20家;区间日均成交量在10~30手的定义为差,这类企业共有24家;区间日均成交量在30~60手的定义为一般,这类企业共有14家;区间日均成交量在60~100手的定义为较好,这类企业有16家;而区间日均成交量在100手以上的定义为好,这类企业有19家。

考虑到2015年4月是个转折点:2015年4月之前,企业做市积极性不高,做市企业总家数仅276家,做市企业交投也很低迷,而在此之后,做市企业数量和做市板块交投进入快速增长期,2015年4月之前做市的那批优质企业成为当时新三板的第一批明星股。我们对2014年8月至2015年4月做市的22家企业进行单独分析,发现区间内日均成交量平均高达163.3手,区间日均成交量在30手以下的仅普金科技一家,区间日均成交量在60手以下的仅2家,见表12。这一时期的做市企业由于数量少,优质企业市场认知度高,兼之正处于交投最活跃的时候,所以整体流动性都特别好,流动性稍差的几家公司要么基本面一般,要么所处行业偏传统,为避免对后续分析的干扰,我们将此期间内的做市企业剔除在样本之外,供研究的样本减少为71家。

表 12 2014年8月—2015年4月期间做市企业基本情况

证券简称	做市日期	收益率	区间日均成交量（千股）	2015年营业收入（万元）	营业收入排名	2015年净利润（万元）	净利润排名	综合排名
海容冷链	2014-12-26	302.41%	65.4615	86,453.6218	3	11,801.7952	2	1
伊禾农品	2014-08-25	-18.89%	168.2777	87,661.13	2	7862.15	4	2
麟龙股份	2014-08-25	-7.62%	203.0169	25,601.73	7	15,839.41	1	3
盈谷股份	2015-03-31	128.33%	447.8496	124,152.8288	1	3329.9362	7	4
凯路仕	2015-02-16	-28.17%	320.3205	48,252.96	4	7422.37	5	5
中喜生态	2015-04-09	34.55%	83.6091	16,136.8848	10	8173.9953	3	6
新眼光	2014-08-25	206.35%	207.7710	16,409.0674	9	4048.8682	6	7
润农节水	2014-12-31	206.00%	176.8670	25,706.6886	6	3078.7390	11	8
中磁视讯	2014-08-25	380.61%	324.0884	12,932.5061	12	3315.0250	9	9
华燕房盟	2015-03-11	135.83%	138.2406	48,182.4983	5	1875.9834	16	10
中科国信	2014-12-23	102.90%	219.6733	9732.4855	17	3321.7628	8	11
赞普科技	2015-03-09	93.03%	82.8018	11,765.6005	13	2257.1615	12	12
丰电科技	2015-01-23	34.35%	46.9854	15,036.6971	11	2011.3159	14	13
维珍创意	2014-08-25	118.91%	212.0418	9325.8116	18	3176.8425	10	14
先临三维	2014-09-25	119.16%	373.8935	19,026.4884	8	1183.0339	21	15
易销科技	2015-02-25	71.38%	72.3566	8597.5935	19	2058.1881	13	16
普适导航	2015-02-16	195.33%	32.3881	10,211.1242	15	1762.3311	17	17
普滤得	2014-11-03	-3.28%	65.3032	10,068.68	16	1609.48	18	18
可恩口腔	2015-04-24	102.94%	70.3731	10,516.84	14	1257.08	20	19
峻岭能源	2014-12-31	49.32%	77.5633	5056.0303	22	1949.2791	15	20
东电创新	2014-11-12	21.98%	187.0676	7215.45	20	1487.08	19	21
普金科技	2015-01-22	40.97%	17.3123	6404.9357	21	1125.2973	22	22

资料来源：Wind、新三板智库。

（三）60%的企业不适合做市，优选同时符合三个分层标准的企业进行做市

新的71家做市样本流动性分布情况如下：区间日均成交量在30手以下的企业为43家，区间日均成交量为30~60手的为12家，区间日均成交量在60手以上的企业为16家，也就是说真正适合做市的企业不到30%，60%的企业不适合做市。我们对71家做市企业的收入和净利润进行排序，以二者相加数值大小进行排序，数值越小排名越靠前，虽然也有不少排名靠前的企业流动性很差，但可以明显看到：从第40名开始（收入规模和净利润规模相对偏小）的企业，除了4家因其他原因流动性较好之外，整体流动性都很差，企业平均营业收入为1.01亿元，平均净利润为1494.20万元，见表13。但收入和净利润规模靠前的企业只有约30%的企业获得了不错的流动性，仍然有70%的企业流动性不并不理想。关于如何选择合适的做市企业，我们发现了一条比较有用的规律：目前来看，同时符合三个分层标准的企业做市时能享受高流动性溢价，见表14。

表13　　　　　　　　　　　收入和净利润规模偏小的企业不适合做市

综合排名	证券简称	做市日期	区间日均成交量(千股)	2015年营业收入(万元)	营业收入排名	2015年净利润(万元)	净利润排名
40	雷腾软件	2015-09-17	34.02	11,749.33	44	2401.31	37
41	东星医疗	2016-04-13	1.32	12,150.55	43	2327.55	38
42	华奥科技	2015-07-29	40.06	10,141.77	50	2419.97	36
43	海航冷链	2015-08-14	2319.71	16,393.58	36	1935.19	50
44	天天美尚	2016-01-11	31.08	30,601.81	15	－2015.25	71
45	冠新软件	2016-03-01	10.95	8020.95	60	3082.36	29
46	绩优股份	2015-06-16	21.23	13,789.60	40	1993.49	49
47	中钜铖	2016-02-25	1.25	21,036.75	29	1087.81	61
48	软岛科技	2016-07-12	3.25	14,307.83	38	1497.76	55
49	好看传媒	2016-03-14	3.76	10,548.40	49	2022.58	45
50	捷安高科	2015-11-05	12.64	8747.82	54	2069.72	43
51	紫竹桩基	2015-06-10	50.32	10,106.32	51	2001.51	48
52	观典防务	2015-09-14	72.14	6001.71	66	2573.46	34
53	汉氏联合	2015-12-11	17.10	8015.34	61	2075.69	42
54	沃特能源	2015-06-03	3.82	11,721.06	45	1366.10	58
55	先大药业	2015-11-23	9.72	14,272.62	39	921.14	64
56	海龙核科	2015-07-01	49.82	6845.30	64	2182.99	40
57	赛莱拉	2015-05-26	33.04	8681.66	55	1791.72	51
58	商中在线	2015-06-17	29.00	10,014.61	52	1111.47	59
59	楼市通网	2015-08-28	21.43	9255.34	53	1100.29	60
60	宝藤生物	2016-01-27	17.79	8315.59	57	1389.22	57
61	伏泰科技	2015-11-10	20.65	5555.54	71	2047.24	44
62	恒福股份	2015-07-23	5.08	7892.94	62	1641.44	53
63	高德信	2015-09-18	27.55	5827.65	67	1702.23	52
64	光慧科技	2016-03-21	62.28	8198.49	58	1042.53	62
65	爱可生	2015-11-11	23.34	5806.46	68	1603.51	54
66	广新信息	2015-11-02	12.64	8553.04	56	820.25	66
67	腾瑞明	2015-10-22	3.39	8121.81	59	826.31	65
68	和氏技术	2015-09-28	8.82	5628.40	69	931.06	63
69	能龙教育	2015-09-22	29.01	7199.20	63	555.74	69
70	数据堂	2016-01-29	27.93	6814.53	65	580.60	68
71	老来寿	2015-06-12	336.94	5607.76	70	727.48	67

资料来源：Wind、新三板智库。

表14　　　　同时符合三个分层标准的企业做市时能享受高流动性溢价

综合排序	证券简称	做市日期	区间日均成交量（千股）	2015年营业收入（万元）	排序	2015年净利润（万元）	排序	创新层标准
5	康泽药业	2015-05-04	114.8225	108,874.42	2	5209.88	11	符合标准一、标准二、标准三
11	联赢激光	2016-02-16	59.6065	26,553.51	19	5165.57	13	符合标准一、标准二、标准三
16	山水环境	2015-07-07	77.7751	32,188.12	13	3104.77	28	符合标准一、标准二、标准三

资料来源：Wind、新三板智库。

做市商筛选做市企业参考标准：

(1) 该企业最好能进创新层；

(2) 该企业具备一定的核心竞争力（定性分析，对应做市商的行为是库存股在50万股以上，且投资金额在400万元以上）；

(3) 该企业具备持续成长能力，每年营业收入同比增速在30%以上，归母公司净利润同比增速至少达到20%（需要做市商具备准确的预判能力，有可能会不达预期）；

(4) 该企业最好同时符合三个分层标准；

(5) 收入规模和净利润规模偏小的企业不适合做市（体量达到一定程度启动，做市效果会更好，一般而言，收入在1.01亿元左右，净利润在1494.20万元左右，可适当提高）。

第二部分
新三板行业研究篇

国有企业改革下一站：新三板挂牌

郭 栋[①]

自2013年起，混合所有制改革成了国有企业改革的主题。每一轮国有企业改革，资本市场都是支撑改革的重要力量。2015年《关于深化国有企业改革的指导意见》的出台以及各地国有资产改革方案的发布，国有企业改革正在稳步推进。在多层次资本市场发展的大背景下，资产证券化成了目前国有企业混合所有制改革的重要路径。为实现资产证券化率的宏伟目标，国企绕开了主板市场而借道新三板，政策驱动、地方国企特点与新三板市场属性三者激发了新三板助推国企改革的巨大潜力。

一、资产证券化：混合所有制改革理想路径

20世纪80年代，国有企业改革启航，一路乘风破浪，国有企业改革史堪称中国经济改革史的完美缩影。自2013年以来，混合所有制改革成了新一轮国有企业改革的核心。从企业产权结构来看，混合所有制经济是指国有资本、集体资本和非公有资本交叉持股、相互融合的经济形式。中共十八届三中全会提出了积极发展混合所有制经济，将其提高到实现"公有制为主体、多种所有制经济共同发展"这一基本经济制度的重要实现形式；2014年，《政府工作报告》进一步提出"加快发展混合所有制经济"。从以往实践来看，混合所有制改革对于深化国有企业改革，提高资源配置效率，增强企业竞争力有着重要作用。本轮国有企业改革，也是对于混合所有制改革的深化和细化。

从目前各地的举措来看，通过上市实现资产证券化成为本轮混合所有制改革的重要途径。从混合所有制的实现形式来看，主要有以下途径：开放式改制重组，引入基金，员工持股，引入战略投资者，整体上市或核心资产上市。通过上市实现资产证券化，已成为混合所有制改革的主流和最为理想的途径。我们认为，资产证券化这个路径的优点主要体现在：

一是有利于拓宽国企的融资渠道。降低国有企业的资产负债率和相关的财务成本。

二是随着资本市场的发展，通过股权的流通来形成多元投资主体更加快速高效。机构投资者等的进入，有利于改善"一股独大"带来的内部人控制和监管缺失的问题。多元产权主体的构成会推动公司建立规范的治理结构和制度，进而形成科学的现代企业制度。

三是利用资本市场的价值评估功能实现对国有资产的合理定价，在此基础上进行国有资本的转让与交易，能有效地避免国有资产流失，实现国有资产的保值增值。在国有企业改革过程中，国有资产流失问题一直被高度重视，监管机构长期通过行政干预的方式防范国有资产的流失，但市场化必然要求发挥市场对资源配置的决定性作用。因此，调动资本市场的价值发现和定价功能，可以有效避免资产流失，使国有企业改革之路更加通畅无阻。提高国有资本资产证券化率的目标明确，操作性强并且能容易被量化考核。

由此，各省从2014年起纷纷制定国有企业改革推进方案，并且高度重视资产证券化。其

[①] 郭栋，新三板智库研究员。

中,大部分地区给出了明确的资产证券化目标,一般在50%以上。

但从目前情况来看,资产证券化程度与目标相差很大。大部分省市的资产证券化率在25%以下,见图1。

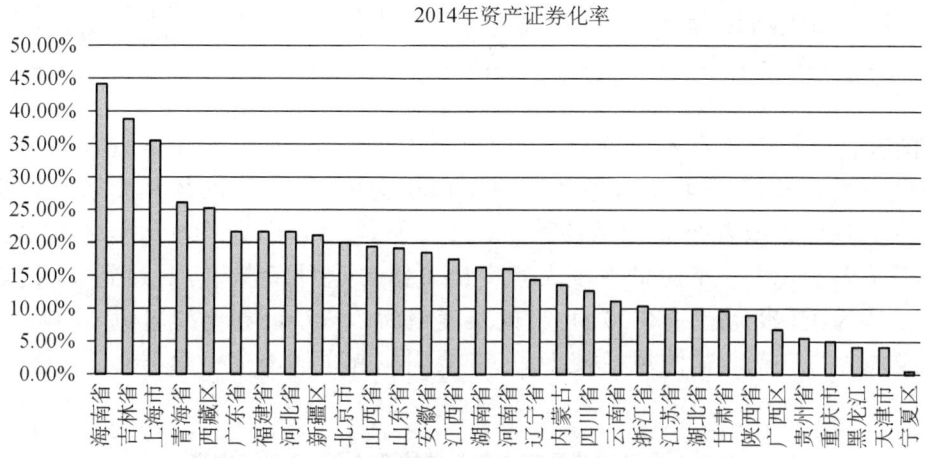

图1　目前各省市主板国有资本资产证券化率比例较低

数据来源：Wind。

注：资产证券化率＝各地A股上市公司总资产÷各地国有资产总额。其中,国有资产数据取自2013年中国会计年鉴,用20%的增长率来推算2014年年底地区国有资产总额。

二、新三板市场属性与地方国有企业特点相符

在主板上市层层受阻的情况下,新三板无疑成了一个富有吸引力的低成本平台。与主板、创业板的上市要求比较可知,新三板在盈利要求、现金流要求和净资产要求等方面都没有明确限制,见表1。这就为初创型或者规模较小的企业提供了一个可供选择的挂牌融资和股权流通交易的平台。

表1　　　　　　　　　　　　各板块挂牌条件对比

项目	新三板	创业板	主板&中小板
主体资格	证监会核准的非上市公司	公开发行股票	公开发行股票
股东人数	可超过200人,未超过200人的可有条件豁免核准	不少于200人	不少于200人
存续时间	存续满两年	存续满三年	存续满三年
盈利要求	具有持续盈利能力	最近两年连续盈利,最后两年净利润累计不少于1000万元;或最近一个年度盈利,最近一年营业收入不少于5000万元;近两年营业收入增长率不低于30%	近三个会计年度净利润为正,累计超过3000万元,净利润以扣除非经常性损益前后较低者为计算依据
现金流要求	无	无	近三年会计年度现金流累计超过5000万元;或近三个会计年度营业收入超过3亿元
净资产要求	无	最近一期末净资产不少于2000万元,且不契于未弥补亏损	最近一期末无形资产占净资产比例不高于20%

(续表)

项目	新三板	创业板	主板 & 中小板
股本总额	无	公司股本总额不少于3000万元	公司股本总额不少于5000万元
其他条件	主券商推荐并持续督导	持续督导期为上市当年剩余时间及其后三个会计年	持续督导期为上市当年剩余时间及其后两个会计年

数据来源：政策文件。

反观国有企业的营业收入和净利润这两个指标,中央企业由于企业规模普遍较大并且行业垄断性更强,平均营业收入和净利润规模都较为可观,主板的盈利要求并没有构成太大的阻碍。但是地方国有企业相距甚远,2014年平均净利润为700万元左右,见表2,加之受宏观经济影响,2015年还呈现较大幅度的下滑。这种情况下,要达到主板"近三个会计年度净利润为正,累计超过3000万元"的难度很大。资产证券化的迫切性、新三板门槛相对较低以及地方国有企业整体规模较小,三者共同掀起了国有企业登陆新三板资本平台的大浪潮。

表2　中央企业及地方国有企业平均营业收入、净利润规模

项目	2014年		2015年(1—11月)	
分类	营业收入(元)	净利润(元)	营业收入(元)	净利润(元)
中央企业	564,981,346	33,231,154	469,667,692	28,174,231
地方国有企业	179,659,712	7,197,308	156,158,077	5,552,019

数据来源：根据财政部公布数据计算。

三、新三板国有企业挂牌现状

(一)增长速度：2015年国有企业集中涌现新三板

2015年是新三板挂牌的爆发式增长时期。新三板的吸引力和交易的活跃度得到了不断提高,新三板的投融资功能越发突出。利用挂牌企业数量这个指标来衡量规模,可以发现:截至2014年年底,新三板企业数量是1564家,而到2015年12月31日,数量已经上升为5129家,增长率为227.94%。同期对比国有企业挂牌新三板的情况,2014年年底国有企业挂牌的数量为52家,到2015年年底数量为189家,增长率为256.60%。从这可以看出,2015年新三板的发展,无论对于民企还是国企而言,都成了受青睐的资本平台,未来的挂牌企业数量增长仍然可期。

(二)行业分布：挂牌国有企业行业分布与新三板总体类似

从Wind一级行业分类来看,新三板企业主要分布在工业、信息技术以及材料三个领域,见图2,合计占总量的73%。而新三板的挂牌国有企业同样主要分布在这三个领域,合计占比71%,见图3。从这个层面来看,挂牌国有企业的行业分布与总体具有高度相似性。

(三)地区分布：沿海省市依旧占据数量优势,新疆格外引人注目

在挂牌国有企业中,地方国有企业数量为155家,中央企业为34家。从新三板企业的总体地区分布来看,企业主要分布在北京、广东、江苏、上海以及浙江。这五者合计占比57.50%,为新三板企业的主要地区来源。而挂牌的地方国有企业方面,江苏凭借33家位居榜首,接下来依次是北京、山东、新疆以及广东,五者合计占比48.68%。

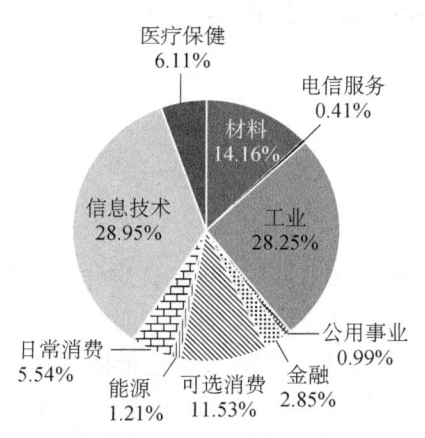

图 2 新三板总体行业分布

数据来源：Wind，截至 2015 年 12 月 31 日。

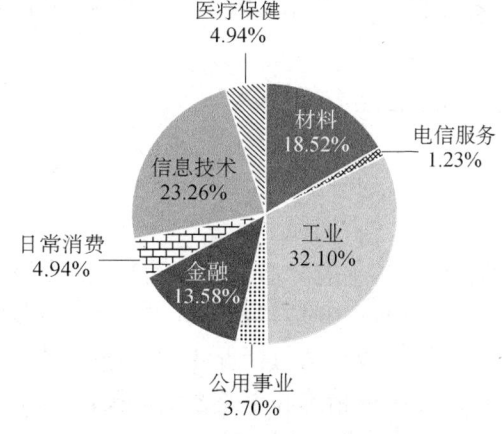

图 3 新三板国有企业挂牌分布

数据来源：Wind，截至 2015 年 12 月 31 日。

国有资产总量在全国领先的江苏省，是国有资产改革的排头兵。在新三板市场上，无论是数量还是资产总量，它都处于绝对领先的优势，其中以 2015 年 8 月挂牌的江苏新能为主要代表，总资产超过 40 亿元；而新疆国有企业之所以能在新三板引人注目，与地方发改委的部署有着紧密联系，由于新疆兵团企业在规模、治理水平和盈利能力方面都处于相对落后水平，"为促进兵团企业上市工作，明确兵团辖区民营企业与国有企业在推进改制上市上享有同等待遇。兵团每年拿出的 500 万元企业上市专项引导资金对在新三板挂牌企业同样适用，也将给予上市推进资金补助和上市奖励"。以新三板为重点，加快推进企业改制上市工作成为兵团上市工作的重点。

一步之遥——自媒体风口和退场之间的距离

吴文轩　张玉佳　谢树忠[①]

继虎嗅科技传出登陆新三板的消息后,冷笑话精选、暴走漫画等网络自媒体也不甘落后,纷纷抢滩资本市场,一时间"自媒体概念股"热度大增,自媒体高热度的背后是投资界的热捧。据悉,虎嗅科技的最新估值接近3亿元,知名财经作家吴晓波投资的餐饮老板内参估值超过1亿元,而运营冷笑话精选和星座密语等微博大V的飞博共创甚至估值10亿元。如此高的估值令不少传统媒体羡慕,同时也不得不让人怀疑,自媒体模式能否支撑得起资本市场的热情和厚望。自媒体频频对接资本市场,是自我膨胀还是艺高胆大?

一、紧追热点,同质发展缺乏创新导致无效率竞争

不可否认的是,当自媒体遇到时事热点,确实能擦出耀眼的火花。典型的例子就是2015年7月10日上映的《大圣归来》,7月13日,随着"娱乐资本论"和"视觉志"两家自媒体发布相关文章后,这部影片达到了网络搜索的高峰,见图1,而视觉志发布的影片收稿更是在短时间内达到惊人的10万+阅读量。

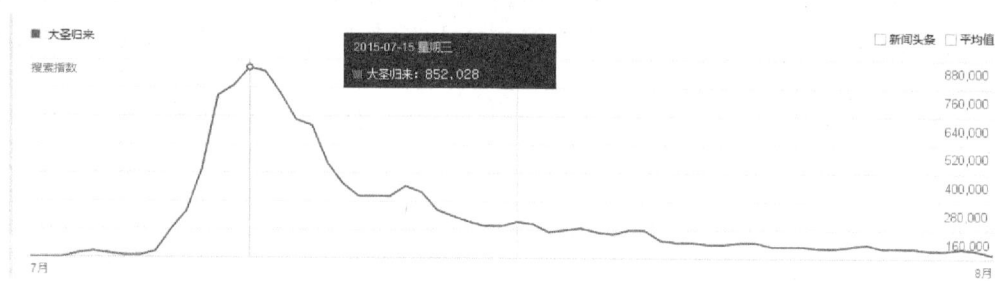

图1　大圣归来与自媒体的狂欢

数据来源:百度指数、新三板智库。

立足于在国内拥有海量用户的微博、微信等的互联网平台,凭借自制和UGC生产紧贴时事热点的内容,不少自媒体在短时间内收获了巨量的粉丝关注,影响力迅速上升。然而无论是在微信还是在微博,用户的使用习惯都是利用碎片化的时间快速地进行信息浏览和分享,如果生产的内容没能在热门和时效性上胜出的话,那么自媒体将面临阅读量关注量下降、粉丝变僵尸粉的尴尬局面。此外,一般自媒体的固定资产配置就是几台电脑、几套桌椅,是典型的轻资产运营模式。而轻资产运营模式导致的行业进入成本低,又使行业面临剧烈的同质化竞争。随着自媒体数量的增长,用户关注的自媒体增加,有限的朋友圈空间的竞争更加激烈,缺乏优质内容的自媒体将陷入无人问津的处境。2015年10月11日,新媒体排行榜发布了《9月中国微信500强的月度报告》。报告指出,与8月份相比,9月份微信自媒体500强显得更加努力,共有60.4%的账号提高了发布强度(即当日发布次数和篇数),然而比较尴尬的情况是,仅有

[①]　吴文轩,新三板智库研究员;张玉佳,新三板智库研究员;谢树忠,新三板智库研究员。

30.2%的平均阅读数有所增加,36.6%的账号陷入"越努力越没人看"的处境,见图2。而根据新榜8月份的报告,500强总阅读数已出现连续4个月的下降,见图3。自媒体行业是否已进入狂欢后的孤单,成为值得注意的问题。

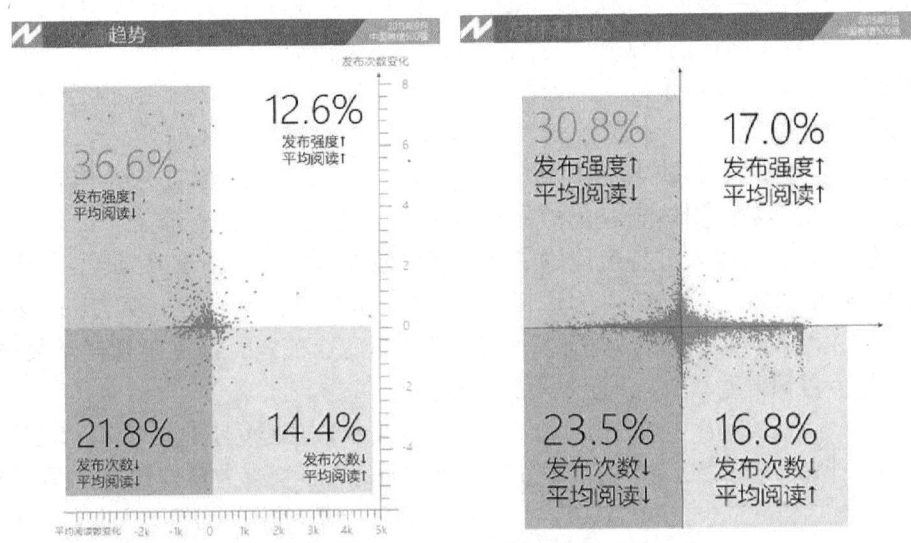

图2　新榜微信阅读报告,大量公众号陷入"越努力越没人看"的处境

资料来源:新媒体榜单。

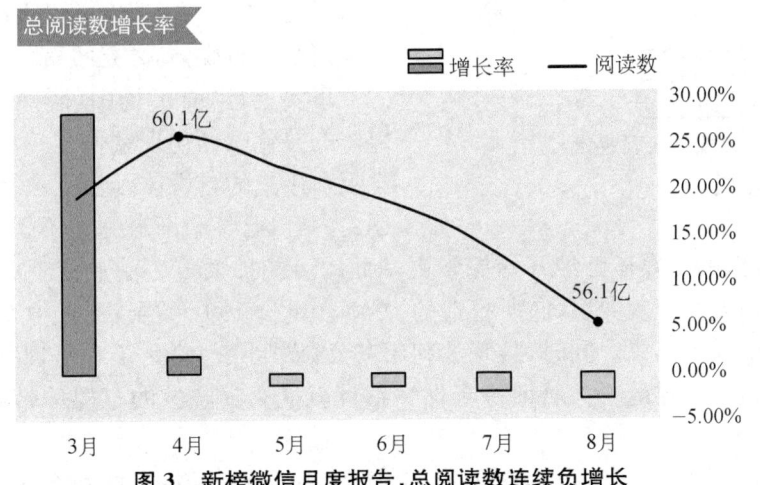

图3　新榜微信月度报告,总阅读数连续负增长

资料来源:新媒体榜单。

二、热点总会过,热闹之后是保温还是冷清

时事热点的热度虽高,但很难受到大众的持续关注,热度来得快,散得也快。2015年9月30日上映的《夏洛特烦恼》,其新浪官方微博粉丝数4万,高峰时期转发超过2000次,而今热度一过,几乎零转发、零评论。再早些时候,微信公众号曾推出根据用户输入姓名匹配相应姓氏灯谜解说的内容,一时间风靡朋友圈,半天时间内文章阅读量过万,然而一天不到该账号便被微信平台封号,积累的粉丝数瞬间成为泡影。互联网平台上热点容易形成,但同时热度也容易

消散,基于热点迅速营销的自媒体在吸引关注之后,能否持续产出成为业界的普遍问题。大多数情况下随着热点的消散,原本关注此事件的粉丝如果没有被新热点所吸引,也会逐渐减少对该自媒体的关注,用户黏性难以形成,持续产出也难以维系。为了持续吸引用户关注,各大账号或者选择持续经营某一特征事物形成长期的关注,如以一猫一狗的日常吸引千万粉丝的"回忆专用小马甲",或者不断追逐新热点保持热度,但不稳定性极大。

过去的两年里,自媒体似乎成了风投私募的热捧对象,资本市场对自媒体行业估值的集体高潮,让自媒体企业估值动辄上亿元。然而,当潮水退去,自媒体行业的下一个时代如何打造,如果没有新颖的业务增长点、缺乏足够的业绩支撑,自媒体是否会成为下一个博客也未可知。

就目前而言,大多数自媒体企业仍然靠传统的广告、整合营销(本质上仍是为客户策划营销方案带来的广告收入)收入维持生计,如2016年虎嗅总收入为1987.07万元,其中广告发布与整合营销收入为1255.73万元,占比达到63.20%。虽然广告承接这一模式从传统媒体业存续至今,对媒体人而言,接广告仍然是比较稳定、成熟的商业模式。但这种模式可复制性大、不确定性高,长期发展风险显著,用户随时用脚投票。

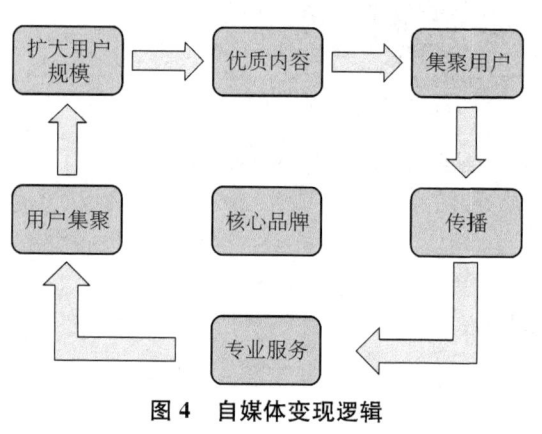

图4　自媒体变现逻辑

资料来源:新三板智库。

由此看来,能够打造出自有核心品牌,树立专业、高效的形象成为自媒体这个低门槛行业的核心壁垒。碎片化的时间,只有能提供优质、专业内容的自媒体才能活下去,塑造个人(媒体)品牌,从而起到信用背书作用,顺便引入社交关系,最终实现用户变现,成为未来自媒体行业的发展逻辑,见图4。在"去中心化"的互联网时代,只有"中心化"的自媒体,才是投资的优质标的。

事实上,当前市场中,成熟自媒体与幼稚自媒体的分化已经初现端倪。一些靠炒热点、标题党吸引用户的自媒体因为无法持续提供优质、原创的内容,已经渐渐成为死不了活不下的僵尸自媒体。而一些成熟的自媒体已经开始探索更多面的可能扩大核心商业变现能力,如吴晓波频道,在自媒体电商方面表现突出,它所打造的5000套单价199元"吴酒"礼盒套装33小时售罄的业绩,在业内引起了热议。同时,吴晓波利用其公众号线上宣传"千人培训"的效果令不少专业策划公司惊讶,而这样的千人培训每年保守估计就能为吴晓波的自媒体带来千万元的收入规模。

目前进驻新三板的自媒体企业不在少数,但事实上新三板对于挂牌企业的要求相对来说比较宽松,对盈利情况的要求也不是很高,很多媒体公司目前的盈利情况都偏弱,大多数仍单纯依靠承接营销推广等广告、软文、公关稿业务实现盈利,变现模式比较单一,如果不寻求更多更好的变现点,想象空间不够大,打动不了投资人,很容易陷入商业僵局。其中包括目前估值1亿元的"餐饮老板内参",过去的一年多虽仍是以广告作为主要盈利点,但其下一步计划以媒体为中心,落脚到自身品牌建设上,从而提高变现能力,这才是真正吸引投资人的亮点。

自媒体虽然现在站在了投资的风口浪尖上,但其浮出表面的很多问题亟待解决,如果不能从根本上解决自媒体的创新能力、持续产出能力和变现能力,那么依靠热点站上资本舞台的自媒体离退出舞台也只有一步之遥了。当前部分自媒体变现方式见附表。

附表　　　　　　　　　　　当前部分自媒体变现方式

自媒体	变现方式	自媒体	变现方式
虎嗅	广告发布、线下活动、整合营销收入	吴晓波频道	线下培训收入、电商、广告推送和分成收入
飞博共创	互联网广告业务、第三方电商导购平台业务收入	罗辑思维	会员收入、书籍出版、电商收入、培训收入、广告分成
i黑马	广告收入、会员收入、中介服务收入		

互联网巨头争秀云服务,新三板高冷一笑

董晓艺　吴文轩[①]

2017年互联网巨头喜讯不断,美国方面,微软、谷歌、亚马逊三大互联网巨头集体公布最新的季度财务报告,华尔街欢欣鼓舞,三家公司的市值都超预期增长。而国内的阿里集团也于2017年1月24日晚间也公布了阿里财年第三季度业绩报告,根据财务报告显示,阿里集团第三季度收入为532.48亿元人民币,增长了54%,每股收益更是达到9.02元/股。互联网行业欣欣向荣的背后,除了带头企业强力的业绩支撑,投资者对其未来的战略规划布局的认可似乎更为重要。

在季度财务报告中,4家互联网企业不约而同地用大量篇幅介绍了云服务的战略规划,亚马逊云服务营业收入同比增长43%,微软云服务Azure增长116%,谷歌预计2017年云服务收入为5亿~10亿美元,而国内的阿里截至2017年1月9日共发布150款云服务产品和服务。从目前来看,云服务市场的争夺战已经打响。云服务不再是互联网企业的附庸,云服务的飞速发展已成为互联网产业的核心竞争力。

一、新三板成为云服务登陆主战场

面对互联网的大趋势,主板、创业板的高门槛让多数云服务企业望而却步,而IPO的漫漫长路以及暂停风险又让仅存的优质企业无可奈何。以创新型、市场化著称的新三板市场却早有布局,根据东方财富数据显示,截至2017年4月28日,新三板市场挂牌企业共有11,113家,其中涉及互联网云服务概念的企业共计139家,占比为1.3%,见表1。

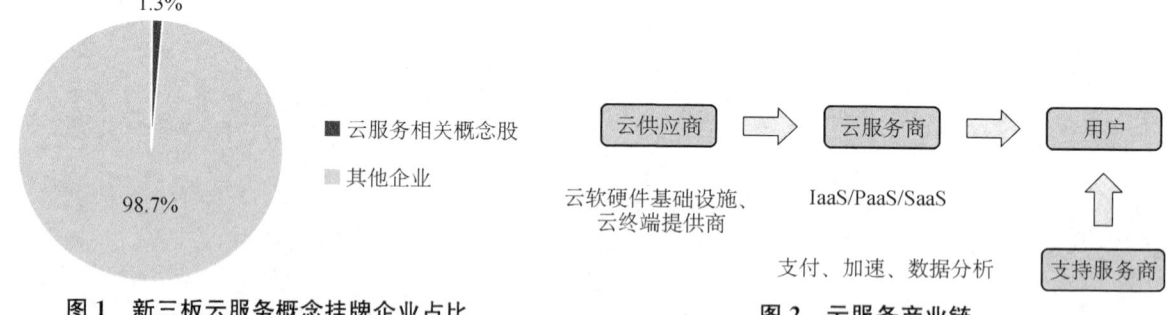

图1　新三板云服务概念挂牌企业占比

资料来源:东方财富Choice、新三板智库。

图2　云服务产业链

资料来源:新三板智库。

根据云服务产业链来划分,云服务可以分为以下环节:云服务商(IaaS/PaaS/SaaS)、云供应商(云软硬件基础设施、云终端提供商等)、最终用户(政府、企业及个人)以及相关支持服务供应商(支付、加速、数据分析等),见图2。我们精选出11家在各环节具备优质潜力的云服务相关标的,见表1,以供读者参考。

[①] 董晓艺,新三板智库研究员;吴文轩,新三板智库研究员。

表1　11家云服务概念股

企业简称	服务环节	企业简称	服务环节
赛特斯	云计算服务提供商（IaaS、PaaS、SaaS）	云宏信息	云计算解决方案提供商
一卡易	云计算服务提供商（SaaS）	帝联科技	基础设施提供商
神州云动	云计算服务提供商（SaaS）	中搜网络	云计算解决方案提供商
华博教育	云计算服务提供商（SaaS）	安畅网络	基础设施提供商
喜宝动力	支持服务商（数据中心）	点动股份	基础设施提供商
轩辕网络	云计算解决方案提供商		

资料来源：新三板智库。

二、新三板云服务企业具体情况介绍

（一）帝联科技：与时俱进的、专业的CDN服务商

上海帝联信息科技股份有限公司成立于2005年，于2014年在新三板挂牌，主营业务是为客户提供互联网业务平台解决方案及服务，即向客户提供服务器的托管与网络接入、内容的分发与加速等互联网业务平台解决方案。公司互联网业务平台服务的核心由两部分构成：CDN服务（即内容分发加速网络服务）和IDC服务（即互联网数据中心服务）。2015年5月，公司受邀出席2015年第十六届中国信息安全大会，并荣获"2015中国信息安全年度最佳CDN分发与加速平台奖"。2015年7月，帝联科技正式加入数据中心联盟，并获上海"专精特新"称号。

1. 专注于服务

帝联科技的专业化体现在专注的服务以及开放的理念。帝联科技成立至今，始终标榜"专业"，在服务上做到全天候，专注于客户每一个问题的及时解决，而在主营业务上的专注和精细化则始终是帝联科技的核心竞争力。

除此之外，帝联科技开放的理念主要体现在两方面：一是开放的客户服务之道。公司在做好服务的同时，积极与客户进行探讨、交流，更深入地了解客户的真正需求。二是开放的人才培养之道。帝联科技旗下的帝联课堂在开放技术交流的同时，也为公司人才提供了学习知识、提高技术水平的机会。

2. 精细于业务

说到精细化，帝联科技的"重拳出击"（2014年提出的将视频加速技术和直播加速技术进行微整合，全面启动定制化服务策略）策略是最好的印证。基于2015年互联网跨界融合大势，帝联科技逐步将业务细化，不再满足于网速质量的基础服务，而是扎根更深层次的高指标业务，将服务做精、做深，针对行业的特点定制推出行业的解决方案，并将CDN技术深化到具体应用功能中。

在安全方面，帝联科技提供入侵检测服务及安全报警服务。在预防DDoS攻击方面，对DDoS攻击行为进行特征识别，并进行流量清洗，过滤掉攻击流量，使正常的使用流量得到稳定的访问保障。帝联科技自主开发的私有传输协议与压缩技术相结合，保证动态数据的快速、安全传输；数据源的安全隐藏，减少了黑客和病毒攻击的可能；在云存储方面，帝联科技通过深度的日志分析，帮助客户对用户访问习惯做出判断，动态进行业务调整，配合分区储存服务、高速SSD主机服务，为企业提供高品质的云存储服务。

3. 定制化战略

帝联科技提倡"定制化服务"战略,为每位客户提供量身定制服务,为有需求的客户专门开放接口,在功能方面,针对客户特性开放转协议、转码率、录制等功能,一改以往统一化的CDN服务模式,从客户需求出发,将人性化服务做到极致。

(二) 中搜网络:中国网络第一股

中搜网络是新三板第一家互联网公司,成立于2004年,于2014年在新三板挂牌,主营业务主要为个人及企业客户提供通用搜索服务、行业搜索服务及企业互联网解决方案服务,主要产品为第三代搜索、企业互联网解决方案服务。

1. 构建"生态云",发力云计算市场

2015年7月初,中搜网络发布了基于整个移动生态系统的"生态云",得到了市场的广泛关注。据悉,中搜"生态云"包含四个层面:行业云、城市云、企业云以及云商城。

目前,中搜"生态云"在这四个层面都得到了长足的发展。在行业云方面,中搜网络与我国重点大型国有企业中国北方车辆有限公司达成合作,共同打造具有国际竞争力的"互联网+汽车"企业;中搜网络与中国最大的商务智慧与管理经验传递电视栏目"前沿讲座"共同打造涵盖公司战略、人力资源、市场营销、财务管理等方面的管理类电视栏目第一移动品牌。在企业云方面,中搜移动云平台目前已经拥有3000多家传统企业的合作伙伴,包括昆仑决、华普亿方、东方美食等业内知名企业。昆仑决通过中搜云服务快速搭建起移动平台,赢得了IDG千万美元投资;中搜网络与华普亿方共同打造的"赢之道"APP,目前该应用已成为中国最大的创业就业移动平台。而在城市云方面,中搜网络与成都市成华区达成了战略合作,目标直指智慧城市市场。

2. 情景化搜索的拓荒者

"开放式情景电商模式——云商城",作为整个"生态云"的关键一环,是中搜网络云战略未来的发展重点。据了解,情景电商的最大优势是所见即所得,浏览即所购,让情景需求与消费无缝对接,无论对企业还是用户来说都意味着新的购物入口。在中搜云商城打造的、标准的情景电商模式下,所有的品牌商都可以自由选择开设主题商城还是品牌旗舰店;所有的媒体都可以通过电商将流量变现;所有的渠道商将自主配货,不必担心货源和库存;而所有消费者可以根据喜好创造出各种消费场景的"悦店"。基于"生态云"业务的长足发展,中搜网络实现了业务的稳健增长。可以预见的是,随着整个"生态云"的进一步完善,中搜网络的营业收入将实现更快速的增长。

3. 凭借技术打造行业壁垒

纵观整个互联网行业,谷歌、微软都不断宣扬自己的科技。在这一方面,中搜的技术实力毫不逊色。搜索引擎行业作为互联网公司的最尖端技术,多年来一直是行业壁垒般的存在,能够做搜索的互联网公司少之又少,而中搜的最尖端技术恰恰在于此。如今,中搜网络利用第三代搜索引擎技术充当自身产品的底层技术支撑,为以后的发展打下了稳定的地基。

(三) 安畅网络:国内最早提供混合云服务

上海安畅网络科技股份有限公司(以下简称安畅)于2007年成立,2014年在新三板挂牌,主要从事服务器托管、服务器租用、云计算和基于IDC数据中心一站式运维外包管理服务等。目前安畅网络正在积极开发云计算应用,并通过IaaS(Infrastructure as a Service,基础架构即服务)的服务模式,结合安畅网络自主研发的混合云技术平台和多年的IT托管服务经验,将云计算技术和传统IDC业务进行融合,建立了51IDC服务平台。

1. 建设独立自治网

安畅自2012年起,开始着力于建设一张跨地域的独立的自治网络,并作为战略布局目标。在全国范围内的IDC和云服务行业中,安畅自治网络的规模目前处于第二梯队的领先地位,而在面向中小企业的细分市场中,安畅的网络规模处于显著的领先地位。近年来,该自治网络对公司整体服务质量产生了明显的改善作用,与其他没有自治网络的竞争对手相比较,安畅网络的可靠性、速度有着明显的竞争优势。与单一的基础运营商相比较,由于作为一个第三方独立、中立的网络,安畅整合了所有主流运营商的网络资源,有着更好的网络体验。

2. 国内唯一支持秒级阶梯式计费的云服务平台

经过5年的持续研发,安畅运营的51IDC平台已成为标志性的行业品牌符号和核心竞争力。51IDC平台将安畅运营的十多个数据中心、SuperNet超级网络架构与所有服务器和网络设备融合在一个统一平台中,向客户交付公有云、私有云、物理裸机架构等混合解决方案。尤其是51IDC的底层拥有世界级的云计算引擎,几秒钟即可交付云服务器,是目前国内唯一支持秒级阶梯式计费的云服务平台,平台同时支持完全API开放,供客户自行通过代码管理云基础架构。因为通过平台很好地解决了服务效率和成本的问题,所以公司在过去几年中,得以在高度碎片化的中小企业市场,获得远超行业平均水平的增长速度,这也是公司长期持续运营的基础。

3. 提供一站式管理服务

为客户提供一站式管理服务,是安畅与其他同行业竞争对手相比较最大的差异化所在。IDC和云计算的本质是服务,而不仅仅是提供基础资源。中小企业客户IT力量薄弱,更加需要服务商能够帮助其一站式解决各种问题。在行业中,绝大多数IDC和云计算公司仅仅定位于提供基础资源或服务器等产品,却忽视客户的深层次IT需求。安畅坚持把服务放在第一位,这种差异化的服务策略帮助公司在很多竞争中以压倒性优势获取客户,并保持高度的客户黏性,减少客户流失率,积累了宝贵的、不可复制的经验。未来公司将在这些经验积累基础之上进行分析归纳,并设计成低成本、标准化的运维管理服务产品,通过平台为中小企业客户提供服务。

(四)喜宝动力:首家来自互联网的电商营销企业

喜宝动力成立于2011年,2015年在新三板挂牌,公司立足于互联网广告行业中的电子商务精准营销领域。公司的主营业务为向网商提供基于大数据、云计算和数据挖掘技术的电子商务流量交易平台,以及搜索广告营销服务和技术解决方案。主要业务有电子商务流量交易平台业务、电商云计算应用APP、电商展示广告效果营销业务。

1. 依托阿里妈妈AMP迅猛发展

从与阿里妈妈合作直通车托管业务起步,喜宝动力紧接着推出直通车智能优化工具超级车手。2013年,喜宝动力开始专注整合营销,从淘内到淘外拓展精准流量。2014年,喜宝动力又与阿里妈妈合作钻展托管、视频营销以及达摩盘托管业务。截至目前,喜宝动力已成为阿里妈妈AMP平台最大的合作伙伴之一。

2. 产品和服务通过线上线下相结合

喜宝动力设立了专门的流量事业部、ISV事业部、KA事业部,分别负责DSP业务、ISV业务、KA业务的销售和运营。公司的产品和服务通过线上线下相结合的形式进行营销,公司及时跟进、定期走访现有与潜在客户,加强沟通,促进服务不断优化。

3. 顺利转型为基于大数据的互联网电商精准营销

喜宝动力是电商整合营销行业唯一敢于提出"基于效果预测的全方位精准营销并承诺结

果"的企业,公司通过向客户收取根据营销效果而定的服务费以及软件使用费来获得收入。喜宝动力作为电商、网商营销领域唯一一家横跨淘宝、天猫、京东、腾讯、微店等全平台的解决方案提供商,累计服务客户高达四十万家,积累了数千万商品的历史营销数据。

(五) 轩辕网络:云计算行业的前瞻者

轩辕网络成立于1998年,于2014年8月在新三板挂牌。公司是一家面向政府、教育、高端企业用户,提供服务管理咨询和解决方案的专业服务提供商。公司的业务主要是面向教育行业、政府行业、高端企业三大行业领域,提供IT成熟解决方案业务以及云计算服务。

1. 时代的弄潮儿,始终走在软件技术开发的前列

在代理销售产品利润比较丰厚时,公司就前瞻性地转型为技术附加值更高的系统集成商。当其他企业蜂拥进入系统集成业务时,公司开始转型为主要依赖自主产品、提供解决方案的IT服务商。当IT服务商日渐增多时,公司则大力投入云计算等前沿技术,始终保持在行业内的技术优势。以云计算为例,公司的技术优势主要表现在两个方面:一是参与国家云计算标准的制定,二是公司拥有自主知识产权的产品,即轩辕汇云服务管理平台。

2. 成熟的商业模式,为客户提供全方位服务

公司专注于研发基础软件,通过与IT软件或硬件领先企业建立战略合作关系,将自主产品和合作伙伴的产品集成于一体,并提供完整的行业解决方案与专业服务,满足各行业客户的信息化建设需求,从而获得持续、稳定的收入、利润及现金流量。根据公司在产业链中的地位,公司采用"研发+设计+项目实施(销售)+服务"的经营模式,为客户提供全方位服务。

3. 注重技术创新开发,争创云服务行业标杆

2015年,公司陆续荣获新三板智库价值排行榜"新三板互联网软件与服务行业20强""新三板最具创新能力企业20强""新三板最具投资价值100家公司"和"新三板最具成长力的100家公司"多项殊荣。2015年10月19日,公司共有三项云计算产品获得2015年广东省优秀云计算产品奖项,分别是轩辕汇云服务运营管理平台、轩辕汇思信访云综合管理平台、轩辕实训云服务运营管理平台。

4. 重视企业合作,提升企业竞争力

2015年9月25日,公司宣布携手行业巨头华为,首次发布以云服务管理为主题的联合品牌解决方案,共同推进服务管理理念与行业云平台的深度融合,为行业客户提供更加高效便捷的智慧IT服务,这是轩辕网络继之前公开与Apple合作后的又一重磅动作。

(六) 赛特斯:柔性网络与服务理念的开创者和践行者

赛特斯2008年3月成立,2015年在新三板挂牌。赛特斯长期专注于网络通信核心技术及产品的研发与销售,运用其柔性网络深度感知及弹性重构的核心技术优势,赛特斯为电信运营商、广电系统、政府机构、企业及家庭个人用户提供覆盖云、网、端的信息通信整体解决方案。

1. 另辟蹊径,提出柔性网络和柔性服务理念

云服务兴起,软件和信息技术服务业即将发生一场变革。传统的软件技术服务公司能否在这场变革中找到自己的市场,成为企业兴衰的关键。而赛特斯做到了,它创造性地提出了柔性网络和柔性服务的理念,并成为这个理念的开拓者引领者。近期赛特斯的战果累累:成功中标中国移动研究院年度重点项目——广域网SDN产品开发、应用和商用推进项目;与此同时,中国联通研究院选择赛特斯公司协助其完成"基于沃云的SDN控制器及业务链管理系统项目——SDN控制器集群功能及业务链策略管理系统开发"。可见,赛特斯先进的理念和技术已经得到了市场的认可,公司发展前景难以想象。

2. 避开激烈竞争，开拓细分市场

在云服务竞争已经非常激烈的国内市场，赛特斯另辟蹊径，公司为电信运营商、广电系统及政府机构等行业用户在流媒体提供业务保障与内容监管的同时，在智慧城市领域提供软件平台及相关应用软件，在云服务领域为中小企业及园区提供多层次云解决方案、智慧社区云服务和园区云服务。在这一细分市场上，赛特斯目前并没有非常直接的大型竞争对手。在商业模式上，赛特斯更多地以合作运营的模式与电信运营商、物业、开发商、园区管委会进行合作，以获取更多的业务机会。

3. 先进的研发模式，降低企业风险

产品研发流程为迭代式模型，赛特斯在项目大量投入前应明确核心需求和产品架构，解决关键风险。每一次迭代都包括了需求、设计、开发、测试与发布。采用这种方法，开发工作可以在需求被完整地确定之前启动，并在一次迭代中完成系统的一部分功能或业务逻辑的开发工作。公司再通过客户的反馈来细化需求，并开始新一轮的迭代。项目研发部通过设计、评审、编码、测试、验收等步骤，最终进行产品发布。

（七）神州云动：国产的 Salesforce，CRM 行业的黑马

神州云动于 2008 年 9 月在北京成立，2013 年在新三板挂牌，2015 年上半年净利润 205 万元，公司上半年实现营业收入 675.78 万元，实现归属于挂牌公司股东的净利润 204.87 万元，同比增长 2884%，主营业务为在线管理软件的研发、销售及相关技术服务。公司以云计算模式将自主研发的 CloudCC.com 管理系统及各种创新应用提供给用户，促进企业管理信息化和自动化，提高企业运营效率，减少运营成本。

1. 把握机遇，成为国内 CRM 厂商的翘楚

随着信息化的发展，企业客户关系管理需要的技术支持也需要更多的支持，在 Salesforce 主导着的世界 CRM 行业中，中国这片热土似乎并没有受到太多的侵扰，但这并不代表没有人发现这块诱人的蛋糕。由于 Salesforce 进军中国战略的失败，国内本土 CRM 厂商一夜之间林立。神州云动把握机遇，敏锐掌握国内企业需求，迅速发展，一举成为行业黑马。

2. 做"有生命的企业管理软件"

神州云动的核心技术来源于美国北卡宽带研究室，产品支持从二三十人的小企业到万人企业规模的使用。由于神州云动强大的按需再定制功能，它被比喻为有生命的企业管理软件，随企业的业务成长而成长。

3. 立足 CRM，发力于 SaaS 细分市场

云计算本质上是对多种现有技术重新组合使用的一种商业模式，是 IT 产业链纵向整合的形式，包含 SaaS、PaaS、IaaS 三个层次。神州云动公司产品属于 SaaS 市场中包含的在线管理及工具型软件细分市场。SaaS 产品是目前云计算市场中占比最大的业务类型。SaaS 从 2011 年开始，进入了一个新的增长阶段，同比增长 15%。未来随着产品创新、市场拓展及用户认知的逐渐深入，市场有望保持稳健的增速。

（八）云宏信息：专注云计算，覆盖 IaaS、PaaS、SaaS 三层面的产品与服务

广州云宏信息科技股份有限公司，成立于 2010 年 4 月，2015 年在新三板挂牌。公司立足于云计算行业，通过在云计算 IaaS、PaaS、SaaS 三个层面的深入研究、持续创新，自主开发出以云操作系统为核心的高科技产品体系，在云操作系统的三个层次均拥有自主知识产权专业产品。凭借在国内云计算领域的先发优势、技术优势和产品性价比优势，公司为电信运营商、政府、金融机构及大中型企业等优质客户提供领先的云计算产品和跨平台、跨厂商、高融合、可定制

的云计算解决方案,帮助客户从传统 IT 模式向云计算演进,提升核心竞争力,创造更大价值。

1. 注重产品服务体系化

广州云宏信息科技股份有限公司主营业务为云计算软件产品的开发与销售,云计算系统集成实施和运维、运营、增值服务及云计算咨询规划。公司自成立以来专注于云计算技术的核心——虚拟化技术,已在 IaaS、PaaS、SaaS 三个层面开发出自主产品,并建立了以云操作系统为核心的产品体系。在云操作系统的三个层次——云管理平台、虚拟化管理软件、虚拟化技术,公司均拥有自主知识产权专业产品。

2. 发力中小企业私有云

比起大企业,IT 能力普遍不足的中小企业对于通过云计算来"逆袭"的意愿更为迫切。根据 IDC 的报告,全国中小企业总数超过 4000 万家,其中信息化成熟的企业约占 3%,绝大部分中小企业尚未制定云计算策略,需求十分强烈。对此,国内外 IT 大佬纷纷竞逐针对中小企业的公有云服务市场,阿里云、亚马逊 AWS、微软 Azure 都是当中的佼佼者。相比公有云的白热化竞争,仍然一片蓝海的私有云可值得挖掘,根据国内知名市场调研机构的预测,私有云未来至少占 40% 的市场。针对这部分市场,云宏信息推出了"宏云+私有云一体机"产品,并与广州新一代数据中心合作推出了"新一代私有云",企业可以根据自己的需求,选择以较低的成本购置,或只需每月支付低廉的租赁费用,就可拥有专属的私有云。

3. 筹建"云+"创业生态圈

面对当下的创业大潮,云宏信息也抓住了机会,建立了创新创业生态圈,旨在帮助企业找到业务提升的关键环节,并设计出解决方案。以平台运行的"柚子眼镜"为例,该项目将眼镜重新定义为日常的时尚配饰,通过 O2O 手段迅速打开全国市场。该项目引入云能力平台后,平台所提供的各种能力减轻了团队在业务支撑系统研发和运营上的压力,加快实现了业务模式的拓展。此外,平台上运行的还有酒类 O2O"顺便窖酒"、母婴电商"方便妈"等十多个企业的业务,也将会在已有的产品业务基础上筹建一个集产业、平台、服务于一体的"云+"创业加速器,推动传统行业与互联网技术的融合,促进传统行业的业务与技术创新,建立一个资本与产业紧密结合的生态圈。

(九)华博教育:提供基于云计算的在线教育服务

福建华博教育科技股份有限公司成立于 2004 年 5 月,2014 年在新三板挂牌。作为专业的在线教育服务的运营商,华博教育面向机构客户,为机构客户实施其在线教育提供各项服务和支持。公司通过"平台+服务"一体化业务模式,提供教育软件平台的设计、开发及相关服务,帮助机构客户快速实现在线教育的实施和运营。

1. 以 SaaS 模式为主的销售模式

作为专注于教育信息化服务的技术运营商,经过多年经营,公司逐渐形成了以 SaaS 模式为主的销售模式。客户不需要做初始投入即可拥有独立的、自有的在线教育服务平台,来组织和实施在线教育和培训,从而实现在线教育的无门槛化。客户购买公司技术服务和运营服务,公司通过收取服务费的方式获得回报。通过上述模式,公司不断扩大客户和用户的规模,拓展业务范围和区域范围,保障公司具备可持续化发展的空间和能力。

2. B2B2C 的商业模式,实现客户零门槛

公司采用 B2B2C 的商业模式。经过调研发现,我国大量的机构客户大部分都采用传统面授方式进行教育培训,特别是在政府部门和行业协会所主办的专业技术人员继续教育,这些培训都具有规模化特征。在线教育是解决工学矛盾、规模化培训的最好方法,但这些机构客户大多

没有独立搭建在线教育平台的技术能力和运营服务能力。因此，这些机构迫切需要专业的在线教育技术服务运营商协助其完成相关教育培训任务。公司的主要业务和服务契合这种需求。

3. 标准化服务能力优势

标准化服务是公司区别于竞争对手，增强客户黏性，保持对客户持续影响力的重要手段。公司坚持从用户产品需求、业务需求、服务需求的角度出发，紧紧围绕上述需求，通过体系化、程序化等方式形成了对客户的标准化服务能力。

（十）点动股份：大中华地区主要的超大规模呼叫中心之一

广州点动信息科技股份有限公司成立于2005年11月，2015年在新三板挂牌。公司是一家呼叫中心云服务提供商，主营业务为呼叫中心云坐席外包，具体是以云坐席为工具，以语音和在线服务为手段，为广大客户提供在线营销、热线客服等规模化业务外包服务。

1. 立足"呼叫中心"，引领行业潮流

该公司在行业中最早启用云坐席进行业务运营，2010年，公司就研发"e点通"云坐席系统，并开展了远程坐席测算，到2013年，公司全面升级使用云坐席，是行业里最先启动大规模云坐席并产生实际应用和成效的企业。公司具备适合云坐席的、独特的量化管理运营体系，有较大的开拓空间和广阔的市场发展机会。

2. 稳固的客户基础

与竞争对手相比，公司与中国移动、中国联通等长期保持良好的合作伙伴关系。目前，与广东移动在外呼外包方面进行合作的入围合作商共计10个，在广东移动组织的第三方综合考核中，公司获得2012年年度排名第二，2013年年度排名第一。公司自2014年1月起成为佛山、东莞两个区域中心的10086呼入热线的外包合作商，并成为广东移动10086呼入热线外包合作的最大合作伙伴，合作坐席近1500个，占据了一半的份额。

3. 基于"云服务"，创建"呼叫中心云服务"

公司运用自身积累的、丰富的管理经验和运营理念，依托"e点通"联络中心云服务平台，根据客户需求提供多渠道智能呼入呼出环境，使呼叫中心的建立不再受各种软硬件因素的困扰，引领呼叫中心进入按需使用的"后付费"时代。公司创建"呼叫中心云服务"商业模式的同时，实现呼叫中心由"成本中心"向"利润中心"的转变。

三、当云服务遇到新三板，会擦出怎样的火花？

云服务已成为未来互联网产业发展的必然趋势。无论是国外的微软、谷歌、亚马逊、苹果，还是国内的BATMJ，都在积极发展云服务，可谓英雄所见略同。随着互联网成为重要的基础设施，云服务将给企业带来灵活的IT资源供给，提高资源利用率，有力地支持互联网+的国家战略。云服务、跨界融合成为未来价值创造的重要源头。而新三板市场作为云服务概念企业的汇集地之一，企业利用资本市场打造云服务生态圈，也使其价值得以提升。

以中搜网络为例，通过转型移动互联网，建立移动云服务平台，中搜网络挂牌之后获得市场的关注，挂牌两年多的时间里，先后实现三次定向增发，分别募集到1亿元、2亿元和5亿元人民币。而入选三板成指的第一天，中搜网络的股价当天开盘上涨至72元/股，公司市值首度突破40亿元大关。以收盘价来计算，中搜网络市值达到39.69亿元，可见市场对其高度关注以及投资者对其高度认可。自2015年以来，凭借"新三板互联网第一股"的知名度和移动云服务的业务模式，中搜网络得以迅速扩展其生态系统，一个更大的版图正在慢慢浮现。

当充满想象空间的新三板市场遇到正值潮头的云服务，你愿意做那个Mr. Right吗？

2016年新三板大数据股投资指南

朱君梅[①]

先来看一组数据：

2015年中国大数据市场规模达到115.9亿元，增速达38%；国际数据公司（IDC）在2015年预计，全球大数据技术及服务市场2016年收入将达到238亿美元，中国市场规模未来5年将增长近7倍。IDC统计全球大数据市场规模已经成长到30亿美元，到2017年，市场规模将突破50亿美元。

人人都说TMT的寒冬来了，然而，这就是大数据行业在寒冬之下迸发的活力。

投资并不是喝鸡汤，更不是打鸡血。投资者要选择投资一家大数据公司，先来了解一下大数据的生态圈和产业链上的商业模式。

一、大数据生态圈——我们该关注什么

（一）大数据是什么？

大数据（big data），Gartner最早给出了这样的定义："大数据"是需要新处理模式才能具有更强的决策力、洞察发现力和流程优化能力的海量、高增长率和多样化的信息资产。大数据的第一个特征是量（volume）很大。第二个特征是这些数据的产生速度（velocity）很快，软件跟不上。第三个特征是数据来自不同的地方（variety），需要进行数据整合。但这些数据来源太多，想要整合这些数据非常困难。在那以后，业界很多人把3V扩展到了11V，还包括有效性、真实性和可见性等。如果要利用好大数据，就必须解决以上的问题。大数据演进过程见图1。

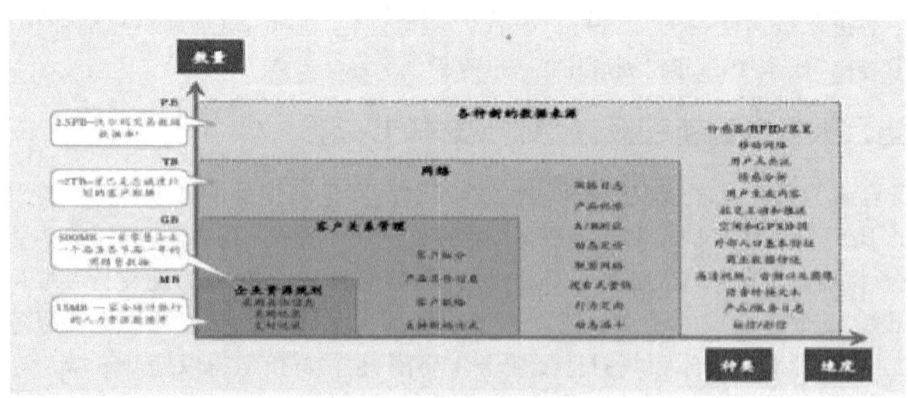

图1 大数据的演进过程

数据来源：安信证券研究中心，BCG2。

（二）数据从哪里来？

进入信息社会后，全球大量计算机、手机、平板电脑和智能可穿戴设备等电子产品，每天产

[①] 朱君梅，新三板智库研究员。

生海量的数据。而这些未被加工过的数据,蕴藏着巨大的价值。

（三）大数据用到哪里去？

大数据的核心价值不在于庞大的数据信息,而在于对海量数据进行筛选、处理,并最终实现数据价值发现和增值的过程。比如 MasterCardd. Advisor 部门通过分析信用卡用户 650 亿条交易记录,分析得出消费者在下午四点左右给汽车加油,那么消费者极有可能在接下来的一个小时内去购物或者去餐馆吃饭,而商家就可以在加油站小票背面附上优惠券。如 Netflix 通过掌握用户在看什么,喜欢在什么时段观看,在哪里观看,甚至是在视频的哪个时间点后退、快进或者暂停等大数据,最终说服 BBC 翻拍了《纸牌屋》,并获得了极大的成功。全球大型 IT 企业谷歌、IBM、Oracle、微软、亚马逊、阿里、百度、腾讯等,都在积极布局大数据一体化产品和解决方案,从数据的存储、挖掘、管理、计算等方面提供一站式服务,将各行各业的数据孤岛打通互联。为大数据买单的机构和单位见图 2。

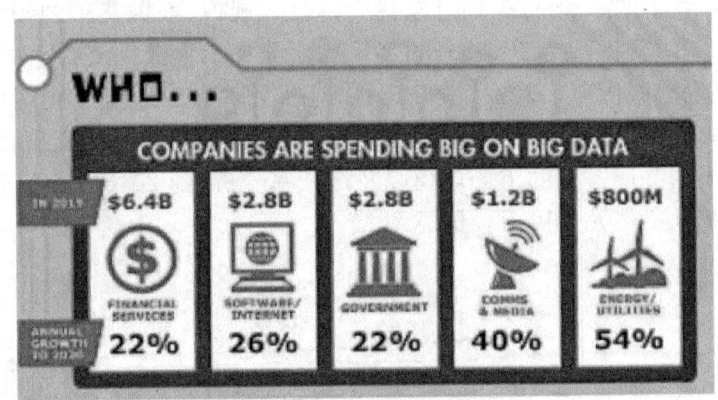

图 2　谁为大数据买单

数据来源：安信证券研究中心,Forbes/tech。

大数据的价值见图 3。

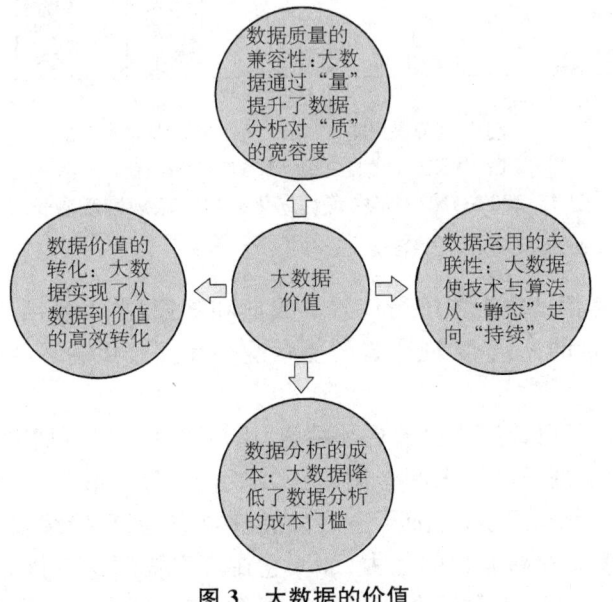

图 3　大数据的价值

数据来源：安信证券研究中心,BCG。

要选择一家大数据公司,可以从三个方面入手。分析这家公司所拥有的数据是不是拥有 3V 特性的"大数据";数据源是否持续稳定,目前大部分大数据企业本身并没有掌控庞大的数据源入口,因此如何布局数据源的获取是其参与大数据竞争的核心竞争要素之一;分析该公司如何将大数据变现,即在新三板中看大数据公司的商业模式,并从中发掘投资机会。

二、大数据产业链上的商业模式——新三板投资机会在哪里

大数据其实是一种富有前沿科技感的说法,而投资人更关心的是大数据如何进行商业变现。我们就从新三板中的大数据公司如今的多种商业模式来进行分析。

(一)营销大数据——无人不知的大数据

数据营销以及精准广告投放是在网络逐渐成为投放主流媒体的大背景下逐渐得到市场关注和认可的。2014 年,网络广告首次超过电视广告收入规模,根据艾瑞的预测数据,网络广告的投放在 2015—2018 年,将保持 26.39% 的年平均增长率。大数据支持下的数据营销一方面可以帮助广告主锁定忠诚用户,减少品牌的广告费用,另一方面通过忠实用户的口碑营销,获取更多的高契合用户,两端开源节流增强广告效益。在数据营销领域,程序化购买一直得到了高度的市场关注,根据艾瑞咨询的市场规模以及增长率分析,到 2016 年,我国程序化购买展示广告市场规模达到 63.7 亿元人民币。详见图 4。

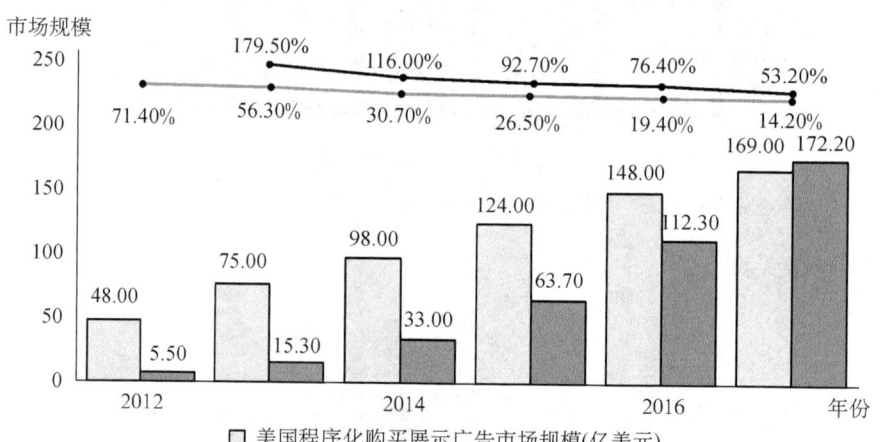

图 4　2007—2013 年中美程序化购买市场规模及增长率

数据来源:安信证券研究中心,艾瑞咨询。

DSP 的主要功能是帮助广告主进行广告的投放和管理,在大量用户数据及数据分析技术的基础上,以定价或竞价的方式,实现广告的受众购买和程序化购买,并对广告效果进行实时监测和优化。

基于大数据的营销可以让广告投放更加精确,用户群锁定得更加准确,并且能有效地监测到广告的受众的行为,让网络广告来源于用户,又作用于用户,形成一个良性的循环。大数据企业如果有丰富的客户资源积累,形成了一定的品牌效应,拥有持续发展的技术实力,能够保持客户黏性并且有不断获取新客户的能力,那么它在客户资源这一核心竞争要素上是具备很强的竞争优势的。所以,在对大数据企业进行价值判断时,历史客户资源的积累、新客户资源

的获取能力、客户黏性维持能力等,都将是重要的考量标准。

(二) 视频大数据——刚刚兴起的大数据

视频大数据处理侧重于帮助各类客户从日趋海量的非结构化视频数据中快速发掘高价值的信息,协助客户提升其决策的效率和精准度。在未来建设"智慧城市"的过程中,视频数据量将会呈现指数型的态势,对数据处理能力的要求不断增强。视频大数据处理行业将引入越来越多的机器学习、图算法等尖端技术,来提高整个行业的智能化水平。从视频大数据的应用来看,它主要应用在视频监控、智能交通等领域。视频大数据这个领域在中国的发展空间还很广阔,主要还是要看与政府方面的合作机会。

(三) 金融大数据——亟须破冰的大数据

金融行业在发展大数据领域拥有天然的优势,在开展业务的过程中,积累了大量的高质量的数据,如客户交易情况、资产状况等。在所有行业中,银行业的数据强度是最大的。除了银行,大数据也在向保险领域渗透,美国财产保险业对大数据的应用最为广泛深入,医疗保险紧随其后,人寿保险对大数据的应用则相对滞后。大数据主要应用于减少理赔、差异化定价和营销领域。金融企业在将自己融入技术生态的过程中,需要在基础架构和IT架设上进行深入的探索。如果金融大数据在中国的发展开始兴起,一些自身的银行IT、保险IT企业会受益。新三板大多数是创业的公司,而金融大数据需要很高的系统稳健性,所以新型中小型企业在这个领域会被技术壁垒所拦截,但是该领域是十分具有投资前景和空间的。

(四) DAAS——数字解读者

DAAS(数据即服务)是指与数据相关的任何服务都能够发生在一个集中化的位置,如聚合、数据质量管理、数据清洗等,然后再将数据提供给不同的系统和用户,而无须再考虑这些数据来自哪些数据源。数据内容服务和数据挖掘服务是DAAS的主要形式。数据内容服务包括数据采集、数据清洗、数据加工以及数据增值服务。数据挖掘则利用数据内容,依据企业的业务需求,帮助做出更好的商业决策。DAAS侧重于提供服务,而不需考虑数据源,因此,对公司的数据方面专业性人才要求很高,在投资这一类型的大数据公司时,应考察该公司的专业性数据分析工程师、数据科学家所占公司成员的比例,来确定公司的发展前景。

(五) 数据安全——为数据保驾护航

数据安全是数据服务的根基。政府、电信、金融是信息安全市场的主要构成客户,政策驱动将加速此类客户信息安全需求。这几大行业的信息安全需求,直接受到政策驱动,信息安全发展的速度和程度都要领先于其他行业,预计未来信息安全行业这样的需求结构还将继续保持。从IT时代进入DT时代,数据安全也将受到越来越多的重视,如同计算机系统的杀毒软件,在数据安全领域会不会诞生新的360、金山,也很值得期待。数据安全领域或许能成为下一个风口,具备比较重要的投资价值。

三、关于投资大数据——我们还要知道什么?

对于大数据企业我们需要关注两个关键能力:数据获取能力和数据变现能力。数据的获取能力是积累数据这一资源的能力,数据变现能力是基于客户资源的获取能力。本质上,国内的大数据产业具有资源型行业的特征,其资源是数据资源和客户资源。

在国内大数据产业链中,中间环节目前没有形成规模化市场,单纯依赖技术的公司无法实现稳定的变现。目前大数据的应用主要是集中于营销。

垂直行业的大数据公司很容易成为传统IT公司布局各行各业的兼并标的，所以关注新三板公司中的战略合作伙伴，也可以看出该公司未来的发展前景。

鉴别一家公司是否真正从事大数据，是投资的关键一步。

掘金新三板汽车后市场的养护维修：资本助力，百家争鸣

邱 翼[①]

一、汽车后市场及养护维修简介

汽车后市场是指汽车销售以后，围绕汽车使用过程中的各种服务，它涵盖了消费者买车后所需要的一切服务。也就是说，汽车从售出到报废的过程中，围绕汽车售后使用环节中各种后继需要和服务而产生的一系列交易活动的总称。汽车后市场可分为七类：汽车养护、汽车保险、汽车维修及配件、汽车金融、汽车改装、二手车及汽车租赁、汽车电商。详见图1。本文重点讨论汽车养护维修市场。

汽车养护维修分为养护和维修两大服务内容。汽车养护项目可分为小保养、大保养、深度保养、汽车美容、易损易耗件更换等，通常车主根据汽车行驶里程数选择不同的养护项目。汽车维修可分为故障维修和事故维修，根据《2015年中国乘用车使用状况白皮书》显示，安全驾驶系统、燃油和空气侦测系统、乘员防护类系统、废气控制系统等是故障"高发地"，而事故维修则需要视事故具体情况而定。养护项目中除了深度保养对技工要求较高外，其他项目均属于标准化较高的产品。相对来说，维修项目标准化程度更低，需要维修工根据不同车辆损坏情况进行个性化修复。汽车养护维修项目见表1。

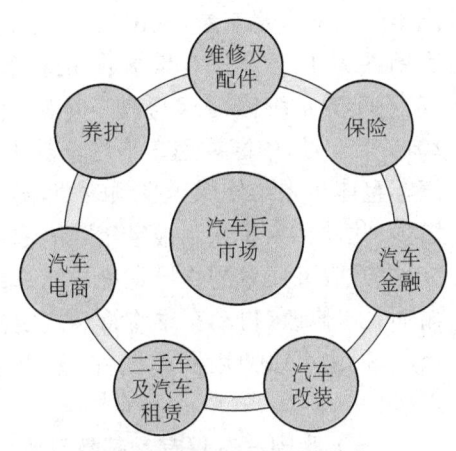

图1 56汽车后市场分类

资料来源：2013—2017年中国汽车后市场蓝皮书、新三板智库。

表1 　　　　　汽车养护维修项目简介

大类划分	小类划分	细分项目
汽车养护	小保养	机油、机油滤芯
	大保养	机油、机油滤芯、空气滤芯、燃油滤芯
	深度保养	刹车系统养护、三元催化剂清洁、油类添加剂、发动机清洗、空调管路清洗、燃油系统养护、冷却系统养护、进气系统养护、喷油嘴清洗
	汽车美容	洗车、打蜡、贴膜、镀晶
	易损易耗件更换	刹车片、雨刮片、火花塞、电瓶、刹车油、助力转换油、轮胎、防冻冷却液

[①] 邱翼，新三板智库研究员。

(续表)

大类划分	小类划分	细分项目
汽车维修	故障维修	安全驾驶系统、燃油和空气侦测系统、乘员防护类系统、废气控制系统
	事故维修	钣金喷漆、保险杠、汽车整体检测与维修

资料来源：新三板智库。

二、汽车养护维修市场处于爆发前夕

2014年我国汽车养护维修市场规模为4000亿元，预计到2018年市场空间将达到1万亿元，2022年有望突破2万亿元。新三板智库认为，汽车养护维修市场正处于爆发前夕：(1)2015年我国汽车保有量达1.72亿辆，新车销量达2459.76万辆，双双创出历史新高，但从汽车千人保有量来看，我国汽车市场仍处于普及阶段，预计到2025年将有3.52亿辆新车进入市场，巨大的汽车保有量基数和持续不断的新增车辆为养护维修市场提供了极大的发展空间；(2)汽车养护维修需求与汽车车龄密切相关，根据《2015中国乘用车使用状况白皮书》，截至2015年9月，中国乘用车平均车龄为3.3年，一线城市平均车龄3.6年，以3年为分水岭，国内汽车整体步入维修保养高频时期，随着车龄不断上升，随之而来的养护维修项目及费用将明显增多，此外私家车强制报废年限的取消也将促进车龄的增大；(3)《关于促进汽车维修业转型升级，提升服务质量的指导意见》《汽车维修技术信息公开实施管理办法（征求意见稿）》《交通运输部关于修改〈机动车维修管理规定〉的决定》等多项政策密集出台，鼓励发展第三方品牌连锁企业，提出可以使用同质配件，要求主机厂公开维修技术信息，扫除了养护维保市场的发展障碍。

（一）我国汽车保有量基数巨大，养护维修需求强劲

2015年，中国汽车保有量达1.72亿辆，见图2，新车销量达2459.76万辆，均创历史新高，见图3。从总保有量来看，目前中国仅次于美国，位居全球第二，但从汽车千人保有量来看，2015年我国汽车千人保有量仅为125，远低于美国（801）、日本（597）和韩国（388），见图4。我国汽车市场仍处于普及阶段，预计未来10年我国新车销量仍将持续上涨，按照2010—2015年新车平均销量增速6.44%算，到2025年将有3.52亿辆新车进入市场，见图5。巨大的汽车保有量基数和持续不断的新增车辆为养护维修市场提供了极大的发展空间。

图2　2015年中国汽车保有量达1.72亿辆

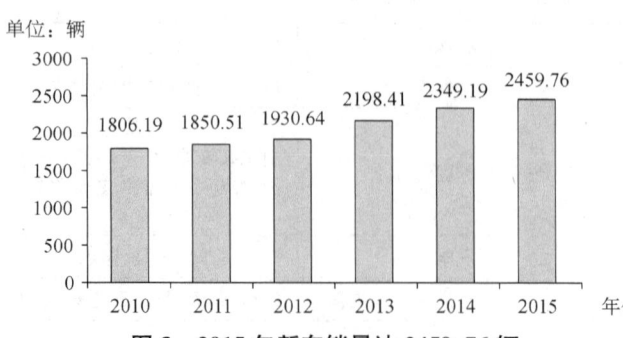

图3　2015年新车销量达2459.76辆

数据来源：东方财富Choice、新三板智库。

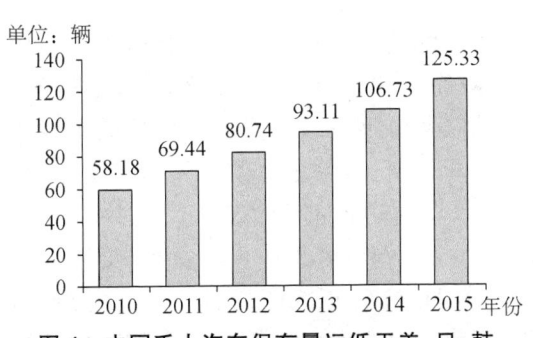

图 4　中国千人汽车保有量远低于美、日、韩

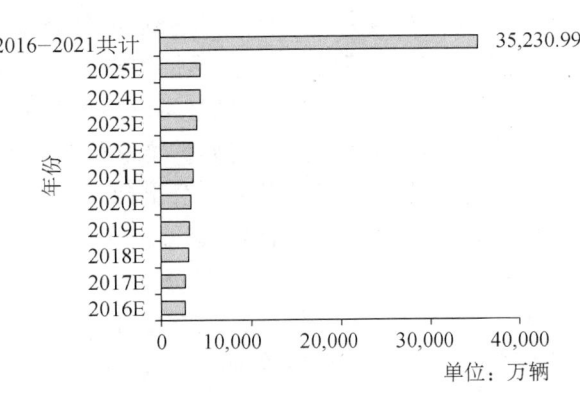

图 5　预计 2016—2025 年新增 3.52 亿辆新车销售

数据来源：东方财富 Choice、新三板智库。

（二）汽车车龄上升趋势明显，养护维修步入高频时期

汽车养护维修需求与汽车车龄密切相关，通常来说 3 年是汽车生命周期的一个转折点，3 年内的次新车以定期保养为主，保养项目和金额较少，而 3 年后汽车养护维修项目及费用将明显增加。根据《2015 年中国乘用车使用状况白皮书》，截至 2015 年 9 月，中国乘用车平均车龄为 3.3 年，见图 6；一线城市平均车龄 3.6 年，见图 7，国内汽车整体步入维修保养高频时期。由于汽车保有量明显大于新增车辆，汽车平均车龄将呈稳步上升态势。

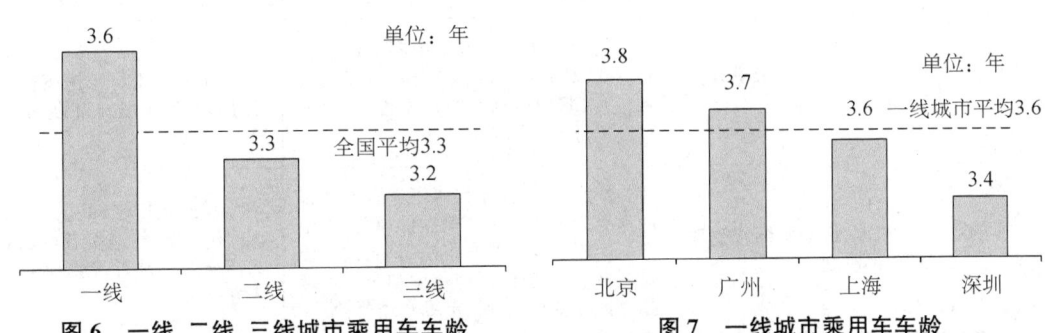

图 6　一线、二线、三线城市乘用车车龄　　　　图 7　一线城市乘用车车龄

数据来源：2015 年中国乘用车使用状况白皮书、新三板智库整理。

表 2　　　　　　　　　随着车龄上升，汽车养护维修项目及费用明显增多

年限	里程数（千米）	养护维修项目
1 年	5000	机油，机油滤芯
	10,000	机油、四滤（机油滤芯、空气滤芯、燃油滤芯、空调滤芯）
	20,000	机油、四滤、变速箱油
2 年	40,000	机油、四滤、变速箱油、动力转向油、防冻液
3 年	60,000	机油、四滤、变速箱油、动力转向油、防冻液、蓄电池、刹车片、火花塞、轮胎、皮带

资料来源：新三板智库。

此外，私家车强制报废年限的取消也将促进车龄的增大。2012 年 12 月，商务部、发改委、公安部、环境保护部联合发布《机动车强制报废标准规定》，规定私家车无使用年限限制，行驶 60 万千米后会引导报废。旧规定要求汽车满 15 年强制报废，根据新规定，如果按年均行驶 2

万千米,私家车最大使用年限将达到30年,远高于旧规定的强制报废年限。

(三)多项政策出台,扫清养护维修市场发展障碍

针对因整车厂商垄断维修技术和零配件流通体系而导致的修车难、修车贵问题,国家出台了一系列政策,为汽车后市场养护维修行业发展扫清了障碍。2014年9月30日,交通运输部、国家发改委、公安部等十部委联合出台《关于促进汽车维修业转型升级提升服务质量的指导意见》(简称"指导意见"),指出要建立汽车维修技术信息公开制度;破除维修配件渠道垄断,鼓励原厂配件生产企业向汽车售后市场提供原厂配件。随后,交通运输部于2015年2月17日发布《汽车维修技术信息公开实施管理办法(征求意见稿)》,于2015年8月8日发布《交通运输部关于修改〈机动车维修管理规定〉的决定》,于2015年9月25日正式印发《汽车维修技术信息公开实施管理办法》。这标志着指导意见成功落地,打破了整车厂商在维修技术和零配件流通体系方面的垄断。具体见表3。

表3　　　　　　中共十八届三中全会后关于汽车维保领域的政策

时间	政策	内容	意义
2014年9月30日	《关于促进汽车维修业转型升级提升服务质量的指导意见》	建立实施汽车维修技术信息公开制度;鼓励原厂配件生产企业向汽车售后市场提供原厂配件和具有自主商标的独立售后配件;建立汽车维修配件追溯体系;鼓励发展第三方的汽车维修配件认证机构	破除汽车配件渠道垄断,扩大零配件流通范围,突出市场化机制,为汽车维修业的规范有序发展奠定基础
2015年2月17日	《汽车维修技术信息公开实施管理办法》	强制汽车生产者采用网上信息公开方式,公开所销售汽车车型的维修技术信息,其中包括车辆定期维护、总成本及零部件的拆装方法等	打破了此前经销商在汽车维修技术及市场方面的垄断
2015年8月8日	修改《机动车维修管理规定》的决定	厂家和4S店不得以不在官方授权店保养为由拒绝给车辆质保;除汽车生产厂家履行缺陷汽车产品召回、汽车质量"三包"责任外,任何单位和个人不得强制或者变相强制指定维修经营者	让汽车厂家和经销商不能再绑住消费者,消费者可以自行选择给汽车进行维修保养的服务方

资料来源:互联网、新三板智库。

三、汽车养护维修:配件价格虚高+渠道先天不足

汽车后市场车主最大的痛处在于修车难、修车贵,一方面,在原有配件流通体系内,整车厂商处于高度垄断地位,其限制了原厂件向非授权维修店流通(不仅控制上游配件供给,而且控制下游销售渠道),导致维修配件价格虚高,零整比普遍超过300%,最高可达1200%,修车成本极高;另一方面,我国汽车市场是典型的万国车市场,维修难度本来就高,加之维修技术信息不公开,导致非4S店类维修企业的整体技术水平良莠不齐,可供车主选择的维修渠道呈现出以4S店为主,其他渠道小、乱、散的特征。

(一)原厂配件价格虚高,山寨配件充斥市场

国内售后配件供应渠道可分为两种:OES和AM,其中OES是指配件作为原厂维修零部件由整车厂采购并投放至4S店等销售网络,见图8;AM是指非原厂维修零部件销售至经销商和零售商,再由其销售给客户,见图9。通常将这种配套型零部件生产厂生产的用于原装车上所配套的配件,俗称"原厂件",即前面提到的OES件,而AM件作为脱离整车厂商体系的独立

零部件品牌供应商供应的配件,俗称"副厂件"。

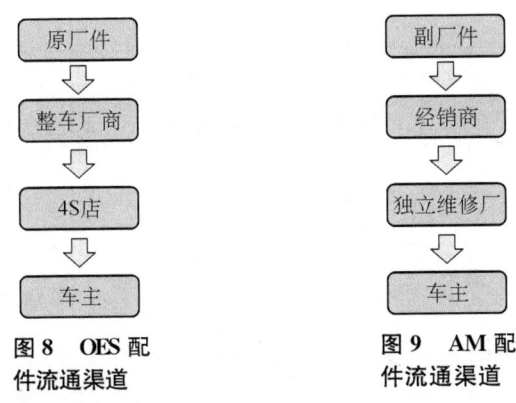

图8 OES配件流通渠道　　图9 AM配件流通渠道

数据来源:新三板智库。

原厂件一方面获得整车厂商认可,质量更有保障,是车主进行售后维修的首选;另一方面,其售后流通渠道被整车厂严格把控,很难向非授权维修店流通。正是整车厂商的高度垄断地位,才导致原厂配件价格虚高,车主修车成本极高。大量非4S店类的独立维修店由于没法获得原厂配件,副厂件成为其首要选择。副厂件的质量需视零部件供应商品牌而定,由于独立零部件供应商门槛较低,品牌不但多而且杂,不同品牌之间产品质量差距极大,大量缺乏质量保证的副厂配件通过独立维修店进入市场,见图10。

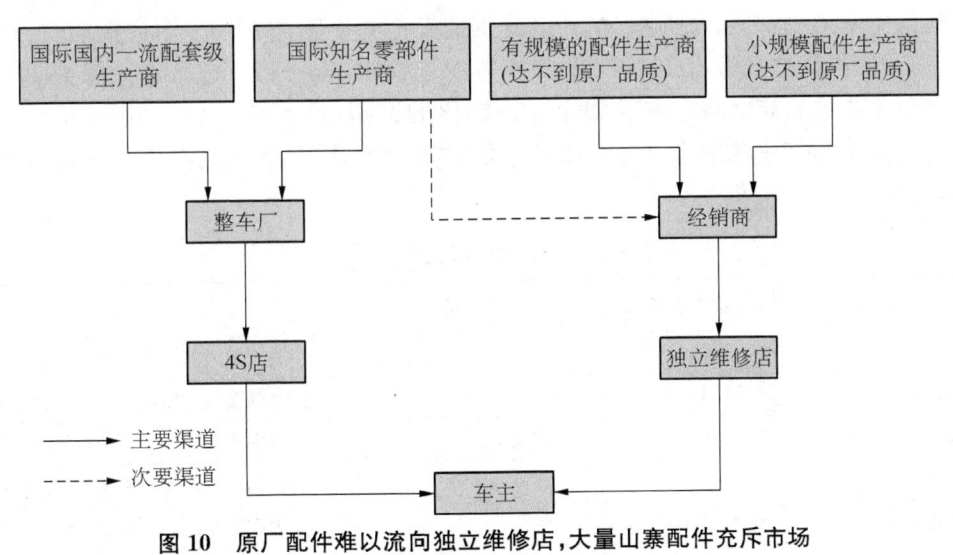

图10 原厂配件难以流向独立维修店,大量山寨配件充斥市场

资料来源:新三板智库。

(二)渠道先天不足,品牌连锁是趋势

汽车后市场养护维修渠道可分为五类:品牌4s店、传统的大中型维修厂、专修店、路边店和连锁店。与国外成熟市场相比,国内汽车后市场渠道先天不足,传统4S店因掌握原厂配件和维修技术信息而占据绝对主导地位,其他渠道呈现小、散、乱的特征,得不到车主的认可,见表4。根据汽车点评网与互联网调研中心2013年的调查报告:被调查的用户中,77.3%的人选择去4S店保养或维修汽车;选择去综合类维修厂和路边店的用户分别占10.8%和8.8%。

而在美国,4S店占后市场渠道的比重为31%,其余的市场为其他独立售后企业。

表4　　　　　　　　　　　汽车维修五大渠道优劣对比

项目	品牌4S店	大中型维修厂	专修店	路边店	连锁店
发展阶段	成熟	传统/成熟	快速发展	生存压力较大	快速发展
品牌知名度	高	高	具备影响力	无	具备影响力
网点数量	少	少	连锁、多	多	连锁、多
服务规范	标准化	规范	标准化	不规范	标准化
便捷程度	流程多	流程多	快速、便捷	快速、便捷	快速、便捷
项目种类	多项目	大修为主	单一	项目少	项目少
维修技术	高	高	高	参差不齐	中等
服务对象	单一品牌	多品牌	多品牌	多品牌	多品牌
配件质量	高	中等	高	低	中等
收费标准	高	高	中等	低	中等

资料来源:新三板智库。

美国汽车后市场经过几十年的发展,已经出现了一批连锁巨头,如美国最大的汽车修配连锁企业AutoZone线下拥有3600家连锁店,美国第二大汽车修配连锁企业O'Reilly Automotive拥有4100家连锁店,另外一家连锁企业AdvanceAuto Parts也有3800家连锁店。目前我国尚未出现类似的连锁巨头,全国性的线下维修连锁企业仅博世车联和米其林驰加突破千家门店,位于第一梯队;小拇指、车8度分别拥有700多家和600多家连锁店,位于第二梯队;车骑王子、安吉好途邦等有100~400家不等的连锁店,位于第三梯队。比照美国等国的经验,国内汽车养护维修店必将走向品牌化和连锁化的道路,见表5。此外,2014年交通部颁布的《关于促进汽车维修业转型升级提升服务质量的指导意见》明确提出鼓励维修保养企业进行品牌化和连锁化经营。

表5　　　　　　　　　　养护维修店品牌化和连锁化是趋势

公司名	连锁企业数量	市值	行业地位
AutoZone	3600	186亿美元	美国最大的汽车修配连锁企业
O'Reilly Automotive	4100	185亿美元	美国第二大的汽车修配连锁企业
AdvanceAuto Parts	3800	110亿美元	美国前五的汽车修配连锁企业
博世车联	1300	—	中国汽车修配连锁企业第一梯队
米其林驰加	1000	—	中国汽车修配连锁企业第一梯队
小拇指	700		中国汽车修配连锁企业第二梯队
车8度	600		中国汽车修配连锁企业第二梯队
车骑王子	360	2015年获得亿元融资	中国汽车修配连锁企业第三梯队
安吉好途邦	150	—	中国汽车修配连锁企业第三梯队

资料来源:互联网、新三板智库。

四、养护维修现状:资本助力,百家争鸣

汽车养护维修巨大的市场空间,吸引着互联网人、传统汽车人和资本方的高度关注。一方

面,互联网人携资本之力以传统做法(烧钱抢流量)快速抢占市场,对原有的汽车养护维修生态体系造成冲击;另一方面,传统汽车人也积极拥护互联网,商业模式不断推陈出新,整个汽车养护维修市场呈现出百家争鸣的新局面,见图11。

目前养护维修市场主要参与者为配件生产商(F)、配件经销商(B)、线下维保店(包括4S店)(b)和车主(C),按照切入点不同,可将现有商业模式分为:①b2C上门服务型;②b2C线上导流型;③F/B2b撮合型;④F/B2b自营型;⑤b端连锁加盟型;⑥b端连锁自营型。

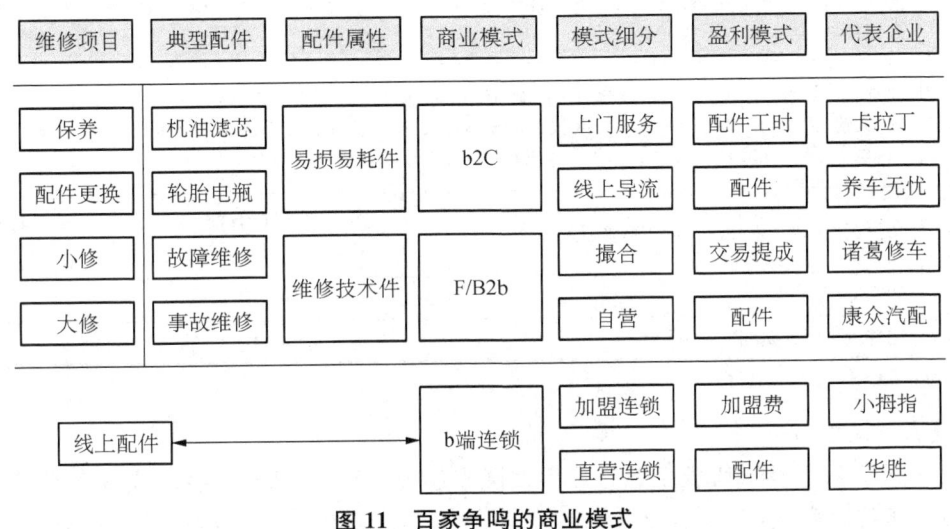

图11 百家争鸣的商业模式

资料来源:互联网、新三板智库。

(一) b2C: 让养护维修更便利

b2C模式,即在线上直接向车主销售洗车、美容、保养、维修等养护维修服务所需要的配件,再通过上门或者到店的方式完成最后的服务环节,我们将前者称为上门服务型b2C,将后者称为线上导流型b2C。由于汽车养护维修专业性较强,因此采用b2C模式的企业,往往都是以机油、三滤、轮胎、刹车片等大众熟知的标准化程度较高的产品作为切入点。

1. 上门服务型b2C

上门服务型b2C模式代表企业有卡拉丁、弼马温养车网,见表6。该模式资产轻,更重客户体验,优点在于:①互联网降维攻击,消除不必要的中间环节,配件价格更加透明,有效降低单次保养费用;②商品的自营属性保证了品质,同时解决了品牌与口碑的问题;③上门服务节约车主时间,提供了极大的便利性。但问题也同样明显:①前期需投巨资培养消费者习惯与建立品牌忠诚度;②汽车保养标准化程度高,竞争激烈且毛利率不高;③上门养护需携带各种工具与配件,不利于业务开展;④技师团队对公司忠诚度低,流动性较大;⑤服务质量难以监控与评估。

表6 上门服务型b2C典型代表企业:卡拉丁和弼马温养车网

公司名称	卡拉丁	弼马温养车网
成立时间	2012年	2013年
服务模式	上门+到店	上门
团队成员	创始人季成:20年保险代理经验	创始人杨俊:在奔驰工作9年,前6年任华东区域售后部门的区域经理

(续表)

服务内容	保养	保养+查违章
配件种类	机油机滤、空调风道清洗、PM2.5空调滤芯、三滤、电瓶更换	机油、三滤、空调清洗、发动机舱清洗、玻璃镀膜、更换刹车片、刹车盘、火花塞、电瓶、刹车油
融资情况	2014年4月获戈壁投资的天使轮投资	2014年获了淘米网OEO汪海兵数百万元天使融资
	2015年4月获由宽带资本领投,极客帮资本和戈壁合伙人跟投的1000万美元A轮融资	2015年获浙商创投1000万元人民币Pre-A轮融资
业务范围	北京、上海、晋中、天津、上海、成都、广州、佛山、深圳、西安、大连、太原、南京、杭州、合肥、武汉、郑州、苏州、宁波、重庆,其中仅北京(5家)和天津(1家)提供到店服务	目前只在上海开通服务
运营数据	北京突破1000单/天,市场占有率达到3%	单一城市日均订单超过200单,重复消费订单达到30%
技师队伍	500人	—
盈利模式	配件费+服务费(到店不收)	配件费(可自备)+服务费

资料来源:互联网、新三板智库。

2. 线上导流型b2C

线上导流型b2C模式代表企业有养车无忧和途虎养车,见表7。该模式资产最轻,线下服务环节由合作门店完成,平台本身只负责销售配件,其优点在于:①互联网降维攻击,消除不必要的中间环节,配件价格更加透明,有效降低单次保养费用;②商品的自营属性保证了品质,同时解决了品牌与口碑的问题。而这类模式的问题在于:①前期需投巨资培养消费者习惯与建立品牌忠诚度;②在配件溯源体系尚未健全的情况下,一旦汽车因配件原因发生事故,责任难以判定;③平台配件标准化程度高,竞争激烈且毛利率不高;④购买到安装的时长考验此类公司的物流配送能力;⑤线下服务依托合作门店,质量无法把控。

表7　　　　　线上导流型b2C典型代表企业:养车无忧和途虎养车

公司名称	养车无忧	途虎养车
成立时间	2012年	2011年
服务模式	线上销售配件,为线下门店引流	线上销售配件,为线下门店引流
团队成员	CEO陈文凯:曾为汽车配件采购平台公司创始人	CEO陈敏:有保险代理经验
服务内容	保养+美容+易损易耗件	保养+美容+易损易耗件
配件种类	保养配件、油品/化学品、深度养护品、车灯、汽车用品、维修配件、轮胎及相关、汽车工具等,共计63种配件种类	轮胎、保养、车载电器、汽车装饰、美容清洗、安全自驾等,共计58种配件种类
融资情况	2015年:先锋新材(300163)增资6210万元	2012年:原子创投数百万元天使轮; 2013年:启明创投数百万美元A轮; 2014年:君联资本和启明创投数千万美元B轮投资; 2015年:愉悦资本领投的1亿美元C轮融资

(续表)

业务范围	全国15个省份和直辖市,127个城市,4000多家合作门店	全国31个省份和直辖市,330个城市,10,000家合作门店
运营数据	平台注册用户超过100万,日均活跃用户10万,日均订单1000单	日均活跃用户20万,成交用户200万,注册用户400万,轮胎销售1亿元以上,每天产生保养订单200多单,每天产生美容订单1万多单
物流	依靠外部物流,到货时间1~7天(极偏远地区时间稍长)	北、上、广等10个城市建有物流仓储系统,拥有自有物流车队,可以做到中心城市"8小时送达"服务
盈利模式	配件费	配件费+物流费

资料来源:互联网、新三板智库。

(二) F/B2b:重构配件流通体系

F/B2b模式意在重构现有汽车配件流通体系,见图12、图13,去除层层经销环节,为配件生产商、经销商和修理店搭建一个公开、透明的买卖平台,解决的是当前汽车养护维修山寨配件充斥市场,正品配件价格价格虚高的问题,平台流通配件以维修技术件为主。根据电商平台自身定位不同,又可细分为撮合型F/B2b和自营型F/B2b。

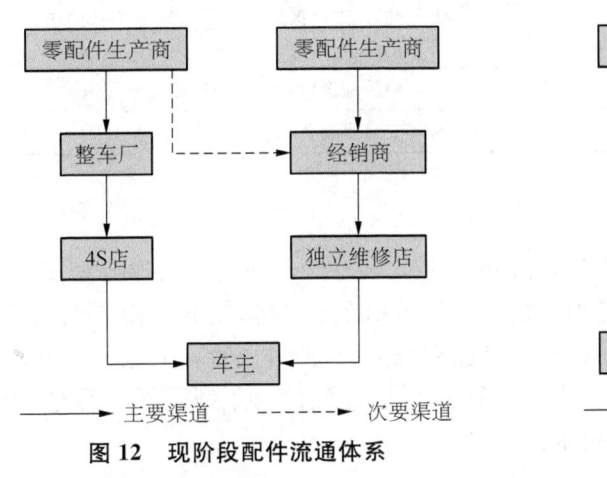

图12 现阶段配件流通体系

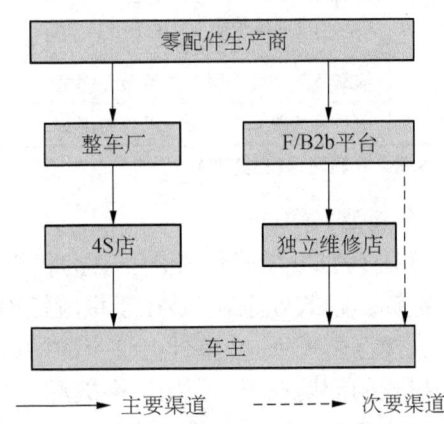

图13 未来配件流通体系

资料来源:互联网、新三板智库。

1. 撮合型F/B2b

撮合型F/B2b模式代表企业有诸葛修车和中驰车福,见表8。该模式相较b2C模式而言,门槛更高,模式更重,核心在于供应链整合能力,一方面平台需要整合线下零散的独立维修店,同时建立自有仓储物流体系;另一方面需要吸引上游零配件生厂商入驻,确保配件能达到原厂品质。撮合型F/B2b模式的优点在于没有触动配件代理商和汽车维保店的利益,对经销商或代理商而言,他们可利用此平台扩大销售范围;对汽车维修保养店而言,透明的配件价格降低了采购成本。现阶段这一模式的主要问题在于:①配件品类是否齐全;②配件品质如何保证;③配件与车型匹配度;④物流体系是否能满足下游独立维修店的时间要求。

表 8　撮合型 F/B2b 平台典型代表企业：诸葛天下和中驰车福

公司名称	诸葛天下(诸葛修车网)	中驰车福
成立时间	2013 年	2013 年
服务模式	撮合	撮合
团队成员	董事长祁庆：30 年从业经验,从事过配件经销、配件生产和汽修	创始人张后启：前联想首席知识官,前金算盘软件 CEO
服务内容	维修技术件	易损易耗件＋维修技术件
配件种类	上千种配件,2000 多万可交易产品	上千种配件,近百万 SKU
配件品质	原厂(正品基地)＋副厂(汽配商城)	正品
融资情况	2014 年：中金裕丰投资 4000 万元；2014 年：智慧谷投资 5000 万元；2015 年：鼎峰投资 1.45 亿元	2015 年：同创伟业和华创 1.6 亿元 A 轮
业务范围	362 个服务站覆盖大部分省会城市和地级市(青海、西藏除外)	15 个省
运营数据	2015 年交易额超过 110 亿元,截至 2016 年 4 月,入驻经销商 14,633 个,入驻修理厂 124,814 个,入驻旗舰店 2425 个,正品基地入驻名牌 834 个	2014 年 12 月,平台月销售额突破 5000 万元,目前有 15 个区域中心仓,200 家合作门店
物流	依靠线下 362 个服务站可做到同城 2 小时送货到店	中驰配送(隔天到货)＋第三方配送
盈利模式	交易手续费＋广告费＋平台使用费	交易手续费

资料来源：互联网、新三板智库。

2. 自营型 F/B2b

自营型 F/B2b 模式代表企业有淘气档口和康众汽配,见表 9。该模式与撮合型 F/B2b 相同,门槛较高,模式较重,核心在于供应链整合能力。但区别在于,自营型 F/B2b 平台与传统经销商是直接竞争关系,在整合上游资源的时候可能会面临阻力,此外还存在着仓储成本。现阶段这一模式的问题在于：①如何突破配件品类不全的问题；②配件与车型匹配度问题；③物流体系是否能满足下游独立维修店的时间要求。

表 9　自营型 F/B2b 平台典型代表企业：淘气档口和康众汽配

公司名称	淘气档口	康众汽配
成立时间	2014 年	1995 年
服务模式	自营	自营
团队成员	董事长肖军：曾创办际恒集团,为整车企业提供公关服务	CEO 商宝国：21 年配件经销经验
服务内容	易损易耗件	易损易耗件
配件种类	12 个品类,3 万 SKU	22 个品类,5 万个 SKU
配件品质	正品	正品
融资情况	2015 年：平安基金 3000 万美元 B 轮	2014 年：青菱投资 1000 万元人民币 Pre-A 轮；2015 年：基石资本、华信资本、富德资本 2 亿元人民币 A 轮

(续表)

业务范围	覆盖17个省份,179个城市	覆盖24个省份,100多个城市
运营数据	在一、二线城市建立15个中心仓,目前有30,000家线下门店,2014年10月交易额突破1亿元	目前有12个区域中心仓,200多家直营店,4万多个客户,年销售额5亿元
物流	淘气档口配送	门店配送+第三方配送
盈利模式	配件差价+配送费	配件费+配送费

资料来源:互联网、新三板智库。

(三)b端连锁:安定后方,让车主只管开车

从后端收入结构来看,汽车养护维修收入由配件费+工时费组成,因此,相比于一般消费品,养护维修还兼具服务属性,并且国内消费者自身DIY能力不足,进一步加大了服务的重要性。而国内现状是独立维修店服务质量和服务能力参差不齐,车主可选择的养护维修渠道极其有限。b端连锁模式意在通过标准化的管理输出提升维修店的服务能力,解决目前市场服务质量参差不齐的问题,连锁模式也更易在车主心中树立品牌。根据模式不同,连锁模式又可分为加盟连锁模式和自营连锁模式。

1. 加盟连锁模式

加盟连锁模式的代表企业有小拇指和车骑王子,见表1。该模式资产很轻,容易快速扩张,迅速形成品牌效应,核心在于服务标准化能力、门店统一管理能力和人员培训能力(人员的服务能力基本标准化)。现有的连锁加盟模式多为"连而不锁",即总部对加盟店缺乏管控或管控不力,导致加盟店对品牌认知度不高,各加盟店依然各自为战,呈散沙状。

表10　　　　　加盟连锁模式典型代表企业:小拇指和车骑王子

公司名称	小拇指	车骑王子
成立时间	2004年	2006年
服务模式	加盟+少量自营	加盟
团队成员	CEO兰建军:东风汽车工作过15年	创始人葛双萍:汽车玻璃和油漆品牌的总经销商出身
服务内容	漆面修复+钣金+快修+美容	美容+保养+车漆快修
门店数量	6家自营店+509家加盟店	360余家加盟店
融资情况	2016年:兰建军、夏坊参与定增,投资1059万元	2015年获得德国背景产业资本亿元人民币投资
业务范围	覆盖28个省份,110多个城市	覆盖22个省份,94个城市
运营数据	每年新增90家加盟店	—
服务标准化	智慧门店系统:智能匹配车型与配件	车漆4项、快保5项、美容10项
门店统一管理	—	—
人员培训	线上线下独具特色的课程体系,15天营运培训+70天跟踪指导,将小白打造成专业人才,15天技术培训+1年跟踪指导,熟练掌握调色、做底等工作	—
配件品质	—	—
服务价格	低于4店	—
盈利模式	加盟费+配件销售费+自营收入	加盟费+保证金+广告基金+配件费

资料来源:互联网、新三板智库。

2. 自营连锁

自营连锁模式的代表企业有米其林驰加、华胜和有壹手快修,见表11。该模式资产最重,不易快速扩张,很难快速形成品牌效应。与加盟连锁模式相比,自营连锁模式优势在于对门店具有很强的把控力,不会出现连而不锁的情况,同样需要在服务标准化能力和人员培训(人员的服务能力标准化)上投入大量精力。

表11 自营连锁模式典型代表企业:米其林驰加、华胜和有壹手快修

公司名称	米其林驰加	华胜	有壹手快修
成立时间	2002年	1998年	2012年
服务模式	自营+加盟	自营+加盟	自营
团队成员	米其林集团旗下汽车售后品牌	总裁周大军:汽修出身	创始人周槟:7年快修经验
服务内容	轮胎、机油、制动、灯光、雨刷、蓄电池	豪车保养维修(仅限奥迪宝马奔驰)	美容+车漆快修+钣金
门店数量	1300多家	130多家	10家
融资情况	—	—	2014年:联想之星、平安创新基金1500万元A轮
业务范围	覆盖31个省、市、自治区,230多个城市	覆盖21个省、市、自治区,84个城市	覆盖北京、上海、武汉、郑州、天津5个城市
运营数据	每年新100~200家新店	—	—
服务标准化	有一套标准的SOP流程,从轮动、机油、制动14项主营业务开发了111项SOP细则	制定了《接车规范》《跟车规范》《检验规范》《交车规范》等100多个工作规范和标准化流程管理体系	喷漆工艺流程来自顶级油漆公司
门店统一管理	—	—	—
人员培训	推出驰加班、驰加零售学院、在途团队	统一培训,考核上岗,技术人员1000人	—
配件品质	正品(博世、道达尔、嘉实多、壳牌、天合、汉高、蒂普拓普、泰克、百斯巴特等)	正品(博世、嘉实多、壳牌、马勒、秦明顿、菲罗多、百适通、日立等)	正品(PPG油漆)
价格	价格偏高	整体的配件成本比4S店约低30%,比传统修理店约低10%	低于4S店30%以上
盈利模式	加盟费+配件销售费+自营收入	加盟费+配件销售费+自营收入	自营收入

资料来源:互联网、新三板智库。

易简集团EJAM(834498)布局移动媒体生态圈,打造移动营销产业变现新模式

杨剑锋 赵 丰 熊 磊①

一、移动营销持续繁荣,产业整合迎来春天

(一)手机网民规模庞大,网络使用进一步向移动端集中

据第39次中国互联网络发展状况统计报告,截至2016年12月,我国手机网民规模达7.31亿,网民规模已相当于欧洲人口数量。网民中使用手机上网的人群占比由2015年年底的90.1%提升至95.1%,见图1。报告指出,新增网民年龄19岁以下和40岁以上人群占比分别达到45.8%和40.5%,互联网向低龄、高龄人群渗透比较明显。

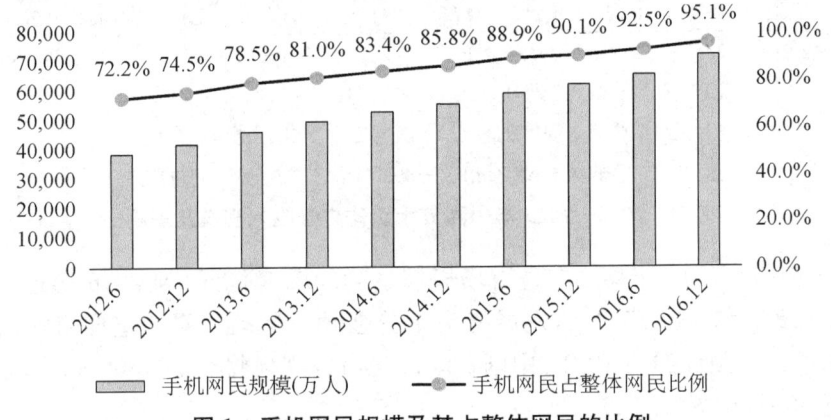

图1 手机网民规模及其占整体网民的比例

同时互联网用户加速从PC端向移动端迁徙,根据eMarketer 2015年报告,2015年国内用户使用网络媒体花费的时间比首次达到50.4%,超过传统媒体。在各类数字媒体中,移动设备的使用频率高于电脑,用时比为32.9%(智能手机占20.3%,平板电脑占9.5%,功能手机占3.1%);桌面/笔记本电脑用时比为17.4%,见图2。随着信息和数据逐渐向移动端倾斜,移动设备的使用频率还会进一步提升。

(二)网络广告市场扩大,移动营销迎来繁荣

根据艾瑞咨询《2017年中国网络广告行业年度监测报告简版》(简称《报告简版》),2016年国内网络广告市场规模达到2902.7亿元,同比增长32.9%。互联网长期保持国内第一大广告媒体的地位,占全国广告经营额的68.0%,预计未来3年网络广告仍然会保持较快增长,在广告市场份额的占比将继续提升,见图3。随着网络广告市场发展不断成熟,未来几年的增速将趋于平稳,预计至2019年整体规模有望突破6000亿元。

---

① 杨剑锋,新三板智库研究员;赵丰,新三板智库研究员;熊磊,新三板智库研究员。

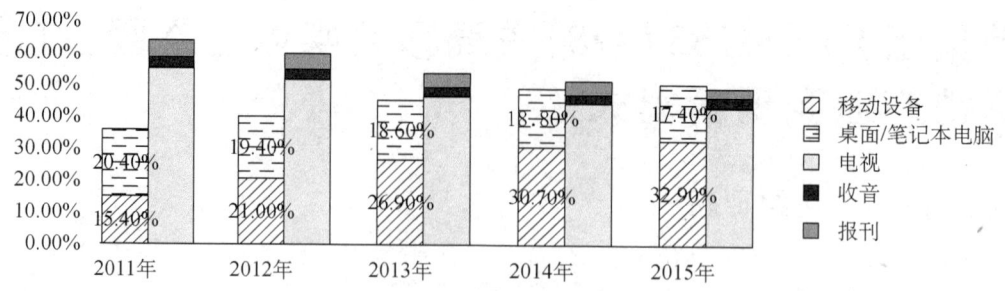

图2 每日使用媒体的平均时间比

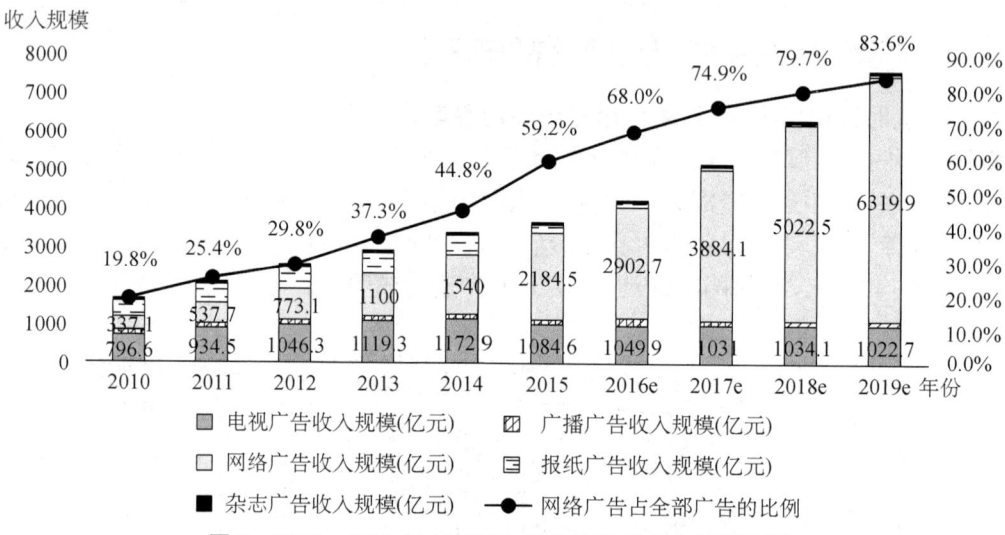

图3 2010—2019年中国五大媒体广告收入规模及预测

根据《报告简版》，2015年移动广告市场规模达到901.3亿元，到2016年这一数据增长到1750亿元，同比增长率高达75.4%，发展势头十分强劲。移动广告的整体市场增速远远高于网络广告市场增速。预计到2019年，中国移动广告市场规模将突破4800亿元，在网络广告市场的渗透率近80%，见图4。

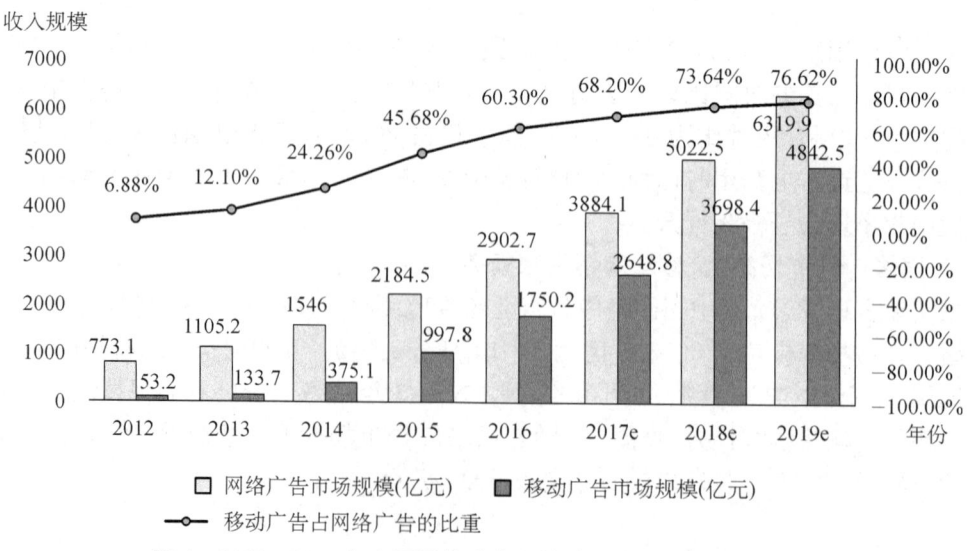

图4 2012—2019年中国网络广告和移动广告市场规模及预测

移动互联网的高速发展为移动广告的发展提供了巨大的空间,移动广告市场经过几年的竞争后,逐渐进入了新的发展阶段。针对垂直行业的移动广告平台在各自领域逐渐形成规模化经营,移动广告产品的创新和成熟进一步吸引广告主向移动广告市场倾斜。移动程序化营销、场景营销、泛娱乐营销、自媒体社群营销成为未来几年移动营销发展的趋势。

iiMedia Research(艾媒咨询)数据显示,42.20%的受访企业目前主要的营销方式已经转向移动营销,PC端营销与传统媒体的营销方式占比逐渐缩小。移动营销的效果转换率提高,企业重点预算投资移至移动端,34.20%的企业目前在移动营销方面的预算集中占总体营销预算的40%~60%,见图5。艾媒咨询分析师认为,随着移动端营销可行性和有效性提升,企业营销的焦点转向移动营销的可能性将会更大,未来移动营销的预算占比将会逐步提升。

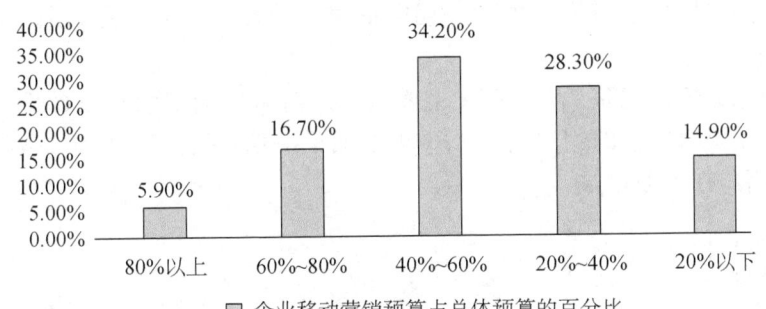

图5　企业移动营销预算占总体预算的百分比

(三)移动端品牌广告时代到来,品牌广告主将成为投放主力

根据《2016年中国广告花费总结》,央视市场研究(CTR)媒介智讯的最新数据显示,2016年中国整体广告市场规模下跌了0.6%,比2015年2.9%的降幅有所改善。主要下跌板块仍然是传统媒体,全年规模下跌了6.0%;新媒体继续保持增长劲头,特别是电梯广告、影院视频和互联网广告,相比2015年平均上升了20%以上,见图6。在传统媒体投放广告的基本都是品牌客户,品牌客户在传统媒体缩减的广告预算大部分都转向新媒体广告。

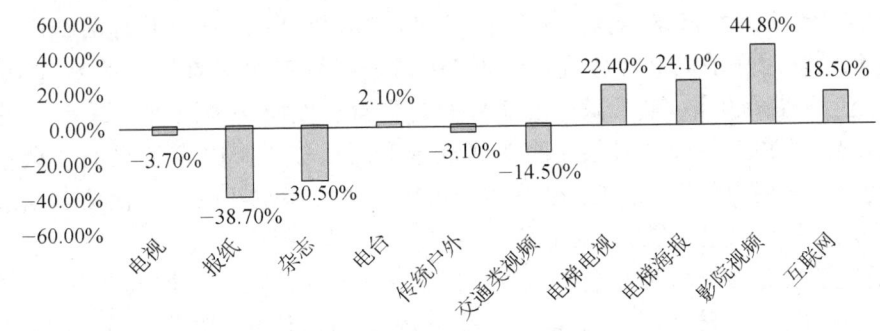

图6　各媒介广告花费同比变化

移动营销广告主主要分为行业广告主、品牌广告主和本地广告主。目前品牌广告主在移动端的投放额增长迅速,移动端投放占品牌广告主投放预算中的比例快速提升,汽车、快消及金融类品牌广告主的营销需求驱动行业进入发展期。

品牌客户看重移动营销公司的媒体资源整合能力,即它能否对接多屏、多渠道的媒体资源,能否给广告主多元的资源选择。海量的媒体资源直接决定了广告投放的覆盖范围,而媒体资源的质量关系到广告主的品牌安全和形象,因此对移动营销公司提出了更高的要求。凭借专业投资战略,易简集团在全产业链内高效整合优势渠道和资源,形成从技术到创意、从媒体到内容的移动营销多维服务体系。集团通过敏锐的行业洞察及整合联动的新媒体资源,为客户提供效果与品牌兼具的移动营销整合服务方案,达成更佳投资回报,在日益激烈的移动营销行业具有强而有力的竞争力。

(四)微信成为移动端最大流量入口,重塑原有移动营销市场格局

随着国内移动互联网的发展和成熟,移动流量的渠道发生显著变化,原来主要是移动网盟、应用市场等媒体渠道,现在更多流量来自微信、垂直领域的媒体渠道。微信广告巨大体量和影响力,将使品牌广告主对移动营销有新的认知,带动品牌广告主的移动营销投放。移动营销+社交的信息流广告全面爆发,微信朋友圈广告官网上线并加大投放频率,微信巨大的体量和影响力有望成为中国信息流广告由萌芽期向快速发展期转变的拐点,预计国内信息流广告将进入黄金发展期。

根据中国信息通信研究院调查,2016年微信用户对微信的依赖程度较2015年有所加重,日均使用时长在4小时以上的用户,较2015年增加了一倍,见图7。可见,微信的用户黏性在不断上升,重度用户在不断增加。

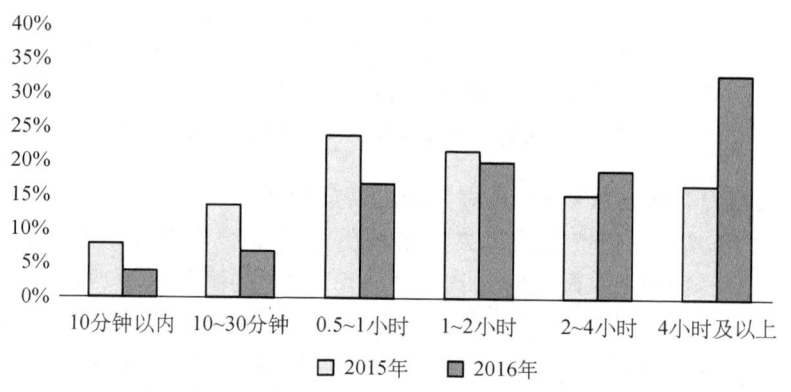

图7 微信用户2015年、2016年日均使用微信时长

根据企鹅智酷的市场调查,截至2016年12月,微信及WeChat合并月活跃用户数已高达8.89亿。微信消耗用户手机上网总流量的近30%,过半用户每天打开微信超过10次。用户关注微信公众号为获得资讯,基于微信公众号的内容营销发展潜力巨大。近80%的微信用户关注微信公众号,用户关注公众号最主要为了获取及时的资讯。内容是驱动公众号蓬勃发展的基础,有利于增强用户黏性,而基于公众号的内容营销发展空间巨大。微信营销渠道包括朋友圈广告、公众号等广告位,前者针对品牌广告,后者针对效果广告。

据《微信经济社会影响力研究报告》显示,仅有1.8%的公众号能构成百万级别的影响力。易简集团拥有跨越科技、财经、文化、汽车、时尚、娱乐、女性、体育、健康、视频等11大类别的原创公众号,精准覆盖优质微信用户8100万以上。同时,易简集团还拥有大量的地域大号,覆盖1.9亿以上精准用户,影响力巨大。

(五)体育行业调整发展,产业整合迎来春天

精准营销公司的上游是广告客户,下游是媒介供应商,几乎没有太多谈判优势,因此需要进行产业整合,以提升自身话语权和议价权。

体育产业已经被定位为拉动内需和经济转型升级的重点产业,正处于高速发展时期。

2015年,国家体育产业总规模为1.7万亿元,增加值为5494亿元,占国内生产总值的比重由2014年的0.64%增长到0.8%。全球体育产业最发达的国家,体育产业增加值占GDP的1%~3%,美国体育产业增加值占GDP的3%,是美国十大产业之一。国内体育产业未来规模提升空间大、弹性强。

根据国务院2014年46号文件,2025年中国5万亿元规模的体育产业中,将诞生超过2万亿元的成熟足球市场。作为体育产业中的最大单一项目,全球足球年产值超过8,000亿欧元,占所有体育项目营业收入规模40%以上,是全球第一大运动,在全世界拥有超10亿球迷。

2016年7月,国家体育总局正式发布《体育产业发展"十三五"规划》,提出要在坚持改革引领、市场主导、创新驱动和协调发展的基本原则下,实现体育产业总规模超过3万亿元,产业增加值在国内生产总值中比重达到1%,体育服务业增加值占比超过30%,体育消费额占人均居民可支配收入比例超2.5%等目标。国家体育总局经济司司长王卫东透露,围绕这一文件,国家体育总局已经与有关部门出台了22份配套文件。

在2016年,《全民健身计划(2016—2020年)》《"健康中国2030"规划纲要》的出台,进一步细化了作为国家战略的全民健身工作,也为体育产业发展指出了更为清晰的方向。2016年10月,国务院办公厅发布《关于加快发展健身休闲产业的指导意见》,针对健身休闲产业发展现状和问题提出了六个方面的主要任务和政策举措,目标为"到2025年,基本形成布局合理、功能完善、门类齐全的健身休闲产业发展格局,产业总规模达到3万亿元"。

随后,国家体育总局牵头与十多个部门先后印发了《冰雪运动发展规划》《全国冰雪场地设施建设规划》《水上运动产业发展规划》《航空运动产业发展规划》和《山地户外运动产业发展规划》等配套政策文件。这些政策的出台,将有力地推动体育产业发展。

易简集团顺应潮流,从2015年起成立易简体育,营造轻体育生活方式,聚焦、孵化主流体育产业,抢占体育市场先机。同时,易简集团围绕足球、拳击、徒步三大核心项目,打造"体育产业整合+体育营销服务"的大平台,以移动营销为基础,开展产业垂直整合,具有强大的生命力。

二、媒体+产业+资本,打造移动营销变现新模式

借力新三板,加速布局移动媒体生态圈。公司2015年实施人才拓展战略之后,先后登陆新三板,进入创新层。经过2015年和2016年的投资控股,形成以自有微信大号、全国原创微信大号、城市自媒体(地域号)为代表的超过1.9亿用户的自媒体平台。同时,公司整合了以"微果酱"代表的行业领先的数据分析和移动广告技术平台,从而形成媒体矩阵+数据技术+内容孵化多维一体的移动新媒体生态闭环,能够有效地帮助品牌客户、渠道客户提供一站式移动营销服务,提升媒体收入与价值,为客户和自身达到价值增值目的。

"产业+资本"双轮驱动,打造移动营销变现新模式。公司先后成立体育、旅游、网娱和财经等多个子公司,形成以丰富媒介资源为营销平台的基础支撑,以体育、旅游、网娱和财经为扩展,通过资本整合促进资源变现,发挥线上媒介渠道、内容和数据优势,全力促进线上到线下的价值延伸。目前易简体育已经形成了易简拳击俱乐部、健身课程、拳击器材出售等多种服务模式;易简旅游也形成了以海内外优质资源为核心的"易启游"、垂直主题游、专属定制游、景区运营服务和旅游整合营销五大变现模式;易简网娱与知名影业公司、国内头部视频平台及极具影响力的音乐平台全面建立紧密的战略合作关系,以网生内容实效营销推广、音乐营销、网红孵化培养为业务核心,打造更具影响力的娱乐IP。资深管理团队跨界互补,正探索出一条独特的

移动营销商业变现新模式。

引入行业龙头企业战略投资,业务合作前景可观。公司于2016年8月17日成功定向增发,移动营销龙头省广股份(股原代码:002400.SZ)成为公司第十大股东。公司将成为省广股份在新媒体领域的媒介供应商,在更大程度上发挥公司在新媒体资源的采买和投放策略上的优势。

风险提示:

(一)行业技术革新的风险

公司主营业务中的移动互联网广告业务,与互联网信息技术紧密相关,信息技术更新周期较短,主流技术更迭速度较快。因此,公司需要保持较高的技术水平、研发投入和研发速度来维持或增加持续竞争能力。若公司研发速度及技术水平未能跟上行业发展水平,将会对持续经营造成较大的负面影响。公司拟通过加大技术研发的资金投入以及投资行业内拥有先进技术的企业的方式,不断提高自身技术水平,以保证公司在技术方面的行业竞争优势。

(二)公司治理风险

公司业务板块扩张较快,经营规模不断扩大,对公司治理将会提出更高的要求。尽管易简集团已建立规范的管理体系,但由于公司业务板块及业务规模增长较快,公司治理和内部控制体系需要在公司运营过程中逐渐完善和进一步检验,短时间内存在制度落实不能有效执行,进而影响公司持续、稳定、健康发展。

(三)投资风险

为提升所投媒体的商业变现能力,实现完整的"移动营销+商业变现"闭环,公司在2015—2016年进一步完善移动营销布局,进行了较多的项目投资,在实现业务扩展和协同发展的同时,也可能带来诸如企业文化、管理制度、业务拓展等方面的整合风险。

(四)税收优惠不能持续享受的风险

公司于2016年通过高新技术企业认定,按15%的税率缴纳企业所得税。若存在减税收优惠政策发生变化的情况,或者公司未来不能通过3年一次的高新复审,所得税税率变化将对公司经营业绩产生一定影响。

(五)商誉减值的风险

公司在收购美推科技公司确认了23,164.93万元商誉,若不能较好地实现收益,商誉将会有减值风险,从而对公司经营业绩产生不利影响。公司通过加强与美推科技进行业务整合,2016年美推科技完成利润承诺且目前业务开展情况良好。

三、两年涅槃,从广告技术公司到传媒集团

易简集团由成立于2010年的专门从事广告媒介技术投放的谷果软件公司发展而来,在2015年和2016年,通过产业+资本双轮驱动,围绕"移动营销+"布局体育、旅游、内容孵化、娱乐IP等众多领域业务,先后成立"易简体育""易简旅游""众媒时代""易简网娱""易简财经",已经形成从技术到创意、从媒体到内容的移动营销多维服务体系,逐渐形成移动营销变现的全新模式,实现了从广告技术服务公司到新型移动互联网传媒集团的转型。

公司于2015年12月登陆新三板,股票代码834498,并于2016年6月24日入选新三板创新层。2016年11月,易简集团荣获新三板研究院颁发的"新三板创新百强"称号。

易简集团发展大事记见图8。

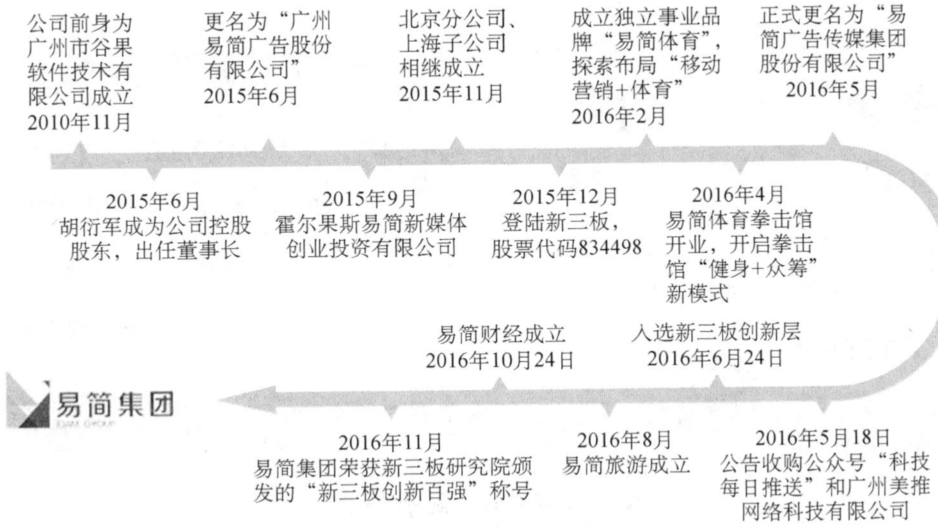

| 公司前身为广州市谷果软件技术有限公司成立 2010年11月 | 更名为"广州易简广告股份有限公司" 2015年6月 | 北京分公司、上海子公司相继成立 2015年11月 | 成立独立事业品牌"易简体育"，探索布局"移动营销+体育" 2016年2月 | 正式更名为"易简广告传媒集团股份有限公司" 2016年5月 |

2015年6月 胡衍军成为公司控股股东，出任董事长

2015年9月 霍尔果斯易简新媒体创业投资有限公司

2015年12月 登陆新三板，股票代码834498

2016年4月 易简体育拳击馆开业，开启拳击馆"健身+众筹"新模式

易简财经成立 2016年10月24日

入选新三板创新层 2016年6月24日

2016年11月 易简集团荣获新三板研究院颁发的"新三板创新百强"称号

2016年8月 易简旅游成立

2016年5月18日 公告收购公众号"科技每日推送"和广州美推网络科技有限公司

图8 易简集团发展大事记

四、媒体矩阵＋数据技术＋内容孵化＋线下产业变现

易简集团通过布局优质移动自媒体平台，整合行业领先数据分析和移动广告技术平台，借助自有旅游、体育和网娱等商业化产业变现体系，构建了"媒体矩阵＋数据技术＋内容孵化"的核心优势，进而帮助品牌客户、渠道客户提升所投媒体的收入与价值，实现投资增值，同时增加公司自身业务收入。

2016年，易简集团成功完成了包括"蓝月亮旋风孝子网络推广传播""芒果TV蒙牛酸酸乳超级女声跨界西甲项目"等多个具有行业影响力的营销案例，其中"芒果TV蒙牛酸酸乳超级女声跨界西甲项目"获得"2016年度中国广告长城奖·广告主奖"之年度经典营销传播案例和2016年度第四届Top Digital Awards互动整合服务组银奖；微鲸电视618购物节"颠疯挑战"直播推广创新电商新模式，同时获得"2016年度中国长城奖·广告主奖之年度经典营销传播案例等奖项。公司在媒介代理业务上，开拓了天气通、荔枝FM、斗鱼、懒人听书、天气预报等头部媒体资源的代理业务，成功承接了美团和京东等众多客户的广告代理业务。

目前，公司服务的主要客户包括膜法世家、微鲸、拉芳、蓝月亮、KFC、蒙牛、七喜、保时捷、科勒、TOTO、一汽丰田、苏宁、亚洲航空、东风日产、北汽幻速、江淮汽车、联塑、苏宁、美团外卖、vivo、魅族、无极限、汤臣倍健、平安普惠、众禄金融等众多优质广告主，见图9。

五、布局移动媒体生态圈，打造移动营销变现新模式

（一）强互补高管团队，跨界合作更显优势

公司团队有着十多年资本市场运作经验，尤其专注于移动互联网及相关行业的"全产业链"投资。董事长胡衍军有着十多年投行经验，曾就职广发证券股份有限公司，任投资银行总部TMT业务部总经理。副董事长黄永轩和多位副总裁拥有十多年广告及传媒从业经验，对新媒体行业的发展具有独到见解。充分发挥各成员的专业优势，形成强互补团队，同时把控可能存在的风险。

（二）借力新三板，加速布局移动媒体生态圈

公司通过"代理+投资"方式，获取独家核心媒介资源。尤其是新三板上市以来，公司通过

图9 易简集团主要合作品牌

加速对媒体进行布局,特别是优质垂直媒体,构建从新媒体内容平台、技术支持平台、内容创作平台、新媒体培训为一体的完整移动营销生态圈,见图10。

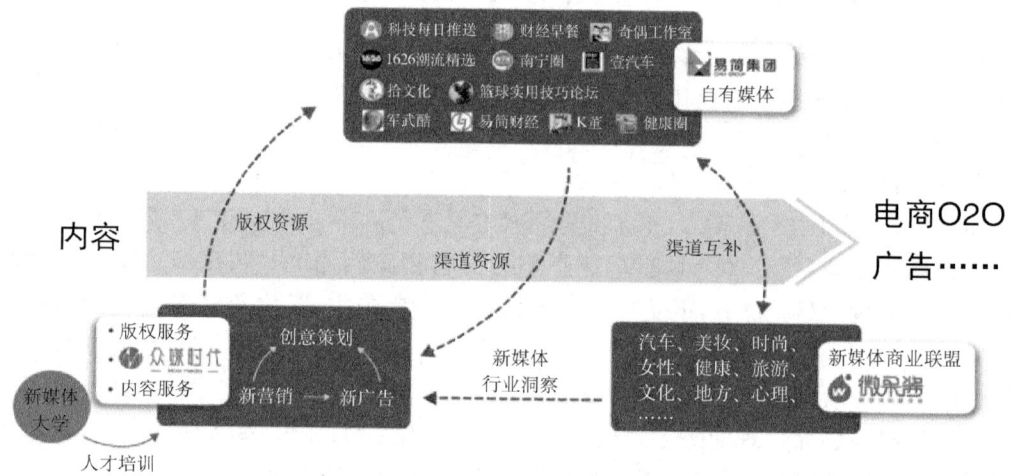

图10 易简集团媒体生态圈

1. 优质新媒体内容聚合平台,千万级优质客户资源

2015年以来,公司持续加强在新媒体产业链的布局。公司自有媒体包括:科技类"科技每日推送"、健康类"健康圈",以及汽车类"壹汽车"、军事类"军武酷"、两性类"男女比例"、视频类"奇偶工作室"、财经类"易简财经"等。同时,公司拥有投资公众号包括:超过425万订阅量的

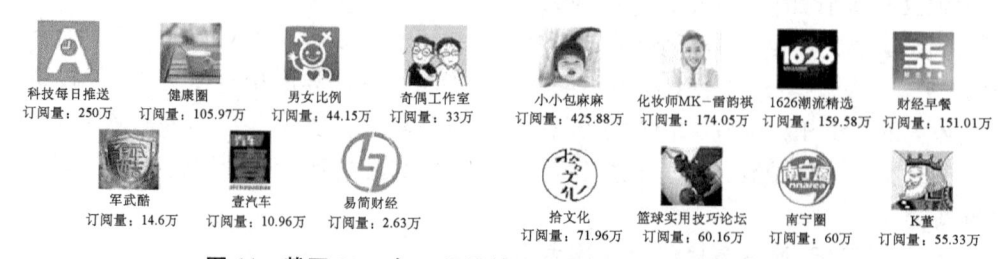

图11 截至2017年3月易简集团部分公众大号订阅人数

数据来源:公司信息。

"小小包麻麻"、170万订阅量的"化妆师MK-雷韵祺"、超过150万订阅量的财经类媒体"财经早餐",以及"1626潮流精选""拾文化""南宁圈""篮球实用技巧""K董"等。详见图11。公司形成垂直门类新媒体与地域新媒体交叉协作模式,立体交叉的新媒体资源库,为客户提供了精准、丰富的用户数据、广告投放平台和监测平台。截至2016年,自有媒体业务收入增加了2100多万元。

2. 依托行业领先数据分析和广告技术平台,实施更精准的移动营销

公司整合"微果酱新媒体商业联盟"、CCMP广告平台等新媒体数据分析平台。截至2016年12月31日,共有超过1万个自媒体加入微果酱,覆盖超过4亿微信用户。依托微信公众号资源和合作媒体,能够对用户数据进行充分分析和处理,为客户提供新媒体资讯、资源匹配、广告创意、全案执行、效果跟踪等一站式新媒体商业服务,助力广告主把握新媒体风口,实现移动营销品效合一。此外,2016年7月,公司通过参股宝盛科技,在公司移动营销产业链中增加SEM业务板块,丰富了优质细分新媒体资源矩阵。易简集团整合营销平台见图12。

图12 易简集团整合营销平台

数据来源:公司信息。

3. 自创新媒体内容孵化基地,媒介内容更丰富

公司进军新媒体内容孵化和新媒体内容的版权维护、创作领域,以及新媒体写手库和创意库的聚集,从整合营销的源头上保证了内容的原创,并进一步丰富了易简集团新媒体资源库的内容来源。公司先后孵化军事类新媒体"军武酷"及汽车类新媒体"壹汽车",并搭建了全新的版权和创意写手库平台"源来"。

4. 布局新媒体培训和电商领域,媒介生态价值转化更加多元

2016年以来,公司联合业内多位知名自媒体人成立新型培训及服务机构"新媒体大学(SED)",通过控股子公司众媒时代参股深圳惊蛰文化科技有限公司8.33%股权,参股深圳美果互联网有限公司45%股权,切入新媒体培训业务和新媒体内容电商业务领域,进一步优化新媒体商业循环体系。

六、"产业+资本"双轮驱动,依托媒介基础升级移动营销变现模式

基于消费升级大背景,自2015年以来,易简集团先后成立易简体育、易简旅游、易简网娱和易简财经。公司借助完善的新媒体生态圈,占据渠道、内容等优质资源,通过线上提供精准垂直客户数据、创意策划、媒介购买和投放,为线下产业提供全方位整合营销传播服务,促进用户从关注到消费的转化,加速实现移动营销变现。

(一)体育赛事大纪年,易简体育营销初显成效

易简集团在体育业务板块顺利开展,通过控股子公司易简体育采用3+1模式,从拳击、足

球、徒步三大主流运动切入体育产业,以丰富的新媒体资源为营销平台,通过体育营销促进营销变现。线下涉及大众体育生活、体育创孵基地、体育资本运作三大领域,包括足球、拳击、徒步三大核心项目,打造"体育产业整合＋体育营销服务"大平台,搭建互联网＋体育生态圈。易简集团自成立以来与西甲足球俱乐部西班牙人队深度合作,开展徒步旅游,自建拳击馆、足球青训营,将线上所形成的媒介和用户资源导入线下,线下效果反馈线上,进行价值的产业延伸。目前,易简拳馆已经形成了易简拳击俱乐部、健身课程(瘦身、私教、团课)、拳击器材出售等多种服务。从首家拳馆开业以来,易简集团已经完成与国际垂直马拉松、美国 Slide The City 等国际知名城市时尚运动品牌项目的合作,完成了建立从线上往线下延伸的运营模式,以内容生产能力来聚合用户,充分发挥丰富的媒介资源优势,形成营销变现的一整套成熟模式。

(二) 旅游行业持续爆发,易简旅游营销巧妙切入

基于旅游行业处于发展风口,出游人数和消费能力持续提升,2015 年出游人数增长了 18%,人均出游频率达到 3.2 次,消费实力同比提升 28.6%。易简旅游依靠集团资本,通过媒介矩阵精准锁定垂直客户,推动旅游营销变现,现已形成资源变现以下商业模式:以内外优质资源为核心的"易启游"、以商务考察和游学等为主题的垂直主题游、"一人成团、专业定制"的专属定制游、旅游整合营销服务,等等。2016 年,易简旅游组织了"长江商学院 EMBA 深度足球体验之旅"、超女火爆西班牙观赛之旅、女神带你看奥运——奥运观赛团、梦幻斐济"中国女孩"昕薇模特大赛决赛助威团、广体主持人欧洲杯小组赛推广之旅。

(三) 网红直播新风口,易简网娱顺势而为

2016 年作为直播元年,"游戏直播""电竞直播""素人直播"层出不穷。新风口下,易简集团与"中国女孩"昕薇模特大赛、太阳 LIVE 等单位达成战略合作,共同开发直播、互动等项目,深挖明星与 IP 核心价值。与此同时,易简集团与知名影业公司、国内头部视频平台及极具影响力的音乐平台全面建立紧密的战略合作关系,融合娱乐上下游产业优质资源,推出全新娱乐营销 3.0 E-WOW 商业模式,以网生内容实效营销推广、音乐营销、网络孵化培养为业务核心,共同孵化并打造更具影响力的娱乐产业化 IP 项目。此外,易简集团认购拉芳易简基金 3000 万元 LP 份额,通过与资本强链接,多方协助布局优质内容与宣传发行渠道,进一步扩充网红、内容等领域布局,让品牌更有效绑定优质 IP 内容,同时让优质 IP 内容在全民娱乐大潮中找到更多与商业结合的变现空间具体见图 13。

图 13 易简网娱

数据来源:公司信息。

(四) 引入行业龙头企业战略投资,业务合作前景可观

易简集团于 2016 年 8 月 17 日完成定向增发,省广股份(002400.SZ)成为公司第十大股东。省广股份作为中国本土最早一批成立的广告公司和目前最优秀的大型综合性广告公司之

一,同时也是国家一级广告企业,业务涵盖品牌管理、媒介代理和自有媒体。成为易简集团战略投资者之后,省广股份将长期看好公司业务发展模式。公司将成为省广股份在新媒体领域的媒介供应商,这将为公司带来更多的业务合作机会,更大程度上发挥公司在新媒体资源的采买和投放策略上的优势。此外,东方证券、中信证券、东北证券、同创锦程、广东比邻等投资者参与认购。详见图14。

图 14　易简集团定向增发战略投资者

数据来源:公司 2016 年年报。

七、财务实力不凡

(一) 公司业绩稳步提升

2015 年,易简集团年营业收入为 1.28 亿元,同比增长 106.18%,经营成果显著,见图15。同年易简集团实现归属于挂牌公司净利润 2130 万元,净利润连续两年超过 2000 万元,见图16。

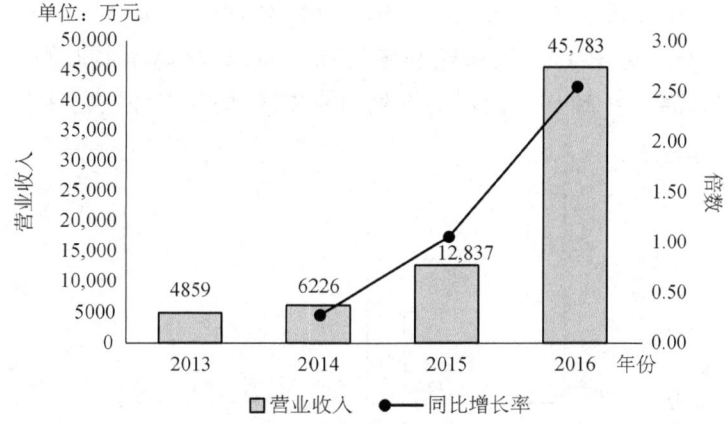

图 15　易简集团营业收入

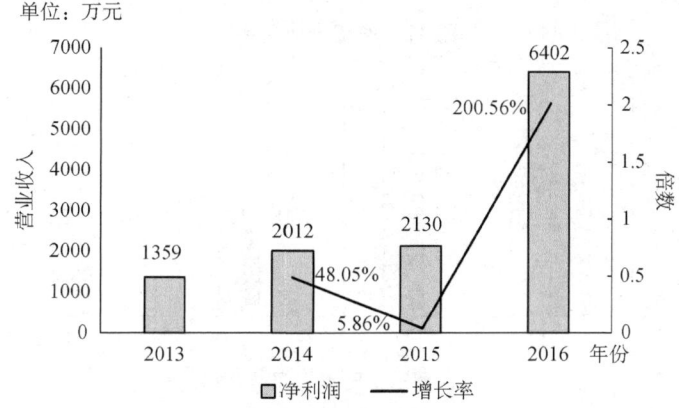

图 16　易简集团净利润

近年来，移动互联网广告和营销行业竞争加剧，导致行业整体毛利率下滑至20%，易简集团2015年度销售毛利率为23.06%，经营活动现金流量净额为−1562万元。

2016年，易简集团营业收入为4.58亿元，增长2.6倍，归属于挂牌公司股东净利润6402万元，增长2倍。易简集团紧紧把握市场脉络，积极围绕主业拓展相关行业领域的业务，从业务单一的网络推广公司转型为综合型的广告传媒集团，多引擎推动主营业务成长。

公司针对自身优势，业务重点集中于提高品牌及代理广告的市场占有率，品牌及代理广告同比增长了304.95%。公司于2016年5月收购了美推科技80%股权，自有媒体业务收入增加了2100多万元。

（二）对比三板行业水平，易简集团优势明显

根据Wind行业分类标准，易简集团隶属于可选消费行业的二级细分行业媒体Ⅱ，但是通过对其商业模式的研究，按照GICS行业分类标准更科学，故将其分类到信息技术行业下的互联网软件与服务行业Ⅳ。

与信息技术服务行业平均水平相比，易简集团财务指标变现良好。除了营运能力指标以外，公司盈利能力指标、偿债能力指标和成长性指标均优于行业水平。

1. 盈利指标

盈利能力方面，易简集团净资产收益率显著高于行业平均水平，2013年易简集团净资产收益率达到行业平均水平的6.62倍，2014年是行业平均水平的5.62倍，见图17。随着行业竞争的加剧和利润空间的下降，公司和行业整体的净资产回报率双双下降，但2015年公司的净资产收益率仍是行业平均水平7.87倍；2016年行业净资产收益率为−3.49%，而易简集团净资产收益率为20.83%，见图17。销售毛利率指标方面，易简集团最近四年一直领先行业水平，保持稳定的盈利优势，见图18。公司不仅盈利能力好，而且专注主营业务活动并展开布局，

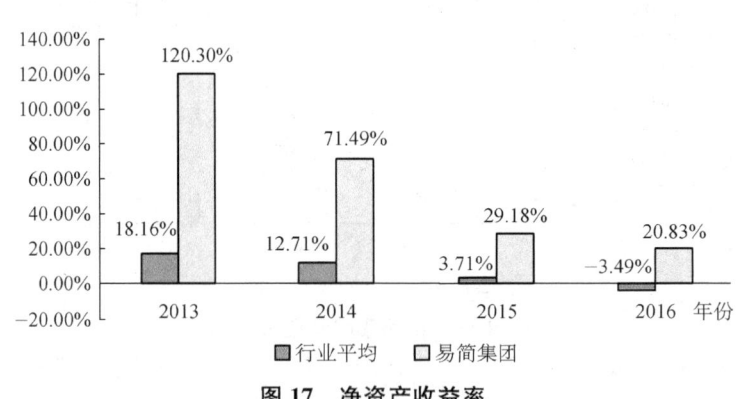

图17 净资产收益率

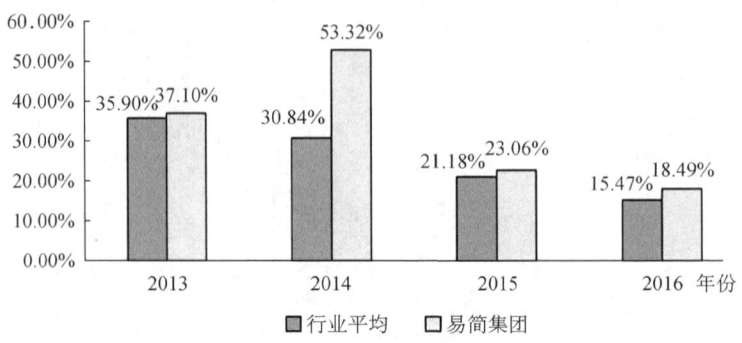

图18 销售毛利率

收益质量高于行业水平。

易简集团收入来源主要为自有媒体运营业务收入和广告媒体代理业务收入。易简集团在上述两个业务领域已经形成较为明晰的业务模式,公司主营业务为广告媒体代理。易简集团通过"代理+投资"方式获取独家核心媒介资源,构建起以优质头部流量、垂直领域细分流量的移动端全流量覆盖的媒体矩阵,具有先发优势与资源优势。2016年,公司在新媒体的布局初见成效,公司控股子公司广州美推网络科技有限公司2016年实现净利润2039.26万元;控股子公司霍尔果斯智媒广告有限公司年净利润2206万元。

2. 营运能力指标

除2013年外,易简集团应收账款周转率均低于行业水平,见图19。这与公司目前所处的发展阶段、战略和行业现状有关。近年来,行业应收账款周转率整体下降,同时由于目前公司正处于快速发展阶段,采取优先加快布局产业的发展模式。公司出于加大市场占有率的考虑,优先扩展业务。预计未来公司战略布局完成,创新变现模式,应收账款周转率会先于行业升高。

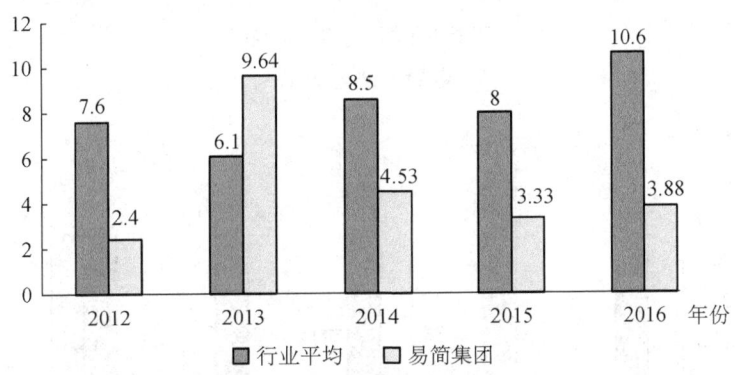

图19 公司与行业应收账款周转率对比

另外,易简集团虽然应收账款周转率较低,但其账龄结构优良。2016年年报中,公司报告其82.3%应收账款账期为6个月,96.6%的应收账款账龄在1年之内,见图20。应收账款基本为当期营业收入,发生应收账款回款不力的风险较小,周转率低是由于公司发展策略导致的应收款体量大。应收账款账面价值本年期末较上年期末增长了1.72亿元,同比增长200.88%,在行业竞争加剧争夺市场的时期,易简集团应收账款增加反映了集团的未来市场力量。

期末集团现金净额为2897.3万元,其中经营活动现金流净额为-3847.9万元。主要原因是集团的业务量

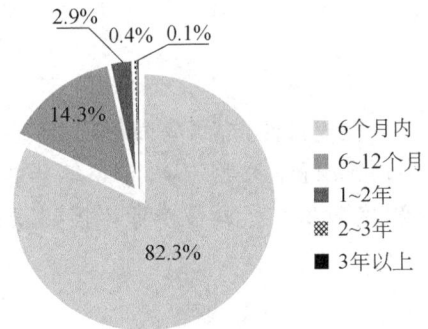

图20 易简集团应收账款账龄结构

与日俱增,广告传媒行业对客户的应收款项账期一般长于供应商媒体的账期,从而引起集团业务拓展过程中需要提前支付款项给供应商,造成经营活动现金流的净流出现象。此外,对于一些优质的媒体资源,集团会通过预付媒体款项,买断或提前抢占此类资源。投资活动现金流净额为-15,854.5万元,投资活动现金支出相比上期增加156.93%,主要原因是集团投资多个微信公众号等新媒体资源以优化集团媒体矩阵,各个细分行业领域联动向前的协作共赢态势。

3. 偿债能力指标

在偿债能力方面,易简集团初创时速动比率远远高于1,长期领先行业水平。偿债能力强,公司资产负债率显著低于行业平均水平,财务基础较好,负债经营空间大,为公司产业布局打下良好基础。近年来,随着公司的发展壮大,公司在银行的贷款额度增加,2016年新增银行借款3000万元,企业的资金约束放宽,资金来源广,财务指标水平逐渐趋近行业平均水平。

易简集团流动比率和资产负债率分别见图21、图22。

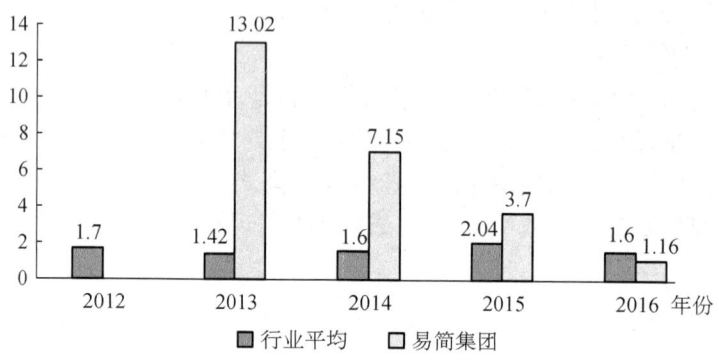

图 21　流动比率

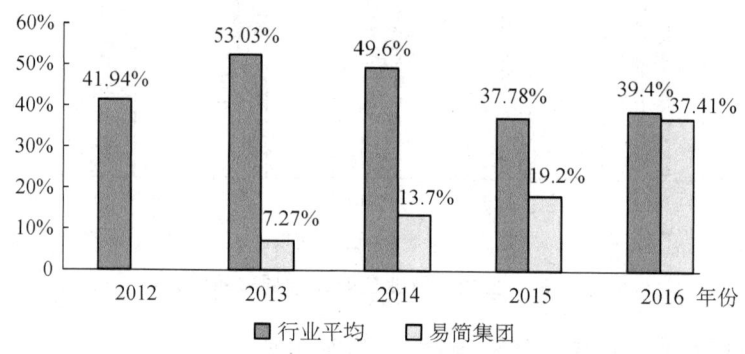

图 22　资产负债率

4. 成长性

在成长性方面,易简集团2015年深耕行业,发挥资源和产业优势,营业收入增长率迅速提高,领先行业水平。从2016年年报披露数据来看,公司营业总收入快速增长,同比增长2.6倍,见图23。公司以产业＋投资双轮驱动,通过投资布局优质媒体资源,所投媒体在公司广告

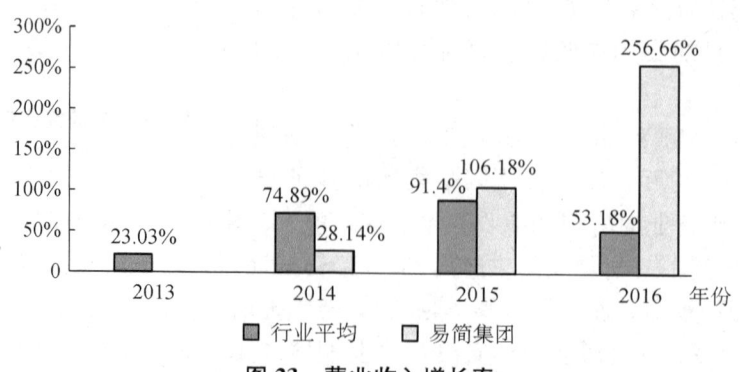

图 23　营业收入增长率

平台进行流量变现,并作为广告主进行投放,实现完整的"移动营销+投资"闭环。

公司投资布局新媒体资源,丰富自身媒体资源矩阵。所投媒体纳入公司流量变现体系,一方面为公司的品牌销售业务及媒介代理业务提供坚实的业务基础;另一方面有效提升所投媒体的收入与价值,实现投资增值。同时所投媒体又可以成为公司广告主客户,通过公司推广平台帮助所投媒体获取用户,消化所投媒体推广预算,增加公司业务收入。最终实现媒体负责运营获取用户,公司广告平台负责流量变现的运营新模式;实现资源和业务的良性循环,保持较高的营业收入增长速度。

(三)对标新三板"网红"企业,易简集团实力非凡

1. 移动广告市场巨大,新三板对标企业丰富

根据艾瑞咨询数据,我国移动互联网广告收入从2014年第二季度的78.3亿元增长到2016年第二季度的395.7亿元,年复合增长率达到了100%,具有巨大的发展潜力,见图24。在互联网广告行业中,我国市场正处于蓬勃发展阶段,众多的企业如雨后春笋般兴起,争先占领市场份额,其中不少企业选择了在新三板挂牌。截至2016年11月初,新三板挂牌公司数量为9440家。根据GICS行业分类标准,新三板TMT行业挂牌数量约为2748家,占总量的29.11%。其中,TMT做市企业数量约为518家,占新三板做市企业总数的31.48%。

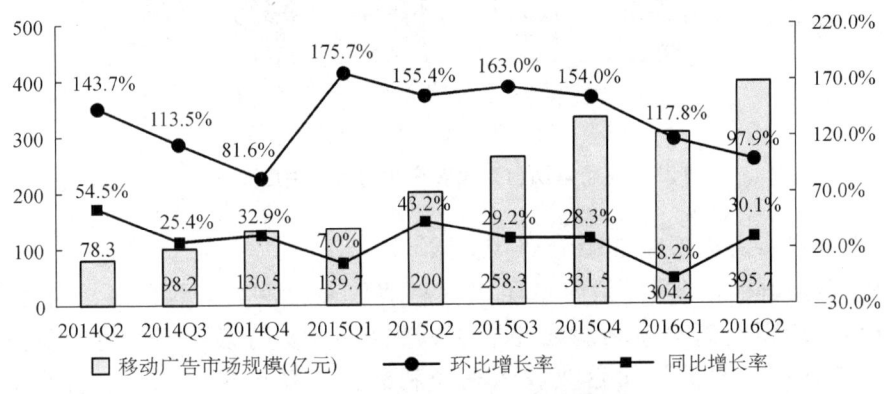

图24 移动互联网广告市场规模

新三板市场上布局移动广告和营销的知名企业有银橙传媒(830999)、哇棒传媒(430346)、汇量科技(834299)、有米科技(834156)、易简集团(834498)、璧合科技(833451)、道有道(832896)等。易简集团对标公司较多,根据主营业务和所属市场,选取银橙传媒(830999)、哇棒传媒(430346)、汇量科技(834299)、有米科技(834156)、易简集团(834498)、璧合科技(833451)、道有道(832896)进行对比。具体见表1。

表1　　　　　　　　　　　　对标公司主营业务对比

公司	主营业务与占比
银橙传媒(830999)	线上(98.46%)线下(1.54%)广告媒体业务
有米科技(834156)	移动广告(89.73%)、游戏运营(10.15%)
璧合科技(833451)	互联网广告投放
道有道(832896)	移动广告平台(94.64%)、移动开发平台(5.36%)
易简集团(834498)	移动互联网广告(87.01%)、移动游戏运营(8.88%)

对标公司均立足移动互联网广告布局其他各项业务,广告业务均占主要部分,与易简集团业务相似度高,且均为新三板挂牌企业,对比可信度高。

2. 对标行业众"网红",易简集团已成新秀

对比行业众"网红"企业,易简集团在客户结构、媒体资源、业务表现和成长性方面均表现不俗,俨然具有新晋"网红"实力。

易简集团 2015 年前五大客户销售收入占比 51.92%,前五大媒体资源平台贡献额占比 53.51%,见图 25。对比新三板"网红"公司,易简集团客户结构优良,风险较小,俨然已成为新三板新秀。2016 年以来,公司持续加强在新媒体产业链的布局,通过投资参股,控股了大量自媒体,实现了对优质广告资源渠道的扩充,优化了媒体矩阵布局。

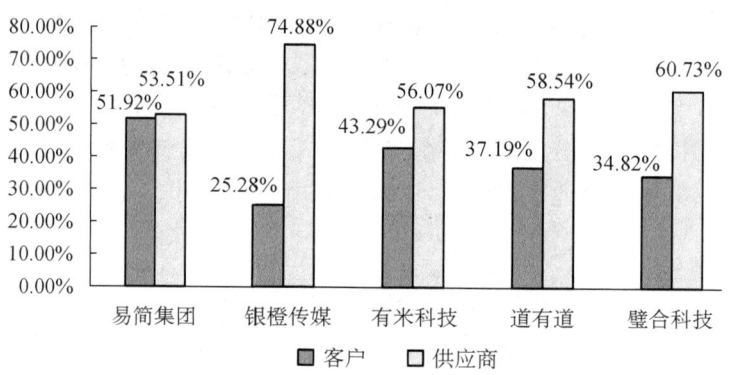

图 25　易简集团前五大客户和前五大供应商占比

3. 易简集团财务表现良好,2016 为突破之年

在行业竞争加剧的情况下,易简集团仍保持着较高毛利率,见图 26。对比众公司,易简集团经营活动净现金流与净利润之比居于领先水平,易简集团仍保持着良好的竞争优势,见图 27。2016 年,易简集团营业收入和净利润都实现放量增长。对标企业中有米科技营业收入增长较大但净利润增长有所乏力;璧合科技净利润率增长迅速,但销售净率和净资产收益率明显相对较低,其净利润增长迅速是由于前期刚刚扭亏为盈,净利润体量太小。

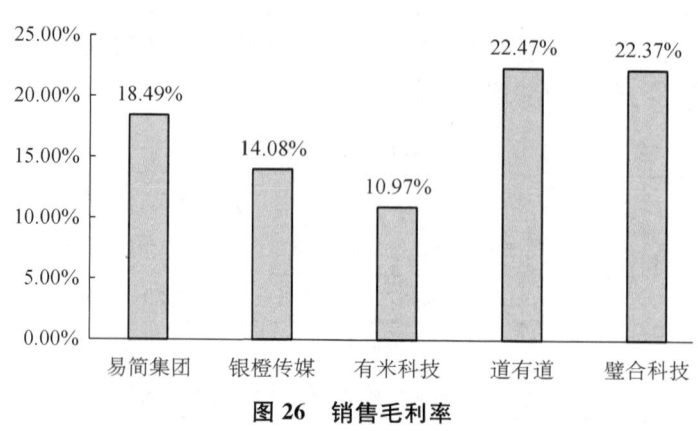

图 26　销售毛利率

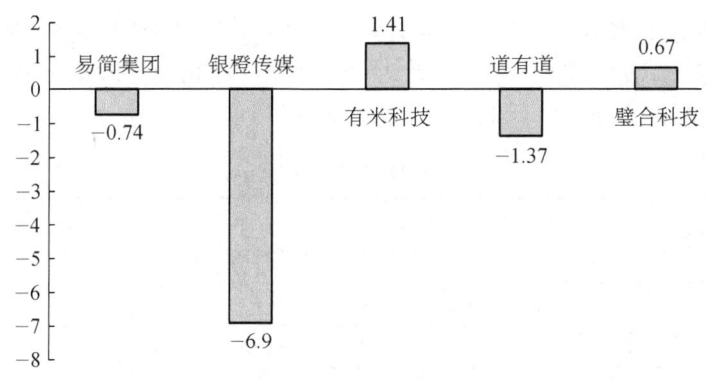

图 27　盈利现金比率

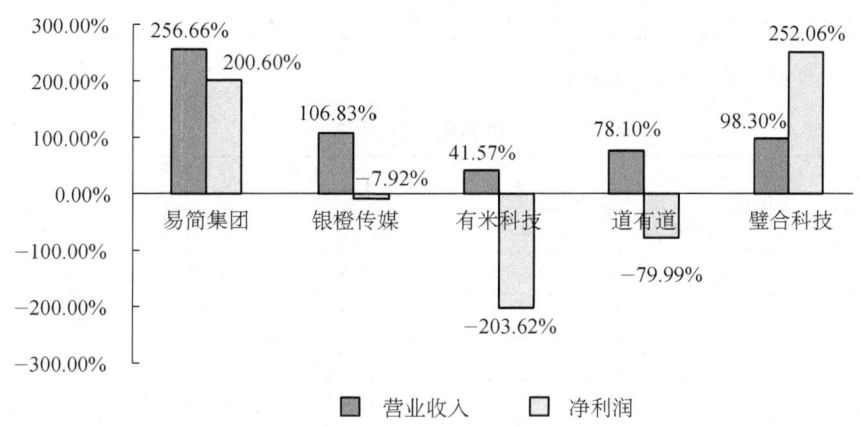

图 28　2016 年营业收入及净利润增长率

八、估值分析及盈利预测

易简集团目前正处于高速成长阶段,业务高速增长,发展速度快,2016 年公司在深化原有业务的前提下,把握市场脉络,积极拓展相关行业领域的业务。公司业务全线发展,成功从一个业务单一的网络推广公司转型成为综合型的广告传媒集团。根据增资情况测算的公司估值为 11.5 亿元。8 月 17 日,定向增发 825.94 万股募资 1.5 亿元,交易价格 18.15 元,以此计算市值为 11.5 亿元。

参考行业历史增长率和 2016 年年报,确定易简集团 2017—2018 年营业收入增长率分别为 100%、50%,公司 2016 年营业收入为 4.58 亿元,净利润 0.64 亿元,预测 2017 年营业收入 9.5 亿元,净利润 0.98 亿元,有望实现 1 亿元净利润的目标。2017 年和 2018 年营业收入预测值分别为 9.5 亿元和 15 亿元,净利润预测值为 0.98 亿元和 1.5 亿元,2017 年和 2018 年 PE 分别为 24.5X 和 16.3X。对比同行业其他公司算出行业 Beta 值为 1.25,考虑易简集团的财务杠杆率和税率,易简 Beta 值为 1.54,新三板成指过去两年的收益率为 11.52%,十年期国债收益率为 3.0709%,易简集团权益资本成本 16.05%,平均资本成本 13.87%,预测公司经过 2017 年至 2018 年的高速增长期后,目标股价 60 元。

选取银橙传媒(830999)、有米科技(834156)、壁合科技(833451)、道有道(832896)最近一个交易日收盘价作为参考,这些公司平均市值为 21.56 亿元,2015 年和 2016 年 PS 分别为 4.84X 和 4.74X,2015 年和 2016 年 PE 分别为 91.91X 和 32.65X。易简集团 2015 年和 2016

年收入分别为 1.28 亿元和 4.58 亿元,2015 年和 2016 年归属于挂牌公司股东净利润分别为 0.21 亿元和 0.64 亿元,股价 37.64 元,市值 24.00 亿元。2015 年和 2016 年 PS 分别为 18.75X 和 3.37X,2015 年和 2016 年 PE 分别为 100.9X 和 37.5X。详见表 2。

表 2　　　　　　　　　　　　　　　对比估值分析

公司	股票代码	币值	市值（亿元）	收盘价（元）	2015年收入	2016年收入	2015年净利润	2016年净利润	2015年PS	2016年PS	2015年PE	2016年PE
银橙传媒	830999	CNY	10.35	7.64	3.60	7.44	0.52	0.48	2.86	1.83	56.04	19.35
有米科技	834156	CNY	15.94	20.38	7.36	10.41	0.35	−0.36	2.17	—	95.53	—
璧合科技	833451	CNY	12.90	20.25	2.18	4.32	0.13	0.45	5.92	4.32	178.3	48.78
道有道	832896	CNY	18.50	17.48	2.02	3.59	0.49	0.10	8.41	8.07	37.76	29.83
易简集团	834498	CNY	24.00	37.64	1.28	4.58	0.21	0.64	18.75	3.37	100.9	37.5

易简集团公司利润表及预测见表 3。

表 3　　　　　　　　　　　　　　公司利润表及预测　　　　　　　　　　　　　　单位：万元

利润表	2013A	2014A	2015A	2016A	2017E	2018E
营业总收入	4,858.78	6,226.11	12,836.69	45,783.10	91,566.20	137,349.30
营业总成本	3,500.19	3,870.81	11,354.58	44,469.64	82,409.58	123,614.37
营业成本	3,056.16	2,906.44	9,876.25	37,317.23	77,831.27	116,746.90
营业税金及附加	53.32	52.54	84.38	125.29	915.66	1,373.49
销售费用	121.78	430.17	418.23	1,890.86	915.66	1,373.49
管理费用	238.28	389.78	795.28	4,989.88	6,409.63	9,614.45
财务费用	−0.60	−0.19	−11.38	−7.87	457.83	686.74
资产减值损失	31.25	92.08	191.82	154.26	0.00	0.00
其他经营收益	0.00	0.00	492.45	0.00	340.64	585.58
营业利润	1,358.59	2,355.30	1,974.57	5,176.17	13,734.93	21,975.88
营业外收入	0.00	0.02	131.23	388.53	915.66	1,373.49
营业外支出	0.00	0.00	3.11	7.40	22.89	34.34
利润总额	1,358.59	2,355.32	2,102.69	5557.30	14,627.70	23,315.04
所得税	0.00	343.16	79.21	−250.82	585.11	932.60
净利润	1,358.59	2,012.15	2,023.48	5,808.12	9,804.92	14,727.04

虚拟现实行业深度研报：以定力跨越虚拟与现实

胡 涛 王丹青 陈俊盛[①]

一、虚拟现实正处于产业爆发的前夕

（一）VR设备出货量未来5年将呈爆发式增长，整体市场规模增速惊人

2014年3月，Facebook斥资20亿美元收购Oculus VR公司，这是VR迅速在中国引爆的开始。Facebook首席执行官马克·扎克伯格在交易宣布后的新闻发布会上表示，他坚信虚拟现实将成为继智能手机和平板电脑等移动设备之后计算平台的又一大事件。

随着越来越多的企业涉足虚拟现实领域，大量头戴眼镜盒子、外接式头戴显示器等VR设备将进一步向消费级市场拓展，特别是Oculus、HTC、Sony等一线大厂推出了消费级的VR产品，业内普遍认为这三家在2016年的销售量总共在300万台左右。

根据艾媒咨询预计，2020年中国VR设备出货量将达到920万台，其中PC端VR和一体机的出货量将达到750万台，相比2015年将增长10倍，见图1。中国移动端的VR出货量将达到170万台，相比2015年1万台的出货量来说，增长更是迅速。

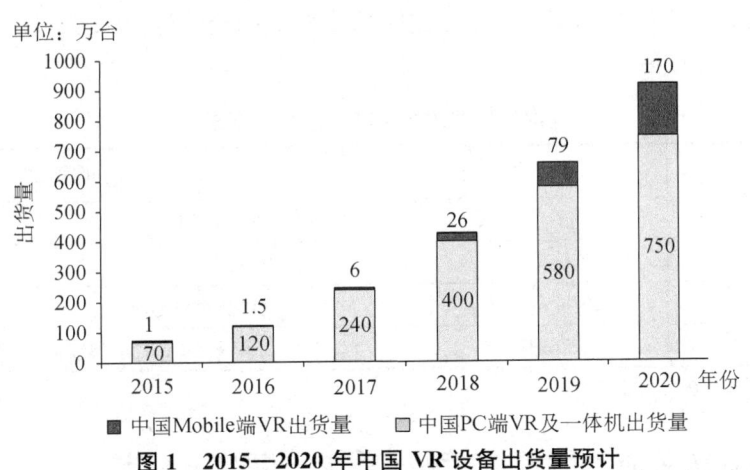

图1　2015—2020年中国VR设备出货量预计

资料来源：艾媒咨询、新三板智库。

据国外机构预计，到2020年，全球VR将有300亿美元市场。据iiMedia Research（艾媒咨询）2015年的数据显示，2015年中国虚拟现实行业市场规模为15.4亿元，预计2016年将达到56.6亿元，2020年市场规模预计将超过550亿元，见图2，目前国内的虚拟现实产业还处于启动期。

（二）VR设备参数基本达标，已具备进入消费市场条件

VR技术包括四项关键指标，领先厂商已经达标，VR技术趋于成熟。这四项指标为屏幕

[①] 胡涛，新三板智库研究员；王丹青，新三板智库研究员；陈俊盛，新三板智库研究员。

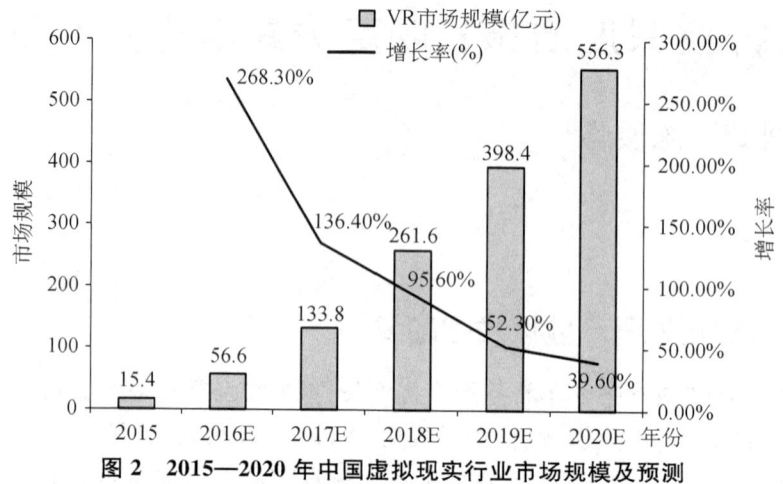

图2　2015—2020年中国虚拟现实行业市场规模及预测

资料来源：艾媒咨询、新三板智库。

刷新率、屏幕分辨率、延迟和设备计算能力。目前高通骁龙820已经上市,19.3 ms内的延迟已经可以达到;90 Hz和2K屏幕已进入市场,可以提供基础级VR产品体验。同时,其他方面的技术,如输入设备在姿态矫正、复位功能、精准度、延迟等方面持续改善;传输设备提速和无线化;更小体积硬件下的续航能力和存储容量不断提升;配套系统和中间件开发完善。此外,大屏幕智能手机、高清电视等逐步普及,高清视频资源日益增多;虚拟现实技术成熟度已经达到市场爆发的临界点,见表1。

目前国外主要厂商和国内领先厂商在这四项指标上已经达标,VR头显产品全面进入消费市场的条件已经基本成熟。

表1　虚拟现实爆发所需要的技术要求

项目	基本要求	成熟标准
屏幕刷新率	90 Hz	100～120 Hz
屏幕分辨率	2K屏幕	4K屏幕
延迟	19.3 ms以内	持续压缩延迟时间
计算能力	高通骁龙820	CPU和GPU性能继续提升,体积缩小

资料来源：艾媒咨询、新三板智库。

二、VR行业重要驱动因素：政策＋需求＋供给＋资本

(一)政策端：《虚拟现实产业发展白皮书5.0》的发布指引着VR产业的发展方向

随着硬件产品成本降低,内容资源日趋丰富,技术手段不断升级,VR在信息消费领域的地位逐渐受到重视,相关扶持政策陆续出台。

2016年3月18日,《国民经济和社会发展第十三个五年(2016—2020年)规划纲要》(以下简称《纲要》)正式发布。《纲要》明确指出,大力推进虚拟现实等新兴前沿领域创新和产业化。在《纲要》指引下,国内VR产业环境有望进一步向好。

2016年4月14日,工信部电子技术标准化研究院发布《虚拟现实产业发展白皮书5.0》(以下简称《白皮书》)。《白皮书》指出,虚拟现实正处于产业爆发的前夕,即将进入持续高速发展的窗口期。未来的半年到一年内,虚拟现实消费市场将迅速爆发,技术体系和产业格局也将

初步形成。我国虚拟现实产业若不尽快布局,将再次陷入落后和追赶国外的局面。

《白皮书》还为虚拟现实发展提出了建议:一是做好顶层设计,制定产业规划路线图,建立与完善相关标准体系;二是财政补贴支持产业应用和技术突破,尤其是加强重点领域应用示范;三是加强文化和品牌建设。《白皮书》的发布体现了国家对虚拟现实技术的重视,同时也预示着虚拟现实行业统一标准建设进程加快。

(二)需求端:国内VR潜在用户近3亿,大部分是社会最具消费能力的年轻群体

从消费环境来看,80后、90后已经成为互联网消费的主流群体,文化娱乐消费的需求不断增加,优质IP的品牌效应对于消费者的影响巨大;新生代用户对VR充满兴趣,消费意愿更强。目前,中国消费级市场VR设备用户以东部地区乐于尝试新事物的年轻男性为主。他们收入在3000~8000元,年龄在20~30岁,生活在东部沿海城市,喜欢3D电影和游戏,追求沉浸感和交互感,乐于尝试新事物,每天使用设备30分钟。

根据中国VR产业发展研究报告课题组的网络调查,国内听说过虚拟现实(VR)相关产品和知识,并对虚拟现实非常感兴趣的用户在15岁至39岁的人群中占比达到68.5%,潜在用户规模达2.86亿人。同时中国VR浅度用户(通过各种方式接触、体验过VR设备的用户)在15岁至39岁的人群中占比达到4.1%,约1700万人,其中VR重度用户(购买过各种虚拟现实设备的用户)约96万人。

VR重度用户对电子竞技、网络游戏有明显偏好。超过7%的VR重度用户每天使用VR设备,80%的重度用户未来一年计划购买新的VR眼镜。超过30%的重度用户未来一年内计划购买PC端头盔。

国外VR媒体Road to VR曾发布关于中国虚拟现实(VR)头盔市场的调查报道。报道称,VR手机盒子的零售销量达到每天1000台,而分销到渠道的数量更是达到每天10,000台。

(三)供给端:VR硬件与系统涉及的关键技术日渐成熟,VR内容日渐丰富

硬件:VR技术的关键指标包括屏幕刷新率、屏幕分辨率、延迟和设备计算能力等。目前国外主要厂商和国内领先厂商在这四项指标上已经达标,VR技术逐渐成熟。同时,其他方面的技术,如输入设备在姿态矫正、复位功能、精准度、延迟等方面持续改善;传输设备提速和无线化;更小体积硬件下的续航能力和存储容量不断提升;配套系统和中间件开发也日趋完善。

系统:目前Windows、Android系统已经能够较好地支持VR的软硬件,提供较好的体验,支撑消费级应用,而Google、Oculus、Razer都在开发VR专用系统。2016年下半年,国内VR系统、应用都上升一个台阶;VR系统越发成熟,将会有更加适配VR设备的系统出现,系统兼容性逐步提高。目前包括Intel、高通、INVIDIA等在内的硬件厂商都开始着手解决算法层的适配问题,硬件技术和算法所带来的门槛将彻底消除。

内容:国内已经面世的VR游戏产品有800款左右(PC端游戏占58.6%,移动端游戏占41.4%);在视频方面,VR影视作品约有2700款。目前已经有大量内容公司投入VR内容的开发制作,2016年VR内容的数量和质量得到质的提升。基于这些内容,VR设备的普及率和活跃率得到坚实保障。

(四)资本端:各路资金汇聚VR产业,融资金额逐步攀升

从全球范围看,VR市场的火热早已引发投资热潮。根据美国风投数据公司CB Insights的统计显示,从融资的笔数看,VR领域2014年完成了24笔融资交易,而到2015年完成了94笔融资交易,增长率高达292%。2014年,VR公司融资金额仅为9500万美元。2015年,VR公司融资金额高达4.65亿美元,同比上涨高达391%。VR如今大抢风头,科技巨头们纷纷押注,开启了一系列投资并购,VR领域开始成熟。比较大的VR融资案例为Jaunt在2015年第三季度完成的6500万美元C轮融资,2015年第四季度蚁视完成的4600万美元融资和NextVR完成3000万美元A轮融资。

数据显示,2016年第一季度,VR领域融资金额为2.17亿美元,比上一季度增长近8%。在此期间,金额较大的VR融资案例包括Mindmaze完成1亿美元融资,暴风魔镜完成3400万美元B轮融资,以及WEVR完成2500万美元C轮融资。VR领域有各种各样的公司获得融资。

据悉,包括谷歌、OPPO、暴风在内的涉足VR的厂商60%以上都获得了资本的青睐,它们获得了从数百万元至数亿元不等的融资。资本的疯狂追逐,也从侧面证明了VR市场的认可程度。

在VR投资领域,上市公司表现活跃,投资金额大,以A、B轮领投居多。据统计,90%的上市公司投资VR项目案例发生在2015年下半年及2016年年初,以参股为主。

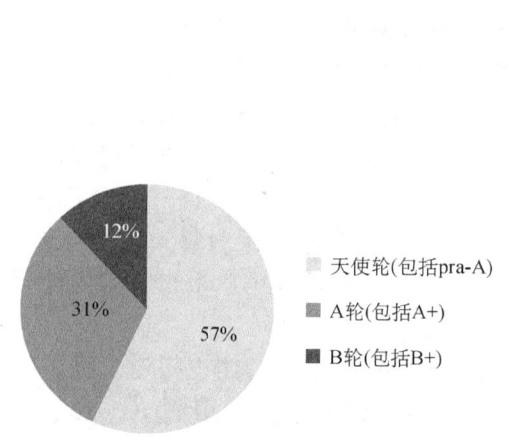

图3　VR项目融资轮次分布

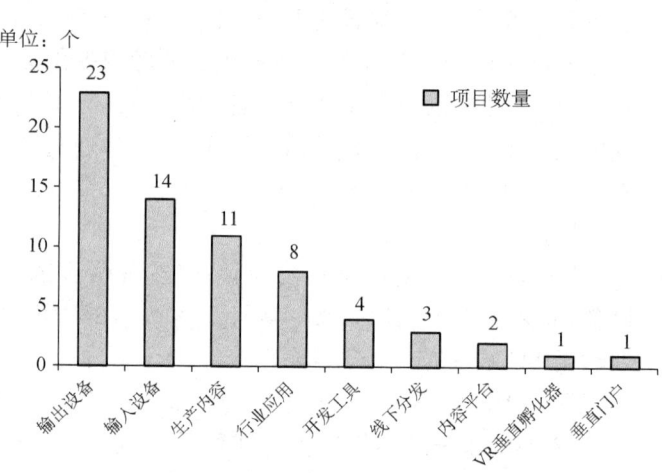

图4　VR融资项目在产业链上的数量

资料来源:互联网、新三板智库。

从图3可以看出,整个VR行业目前大部分项目属于天使轮融资阶段,获得B轮融资的项目仅有暴风魔镜、诺亦腾、大朋、曼恒数字等。在各细分行业融资情况的分析中可以看到:产业链的各个环节均有项目获得融资,说明我国VR产业链已初现雏形。资金集中布局在产业链中的设备端和内容端,见图4。其中VR硬件开发商的融资总额占整个VR行业的55.23%,可见在VR行业发展的初期,VR硬件设施方面的更新迭代是最受投资人关注,也是竞争最为激烈的板块。

三、上游元器件:传感器与显示器或最具有投资机会

上游元器件主要分为四大部分,分别是芯片、传感器、显示器和镜头,见图5。芯片领域仍被传统厂商占据大半市场,因为芯片技术壁垒较高,竞争者较难进入。传感器领域呈现出"大"吃"小"的局面,互联网巨头收购事件频出,因此,在人机交互细分领域做得出色的企业将很可能会被收购,投资机会巨大。显示器领域目前虽由韩国三星和LG两个一流厂商带领,但我们国内企业大有紧追其后的态势,在2017年国内企业的显示屏生产线将大幅投产,并将直接

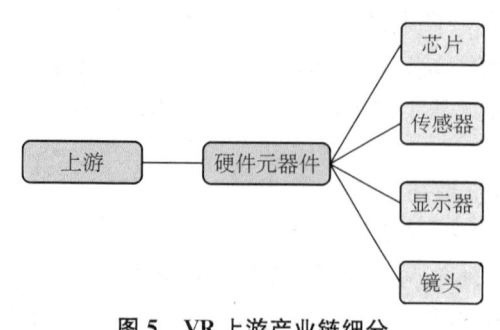

图5　VR上游产业链细分

资料来源:新三板智库。

受益于 VR 设备需求大增。镜头领域则主要聚焦在全景相机方面,国内企业目前扎堆于此,只为抢占前景广阔的 VR 全景相机市场。

(一)芯片:现有芯片可确保设备流畅运行,传统厂商仍将保持主导地位

VR 芯片包含 CPU 算法处理器、GPU 图形处理器、存储与记忆体和辅助芯片与控制器,其中最重要的是 CPU 和 GPU。CPU 的主要功能是进行大量数据的处理运算,GPU 则是显卡的灵魂,运算密度高、并发线程数量多,是 VR 设备图形处理中最重要的一部分。

芯片是解决 VR 眩晕问题的重要元器件,因为 VR 设备对芯片运算能力和图像处理能力的要求很高。研究表明,人类头动和视野回传的延迟必须低于 20 毫秒,不然就会产生视野拖影感,从而导致剧烈眩晕;刷新率越高,VR 延时越小,屏幕闪烁感以及延时也会得到改善,体验也越好,最少应该达到 75Hz 或以上时,VR 设备才能流畅运行。

延时和画面刷新率均与 GPU 性能有关,它决定了 VR 产品能否满足 20 ms 以内延时及支持 75~90 Hz 屏幕刷新率这两大 VR 关键指标,因此,GPU 的能力成为决定 VR 产品体验的关键因素。芯片是 VR 设备流畅运行的核心保障,见图 6。

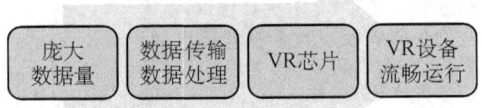

图 6 芯片是 VR 设备流畅运行的核心保障

资料来源:新三板智库。

全球领先的 VR 芯片厂商见表 2。

表 2　　　　　　　　　　全球领先的 VR 芯片厂商

厂商	芯片	性　　能	应　用
高通	骁龙	64 位加构、四个 Kryo 核心、最高主频 2.2 Hz,搭载的图形处理芯片为 Adreno 530,DSP 数字信号处理器为 Hexagon680,影像处理能力上采用了全新的 Spectra 14 - bit 双 ISP 处理器,最高能够支持 2800 万像素/30 fps,吞吐量可以达到 1.2GPix/sec(每秒 12 亿像素)	中科创达骁龙 820VR 一体机:基于高通骁龙 820 平台,可选用单眼 1440×1440/90 Hz 或 2560×1440/75 Hz 等屏幕,搭配 95°水平视场角镜头,延时低于 19 毫秒同时此设计支持双频 WIFI、蓝牙 4.1 高速传输、高通快速充电等功能
联发科	Helio X30	配备两个 2.8 GHz A57、四个 2.2 GHz A53、四个 2 GHz A53 核心,采用 10 nm 工艺。GPU 图形核心使用 Imagination powerVR,而且是定制版的 PowerVR 7XT 系列,但仍然只有四个核心。另外,Helio X30 还支持 2600 万像素摄像头、双主摄像头、VR 虚拟现实,并整合全网通基带,最高支持 LTE Cat.13	—
三星	Exynos 8890	集成了 CPU/GPU/TSP 和最新的 LTE Cat. 12/13 基带,采用了三星首个 64 位 ARMv8 构架的 CPU。CPU 部分由 4 核猫鼬+4 核 A53 组成,强化了多核心调度能力,增强了多任务/进程性能,可以	—

（续表）

厂商	芯片	性能	应用
		更好地提升8核心的利用效率。GPU部分为 Mali-T880 MP12,足有12个图形核心。官方宣称这是为沉浸式的3D游戏和虚拟现实体验做准备。基带方面下行 Cat.12,最高下载速度可达600 Mbps;上行 Cat.13,最高上传速度可达150 Mbps	
意法半导体(ST)	STM32	基于 ARM Cortex-M4 的 STM32F4 系列 MCU 采用了意法半导体的 NVM 工艺和 ART 加速器,在高达180 MHz 的工作频率下,通过闪存执行时其处理性能达到225 DMIPS/608 CoreMark。这是目前所有基于 Cortex-M 内核的微控制器产品所达到的最高基准测试分数	三星 Gear VR:主控芯片正是意法半导体的微控制器 32F401 A5009V0 TW 435,即 STM32F4 系列的 STM32 32-bit ARM Cortex-M4 微控制单元。在现有其他 VR 设备中,很多也是采用这一系列的微控制器
瑞芯微	RK3399	集成双 USB3.0 Type-C 接口,支持 Type-C 的 Display port 音视频输出;双 ISP 像素处理能力高达800 MPix/s,支持双路摄像头数据同时输入,支持3D、深度信息提取等高阶处理;MIPI/eDP 接口,支持2560×1600 屏幕显示和双屏显示;HDMI2.0 接口、H.265/H.264/VP9 4K@60fps 高清视频解码和显示;内置 PCI-e 接口,支持基于 PCI-e 的高速 Wi-Fi 和存储扩展;支持8路数字麦克风阵列输入;全面系统支持:兼容 Android、Linux 等操作系统	基于 PK3399 的 VR 解决方案:超强 4K 360 全景视频解码能力,兼容普通 2D 和 3D 片源;针对 VR 的深度优化的低时延技术,总体小于20 ms,相比未优化的 Android 系统提升5倍以上;显示刷新帧率高于75 Hz;支持 2K/双 FHD 高分辨率屏幕;支持光学软件反畸变、反色散、瞳距调节算法;支持软件及硬件两种左右分屏方式;支持主流平台的游戏引擎
全志	H8	全志 H8 八核基于台积电最新领先的28纳米制造工艺,采用8个 ARM Cortex-A7 内核,支持八核心同时2.0 GHz 高速运行,同时搭配 Imagination 旗下强劲的 PowerVR SGX544 图像处理架构,工作频率可达 700M 左右;多媒体方面,H8 支持多格式 1080p@60fps 视频编解码,支持 H.265/HEVC 视频处理,集成 8M ISP 图像信号处理架构,可支持800万像素摄像头;显示方面,H8 支持 HDMI 1080P@60fps 显示,支持 HDCP V1.2 协议,支持 HDMI CEC	全志 H8vr 视频一体解决方案具有"低发热、低功耗、高集成度"特点,且电池更小,重量更轻,在减轻头盔重量的同时也解决了头盔本身的散热问题。此外,该方案还支持最高 4K@60fps 全景视频,从 sensor、GPU、显示到光学镜片,均经过深度的合作优化,支持丰富的交互方式,确保了 VR 一体机性能及流畅的 UI 体验
盈方微	VR 定制芯片	内部采用高性能128位的处理器,据称不同于目前主流的64位处理器,在数据处理方面执行效率更高,所以可以实现超低延迟的数据处理;可并行处理多通道多媒体数据,包括音频、视频和互动数据;采用了先进的图像处理和传输技术,这些应该都是实现超高无线跨屏传输的重要技术;针对 VR 技术进行了专门的算法优化;将更多新技术融入未来想象空间中	腾讯 miniStation 微游戏机采用盈方微芯片,设备特点:用手机无线操控电视端显示的游戏;无论视频还是游戏,延迟非常低;支持双人同屏游戏,一个用手柄,一个用手机;可以顺畅地用手机实现支付;通过在手机上打字,即可与游戏内的玩家交流;可以支持 VR 头显设备

(续表)

厂商	芯片	性能	应用
炬芯	S900-VR	搭载四核64位处理器Cortex TM-A53+PowerVRTM G6230 GPU,64位双通道,高带宽存储接口,支持H.265 4K·2K硬解码,流畅4K输出到电视	S900-VR轻松满足VR三大关键技术标准"低于20 ms延时,75 Hz以上刷新率,1K以上陀螺仪刷新率",并真正做到高性能、低功耗,PowerVR的TBDR架构可以有效地减少数据带宽,提高单位面积性能,满足比普通手游在性能更加苛刻的需求,同时单位功耗性能也更高,有效避免发热、发烫等问题;基于炬芯S900-VR的雅士VR一体机,为用户打造沉浸式360度全景环视立体影院

数据来源:互联网、新三板智库。

从表3可知,小于20 ms的延时、高于75 Hz的画面刷新率已经可以实现,也就是说在未来的VR头显中,延时问题将不会再困扰用户。同时我们可以看到,目前一线主流的VR芯片厂商仍是做智能手机和电脑的传统芯片巨头,由于专利技术积累的壁垒,相信未来VR芯片仍将由它们主导。相关的主板标的有全志科技(300458)和盈方微(000670)。

表3　　　　　　　　　　　　VR芯片核心指标比较

	最低标准	骁龙820	STM32	RK3399	H8	盈方微定制芯片	S900-VR
延时	小于20 ms	18.3 ms	小于20 ms	小于20 ms	小于20 ms	超低延时	小于20 ms
画面刷新率	75 Hz以上	75~90 Hz	60 Hz	75 Hz	—	—	75 Hz以上

数据来源:新三板智库。

(二)传感器:互联网巨头收购之风盛行,人机交互技术成布局重点

VR传感器包含数据传感器和位置追踪相机。其中头显、数据衣和数据手套等数据传感器,主要是用于人机交互,包含体感识别技术、视觉传感技术、眼球追踪技术、触觉反馈技术等,通过人体动作追踪,对周围位置环境感知,进而对用户形成动作反馈,从而完成用户在视觉、听觉、触觉、嗅觉的全部人体感知体验。位置追踪相机是捕捉动作,实现深度传感的基础。

传感器是解决交互性薄弱问题的重要元器件。VR很重要的一点就是强调用户与设备之间的交互性,需要让用户产生身临其境的感觉,因此,VR设备对传感器的要求非常高。

从表4可知,在传感器领域互联网巨头们一直走在收购的路上,由于传感器涉及各种各样的人机交互技术,技术种类多且对交互精度有很高的要求,因此,一些在某领域有突出成果的公司成为被收购的对象,如苹果收购了以色列的体感识别公司PrimeSense,索尼收购了比利时的手势识别公司Softkinetic等。人机交互技术目前仍需大量辅助设备,设备便携性较低,且活动范围受制于场地的大小,技术仍有待进一步提高。在国内,投资者可重点关注新三板企业曼恒数字(834534)。

表4　　　　　　　　　　　全球领先的VR传感器企业及布局

	布　　局
微软	收购了Kinect体感识别交互典型代表
苹果	先收购了PrimeSense,后收购FaceShift和Metaio配合PrimeSense进行传感技术深度布局

(续表)

	布 局
索尼	收购 Softkinetic，拥有全世界最小且带精细化手势识别功能的3D深度摄像头
谷歌	收购 Lumedyne Technologies，掌握了光学加速度计、振动能量采集器、基于时域相应的惯性传感器等传感技术。无人驾驶系统整合了声呐系统和雷达系统，将传感器应用发挥到了极致
Facebook	收购 Oculus 和 Surreal Vision，室内三维重建领域技术领先
Valve	基于 Lighthouse 激光追踪运动系统获得佩戴者的位置和方向信息，可以在特定环境下准确追踪用户的移动，用户的移动空间可达4.5米
曼恒数字	自主研发了光学为止追踪产品 G-motion

数据来源：资料整理、新三板智库。

（三）显示屏：AMOLED 引领 VR 显示屏浪潮，国产屏接近国际一流水平

VR 显示器包含 OLED 显示屏和显示驱动芯片。其中 AMOLED 屏是目前 VR 高端设备中最主流的显示屏，能给用户接近180度的视角，高于100%的 NTSC（色域），且在所有灰度级别都有很高的色域，对比度可达1,000,000：1以上，刷新频率在90 Hz 以上，具有屏幕响应速度快、显示性能好、更轻薄、功耗低、成本低、可柔性显示等优点，而 AMOLED 驱动芯片则是驱动 AMOLED 屏的方式。

AMOLED 屏是解决眩晕问题的又一重要元器件，在 VR 设备延时的四大因素（显示、计算、传输、传感器）中，显示屏是延时的最主要因素，延时占比达69%。降低屏幕显示延时的最简单方法就是提高刷新率，减少帧间延时，以往的 LCD 屏幕刷新频率基本都不能超过50 Hz，而 AMOLED 的响应时间是 LCD 的千分之一，显示运动画面绝对不会有拖影的现象，同时每个像素都是主动发光的，可以做到低余晖，进一步降低延时，减少眩晕。此外，AMOLED 成本飞速下降，价格已与 LCD 持平，且使用寿命高于智能终端的更新周期。目前市场上四大主流 VR 头显均使用 AMOLED 屏，见表5。同时据机构预测，AMOLED 显示屏未来4年的出货量将从2015年的24,100万台增加至2019年的74,900万台，按此推算，年均复合增速将达33%，见图7。因此，我们可以判断，AMOLED 显示屏在未来几年必定是 VR 设备显示屏的应用主流。

表5　　　　　　　　　四大主流 VR 头显均使用 AMOLED 屏

厂商	设备	屏幕尺寸（英寸）	分辨率	刷新频率（Hz）	视角（度）
Oculus	Oculus Rift	5.7	2160×1200	90	110
Sony	PlayStation VR	5.7	1920×1080	120	100
HTC	HTC Vive	5.7	2160×1200	90	110
Razer	OSVR	5.5	1920×1080	100	100

数据来源：互联网、新三板智库。

对于上游的生产制造企业来讲，成熟的技术是实现生产的必要条件。而要量产，还是要看产品良率。良率过低就会造成成本增加，市场定价势必水涨船高，消费者就不会买账，这样一来最终买单还是制造商自己。所以，达到一定的良率可以说是量产的充分且必要条件。

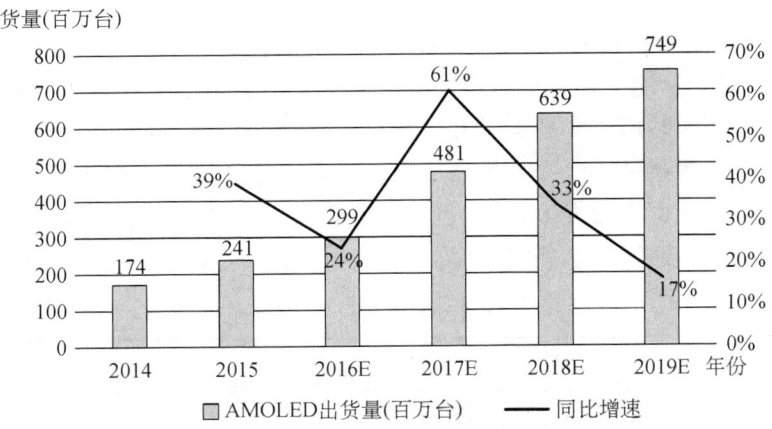

图7 AMOLED屏 2014—2019 年出货量统计及预测

表6　　　　　　　　　　　AMOLED屏生产厂商及量产情况

生产线	世代	用途	量产时间	预期产量	良率
三星	4.5代	中小尺寸硬屏	2013Q2	2.7万片/月	＞80%
	5.5年代	中小尺寸硬屏	2014Q1	1.8万片/月	＞80%
	6代	中小尺寸柔性屏＋硬屏	2014Q4	5万片/月	60%
	8代	中小、中大尺寸	2017Q1	—	—
LG	4.5代	柔性屏幕	—	2万片/月	
	8.5代	大尺寸硬屏	2014年	3.4万片/月	＞65%
	6代	中小尺寸硬屏	2017年	7.5万片/月	
天马上海	5.5代	中小尺寸硬屏	2016Q4	1.5万片/月	
天马武汉	6代	中小尺寸硬屏、软屏	2017H2	2.5万片/月	
京东方成都	6代	一期：中小尺寸硬屏 二期：柔性屏幕	2017Q2	4.8万片/月（两期各2.4万片/月）	—
京东方鄂尔多斯	5.5代	中小尺寸硬屏	2013Q4	5.4万片/月（含LTPS）	
华星光电武汉	6代	中小尺寸硬屏	2017H1	2.4万片/月	
和辉光电	4.5代	中小尺寸硬屏	2014H2	2.1万片/月	70%
	6代	中小尺寸硬屏	2018H2	2.5万片/月	—
国显光电	5.5代	中小尺寸硬屏	2015Q1	4K片/月	
信利惠州	4.5代	中小尺寸硬屏	2016H1	1.5万片/月	
信利	6代	中小尺寸硬屏	2016H2	2.5万片/月	

数据来源：互联网、新三板智库。

从表6可以看出，韩国三星毫无疑问是AMOLED市场上的龙头老大，不仅拥有多条生产线，而且还掌握柔性AMOLED生产的全部关键技术。其次是韩国LG，它主要生产大尺寸屏幕，2017年中小尺寸硬屏也开始量产。国内企业也不甘示弱，天马、京东方、华星光电、和辉光电等已占据国际AMOLED屏生产线的第二梯队位置，量产能力正逐步增大，在2017年可大规模投产。未来随着AMOLED屏需求的增长，业务与之直接相关的主板公司值得重点关注，如深天马A(000050)、京东方A(000725)、蓝思科技(300433)、欧菲光(002456)和中颖电子

(300327)。

(四)镜头：全景相机成为兵家必争之地，企业布局抢占 VR 内容

镜头包含高清光学镜头和全景相机。其中光学镜头有单透镜和双胶合透镜。单透镜可以实现较大的视场角，同时可以实现重量和体积最小，但单片式透镜光学像质中影响比较大的是色差和畸变，目前主要通过算法进行校正。双胶合透镜像质可以大幅提升图像质量，但是视场角会变小，体积和重量也增加很多，成本也相应会有较大幅度的增加。目前国际上领先的高清光学镜头厂商包括大立光、卡尔蔡司、柯尼卡美能达、舜宇光学、联创电子和歌尔声学，见表7。

表 7　　　　　　　　　　高清光学镜头厂商及简介

厂商	简介
大立光	专业精密光学镜片、镜头的制造厂商
卡尔蔡司	产品分辨率高，颜色还原出色，几乎没有死角失真现象，能生产世界上屈指可数的高品质透镜的制造厂商
柯尼卡美能达	拥有的影像、光学、材料、纳米加工四项核心技术，柯尼卡美能达集团已日渐成为数码视觉影像领域的核心公司
舜宇光学	全球领先的综合光学产品制造商和光学影像系统解决方案提供商
联创电子	全球最大的运动相机镜头供应商
歌尔声学	与台湾古崧精密设立子公司歌崧光学扩大光学镜头等产能

数据来源：新三板智库。

全景相机主要分为两类：定焦全景和变焦全景。定焦全景又分为普通定焦全景和 3D 定焦全景。对于普通定焦全景，目前市面上的大部分全景摄像机都属于这类，所有摄像机固定焦距（无穷远），拍摄 2D 全景却没有 3D 立体效果，有的甚至只能拍 180 度的画面；3D 定焦全景可以进行 360 度的拍摄，并拍摄出 3D 立体效果。在变焦全景中，目前以光场变焦全景为主，这类设备主要是利用光场技术，从各个角度捕捉图像，多次同步变焦拍摄，然后汇聚为一帧，保证远近物体都能有清晰的效果。这样就能够拍摄出具有立体效果的 360 度全景视频。

表 8　　　　　　　　　　全景相机厂商及产品介绍

厂商	产品	售价	产品简介
Google	Google Jump	1.5 万美元	Google Jump 也采用了狗笼方案，它是由 GoPro 与谷歌合作推出的一款专业级全景相机，由 16 台 Hero4 Black 相机组成，拍摄的原始视频经过 JUMP 应用转换后，会生成非常逼真的 3D 虚拟现实视频
三星	Project Beyond	—	Project Beyond 是一款 10 亿像素级的 360 度 3D 全景相机。它看起来就像一个飞碟，边缘分布了 16 个高清摄像头，每两个负责 45 度角范围内的拍摄，可以每秒捕获 10 亿像素的 3D 画面，并将各摄像头所拍摄到的内容拼接到一起，合成完整视频。拍摄出来的画面能实时传输到 Gear VR 上，可用于 VR 直播
Facebook	Surround 360	3 万美元	Surround 360 共拥有 17 个摄像头，顶部一个鱼眼超广角摄像头，底部两个超广角镜头，以及分布在四周的 14 个定焦镜头，其中每一个摄像头都可以拍摄分辨率为 2048×2048（410 万像素）的视频，最高支持 60 fps。通过 Facebook 的配套软件，摄像机所拍摄的内容最后自动渲染成 360 度的全景视频

(续表)

厂商	产品	售价	产品简介
诺基亚	OZO	6万美元	OZO拥有8个摄像头,不仅能够实时捕捉360度的3D全息影像,而且还能同时捕捉3D音频,并且完全没有延迟。值得一提的是,OZO输出是一个单一的媒体文件,并且支持实时预览,可以实时回放,极大地简化了后期剪辑,将适用于高端VR视频拍摄等专业领域
Sphericam	Sphericam 2	2499美元	Sphericam 2体积比网球大不了多少,类水晶球的结构中内置了6个摄像头,可以360度覆盖拍摄。值得一提的是,Sphericam 2能够根据不同的用途,提供不同的视频方案,比如专业级别的2.4 Gb/s码率60 fps的近乎无损视频流,或者2.4/s 30 fps的无损视频流、高质量的600 Mb/s的H.264格式编码视频、4096×2048分辨率30 fps的600 Mb/s码率视频、100 Mb/s的2D视频。因为拍摄的视频质量比较高,所以非常适用于VR视频拍摄
GoPro	GoPro	5000美元	GoPro发布了自家的狗笼方案Omni。它由6台Hero4 Black运动相机组合而成,并在其中集成Kolor拼接解决方案,能够实现4K全景视频的录制
Jaunt	NEO	3万美元	NEO可以捕捉至少4K分辨率以及60FPS以上的360度视频,而且能适应光线昏暗的环境。Jaunt VR表示,所有摄像头能完美同步运行。它具有高质量、高分辨率、360度全景捕捉,3D光场捕捉光学元件,柔光捕捉,高动态图像,完全同步的全域快门传感器阵列,延时及高帧率捕捉等特点
暴风魔镜	暴风魔眼	999元	暴风魔眼在硬件芯片级的视频图像拼接上取得了重大突破,实现了全景视频实时拼接,随拍随看。用户在拍摄过程中,打开暴风魔眼APP,用手机即可实时全景预览拍摄效果,告别"盲拍",实现全景拍摄实时成像。依赖于实时成像且方便携带的特性,魔眼还可以通过暴风云平台对室内或室外大型活动等诸多场景进行异地、实时、全景直播。用户使用魔眼拍摄的全景视频和图片,不仅可以在本地手机上浏览观看,还可以直接上传至魔眼VR全景社区
Wipet	Wipet	799元	Wipet全景摄像机采用360×230度的特制镜头,镜头外有光学防护罩保护,视频最高支持1600×1200分辨率,拍摄图片最高支持4608×3456像素,WIFI有效连接为100 M。用户可自由选择连续拍照、快捷拍照、延时摄影、快捷摄影模式。电池使用续航时间为3小时,最高支持64GB micro SD卡
完美幻境	Eyesir	7000+元;mini款1500+元	可实现机内拼接的Eyesir 4k VR全景相机,其一键成像的"傻瓜式"操作、4K 30帧的高清分辨率、输出mp4标准协议文件。凭借机内拼接的超高性能,定点直播与移动VR直播已全面实现,直播过程中既可以无任何外界设备(如PC)进行直播,也可以实时监看,能同时具备这些功能的全景直播设备,目前这在全球范围内是唯一的
Insta	Insta 360	4500元	INSTA 360全景相机拥有两个超广角鱼眼镜头,实时拍摄4K级全景视频与全景照片,使影像的呈现更加多元化。革命性的360度视频实时捕捉拼接技术,真正实现了360度全空间视角的照片拍摄和视频录制,并且它还能做到实时直播,同步传输延迟能够控制在1秒以内
UCVR	UCVR EYE	1699元	UCVR EYE的两个摄像头是按照人眼瞳距设计,不仅能实现水平180°,还能垂直150°视角。若要拍摄全景影像,只需要将它折叠起来,前后两个镜头的组合能实现360°全方位记录。标准的M6接口,搭配三脚架/无人机,可解锁更多玩法满足高空/水下等极限摄影需求

数据来源:新三板智库。

从表8可以看出，国内外已有众多高科技或互联网企业纷纷布局全景相机，如Google、三星、Jaunt、暴风魔镜和完美幻境等，但产品售价差异很大。国外产品售价（折合人民币）普遍超过万元，有的甚至十几万元。相反，国内的产品价格就较为大众化，售价从最低的799元到最高的7000多元，更易于普及国内的消费者。从产品参数上我们可以看到，全景相机技术已较为成熟，目前全景相机能实现360度全方位拍摄、视频分辨率较高，还能进行实时直播等应用。通过分析我们可以看出，企业布局全景相机很重要的一个目的就是积累目前相对缺乏的VR视频内容。VR短视频将会是VR爆发的一个重要内容。相关的主板标的有暴风集团（300431）。

四、中游设备：移动头显助推VR技术普及，人机交互增强沉浸式体验

承接了上游的关键元器件，中游厂商需要做的是将元器件做成设备产品，为内容制作展示和行业应用运行提供硬件平台。VR设备主要分为输出设备和输入设备。输出设备即头部显示器，为用户呈现出实际的VR体验；输入设备包括动作捕捉、手势捕捉和眼球捕捉设备，使用户得以与机器交互，从而提供沉浸式的体验。具体见图8。

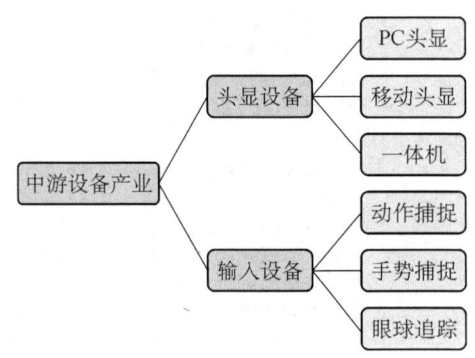

图8　VR中游产业细分

资料来源：新三板智库。

（一）头显：移动头显廉价易推广，PC与一体机各有所长

目前头部显示设备主要分成三个类型：PC头显、移动头显、一体机。具体见表9。这三个种类彼此并不存在明显的替代关系，而是面对不同用户群体，实现不同应用场景的差异化解决方案。

表9　　　　　　　　　　　　PC头显、移动头显、一体机对比

设备类型	PC头显	移动头显	一体机
代表产品	Oculus Rift、HTC Vive	Gear VR、Google Cardboard	Hololens、Magic Leap
特征	独立显示屏，借助电脑主机完成运算	多数无独立显示屏，借助手机显示图像和完成运算	独立显示屏、存储介质，独立完成运算
应用场景	深度游戏、影音体验	基础性体验，包括移动社交、轻度游戏、教学应用等	包括办公、生活服务、适度游戏体验等
售价	599~899美元，需搭配约1000美元的电脑主机	约100美元	约3000美元

资料来源：互联网、新三板智库。

1. PC 头显：深度 VR 体验最佳选择

目前，PC 头显是提供深度 VR 体验的最成熟的头衔设备解决方案。PC 头显在使用时需要与电脑主机进行连接，由主机 CPU、GPU 进行各项数据处理、图形渲染，然后再将显示效果传输到头显设备上。PC 主机相较于移动设备拥有更强的计算能力，能保证更高的图像质量和更短的计算延时，从而提供最为完整的 VR 体验。

由于主流 PC 头显近 1000 美元的定价，而且要搭配 1000 美元左右价位的电脑主机协同使用，对于普通消费者来说定价偏高，因此，目前消费人群主要为核心游戏玩家、VR 影音发烧友以及相关商户，PC 头显出货量占所有的 VR 头显比重并不大，见图 9。

PC 头显代表产品包括 Oculus Rift 和 HTC Vive，见表 10。PC 头显产品特征如下：显示分辨率较高；采用业界一流的动作识别技术；一般基于自建 VR 生态系统，或与第三方内容生态平台合作，保证有完整的内容体验；售价不低于 500 美元。

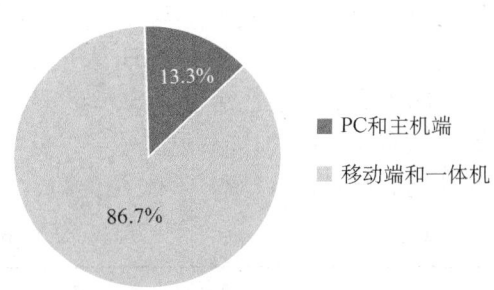

图 9　2016 年 PC 与主机端头显占 VR 头显出货量比例

资料来源：Strategy Analytics、新三板智库。

表 10　　　　　　　　　　　PC 头显代表产品

	Oculus Rift	HTC Vive 外形
外形		
分辨率	单眼 1080×1200	1200×1080
动作识别技术	Nimble Sense	Valve Lighthouse，配合 Steam VR 基站使用，有效范围最大为 4.57 米×4.57 米
生态系统	Windows 10，XBOX	Steam，Viveport
发布时间	2016 年 1 月	2016 年 2 月
定价	599 美元	799 美元（不含税）或 6888 元人民币
优势	视角范围、屏幕分辨率、刷新频率为顶尖水平；第一次量产消费级 VR 头显，具有先发优势，开发者首选平台	动作识别技术领先；Steam 和 Viveport 双内容平台，游戏娱乐应用丰富
劣势	空间追踪效果远不如 HTC Vive；手柄尚未出货	价格昂贵
出货量	截至 2016 年 4 月，出货超过 30 万台	截至 2016 年 5 月，出货不少于 5 万台

资料来源：德银、HTC Vive 官网、新三板智库。

2. 移动头显：设备价格低廉，着力 VR 普及

移动头显是最有利于普及的 VR 头显产品。移动头显通过镜片把手机屏幕的 2D 图像转化为 3D 图像，图像显示和运算渲染全部依靠手机，头显设备售价低廉，非常适合向大众消费者进行推广普及。

移动头显针对的用户群体是广大智能手机用户。移动头显成本低廉,谷歌 Cardboard 更是低于 20 美元。用户打开 Cardboard App 即可体验 VR 效果,使用成本门槛较低,非常有利于 VR 设备借助庞大的智能手机用户基数得到推广。

移动头显立足于智能手机生态系统,应用生态丰富。移动端的 VR 应用可直接在 Google Play 商店、Apple Appstore 下载,三星与 Oculus 合作推出 Gear VR 专属应用,更有数量众多的第三方应用商店。截至 2016 年 5 月,Google Play 上 Cardboard 应用已超过 1000 款,总装机量超过 2500 万;Oculus 商店 Gear VR 专属应用也超过 250 款。

移动头显代表产品包括 Samsung Gear VR 和 Google Cardboard,国内厂商所生产的头显设备也多属于此类,如暴风魔镜等。移动头显产品特征如下:显示效果依赖手机屏幕;用户交互功能简单;售价低廉。具体见表 11。

表 11　　　　　　　　　　　　　　移动头显代表产品

	Samsung Gear VR	Google Cardboard
外形		
分辨率	由适配手机决定	由适配手机决定
动作识别传感器	(头部识别)陀螺仪,加速度计	无
生态系统	Oculus 商店	Google Play
发布时间	2014 年 9 月	第一代 2014 年 6 月,第二代 2015 年 5 月
定价	98~151 美元	16.99 美元
优势	佩戴感较好,显示效果较好,支持自主 VR 视频采集	价格便宜;便于第三方厂家定制设计
问题	不支持手部识别,目前仅支持三星 Note5、S6 和 S6 edge 等手机	交互功能弱,显示效果较差
出货量	截至 2016 年 5 月,出货量不少于 100 万台	截至 2016 年 1 月,出货量约为 500 万台

资料来源:Samsung Gear VR 官网、Amazon、路透社、新三板智库。

3. 一体机:应用场景广泛,技术有待成熟

头戴一体机是可以独立运行的 VR 头戴显示设备,它自带处理单元和显示屏,不需要外接设备即可输出 VR 体验。用户可以摆脱线缆和外接主机,利用 WiFi 和蓝牙完成与外界的数据交换。由于处理 VR 内容需要相当高的处理能力和存储容量,加上头戴设备的体积限制,一体机的硬件配置成本要明显高于其他产品。

一体机主要对应商业和特定专业用户。一体机具有独立的运算单元,不需连接外部主机,因此,相较 PC 头显更具便携性。一体机除了拥有独立的显示屏,运算能力也远比手机强劲,因此可以比移动头显提供更加深度的 VR 体验。一体机可广泛用于游戏、影音、办公、通信、社交等场景。但由于其价格高,消费级应用前景有限,预计多应用于商业环境。

一体机代表产品包括微软 Hololens。一体机产品特征如下:日常生活场景和行业应用场景前景广阔;技术不成熟,缺乏消费级产品。详见表 12。

表 12　一体机代表产品

	Microsoft Hololens
外形	
分辨率	2.5K
动作识别传感器	惯性测量单元、环境光传感器、环境感知摄像头、深度感知摄像头
生态系统	Windows 10
发布时间	2016 年 2 月 29 日
定价	3000 美元
优势	使用 AR 技术，让人与机器、人与人、人与环境之间的交互同时成为可能
问题	适配应用匮乏，电池续航时间短

资料来源：互联网、新三板智库。

笔者最看好移动头显在国内的市场机会。理由如下：一是价格低廉，便于生产推广。移动头显一般价格在 1000 元以内，消费者体验成本要远小于 PC 头显和一体机，更容易使厂商扩大出货量，从而获得盈利。二是国内手机用户基数大，直接连接智能手机的移动头显更容易被接受。三是移动端应用开发难度较 PC 和游戏主机端要更小，移植至 VR 平台或者原生开发使用周期较短，相关应用能在较短时间内得到补充，从而在一定程度上解决内容匮乏的问题。

（二）输入设备：动作捕捉和手势捕捉营造沉浸式交互，眼球追踪改进显示体验

VR 与普通视觉技术很重要的一点差异在于它的沉浸式体验。用户通过手部、眼球乃至于全身的动作与设备产生互动，设备反馈以图像场景的变化，营造身临其境的全新体验。而让这一切成为可能的，除了显示设备清晰、逼真的视觉表现之外，还需要输入设备捕捉用户的全身动作、手势和视线，从而识别成具体的计算机指令，控制 VR 显示设备输出不同的场景。

目前，输入设备主要可被分为三大领域：动作捕捉、手势捕捉和眼球追踪。

1. 动作捕捉：被动式光学与惯性式系统性能最优

2016 年是 VR 元年，动作捕捉是 VR 人机交互中的重要一环。动作捕捉就是实时地准确测量、记录物体在真实三维空间中的运动轨迹或姿态，并在虚拟三维空间中重建运动物体每一时刻运动状态的一项技术。详见图 10。

图 10　动作捕捉技术

资料来源：互联网、新三板智库。

动作捕捉系统种类较多,按照技术原理可分为光学式、惯性传感器式、机械式、声学式和电磁式等种类。其中,光学式中的被动光学式和惯性式性能最好。具体见表13至表15。

表 13　　　　　　　　　　　动作捕捉技术原理与评价

技术名称	技 术 原 理	评　　价
被动光学式	在运动物体关键部位(如人体的关节处等)粘贴Marker点,Marker点是一种高亮回归式反光球,粘贴于人体各主要关节部位,由动作捕捉镜头上发出的LED照射光,经反光球反射至动捕相机,进行Marker的检测和空间定位	高定位精度、高采样频率、动作数据质量好,快速捕捉能力强、能实现多目标捕捉且适用性广泛
惯性式	由姿态传感器、信号接收器和数据处理系统组成。姿态传感器固定于人体各主要肢体部位,通过蓝牙等无线传输方式将姿态信号传送至数据处理系统,进行运动解算	在采样频率、快速捕捉和运动范围上具有一定优势

资料来源:互联网、新三板智库。

表 14　　　　　　　　　　　被动光学式与惯性式对应公司

分类	公 司 名 称
被动光学式	Worldviz、Oxford Metrics Limited、NaturalPoint、Motion Analysis、曼恒数字
惯性式	Xsens、Noitom、Innalabs

资料来源:新三板智库。

表 15　　　　　　　　　　　被动光学式与惯性式领域技术指标

性能指标	被 动 光 学 式	惯 性 式
定义	在运动物体关键部位(如人体的关节处等)粘贴Marker点,Marker点是一种高亮回归式反光球,粘贴于人体各主要关节部位,由动作捕捉镜头上发出的LED照射光经反光球反射至动捕相机,进行Marker的检测和空间定位	由姿态传感器、信号接收器和数据处理系统组成姿态传感器固定于人体各主要肢体部位,通过蓝牙等无线传输方式将姿态信号传送至数据处理系统,进行运动解算
分辨率与捕捉频率	4096×3072像素,每秒150帧;3600×3600像素,每秒480帧	—
捕捉精度	0.038毫米至0.1毫米	可捕捉细微动作,甚至是极其细微柔和的手部动作
多目标跟踪	20个对象	不少于4人
使用范围	12 m×4 m×3 m	50 m
位置追踪精度	0.2毫米	—
角度追踪精度	0.2度	
延时	小于10毫秒	小于10毫秒
视角	水平视域82°,垂直视域70°	不存在视角问题
适用范围	室内与室外	室内与室外
动作程度	—	支持大动态的奔跑、跳跃、翻腾、上下楼梯、爬坡、上下台阶等动作

(续表)

性能指标	被动光学式	惯性式
便携性	无需佩戴	轻,能穿在一般服饰里
抗干扰性	不受金属、电、磁和声音干扰	不受电磁场影响,照明条件不受限制
全方位性	不存在死角问题	—

资料来源:互联网、新三板智库。

我们认为,被动光学式领域具有投资价值的公司有新三板挂牌企业曼恒数字;惯性式领域具有投资价值的公司有 Noitom 诺亦腾。

2. 手势捕捉:指尖上的技术,让虚拟现实交互更富沉浸感

在计算机科学中,手势识别是通过数学算法来识别人类手势的一个议题。手势识别可以来自人的身体各部位的运动,但一般是指脸部和手的运动。在 VR 领域,手势识别使用户能够通过手势与设备进行互动,增强用户的体验感,见图11。

图11　手势捕捉技术

资料来源:互联网、新三板智库。

严格来讲,手势捕捉是动作捕捉的一个细分领域,识别对象一般仅局限于手部的动作,因此设备的识别区域不需太大(一般距离传感器两米以内),也更容易实现微型化,从而嵌入到头显设备上。动作捕捉一般是通过外接辅助探测器实现,识别对象是人全身的动作,识别区域较大,实现成本也比较高。

手势捕捉一般分为三个类别:惯性识别、深度感知技术和立体相机技术。对于这三类技术的大致简介见表16至表17。

表16　　　　　　　　　　手势捕捉技术原理与评价

技术名称	技术原理	评价
惯性识别	通过传感器技术,手套可以将手指的位置和旋转输入到电脑中。一些手套还可以以高精确度检测到手指的弯曲,甚至给用户以触觉反馈,作为触感的模拟	识别准确率较高,对使用距离也没有限制,但相关部件价格昂贵
深度感知技术	使用特殊相机,如结构光线相机(structured light)和飞行时间相机(time-of-flight),一个人可以由相机在一个短范围内观察到的东西产生深度地图,通过这些数据可以估算出一个3D图像,显示正在被观察的手势	识别准确率适中,使用距离与立体相机相近,硬件要求相比稍高
立体相机技术	使用两只或多只互相连接的相机可得知,通过相机的输出数据能估算出一个3D图像,让相机彼此连接,一个人能使用定位查询,如雷响(lexian)式和红外发射源	没有使用复杂的感光元器件,价格比较便宜

资料来源:互联网、新三板智库。

表 17　　手势捕捉主要公司技术分类

技术种类	主要公司	技术种类	主要公司
惯性识别	Noitom	立体相机技术	Usens, Control VR, Leap Motion, Worldwiz
深度感知技术	Intel, Nimble VR, Softkinetic		

数据来源：新三板智库。

推荐次序上，采用深度感知技术类、惯性识别类、立体相机技术类的顺序。理由如下：(1)深度感知技术类各项指标比较均衡，在主机游戏和 VR 领域已经有比较成熟的应用，再次开发难度低。该领域推荐公司应配套成熟的 SDK，方便开发者进行应用场景开发。(2)惯性识别类识别准确度较高，使用环境的干扰较少。缺点是相关部件成本较高，佩戴体验也较差。该领域推荐公司应具有优秀的传感手套工业设计能力，以实现良好的用户使用体验。(3)立体相机技术类对硬件要求较低，识别精度优于惯性识别类，但是时延、使用距离等关键指标均要低于深度感知技术和惯性识别技术。该领域推荐公司产品应具有廉价而高性能的特性。详见表 18。

表 18　　手势捕捉三大类技术指标对比

	惯性识别技术	深度感知技术	立体相机技术
使用距离	蓝牙约 10 米，WiFi 10～50 米	0.2～4 米	25 毫米～600 毫米
识别精度	2 cm	—	1/100 毫米
帧率	48～96 fps	45～90 fps	>60 fps
时延	$\frac{1}{480}$ 秒	<20 ms	<20 ms
硬件要求	酷睿 I3 处理器以上	四代酷睿处理器以上	主流智能手机配置

数据来源：互联网、新三板智库。

目前，国际上手势识别领域领先企业包括 Noitom 诺亦腾。

3. 眼球追踪：缩短延迟，缓解眩晕，改进显示效果

眼球追踪技术是对眼球位置和运动信息的获取、建模和模拟的前沿技术，它使人能通过眼球运动发出指令，实现人机交互。Oculus 创始人帕尔默拉奇称其为"VR 的心脏"，因为它对于人眼位置的检测，能够为当前所处视角提供最佳的 3D 效果，使 VR 头显呈现出的图像更自然，延迟更小，这都能大大增加可玩性。同时，眼球追踪技术能够通过检测用户的视觉焦点调节画面，进行分区视点渲染，消除图像畸变，进而缓解眩晕感。眼球追踪设备见图 12。

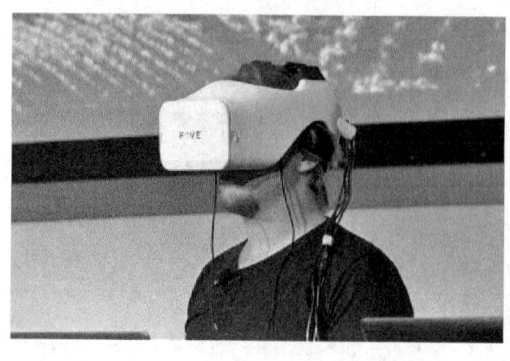

图 12　眼球追踪设备

资料来源：互联网、新三板智库。

眼球追踪技术种类较多,"眼球录像跟踪"和"角膜反射法跟踪"两种方法相对较好。目前在 VR 和 AR 领域有所应用的技术都是这两种。具体见表 19 和表 20。

表 19　　　　　　　　　　　　　眼球追踪技术概念与特点

技术种类	概　　念	特　　点
眼球录像跟踪	通过辨认眼球的特征,如瞳孔形状、瞳孔异色边缘、近距离指向光源的角膜反射,来实现眼球跟踪	原理简单、实用性较强,且对用户眼睛没有伤害,但测量的精准度相比角膜反射法要低
角膜反射法跟踪	通过摄像机主动发出红外线或近红外线,计算瞳孔中心与角膜反射之间的向量,对注视点进行判断	精准度高,对用户的眼球没有伤害,成本较低。VR 领域应用最广泛的眼球追踪技术。红外线投射方式能在屏幕上精确到 1 厘米以内,辅以眨眼识别、注视识别等技术,已经可以在一定程度上替代鼠标、触摸板,进行一些有限的操作

资料来源:互联网、新三板智库。

表 20　　　　　　　　　　　　　应用眼球追踪技术的公司

眼球追踪方式	公 司 名 称
眼图录像跟踪	Eyefluence
角膜反射法跟踪	Tobii、SMI、SteelSeries 赛睿、FOVE、七鑫易维

数据来源:新三板智库。

眼球追踪领域推荐公司有国内公司七鑫易维。七鑫易维拥有较先进的 VR 眼控技术,公司推出面向大众消费者的 aSee 眼动仪,拥有较好的准确度,也具有近视支持,价格低廉。眼球追踪领域主流厂商技术参数见表 21。

表 21　　　　　　　　　　　　眼球追踪领域主流厂商技术参数一览

	Tobii	SMI	FOVE	七鑫易维	赛睿
精确度	0.4 角度	0.25~0.5 角度	1 角度	0.7 角度	—
视角	40 角度	正负 30 角度、30 角度(上)、45 角度(下)	100 角度	大于 100 角度	—
近视支持	无	无	有	有	无
价格	14,900~29,900 美元	20,000~90,000 美元	349 美元	数百元人民币	199.99 美元

资料来源:互联网、新三板智库。

五、下游内容应用:游戏与直播蕴藏市场机会

VR 设备的技术进步将推动内容的发展,但是 VR 设备的长远发展,依赖于下游商业化应用产生的市场需求。也就是说,怎么把 VR 技术应用于日常生产生活中,是下游内容应用产业需要解决的问题,也是整个 VR 产业需要解决的本源性问题。具体见图 13。

我们认为,在众多 VR 垂直应用中,娱乐市场中的游戏与直播应用前景最被看好。

(一)游戏应用:沉浸体验,渠道为王

VR 游戏的最大竞争力在于其沉浸式体验,见图 14。一是 360 度场景将强化玩家,对游戏场景的浸入感。这对于第一视角游戏意味着临场感的增强,对第三者视角意味着可以获得对游戏画面全方位无死角的观感,通过画面的放缩移动还可产生鸟瞰和仰视视角,体验模式多元

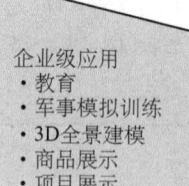
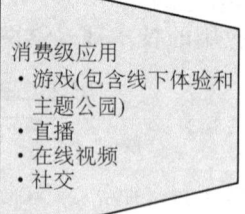

图 13　VR 应用场景

资料来源：新三板智库。

化。二是更加深度的交互模式,游戏操作感增强。头部追踪、眼球追踪、动作捕捉、手势识别、多样的操作模式、更加深度的人机交互,增强了游戏操作感和趣味性。

图 14　VR 游戏沉浸式体验

资料来源：互联网、新三板智库。

硬件性能和内容分发平台是决定 VR 游戏发展的两大痛点。(1)CPU 和 GPU 的运算渲染性能直接关系到 VR 画面质量和图像时延,输入设备的识别效率与准确度影响游戏的交互体验,而且图像时延、运动图像渲染以及眼球追踪对眩晕问题有极大影响;(2)游戏开发者的数量和作品质量是决定游戏体验品质的关键内容,而生态系统和分发渠道极大影响游戏开发者的开发效率和经济激励,开发者与生态平台及渠道两者是互相依存、互相影响的关系。

游戏线上盈利主要是来自下载付费和应用内购买充值付费,这两种方式都高度依赖于应用分发平台;线下盈利主要向体验店、主题公园收取版权费用。

硬件厂商搭建的应用平台将成为 VR 游戏主流的线上渠道。理由如下：(1)目前,VR 内容变现模式尚不成熟,第三方搭建应用平台的动力不足,而硬件厂商需要丰富内容以提高用户体验满意度,从而促进终端设备的销售;(2)一般头显厂商都会开发各自适配的 SDK,内容需要适配不同的硬件平台及其开发工具,硬件厂商搭建应用平台也有丰富基于自家设备应用生态,从而获得竞争壁垒的目的。目前国内同类公司包括乐相科技(大朋 VR)、暴风科技、3Glasses VR。

其中,3Glasses VR 应用商店见图 15。

VR 游戏线下渠道包括线下体验店、VR 体验网咖和 VR 主题公园。线下体验店和 VR 体验网咖类似,都是在人流比较集中的场所布置数台 VR 体验装置,提供数分钟到半小时的体验服务。它的优点是模式较为成熟,初始投资较小;缺点是体验内容单一,缺乏客户黏性。该领

图 15　3Glasses VR 应用商店

资料来源：3Glasses VR 官网、新三板智库。

域国内公司包括身临其境、凡拓创意、顺网科技等。VR 主题公园是指在较大的场所内，安装包含完整交互设备的 VR 体验设备，满足一人或多人较为深度、长时间地享受 VR 体验，用户可以在一定范围内自由移动如图 16 所示。该领域国内相关公司包括华强文化等。

图 16　The Void VR 主题公园

资料来源：互联网、新三板智库。

（二）VR 直播：变现能力强，算法和带宽是瓶颈

VR 直播最大竞争优势在于实现了 360 度全景拍摄，具有 3D 全景场景，支持一定程度的交互。VR 直播基本流程是先由多个镜头组成的全景相机进行拍摄，然后对拍摄下来的多个画面进行拼接、编码上传，最后通过 VR 播放软件播放。图 17 展示的是 VR 直播 Next VR。

VR 直播的应用痛点包括实时图像拼接算法和网络传输带宽。实时图像拼接算法一般包含在全景相机的配套软件内，因此实际上是全景相机的技术问题。直播机位需要至少 10 M 上传带宽，租用一台类似设备花费达到 10 万元，加上 CDN 加速费用，或者采用更高码率的画面，直播成本将加倍上升。

图 17 VR 直播 Next VR

资料来源：Next VR 官网、新三板智库。

盈利来源多样,变现能力强。VR 直播最大的市场包括体育赛事直播、演唱会直播和网络秀场直播,盈利模式主要包括点播收费、重播录像制品收入、直播广告收费、秀场虚拟物品付费和直播会员费等。

预计 5G 网络全面商用化后,商业 VR 直播将全面爆发。除了全景相机领域硬件厂商之外,投资者还可关注掌握体育赛事、演唱会直播权的各大电视台和在线视频网站,以及拥有网红资源的经纪公司和在线直播平台。

六、VR 产业投资标的梳理

（一）全志科技(300458)：国内 VR 一体机解决方案的领导者

全志科技一直致力于 GPU 能力、CPU 能力以及视频处理技术的发展,拥有超高清视频编解码技术、高清多屏显示处理及输出技术、数模混合高速信号先进工艺的设计与集成技术等核心技术,集成了高清编解码、高集中度、低功耗三大优势,技术居于业界领先水平。公司拥有 A 系列、F 系列、H 系列、V 系列等多系列 AP 处理器,为终端厂商提供 Turn-key Solution,是典型的平台型芯片企业。

4 月 21 日,全志科技发布业内首款可量产的 VR 一体机解决方案——H8vr。该解决方案拥有开放的硬件系统平台和开放的 H8vr 系统 SDK(软件开发工具包),具有"低发热、低功耗、高集成度"等特性,可以让电池更小、重量更轻,同时能够解决头盔本身的散热问题。不仅如此,全志 H8vr 方案还具备"高性能、低延时、高清晰、超流畅、超高性价比"的特性,有效地解决一体机 VR 厂商的难题。

（二）盈方微(000670)：腾讯 Ministation 游戏机的芯片供应商

盈方微是国内领先的应用处理器芯片设计公司,产品主要有智能终端应用处理器、影像产品处理器等,主要面向网络摄像机 IPC、智能行车记录仪、运动相机市场,未来着力于开发用于游戏机和 VR 头盔的主处理器芯片。目前,公司的协处理器芯片已应用于腾讯 Ministation 游戏机。公司表示,该芯片是实现 VR 的重要组成芯片之一,具备"可实现超低延迟、超高速无线跨屏传输数据、支持多人传输"的功能。

（三）深天马 A(000050)：国内中小尺寸 AMOLED 屏的龙头企业

深天马是国内主板市场上唯一专注于中小尺寸高端显示,并长期致力于材料和应用模式创新的优质龙头企业,也是中航工业旗下显示业务重要平台。经历多年的积累,公司围绕

LTPS-TFT 和 AM-OLED 显示技术，柔性、透明、3D 显示以及 in-cell/on-cell 一体式触控等领先技术，现已形成综合满足移动终端消费类和与业类显示（车载、工控、医疗等）的综合解决方案和产品体系。公司生产的 AMOLED 屏在良率和产能方面，全面领先于国内其他企业。其中，厦门 G5.5（国内第一条 LTPS 产线）和 G6 构建全球最大 LTPS 单体工厂；武汉 G6（全球领先）和上海 G5.5 AMOLED 确保 OLED 处于绝对领先地位。

（四）京东方 A（000725）：联手美国虚拟现实技术 Meta 公司，打造高质量 AMOLED 显示屏

京东方在 AR/VR 显示器件所需的高分辨率、高刷新率、超快速响应技术三个方面，已掌握核心技术，并成立 VR/AR 研究所，从软件、硬件、内容等多方切入，逐步形成创新能力。同时，公司探索与驱动集成电路等上游厂商的深度合作，开发完整的系统解决方案。公司已在成都建设 6 代 LTPS/AMOLED 生产线二期，主要生产中小尺寸柔性 AMOLED 面板，最终产能可达每月 4.8 万片玻璃基板（一期和二期各有 2.4 万片产能），二期投资额高达 245 亿元人民币。

京东方在 5 月底举行的 2016 年美国显示周（SID Display Week）上，携手其参股的美国增强现实技术企业 Meta 公司，联合展出 VR 和 AR 新品，其中一款展出的京东方 AR/VR 显示屏的分辨率达到 1600 PPI。

（五）蓝思科技（300433）：国内 3D 玻璃行业的领军者

蓝思科技专注视窗防护屏市场，在智能手机对结构件创新需求提升的背景下，公司积极布局 2.5D、3D 曲面屏，目前公司 2.5D 产品占比超过 60%，3D 产品出货也有很大提升空间，其价值和毛利水平均有提升。公司的核心客户群涵盖从高端到中低端，如三星、亚马逊、华为、小米、联想、步步高等。公司工艺成熟度处于行业领先水平，产能远大于 2700 万片/年。目前，公司与伯恩光学占据 3D 曲面玻璃市场份额 95% 以上，且公司 3 月份 3D 玻璃出货量已跃居第一。凭借中高端客户采购及良率大幅领先同行业的优势，保持相当高的进入壁垒，同时在未来第一、第二大客户机型大量应用下，公司产能可以实现迅速提升，抢占新增市场 50% 以上份额，这将带来丰厚业绩回报。

（六）欧菲光（002456）：film 方案全球领先的龙头企业

欧菲光是一家精密光电薄膜元器件制造商，主要产品有数码摄像系统中的红外截止滤光片及镜座组件、触摸屏、光纤镀膜、低通滤波器等产品的精密光学光电薄膜元器件。公司拥有国内规模领先、工艺技术能力达到国际先进水平的精密光学光电薄膜元器件生产线。公司目前是 film 方案的龙头企业，全球市场占有率超过 35%，技术与日系顶尖供应商相当，产能充分。

（七）中颖电子（300327）：国内领先的 AMOLED 驱动芯片厂商

中颖电子是国内领先的集成电路设计和 IC 产品提供商。公司所销售的 IC 产品以 MCU 为主，主要用于小家电及电脑数码产品控制。中颖电子也是目前国内较少能够提供 AMOLED 驱动产品的公司。随着三星、LG 以及国内维信诺、京东方等面板厂大举投资 AMOLED，本土 AMOLED IC 驱动将迎来增量发展。

2015 年 1 月，和辉光电采用中颖电子开发的国内首颗高清 AMOLED 驱动芯片进行显示屏的量产，中颖电子与和辉光电建立起首个实现 AMOLED 驱动 IC 国内量产产业链合作。在 AMOLED 驱动芯片绝大部分依赖进口的情况下，中颖电子作为国内少数可以量产 AMOLED 驱动芯片厂商，将从中深度受益。

(八)乐相科技(未上市)：国内领先头戴显示设备制造商

上海乐相科技有限公司是国内一家快速发展的虚拟现实互联网企业，旗下拥有大朋 VR 系列 PC 端、移动端虚拟现实头戴产品。目前，公司国内市场占有率达到 68%，同时拥有活跃度非常高的 VR 内容聚合平台 3D 播播，平台用户高达 400 万。公司坚持以用户体验为中心，做用户喜爱的可穿戴设备。

(九)暴风集团(300431)：开发头显设备和全景摄像机的国内互联网厂商

暴风科技推出头戴式 VR 设备暴风魔镜，其特点在于：(1)价格便宜。它以较低的价格将广角、低延迟的沉浸体验带给大众。只要 200 元左右，你就可以买到一套魔镜。(2)内容丰富。目前，暴风自主开发有两款游戏，暴风游戏平台有合作商接入 VR 游戏。而在影音内容方面，暴风影音平台拥有海量内容储备，内容团队每周五更新内容，而且股东华谊兄弟亦拥有大量影片资源。(3)周边配套硬件打造酷炫使用体验。比如，拍摄 360 全景视频的暴风魔眼，可以更好地感受魔镜效果的一体机，还有增强现实设备等。

(十)3Glasses VR(未上市)：设备＋内容平台＋线下体验点，多方位打造 VR 生态

深圳市虚拟现实科技有限公司专注于智能穿戴设备、虚拟现实、增强现实等领域的研发工作，拥有超过 10 年的虚拟现实技术沉淀。它是国内最早从事 VR 行业的公司之一。目前，公司拥有全球首款量产 2K 虚拟现实头盔 3Glasses D2，VR 内容应用分发平台 VR Show，以及在国内拥有 1500 余家线下 VR 体验点。

(十一)曼恒数字(834534)：国内动作捕捉技术和 VR 3D 引擎领先者

上海曼恒数字技术股份有限公司(以下简称"曼恒数字")于 2007 年成立。公司是国内领先的虚拟现实及 3D 打印技术开发和服务提供商。公司基于自主开发的 3D 计算机图形技术和快速成型技术，为客户提供领先的虚拟现实及 3D 打印产品及服务方案。虚拟现实业务产品主要包括两大部分：一是 2B 模式的企业级产品，包括 G-Magic 虚拟现实交互系统、G-Bench 虚拟工作台、DVS3D 虚拟现实 3D 引擎、G-Motion 动作捕捉系统、虚拟现实开发服务；二是面向商业、家庭及个人娱乐的消费级产品，包括 3D 实感模拟赛车、高射枪和次时代仿真模拟器等。3D 业务主要包括锐打 3D 打印设备和材料，以及云打印平台和 3dcity 个性化饰品定制平台。

(十二)诺亦腾(未上市)：国际领先的惯性识别动作捕捉技术开发商

北京诺亦腾科技有限公司(Noitom Technology Ltd.)是一家在动作捕捉领域具有国际竞争力的公司。公司核心团队由多名海外留学回国人员组成，具有很强的研发能力，研究领域涉及传感器、模态识别、运动科学、有限元分析、生物力学以及虚拟现实等。通过多学科知识交叉融合，公司开发了具有国际领先水平的"基于 MEMS 惯性传感器的动作捕捉技术"，并在此基础上形成了一系列具有完全自主知识产权的低成本、高精度动作捕捉产品。该项技术已经成功应用于动画与游戏制作、体育训练、医疗诊断、虚拟现实以及机器人等领域，并得到全球业内的高度认可。"Noitom"是英文"运动"(Motion)单词的倒序拼写，它代表了公司目标：颠覆运动捕捉行业格局。

(十三)恺英网络(002517)：投资大朋和美国光场技术公司，参与举办 VR 游戏开发者大赛

恺英网络成立于 2008 年，是一家拥有移动互联网流量入口，集平台运营和产品研发为一体的互联网企业。公司拥有近千人的开发运营团队，旗下有业内领先的多款互联网平台型产品，如 XY 游戏、XY 手机助手等。公司实现了向互联网多平台运营商以及由 PC 端到移动端的转型，并成功打造了"流量获取—流量经营—流量变现"的闭环互联网生态系统。

2016年,恺英网络制定了"平台＋内容＋VR/AR"三大战略,其中VR作为2016年主打的战略方向,被公司列为重中之重。恺英网络先后投资了国内著名VR硬件企业大朋VR和美国光场技术公司Lytro,并且与大朋、奥飞游戏合作推出首届中欧VR游戏开发者大赛,力求为全球VR游戏开发者提供一个可生长的平台,激励其开发体验优秀的作品以丰富VR游戏内容生态。

(十四) 身临其境(832817):VR内容开发与线下体验的拓荒者

北京身临其境文化股份有限公司(以下简称"身临其境")于2011年成立,是一家专业从事虚拟现实娱乐技术开发、游戏制作、互动电影制作,并提供相关设备和技术服务的高科技公司。公司提供"身临其境"多人互动影院整套解决方案,采用连锁经营模式,向客户销售影院设备(包含气动型座位、电脑等),同时提供设备安装技术服务以及影片制作、软件及系统升级、设备维护等服务,其中,硬件设备、技术服务费、游戏软件款一次收款完成,而票房分账款收入于后期根据实际消费人数持续产生。截至2015年7月,已有992家加盟店投入运营。

(十五) 凡拓创意(833414):华南地区最大的数字多媒体展示企业

广州凡拓数字创意科技股份有限公司(Frontop)作为数字多媒体展示的领先企业,是华南最大的数字创意展示工程、3D及特种影片、多媒体展项应用的集大成者,业务延伸至多媒体展馆、三维动画、立体影像、互动媒体应用、虚拟现实等方面,为政府、企业、房地产提供一站式服务。公司VR领域主要产品服务包括VR数字宣传片、VR数字影院、互动多媒体等。

(十六) 顺网科技(300113):将VR体验引入线下网咖

顺网科技携手HTC、杰拉网咖,将两套头戴式VR(虚拟现实)设备HTCVive和AMD提供的Quantumn量子主机引入杭州杰拉电竞馆,并带来十款不同的体验内容,包括DOTA2神秘商店、深海探险、水果忍者等。虚拟现实适合引入线下网咖:虚拟现实目前尚处于推广初期,用户直接购买设备意愿尚不强。网咖聚集大量重度游戏玩家,可以发挥平台效应,吸引玩家体验参与。顺网科技作为上网服务行业第一线上平台,直接对接消费者、设备商和网咖,将在未来发挥更显著的平台效应。根据相关现场体验与调研,初步估算其市场空间将在百亿元以上。

(十七) 华强文化(834793):基于VR技术和文化IP的全产业链变现

华强文化科技集团(简称"华强文化")成立于2006年,是国内旅游文化行业龙头,连续6年获"中国文化企业30强",是全国十大最具影响力的国家文化产业示范基地之一。公司目前主营业务包括两大板块:一是文化科技主题公园,主要以方特主题公园系列为代表(包括方特欢乐世界、方特梦幻王国、方特水上乐园、方特东方神画等);二是文化内容产品服务,包括特种电影、动漫产品、主题演艺、影视出品及影视后期、文化衍生品等,其中代表产品是《熊出没》系列。公司的商业模式可以概括为基于VR技术和文化IP的全产业链变现,即基于其领先的VR技术水平(主要体现在特种电影领域)和独特的IP资源,通过主题公园、影视、动漫和特种电影等多渠道进行展示和变现。

电竞赛事运营研究报告：第一方风生水起，第三方砥砺前行

施运豪[①]

一、简介

电子竞技（E-sports）准确来说应该叫作电子竞技运动，它由"电子"和"竞技运动"两部分构成。"电子"是指这项运动是借助信息技术为核心的各种软硬件以及由其营造的环境来进行的，"竞技运动"是指这项体育活动具有比赛的性质，能够体现出人与人之间体力、智力的对抗。广义上讲，电子竞技运动的表现形式既包括商业化的电子竞技赛事，也包括平常玩的"电子竞技游戏"，因为两者都借助了电子设备，且都具有人与人之间的对抗性。狭义上讲，电子竞技一般是指电子竞技赛事和以电子竞技赛事为核心的上、下游产业链。

赛事运营指的是商业性组织利用资源要素，将输入（人、财务、技术等）转化为输出（经济效益）的过程。赛事运营能力的强弱直接决定了电竞赛事的影响力和盈利状况。只有将电竞赛事运营好，整个产业才会有优质的内容输出，才会产生源源不断的资金流入，来支撑整个行业的持续发展。电子竞技运动的比赛性质决定了其必然以电竞赛事为核心，而电竞赛事则以赛事运营为核心。具体见图1。

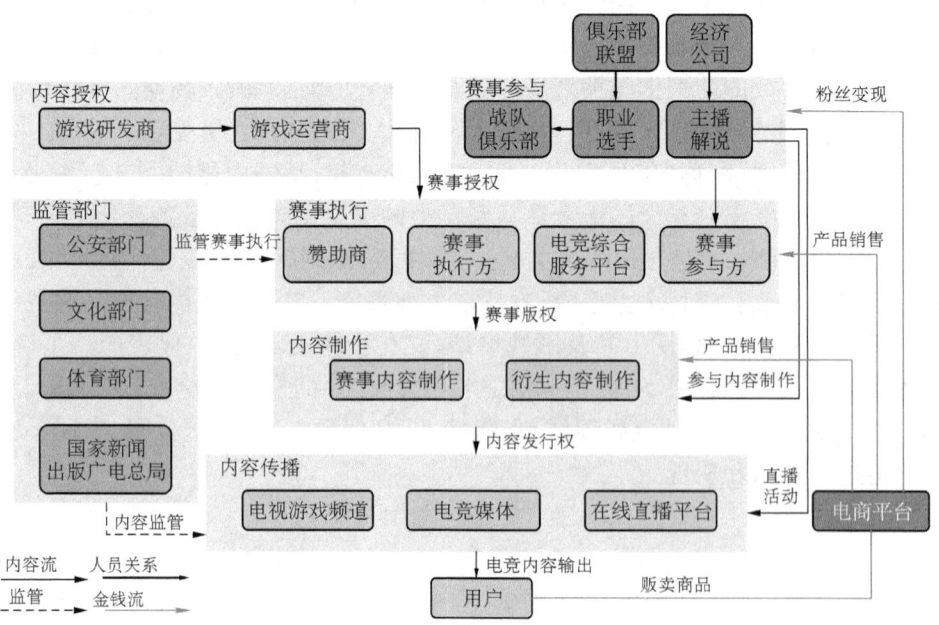

图1 电子竞技的核心是电竞赛事运营

资料来源：艾瑞咨询、新三板智库。

[①] 施运豪，中山大学，新三板智库研究员。

二、电竞之火，可以燎原

（一）市场空间之火：行业规模大，发展速度快

中国电竞的发展经历了三个阶段。1998—2003年是行业的探索期，在这个阶段，电竞的概念刚刚引入国内，比赛项目较少，大型国际性赛事主导了电竞市场。2004—2013年是行业的启动期，在这个阶段，客户端游戏成为主流比赛项目，电竞的商业模式也逐渐成形，产业链不断细分。2014年至今是行业的高速发展期，资本的涌入使得电竞产品极大丰富，产业链各环节的收入也在不断提升。国家新闻出版广电总局公布的数据显示，2015年中国电竞市场规模达270亿元，已超越美国成为全球第一大电子竞技市场。其中电竞游戏收入为269.1亿元，同比增长13%；电竞赛事收入为3.1亿元，同比增长143%；电竞衍生产业规模20.7亿元，同比增长137%，而电竞未来的整体市场规模有望超过500亿元。具体见图2至图5。

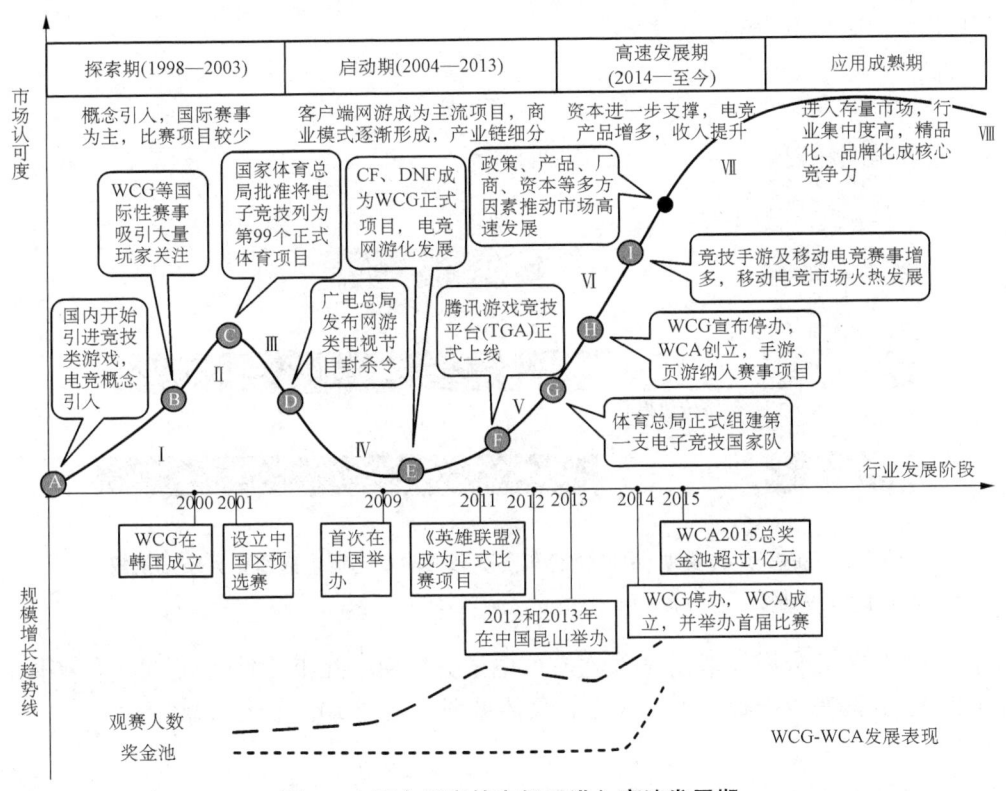

图2　中国电子竞技市场已进入高速发展期

资料来源：易观智库、新三板智库。

（二）电竞赛事之火：比赛数量、奖金、职业选手、观众数量呈现爆发式增长

2013—2015年中国规模级电竞赛事数量增长85%，主办方数量增长50%，赛事奖金也水涨船高，2016年近3亿元。部分赛事的奖金池和观看人数超过篮球、台球等传统体育赛事，如2016年DOTA 2国际邀请赛的奖金池已达千万美元级别，全面赶超了篮球、台球等中小型传统体育赛事；2015年的英雄联盟S5决赛的独立观众3600万，规模已远超当年美国ABC电视台NBA总决赛的1994万的平均收看人数。中国职业电竞选手的人数在过去4年持续增长，2015年达到648人，获奖总数世界第一。中国电竞用户规模在2015年达到1.2亿，2018年有

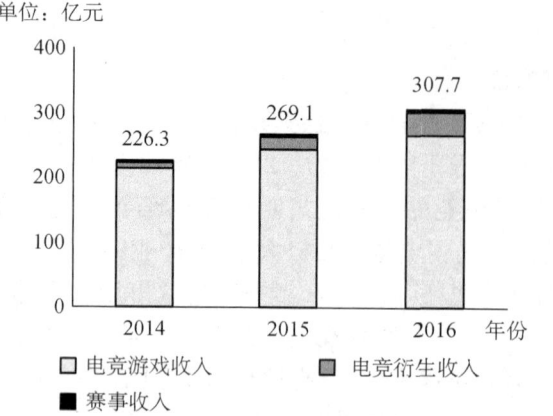
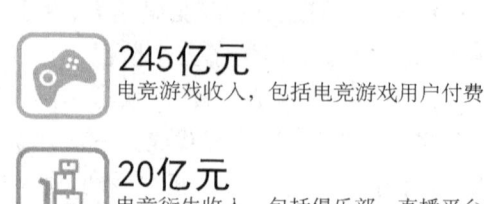

图 3　2014—2016 中国端游电竞市场规模持续扩大

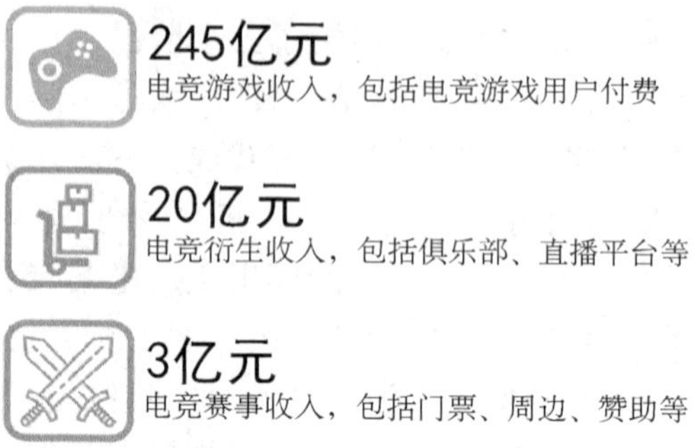

资料来源：艾瑞咨询、新三板智库。

图 4　2015 年中国电竞收入仍以电竞游戏为主

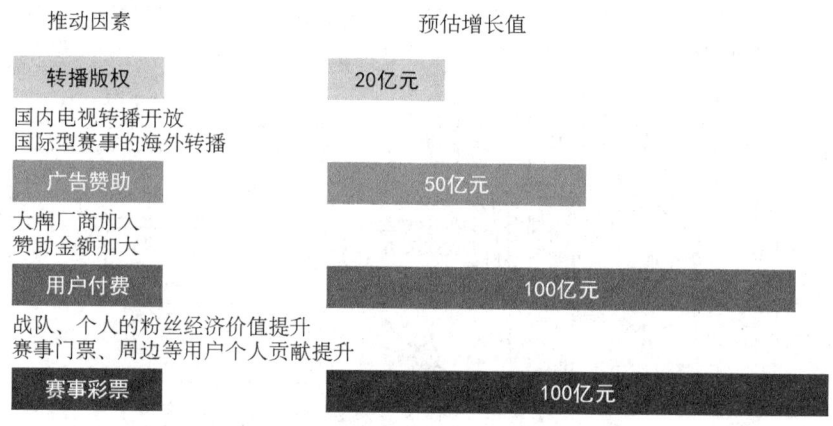

图 5　转播权、广告赞助、用户付费和赛事彩票孕育电竞未来百亿元市场规模

资料来源：艾瑞咨询、新三板智库。

望增长至 2.8 亿，年复合增长率在 30% 左右。电子竞技用十几年的时间，走过了传统体育项目近百年的发展历程，其火爆程度可见一斑。具体见图 6 至图 10。

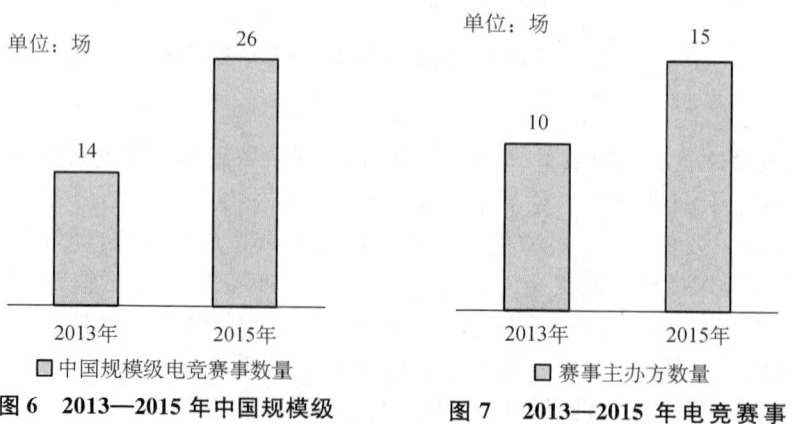

图 6　2013—2015 年中国规模级电竞赛事数量增长 85%

图 7　2013—2015 年电竞赛事主办方数量增长 50%

资料来源：艾瑞咨询、新三板智库。

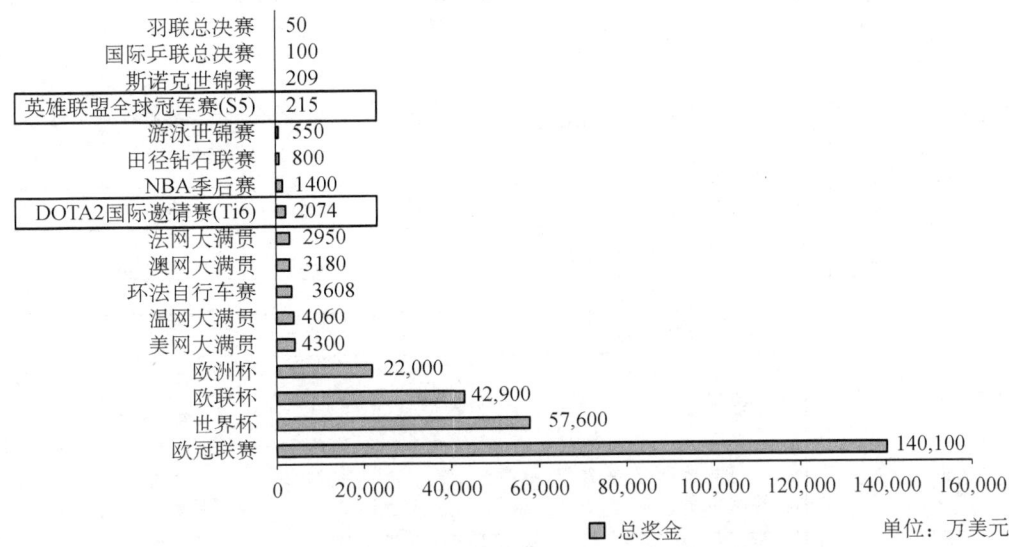

图 8 电竞赛事奖金池赶超众多传统体育顶级赛事

资料来源：网易体育、新三板智库。

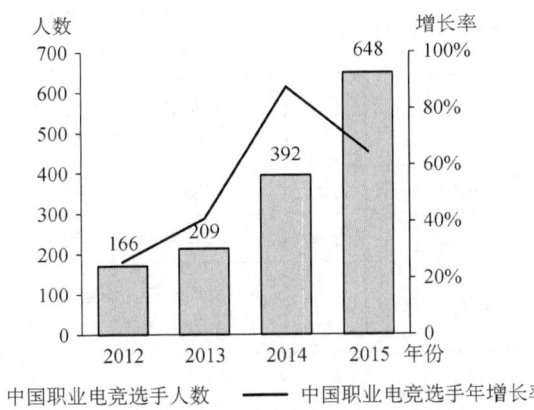

图 9 中国职业电竞选手人数保持高速增长

资料来源：搜狐体育、新三板智库。

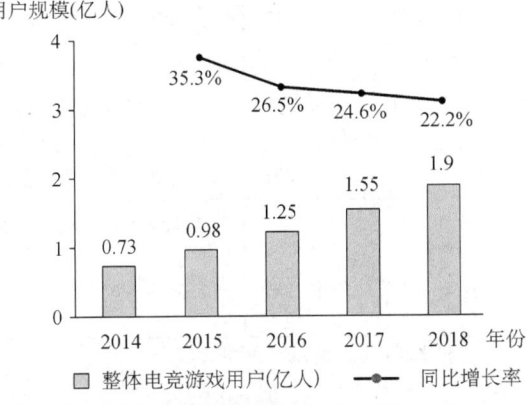

图 10 中国电竞用户规模 2016 年可达 1.25 亿元

资料来源：艾瑞咨询、新三板智库。

（三）资本市场之火：15 个月 34 次融资，金额高达 35.8 亿元

据《2016 年体育创业白皮书》统计，在 2015 年 1 月至 2016 年 3 月这 15 个月中，电竞领域共完成 34 次融资，融资金额达 35.8 亿元，仅次于体育媒体。资本的大量涌入不仅提高了电竞行业的吸引力，也为行业生态圈的构建提供了强劲动力。具体见表 1。

表 1　　　　　　　　　　　　电竞融资数量多、金额大

时间	公司	主要业务	类型	融资金额	投资方
2015 年 1 月	ImbaTV	赛事运营、直播、娱乐节目制作	B 轮	1 亿元	毅达资本、普思资本
2015 年 2 月	七煌	电竞培训、艺人经纪、电竞内容制作等	A 轮	6000 万元	联创投资

(续表)

时间	公司	主要业务	类型	融资金额	投资方
2015年7月	耀宇文化	赛事运营和内容制作	B轮	1亿元	广州华多网络科技、前海开元资产管理、广大资本体育产业基金
2015年7月	熊猫TV	游戏直播	天使轮	未透露	未透露
2015年11月	龙珠直播	电竞赛事内容制作、游戏直播	未说明	1亿美元	游久、腾讯
2015年12月	火猫TV	游戏直播	A轮	5亿元	合一集团
2016年3月	斗鱼TV	游戏直播	B轮	1亿美元	腾讯、奥飞动漫、红杉资本、南山资本
2016年6月	七煌	电竞培训、艺人经纪、电竞内容制作等	B轮	1亿元	上海新文化传媒集团、成都联创博瑞、东方富海
2016年7月	蓝游文化	电竞赛事、电竞内容制作、电竞俱乐部	A+轮	3000万元	普思资本
2016年7月	天天电竞	赛事运营	A轮	9000万元	中科招商
2016年7月	英雄体育	赛事运营、衍生品	天使轮	6.4亿元	分众创享、印记光大文化产业基金、永桐基金
2016年8月	网娱大师	网咖便捷支付、电竞报名	A轮	1.5亿元	深圳市创新投资集团、浙江金控资本、米硕基金
2016年8月	浮冬数据	电竞数据服务平台	天使轮	数百万元	VPgame
2016年8月	伐木累	电竞明星经纪、电竞社区	未透露	数千万元	华晟资本、东方富海
2016年8月	斗鱼TV	游戏直播	C轮	15亿元	凤凰投资、腾讯、深创投、国家中小企业基金、红土成长

资料来源：互联网、新三板智库。

三、用户、游戏、变现、政策多方利好，电竞赛事蓄势待发

电子竞技运动早在2003年就被国家体育总局批准成为第99个正式体育竞赛项目（现已调整为第78号项目），而其产业的爆发，我们认为主要有以下原因。

（一）早期第三方赛事培育大量用户基础

从起源上看，第三方赛事产生最早。在2000年前后，随着星际争霸、CS、魔兽争霸等竞技类游戏的出现，世界三大电竞赛事应运而生，韩国的WCG（世界电子竞技大赛）便是其中之一。在众多顶级的第三方赛事中，中国诞生了第一批电竞明星：马天元（MTY）和韦奇迪（Deep）在2001年WCG世界总决赛上拿下中国的首枚金牌；李晓峰（Sky）蝉联2005年和2006年两届WCG《魔兽争霸3》冠军，成为中国电竞的象征。正如人们因为丁俊晖而开始关注台球，因为李娜而开始关注网球一样，Sky等人在WCG上的优异表现不仅引发了国人对电竞赛事的关注，也为电竞日后的发展积累了大量玩家和观众，深化了人们对电竞的理解。具体见图11和表2。

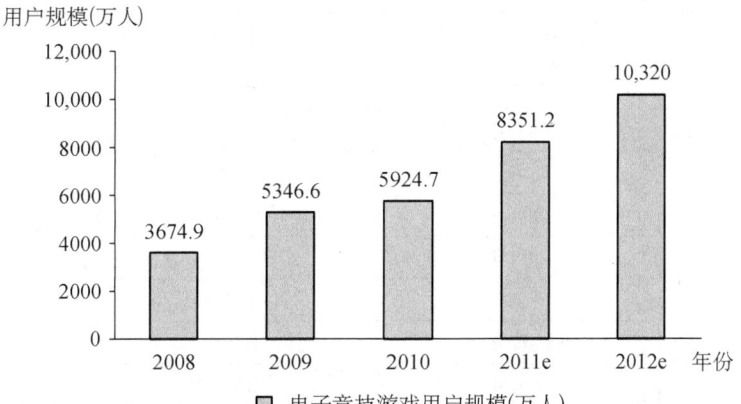

图 11 2008—2012 中国电子竞技游戏用户规模复合增长率高达 30%

资料来源：艾瑞咨询、新三板智库。

表 2　　　　　　　　　　　　　**Sky、Alex 等人成为中国第一批电竞明星**

代表人物	项目	所获荣誉（部分）
Sky（李晓峰）	魔兽争霸	WCG 2005 年、2006 年冠军、IEM 全球总决赛冠军
Infi（王诩文）	魔兽争霸	WCG 2009 年冠军、IEF2007 年中韩对抗赛冠军
Sakula（吴润波）	反恐精英	WCG 2005 年第三赛季世界冠军、IEF2007 年总决赛亚军
Alex（卞正伟）	反恐精英	WCG 2010 年冠军、2005 年 CKCG 中韩电竞总决赛冠军
S.C-Pj（沙俊春）	星际争霸	WCG 2007 年亚军、IEST 2007 年中国区总决赛冠军
Toodming（黄慧明）	星际争霸	WCG 2009 年中国总决赛亚军、2012 年 WCS 锦标赛亚军

资料来源：互联网、新三板智库。

（二）游戏厂商发力，第一方赛事迅速崛起

在 2010 年前后，随着多人在线战术竞技游戏（MOBA）的兴起和原有竞技类游戏的更新重制，优质的电竞游戏内容在短时间内涌现，此时正值第三方赛事的衰退期，大量电竞游戏的赛事空白亟须填补。游戏厂商由于手握游戏版权和大量游戏用户，在举办电竞赛事中独具优势，第一方电竞赛事也因此兴起。在这个阶段，电竞赛事的总数不仅急剧增加，而且第一方赛事的规模和影响力也实现了对第三方赛事的超越，世界三大电竞赛事的称号也从第三方赛事向第一方赛事转移。具体见表 3、表 4 及图 12。

表 3　　　　　　　**星际争霸 2、英雄联盟等强竞技性游戏在 2010 年前后兴起**

游戏名称	发行时间	游戏类型	竞技性
星际争霸 1	1998 年	RTS	强
反恐精英	2000 年	FPS	强
热血传奇	2001 年	RPG	弱
魔兽争霸 3	2002 年	RTS	强
大话西游 2	2002 年	RPG	弱
传奇世界	2003 年	RPG	弱
梦幻西游	2004 年	RPG	弱

(续表)

游戏名称	发行时间	游戏类型	竞技性
征途	2006 年	RPG	弱
天龙八部	2007 年	RPG	弱
地下城与勇士	2008 年	ACT	弱
QQ炫舞	2008 年	休闲类	弱
QQ飞车	2008 年	休闲类	弱
穿越火线	2008 年	FPS	强
英雄联盟	2009 年	MOBA	强
坦克世界	2010 年	TPS	强
星际争霸2	2010 年	RTS	强
CS：GO	2012 年	FPS	强
Dota 2	2013 年	MOBA	强
炉石传说	2014 年	TCG	强
风暴英雄	2015 年	MOBA	强

资料来源：互联网、新三板智库。

表4　　　　　全球影响力最大的电竞赛事开始向第一方转移

曾经的世界三大电竞赛事	主办方		目前的世界三大电竞赛事
世界电子竞技大赛（WCG）	三星	Valve	DOTA 2 国际邀请赛（Ti）
电子竞技世界（ESWC）	Ligarena	Riot	英雄联盟全球总决赛（S赛）
电子竞技职业联盟（CPL）	CPL	动视暴雪	暴雪嘉年华（BlizzCon）

资料来源：互联网、新三板智库。

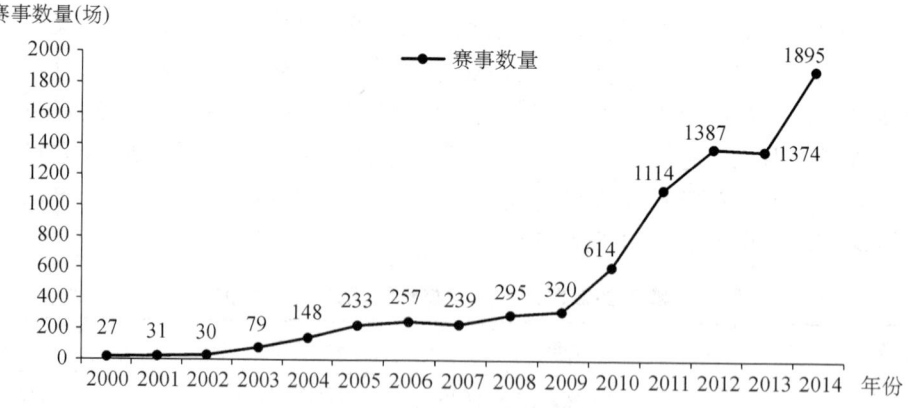

图12　2010年后电竞赛事数量出现井喷式增长

资料来源：e-Sports Earnings、新三板智库。

（三）直播平台兴起，拓展电竞赛事的影响力和变现渠道

2004年，国家广电总局发布《关于禁止播出电脑网络游戏类节目的通知》，规定"各级广播电视播出机构一律不得开设电脑网络游戏类栏目，不得播出电脑网络游戏节目"，中国电竞赛事的传播只能从网络直播中突破。2014年前后诞生的六大直播平台，为电竞的推广和变现带

来了新的机遇。具体见表 5。

表 5　　　　　　　　　游戏直播成为六大直播平台必备内容

LOGO	名字与主要业务
	斗鱼(2014 年成立):弹幕式直播分享网站,以游戏直播为主,涵盖了体育、综艺、娱乐、户外等多种直播内容 特点:先发优势,用户积累丰富,内容生态体系逐渐成形
	战旗(2014 年成立):战旗 TV 是杭州边锋网络技术有限公司旗下直属的一家弹幕式直播分享网站,以游戏直播为主,涵盖综艺、娱乐、体育等多个直播类别 特点:原浩方对战平台基础,保留特色项目三国杀
	虎牙(2012 年推出):YY 旗下直播网站,提供高清、流畅的游戏直播、娱乐直播、美女直播等多种直播内容 特点:WEB 语音及客户端双入口,原秀场模式成熟
	龙珠(2015 年成立):由苏州龙视网络科技有限公司打造的国内游戏直播平台,并与腾讯游戏、韩国职业电子竞技协会(KeSPA)、游戏风云、NiceTV 达成合作,拥有"英雄联盟"职业联赛、"穿越火线"职业联赛等超过 30 款游戏的顶级赛事直播权 特点:与腾讯关系密切,龙珠音乐等泛娱乐业务拓展
	火猫(2014 年成立):火猫 TV 是无锡乔喜文化传媒有限公司旗下的游戏直播平台,以游戏直播为主,涵盖了体育、综艺、娱乐、电子竞技等多种直播内容 特点:与完美世界关系密切,强调"自有赛事＋直播"
	熊猫(2015 年成立):熊猫 TV 是由上海熊猫互娱文化有限公司创办的一家弹幕式视频直播网站,创始人为王思聪。除了游戏直播之外,它更拥有大型活动直播、演唱会直播、美女直播等内容。 特点:王思聪个人品牌效应,强大明星主播阵容

资料来源:36 氪研究、新三板智库。

首先,直播平台解决了主流电视媒体对电竞赛事传播缺失的问题。借助直播平台千万级别的日活跃用户数量,电竞赛事不仅能更加广泛地在玩家间传播,也能辐射一些潜在的电竞观众,使赛事的影响力成倍放大。具体见图 13。

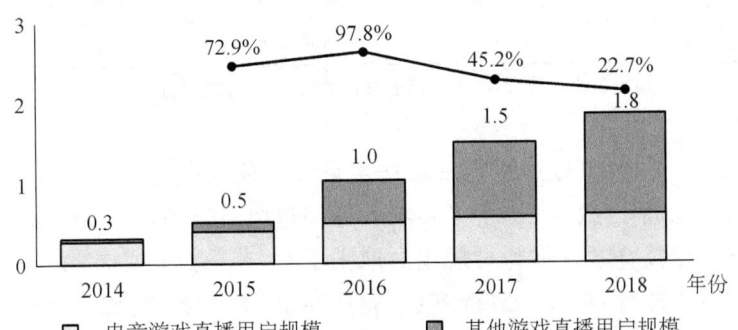

图 13　2018 年整体游戏直播用户规模可达 1.8 亿人

资料来源:艾瑞咨询、新三板智库。

其次,直播平台产生的粉丝经济极大地改善了电竞选手和主播的收入状况。在直播平台兴起之前,电竞选手的收入来源相对单一,主要包括比赛奖金、俱乐部工资和签字费,而通过直播平台,电竞选手还能通过"粉丝打赏+淘宝店+签约费"的方式进行变现。由于直播平台非常依赖优质内容,对头部主播的竞争异常激烈,加上资本的强势介入,游戏主播身价倍增的新闻早已不绝于耳。具体见表6。这不仅使电竞选手的社会地位得到提高,也吸引了越来越多的人投入到电竞行业。最重要的是,它缓解了困扰电竞赛事多年的变现问题,为电竞选手的职业规划提供了更多出路。

表6　　　　　　　　　　　头部游戏主播身价倍增

排序	主播昵称	直播游戏	类别	直播平台	身价预估(万元/年)
1	小智	LOL	游戏主播	全民TV	4000
2	PDD	LOL	退役选手	战旗TV	3500
3	Miss	LOL	游戏主播	虎牙直播	3000
4	white	LOL	退役选手	斗鱼TV	3000
5	Uzi	LOL	职业选手	全民TV	2500
6	若风	LOL	退役选手	熊猫TV	2200
7	小漠	LOL	游戏主播	全民TV	2000
8	秋日	炉石传说	游戏主播	全民TV	2000
9	安德罗妮	炉石传说	游戏主播	虎牙直播	1800
10	阿怡大小姐	LOL	游戏主播	斗鱼TV	1700
11	Sol君	炉石传说	游戏主播	熊猫TV	1600
12	骚男	LOL	游戏主播	虎牙直播	1500
12	囚徒	LOL	游戏主播	熊猫TV	1500
14	董小飒	LOL	游戏主播	虎牙直播	1200
14	笑笑	LOL	退役选手	斗鱼TV	1200
14	小苍	LOL	游戏主播	斗鱼TV	1200
17	gogoing	LOL	退役选手	虎牙直播	1100
18	Dopa	LOL	游戏主播	虎牙直播	1000
18	中华毅力帝	炉石传说	游戏主播	全民TV	1000
18	文森特	LOL	游戏主播	战旗TV	1000

注:根据游戏主播与直播平台的签约费,以及在直播过程中粉丝送礼的礼物价值排名。
资料来源:企鹅电竞、新三板智库。

(四)多项政策支持,国家级电竞赛事产生巨大示范效应

在政策制定上,近年来国家出台了多项政策促进电竞行业的发展。2015年7月,国家体育总局出台了《电子竞技赛事管理暂行规定》,取消了对"非信息中心主办的国际性和全国性电子竞技赛事,包括商业性、群众性、公益性电子竞技赛事"的审批,"合法的法律主体可自行依法组织和举办此类赛事"。2016年4月27日,国家发改委、教育部、工信部等24个部门联合下发了《关于印发促进消费带动转型升级行动方案的通知》,明确提出要"开展电子竞技游戏游艺赛事活动","加强组织协调和监督管理,在做好知识产权保护和对青少年引导的前提下,以企业为主体,举办全国性或国际性电子竞技游戏游艺赛事活动"。

在政策落地上,政府部门不仅加强了对电竞行业的引导和规范,而且带头举办了 WCA、CMEG、NEST 等大型电竞赛事。表 7 梳理了国家在支持电竞发展方面的相关举措。

表 7　　国家带头举办电竞赛事,加强电竞行业管理

时间	相关事件	内　容
2009 年	国家体育总局体育信息中心成立了电子竞技项目部	电子竞技项目部正式接管中国电子竞技项目的相关管理工作。目前,已经有三个全国性质的大赛,即全国电子竞技大赛(NEST)、全国电子竞技公开赛(NESO)、全国高校电子竞技联赛(CUEL),以及一个国际性质的比赛——国际电子竞技大赛(IET)
2013 年 3 月	电子竞技国家队成立	国家体育总局决定组建一支电子竞技项目的 17 人国家队,其中选手 12 名,教练员 3 名,领队 1 名,翻译 1 名。在 9 个参赛项目总计 143 人的中国代表团中,电子竞技队在人数规模上排名第 4,超越了很多传统项目
2015 年 9 月	全国高校电子竞技联赛(CUEL)	赛事由国家体育总局信息中心主办。此次联赛涵盖全国十个分赛区,吸引了超过 100 所高校参加
2015 年 11 月	全国电子竞技公开赛(NESO)	赛事由国家体育总局体育信息中心及上海体育总会主办。大赛采用全运会模式的赛制,以省市为单位角逐代表最高荣耀的团队冠军奖杯,是我国电子竞技体育发展战略的重要组成部分
2015 年 12 月	世界电子竞技大赛(WCA)	WCA 创办于 2014 年,是由银川市政府和银川圣地国际游戏所举办的全球性电竞赛事,永久举办地为银川市
2016 年 2 月	文化部牵头成立电竞分会	中国文化娱乐行业协会电子游戏竞技分会成立大会在北京召开,中娱协秘书长孔明介绍了协会 2015 年工作情况及 2016 年工作计划。这一举措有利于行业自律和行业协同,共同拓展行业业务范围,有利于统一整理行业问题,为监管政策制定及修改提供市场化依据
2016 年 3 月	CEMG 发布会	国家体育总局表示,正在研究探索开放电竞赛事竞猜的相关事宜。一旦赛事竞猜得以全面开放,将使电竞产业链进一步丰富,将为电竞产业增加约 37 亿元的收入
2016 年 4 月	义乌国际电子竞技大赛(IET)	由浙江省体育局、义乌市人民政府主办,浙江省电子竞技协会、义乌市文广新局(体育局)承办,下设英雄联盟、FIFA On line3、CS:GO 三个项目
2016 年 4 月	全国移动电子竞技大赛(CMEG)	CMEG 是国家体育总局体育信息中心联合大唐电信主办的首届官方大型综合性移动电竞赛事。大赛以移动电子竞技运动及产业健康发展为中心,引导规范移动电子竞技发展秩序,不断提升移动电竞产业规模及产业竞争力,大力促进我国移动电竞发展水平
2016 年 7 月	全国电子竞技大赛(NEST)	赛事从 2013 年开始举办,是由国家体育总局体育信息中心主办,面向我国广大电子竞技爱好者的专业电子竞技综合性赛事。它旨在为广大电竞爱好者和专业选手打造公平、公正、公开的竞争与交流平台,塑造中国电子竞技综合类赛事的专业品牌
2016 年 7 月	2016 年全球电子竞技高峰论坛	对多项重要行业议题进行讨论,是近年来最高级别的电竞行业会议。参会人员包括国际电子竞技联盟(IeSF)43 个成员国的主要官员,还包括全球顶级电竞企业、电竞管理机构、体育事务和运营机构、媒体和电竞明星等
2016 年 7 月	中国电子竞技嘉年华宣布活动	由国家体育总局主办,嘉年华期间推出全球华人电竞挑战赛、全民电视电子竞技大赛、电子竞技产品展示、电竞产业高峰论坛、电竞产业规范标准圆桌会议、电竞大集和电竞互动音乐节等大型主题活动

资料来源:互联网、新三板智库。

另外,国家对电竞赛事的正面报道也逐渐增加。2016 年 2 月 25 日,央视朝闻天下首次正面报道电竞,从游戏厂商、业内专家、电竞爱好者等多个层面,对其代表人物进行了专访,见图14;9月2日,《人民日报》刊登了专门介绍"电子竞技"的文章《用鼠标键盘进行的体育项目》,文中将电子竞技与传统体育项目围棋、台球类比,厘清了"电子竞技是不是体育"的争议。国家在社会舆论方面的引导十分有利于改变大众对"电竞就是打游戏"的错误认识,并极大提升电竞在主流媒体中的传播地位。

图14 央视多次正面报道电子竞技

资料来源:互联网、新三板智库。

四、运营机构鱼龙混杂,看清竞争格局是关键

电竞赛事运营的竞争格局主要体现在电竞赛事的竞争格局。我们选取了以下视角,对目前电竞赛事的竞争格局进行阐述。具体见表8。

表8　　　　　　　　电竞赛事可以从五个角度进行分类

分类视角	具体类别	类别简介
主办方	第一方赛事	主办方为游戏厂商,拥有游戏版权
	第三方赛事	由除游戏厂商外的其他机构主办的电竞赛事
比赛项目数量	单项赛事	赛事项目只包含一款游戏
	综合性赛事	赛事项目包含多款游戏
游戏平台	PC端赛事	比赛项目以PC端竞技游戏为主
	移动赛事	比赛项目为移动端竞技游戏为主
游戏类型	MOBA类赛事	比赛项目包含MOBA游戏
	FPS类赛事	比赛项目包含FPS游戏

(续表)

分类视角	具体类别	类别简介
	TCG类赛事	比赛项目包含TCG游戏
	RTS类赛事	比赛项目包含RTS游戏
	TPS类电竞赛事	比赛项目包含TPS游戏
	休闲类电竞赛事	比赛项目包含休闲类游戏
赛事规模	全国性电竞赛事	主要面向国内选手的电竞赛事
	国际型电竞赛事	在国外设置了赛区/邀请国外选手参赛的电竞赛事

资料来源：新三板智库。

（一）主办方视角：第一方赛事占66%，行业马太效应逐渐显现

从赛事数量来看，2016年国内影响力较大的电竞赛事共计94个，第一方赛事合计62个，占比66%，第三方赛事合计32个，占比34%，见图15。对第一方赛事运营主体进行细分，腾讯和网易两大游戏巨头主办的电竞赛事数量分别为24个和16个，远超其他游戏厂商，见图16；对第三方赛事运营主体进行细分，专业电竞赛事运营机构和政府主办的赛事均在10个以上，基本垄断了第三方赛事市场，见图17，而由视频媒体、传统体育企业和游戏设备商主办的电竞赛事总数还不足10个。可见不管是第一方赛事还是第三方赛事，行业的马太效应已初步显现。从奖金数额来看，第一方赛事的平均奖金为412.52万元，第三方赛事的平均奖金为1013.85万元，也就是说，第三方电竞赛事的奖金成本是第一方赛事的2.5倍左右，见图18。在同等的收入规模下，第三方赛事的盈利能力相对要弱。

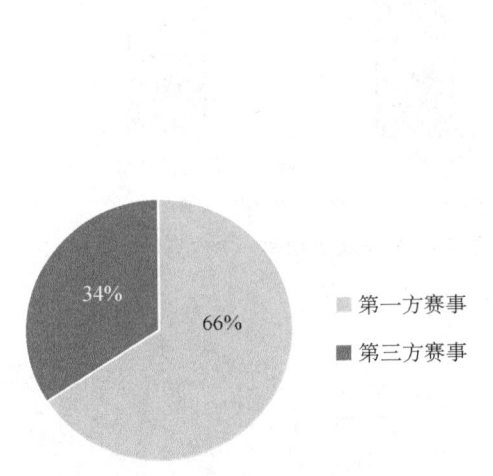

图15 电竞赛事占比情况

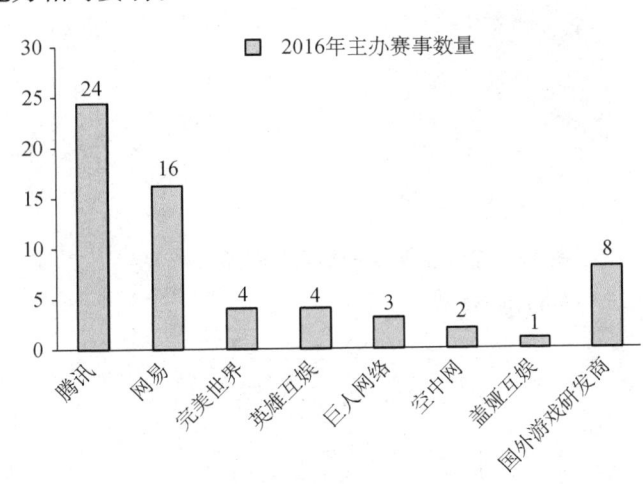

图16 腾讯和网易垄断第一方电竞赛事

资料来源：新三板智库。

（二）赛事项目视角：单项赛事为主，综合性赛事为辅

从赛事数量来看，2016年单项电竞赛事共计65个，占比69%，综合性电竞赛事共计29个，占比31%，见图19。大部分综合性赛事由第三方机构主办，而游戏厂商主打单项赛事，游戏厂商主办的综合性赛事一般仅限于自己旗下的游戏。具体见图20。从奖金数额来看，由于综合性赛事包含了多款游戏，因此赛事总奖金相对较高，平均为1087.13万元，见图21。但具体到游戏层面可以发现：按每个综合性赛事包含4款游戏来计算，每款电竞游戏在单项赛事中的奖金反而比在综合性赛事中的奖金高出137万元左右。

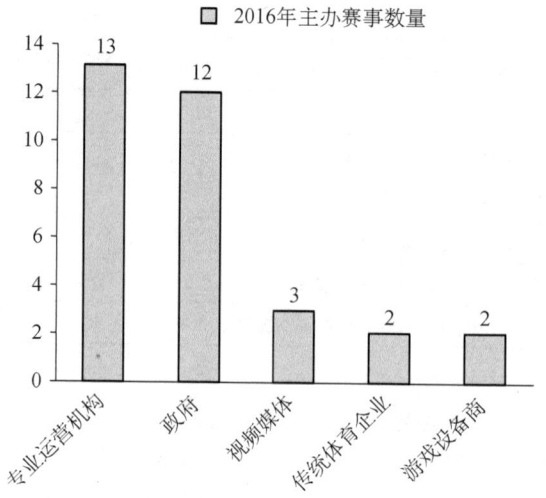

图 17 专业赛事运营机构和政府主导了第三方电竞赛事

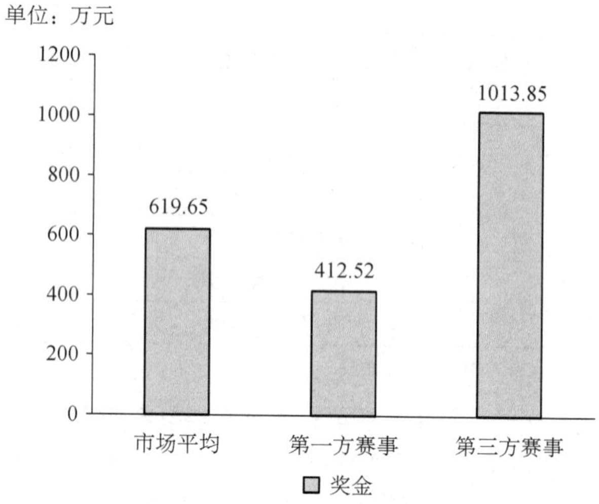

图 18 第三方电竞赛事的奖金成本是第一方赛事的 2.5 倍左右

资料来源：新三板智库。

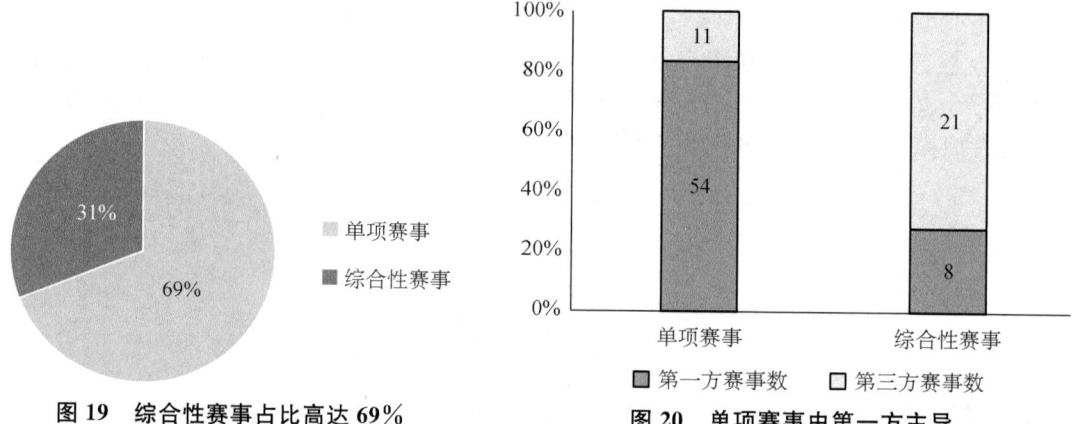

图 19 综合性赛事占比高达 69%

图 20 单项赛事由第一方主导

资料来源：新三板智库。

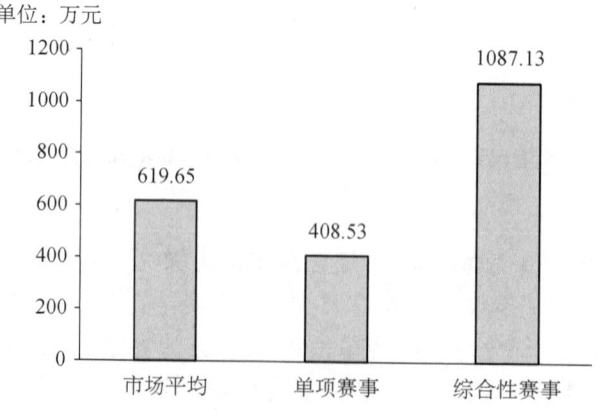

图 21 综合性赛事奖金与单项赛事奖金

资料来源：新三板智库。

（三）游戏平台视角：PC端电竞依旧是主流，移动电竞势头强劲

从赛事数量来看，2016年PC端电竞赛事共计65个，占比69%，移动电竞赛事29个，占比31%，见图22。移动电竞赛事起步于2014年，在短短3年内赛事数量就接近PC端电竞赛事的一半，其赛事占比也逐年增加，发展势头非常迅猛，见图23。从奖金数额来看，PC端电竞赛事的平均奖金为839.50万元，是移动电竞赛事平均奖金的11倍左右，见图24。由此可见，移动电竞虽然发展迅速，在奖金数额上依旧难以和PC端电竞相抗衡。移动电竞较弱的观赏性和竞技性，也使其难以在短期内超越PC端电竞。

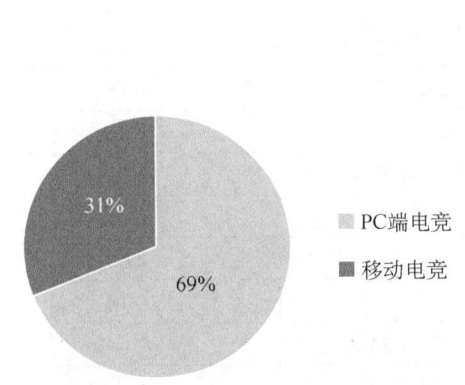

图22　PC端电竞依旧是行业主流

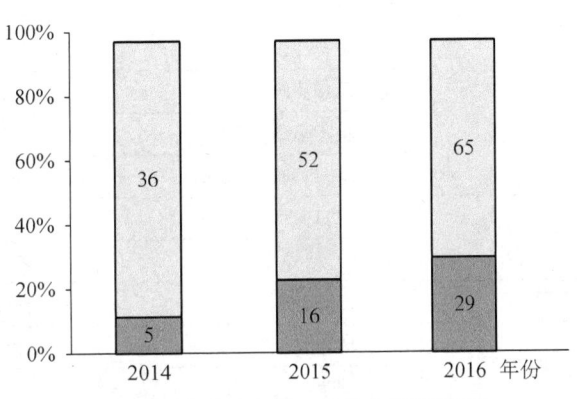

图23　移动电竞赛事占比逐年提升

资料来源：新三板智库。

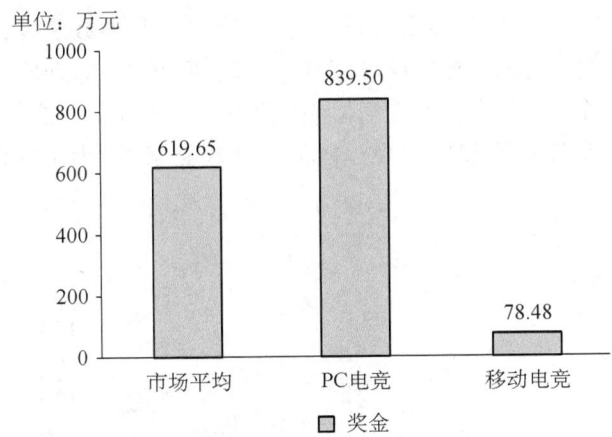

图24　PC电竞赛事奖金是移动电竞赛事平均奖金的11倍左右

资料来源：新三板智库。

（四）游戏类型视角：MOBA类游戏最受欢迎，赛事数量占比过半

2016年94个电竞赛事主要围绕18款网络游戏，其中MOBA类游戏7个，FPS类游戏3个，TCG类游戏2个，RTS类游戏2个，TPS类游戏2个，休闲类游戏2个。具体见表9。

表 9　　　　　　　　腾讯、网易、完美世界垄断主流电竞游戏资源

游戏运营商	游戏名称	游戏类型	类型简称
腾讯	英雄联盟(LOL)	多人在线战术竞技类	MOBA
	穿越火线(CF)	第一人称射击类	FPS
	FIFA Online 3	休闲类	休闲
	全民超神	多人在线战术竞技类	MOBA
	王者荣耀	多人在线战术竞技类	MOBA
	皇室战争	集换式卡牌类	TCG
网易	炉石传说	集换式卡牌类	TCG
	风暴英雄	多人在线战术竞技类	MOBA
	星际争霸2(SC2)	即时战略类	RTS
	魔兽争霸3(War3)	即时战略类	RTS
完美世界	DOTA2	多人在线战术竞技类	MOBA
	CS：GO	第一人称射击类	FPS
空中网	坦克世界	第三人称射击类	TPS
巨人网络	球球大作战	休闲类	休闲
	虚荣	多人在线战术竞技类	MOBA
英雄互娱	全民枪战	第一人称射击类	FPS
	巅峰战舰	第三人称射击类	TPS
盖娅互娱	自由之战	多人在线战术竞技类	MOBA

资料来源：新三板智库。

从赛事数量来看，由于 MOBA 类游戏较多，其对应电竞赛事数量也达 65 个，占比 69.1%，见图 25。平均来看，每款 MOBA 类游戏对应 9.3 个赛事，FPS 游戏则为 8.7 个赛事，TCG 为 12 个赛事，RTS 为 8.5 个，TPS 为 3.5 个，休闲类游戏为 6.5 个，见图 26。这大致反映出每种类型游戏在市场上的受欢迎程度和用户规模。从奖金数额来看，为了方便统计，我们以每款游

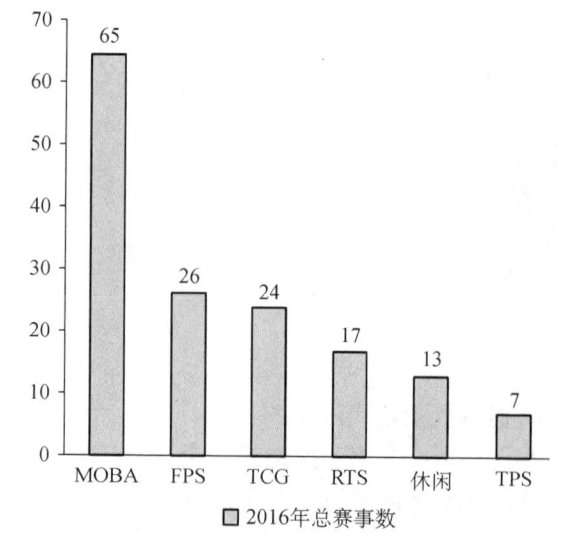

图 25　MOBA 游戏的赛事总数最多

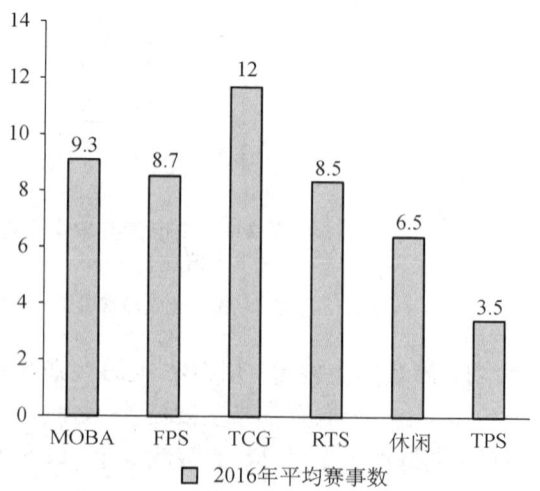

图 26　TCG 游戏的平均赛事数高达 12 个

资料来源：新三板智库。

戏的官方职业联赛的总奖金为标准。截至2016年10月,球球大作战和王者荣耀的职业联赛在2016年成立,赛事总奖金尚未公布,全民超神、皇室战争、CS：GO、巅峰战舰、虚荣尚未设立官方职业联赛,不在统计范围内。在其余几款游戏中,职业联赛奖金最高的前三款游戏均为MOBA类游戏,见图27。而早期较为流行的星际2和魔兽3奖金仅在十万元级别,这也从侧面反映出了MOBA类游戏的兴起和RTS类游戏的衰落。

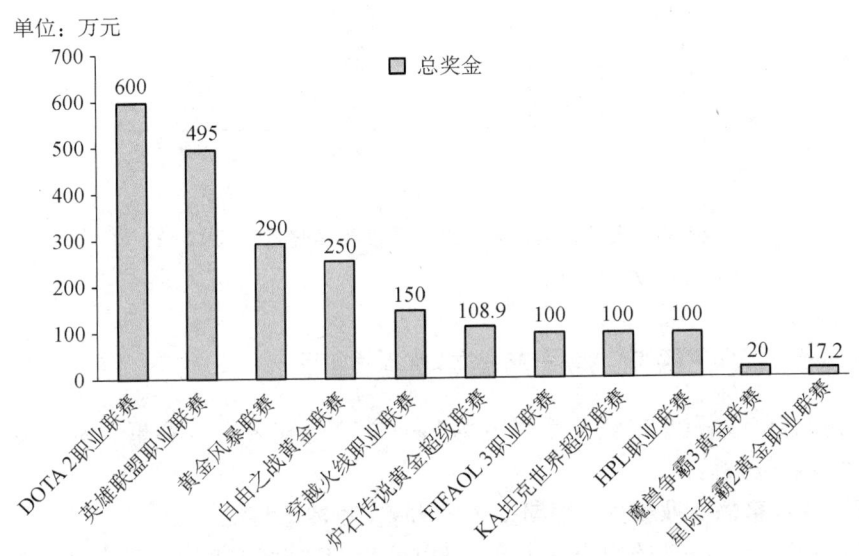

图27　PC端MOBA类游戏的官方职业联赛奖金位列同类赛事前三

资料来源：新三板智库。

（五）赛事规模视角：全国性赛事和国际性赛事共同繁荣

从赛事数量来看,2016年全国性的赛事共有58个,占比62%,国际性赛事36个,占比38%,见图28。在全国性赛事运营中,第一方机构占主导地位,见图29。而就国际性的赛事而言,第三方机构由于起步早,经验更加丰富,主办的赛事数量明显高于第一方机构。从奖金数额来看,由于国际性电竞赛事规模大,专业程度和竞技水平较高,因此,奖金成本也非常高,平均在1000万元级别。在全国性的赛事中,大众化的电竞赛事居多,不需要用大量奖金来吸引职业选手参赛,因此,奖金仅是国际性赛事的8.6%。具体见图30。

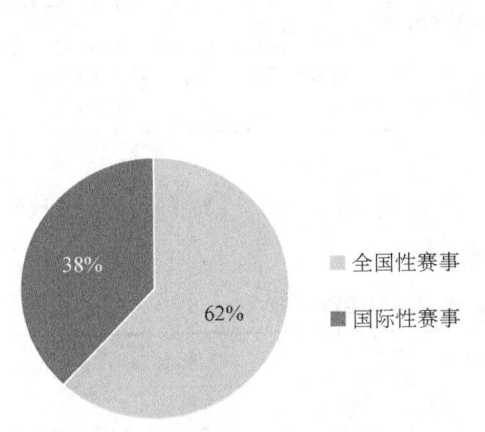

图28　全国性赛事和国际性赛事占比

资料来源：新三板智库。

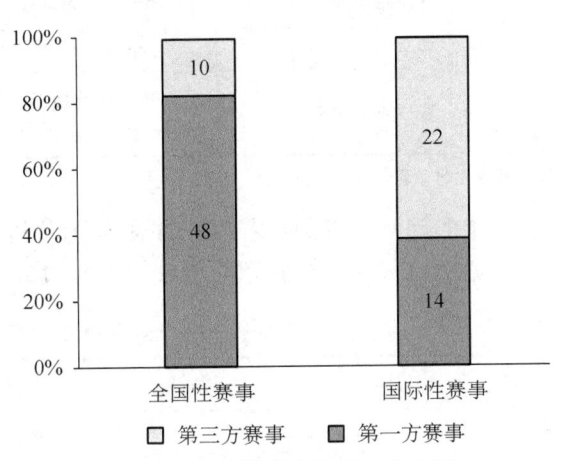

图29　全国性赛事由第一方主导

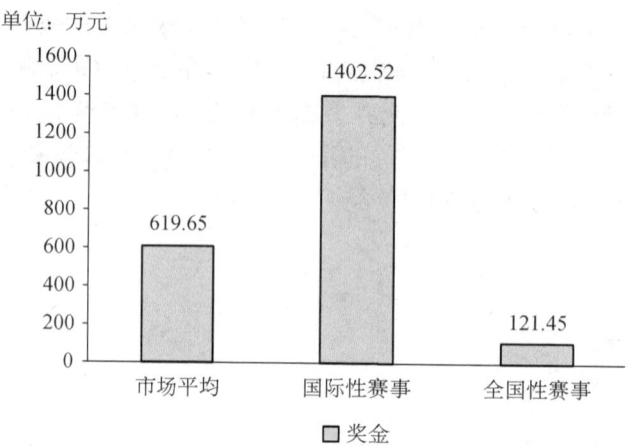

图 30　国际性赛事奖金是全国性赛事奖金的近 12 倍

资料来源：新三板智库。

五、商业模式仍在探索，第一方赛事优势明显

按照是否拥有游戏版权，电竞赛事可分为第一方赛事和第三方赛事。两类赛事的变现方式和盈利能力有着较大区别。

（一）第三方赛事的商业模式：短期变现能力差、赛事盈利难

第三方赛事的变现方式与传统体育类似，可以分为 2B 端的变现和 2C 端的变现。2B 端的变现包括赛事广告赞助、赛事冠名和赛事转播权出售。2C 端的变现包括赛事门票销售、报名费、赛事衍生品（赛事竞猜、赛事周边等）和赛事直播付费（去广告、付费原画直播等）。具体见表 10。

表 10　　　　　　　　　　第三方赛事的变现渠道尚未完全成熟

变现分类	变现方式	事　例	目前是否成熟
2B 端变现	赛事广告赞助和冠名	雪碧以 1500 万元独家冠名赞助 2016 年英雄联盟职业联赛	是
	赛事转播权	2006 年 NEOTV 以 10 万美元获得 WCG 在中国的转播权	否
2C 端实现	赛事门票收入	2016 年英雄联盟职业联赛夏季赛总决赛的门票价格从 180 元至 880 元不等	是
	赛事报名费	WCG 分赛区选拔报名费约 100 元	是
	赛事衍生品	DOTA 2 国际邀请赛出售的手办、玩偶、服饰等	是
	赛事直播付费	斗鱼在其独播的 NSL 2016 星际 2 职业联赛中采用了原画收费的模式，是国内首次直播收费行为	否

资料来源：新三板智库。

盈利难的问题一直困扰着第三方赛事运营机构，在 2010 前后的一段时间内，众多顶级的第三方电竞赛事都因资金问题而相继停办。具体见表 11。

表 11　　　　　2008—2014 年众多第三方赛事因资金问题相继停办　　　　　　　单位：元

赛事名称	规模	主办方	首届时间	停赛时间	停赛原因
ESWC	世界级	Ligarena	1998 年	2008 年	被收购，2010 年重新举办
CPL 系列赛	世界级	CPL	1997 年	2008 年	资金问题，赛事竞争加剧

（续表）

赛事名称	规模	主办方	首届时间	停赛时间	停赛原因
CGS	世界级	DirectTV、BSkyB、STARTV	2007年	2008年	金融危机，投资方无法再对赛事进行投入
CEG	中国	中华全国体育总会	2004年	2009年	特殊原因
PGL	中国	北京数字娱乐产业示范基地	2006年	2009年	未具体说明原因，赛事于2015年回归
IEST	世界级	联想	2006年	2010年	未具体说明
WEG	世界级	OGN	2006年	2011年	资本寒冬，2012年重新启动但影响力下降
IPL	北美	IGN	2011年	2013年	无法与日益增加的电竞赛事相竞争
WCG	世界级	三星	2000年	2014年	三星停止赞助，其他赛事竞争压力大

资料来源：新三板智库。

相比传统的第三方赛事，新兴的第三方赛事已经摆脱了对单一赞助商的依赖，并形成了"赞助＋门票＋赛事衍生品＋报名费"的较为多元化的变现模式，但商业赞助和门票销售依然是赛事运营最主要的收入来源。以ImbaTV在2014年主办的第一届i联赛为例，赛事的众筹总额为169万元，其中KK唱响赞助100万元，斗鱼赞助15万元，i-rock赞助15万元，剩余部分则来自广大玩家。再加上赛事门票收入的68.5万元，第一届i联赛的总收入237.5万元，商业赞助共计130万元，占比54.7%，门票收入占比28.8%，见图31。从成本上看，第一届i联赛奖金支出187万元，实际制作费用60.1万元，收不抵支，净亏损了9.6万元。具体见表12。

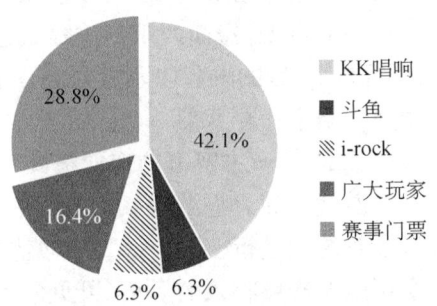

图31 首届i联赛的收入来源

资料来源：新浪游戏、新三板智库。

表12　　　　　　　　　　首届i联赛净亏损9.6万元　　　　　　　　　　单元：元

众筹总额	￥1,692,620	设备租赁	摇臂租赁4天	￥50,000
奖金用途（众筹总额70%）	￥1,187,834		摄像师4人4天	
门票加入奖金（客户端门票收入金额）	￥685,424		字幕机租用一个半月	
总奖金	￥1,870,258		制转租赁	
制作费用	￥50,786	住宿费	选手住宿费	￥19,320
实际制作费用（见实际奖金支出明细）	￥601,369		媒体住宿费	￥11,200
ImbaTV额外支出	￥93,583	选手餐费		￥10,800
实际制作费用明细		杂项	化妆师费用	￥1200
场地租借费用	￥100,000		奖杯	￥600
舞美搭建费用	￥200,000		大巴费	￥5500
场地制作物费用	￥34,600		网络宽带费	￥5000
差旅	国际选手差旅	￥151,239	合计	￥601,369
	媒体差旅	￥11,910		

资料来源：ImbaTV、新三板智库。

对于一些大型第三方赛事来说，情况同样如此。WCA新闻发言人茅侃侃表示，2014年的

WCA"打了四天比赛就花了 7000 万元。除了落地执行费用,还包括推广费用,这部分要占三分之一左右的成本"。以此估算,WCA 2014 年的运营成本在 2 亿元左右,单凭赞助和门票销售是完全无法弥补的。阿里体育电子体育事业部总经理王冠在接受采访时也表示,WESG 赛事总投入达 6 亿元,第一年投入就高达 1 亿元,WESG 势必无法在短期内实现盈利。

第三方赛事之所以盈利困难,主要是因为赛事直播付费、赛事转播权出售等大流量变现方式尚未成熟。从宏观来看,观众尚未养成对赛事直播付费的习惯。另外,电竞的社会地位尚未得到国人的一致认可,从而阻碍了电竞赛事在主流媒体上的传播。从微观来看,目前的电竞赛事竞争异常激烈,赛事运营方大都会采用策略性免费的手段,与直播平台进行合作,以快速打下用户基础。尽管如此,一些第三方运营机构已经开始试水相关变现模式。阿里体育主办的 WESG 的全球官方主播台权益(包括转播信号制作和转播权)以 3500 万元的价格出售给了 ImbaTV。NeoTV 和斗鱼在 2016 年 NSL 星际争霸 2 职业联赛的决赛转播上采取了"原画收费"的模式,创造了约 10 万元的收入,但相比起 300 万元的赛事总奖金,这显得微不足道。

由此可见,短期内第三方赛事运营依旧难以摆脱"赔本赚吆喝"状态,但从长远来看,随着 90 后与 00 后的崛起以及大众观念的转变,第三方赛事的商业模式将会变得像足球、篮球等传统体育赛事一样成熟。

(二)第一方赛事的商业模式:游戏收入体量大

游戏厂商手握游戏版权,因此,第一方赛事除了包含第三方赛事的变现渠道外,还能够通过电竞游戏进行变现。2015 年英雄联盟收入 107.11 亿元,仅一款游戏的年收入就相当于国内全年电竞赛事收入的 5 倍,可见游戏变现体量之庞大。就目前来看,即使把电竞赛事和其衍生品收入都算上,其收入规模与电竞游戏相比依然是相差甚远。具体见图 32。

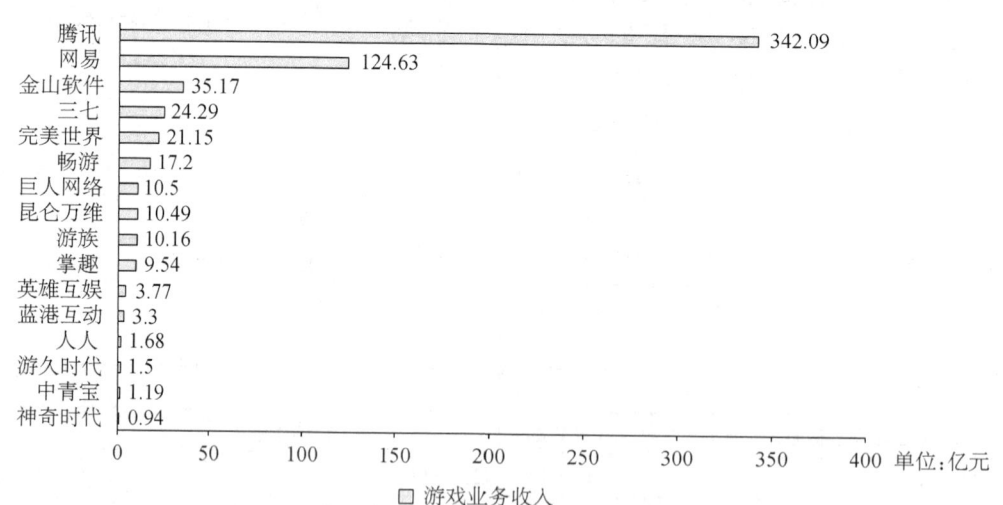

图 32 2016 年上半年拥有游戏业务的互联网公司的游戏收入情况

资料来源:游久网、新三板智库。

另外,游戏厂商在举办电竞赛事时具有天然的优势。第一,游戏厂商拥有数百万甚至上千万的游戏用户,他们是电竞赛事最忠实的受众。第二,第一方赛事将游戏厂商和赛事运营方的利益合二为一,减少了双方之间的博弈,因此更能保证赛事的质量。第三,游戏厂家不仅能够通过电竞赛事赚钱,而且还能通过举办电竞赛事来延长游戏的生命周期,增加用户黏性,刺激玩家对游戏道具的消费。即使电竞赛事利润为零,游戏厂家在游戏运营环节依旧能赚得盆满钵满。2016年上半年拥有游戏业务的互联网公司的利润情况见图33。

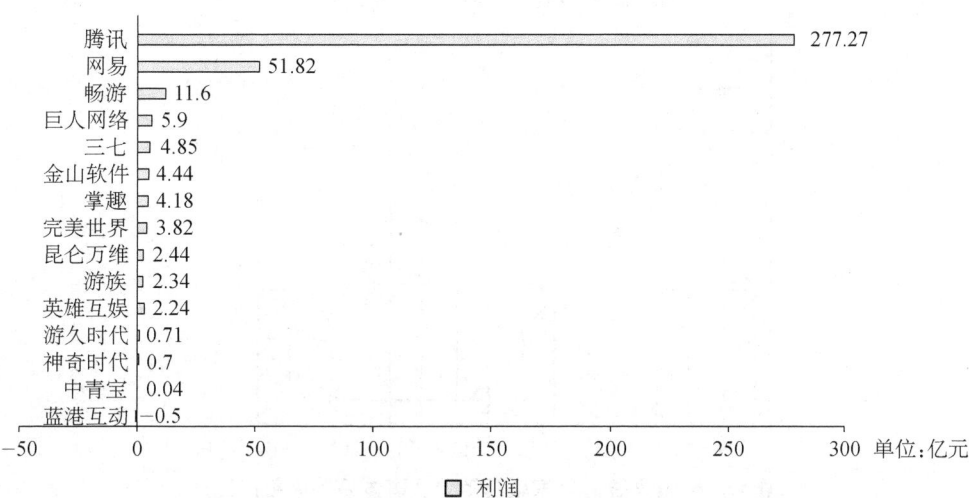

图33　2016年上半年拥有游戏业务的互联网公司的利润情况

资料来源：游久网、新三板智库。

综上所述，在电竞赛事其他变现渠道尚未完全成熟的情况下，第一方赛事比第三方赛事更有利润空间。

六、三位一体构建第一方赛事运营的竞争壁垒

手握版权的游戏厂商不仅拥有更加丰富的变现渠道，还能通过"游戏授权"对第三方赛事进行限制。虽然第三方赛事具有比赛项目上的灵活性和多样性，受游戏生命周期的影响较小，其悠久的赛事品牌也会对第一方赛事构成冲击，但在电竞赛事市场逐渐饱和的情况下，第三方赛事受到的制约将会更多，市场空间也更狭小。因此，从短期来看，第一方电竞赛事依旧会是主流。面对2016年中国电竞赛事百花齐放的竞争格局，我们认为，第一方赛事运营机构想要获得成功，需要具备以下条件。

（一）在游戏发布1—3年内抢先布局电竞赛事体系，防止玩家增速出现大幅回落

电竞赛事和电竞游戏是相互促进的。首先，每个电竞赛事都需要基于某一款或者几款电竞游戏，电竞游戏玩家数量的多少，直接决定了电竞赛事的规模和影响力。其次，电竞赛事在短期内能对电竞游戏起到宣传推广的作用，扩大电竞游戏玩家的规模，长期能够提升用户黏性，延长游戏寿命。

相比第三方赛事运营机构，游戏厂商最重要的竞争力便是赛事体系的构建能力。与较为分散的独立赛事不同，赛事体系构建的时间长、门槛高、影响力更大，对玩家规模的提升效果也越明显。以穿越火线为例，该游戏2008年在中国正式发布，在随后3年里其玩家规模虽然十分庞大，但增速已出现明显下滑。此时腾讯手中只有穿越火线百城联赛（2009年）和穿越火线TGA大奖赛（2010年）这两个大众化的赛事，影响力十分有限，CF的玩家增速也在游戏发布的第5年跌破20%。随着穿越火线职业联赛（2012年）、穿越火线世界总决赛（2013年）、穿越火线发展联盟线上联赛（2014年）和CFS中国预选赛（2014年）的建立，穿越火线的赛事规模从全国拓展至全球，其赛事体系也逐渐成熟。在此影响下，2016年CF的玩家增速开始回升，并达到600万人同时在线的水平。具体见图34。

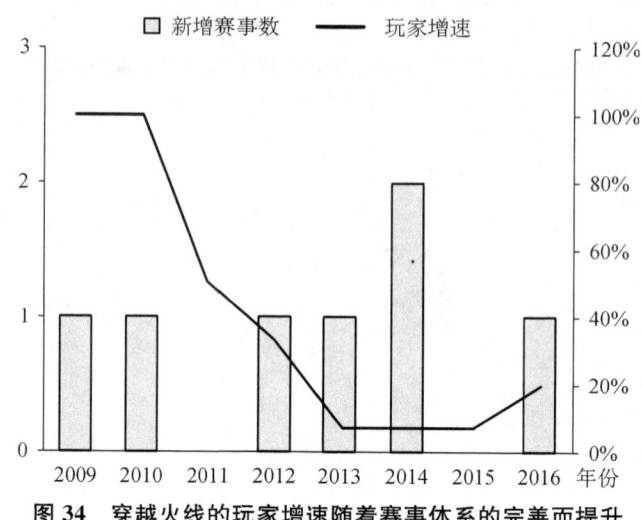

图34 穿越火线的玩家增速随着赛事体系的完善而提升

资料来源：新三板智库。

穿越火线从发布到赛事体系的最终成型经历了6年，而我们认为，赛事体系构建的黄金时间是在游戏发布后的1~3年，这主要是由于以下两个因素：其一，业界普遍认为一款网络游戏的生命周期在4~5年，考虑到电竞赛事体系影响力的发挥会有1~2年的迟滞，因此布局时间应不晚于游戏发布后的三年；其二，在游戏发布后的2~3年，玩家增速会出现较大的回落，能否及时遏制这种趋势，是延长游戏生命周期的关键。

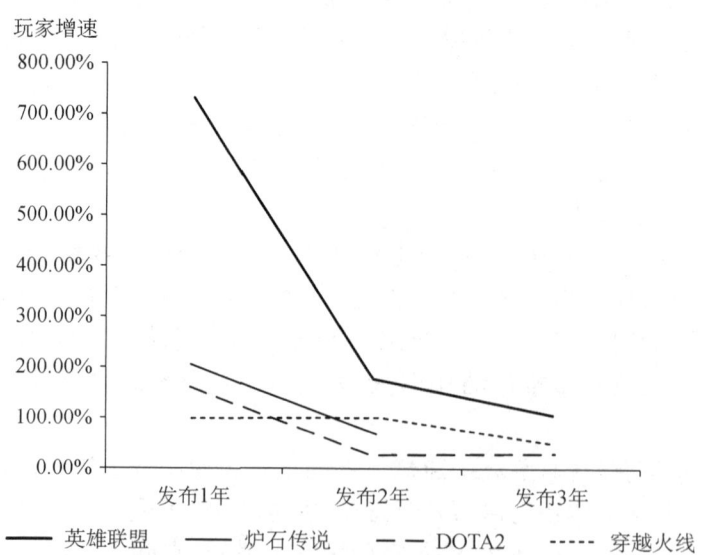

图35 电竞游戏的玩家增速在游戏发布3年内会出现明显下滑

资料来源：新三板智库。

从图35可以看出，电竞游戏发布1年后的玩家增速普遍在100%以上，随后两年游戏玩家增速会出现较大回落，但基本还会保持在50%左右。此时，想要让玩家增速恢复到游戏刚发布时的水平已经不太现实，但游戏厂商依旧可以借助电竞赛事体系，来防止游戏玩家人数过度流失，从而延长游戏的生命周期。

我们把首届职业联赛的举办时间作为赛事体系构建的开端,通过分析可以发现,在游戏发布后的3年内抢先布局赛事体系,已成为游戏厂商的通用做法,见表13;对于近两年发布的移动竞技类游戏来说,赛事体系构建的时间甚至会提前到游戏发布的当年,见图36。

表13　　　　从网络游戏发布到首届职业联赛举办的时间间隔一般在3年以内

游戏	游戏类型	游戏国内发布时间	首届职业联赛举办时间
穿越火线	端游	2008年	2013年
英雄联盟	端游	2011年	2013年
坦克世界	端游	2011年	2013年
DOTA2	端游	2013年	2016年
炉石传说	端游+手游	2014年	2014年
全民枪战	手游	2014年	2015年
球球大作战	手游	2015年	2016年
王者荣耀	手游	2015年	2016年
自由之战	手游	2015年	2015年

资料来源:新三板智库。

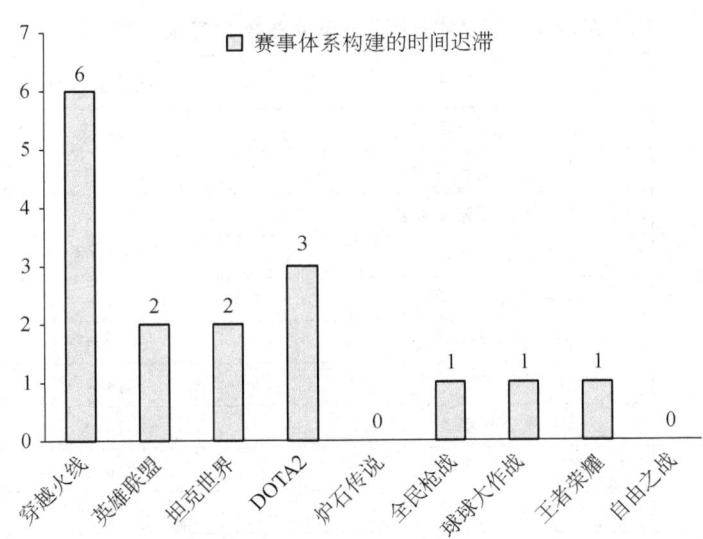

图36　网络游戏从发布到赛事体系构建的时间差呈现出不断缩小的趋势

资料来源:新三板智库。

(二)构建"金字塔"形赛事体系,实现对不同水平玩家的全方位覆盖

金字塔型的赛事体系层次分明,对玩家定位明确,能在两方面提高电竞赛事运营的竞争力:一是为职业赛事的构建打下基础和输送人才;二是最大限度地调动不同水平玩家的参赛积极性。

以腾讯为例,其赛事在经历了6年的发展,最终形成了以TGA大奖赛为核心的五大赛事体系,即线上赛事、片区赛事、推广合作赛事、职业赛事和国际交流赛事,呈现出明显的金字塔结构。具体见图37。

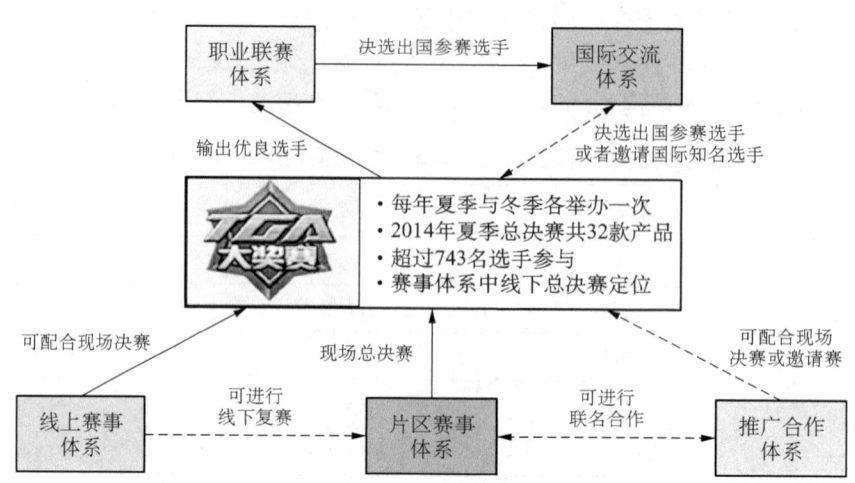

图 37　腾讯五大赛事体系相辅相成、相互促进

资料来源：游久网、新三板智库。

以英雄联盟（LOL）为例，其赛事层次从低到高依次包含了 LOL 全民线上海选赛、LOL 城市英雄争霸赛、QQ 网吧冠军联赛、LOL 全国高校联赛、TGA 大奖赛、LSPL 次级联赛、LPL 职业联赛、MSI 季中邀请赛、S 总决赛和全明星赛，英雄联盟赛事体系如表 14 所示。

表 14　英雄联盟赛事体系实现了对玩家的全方位覆盖

赛事体系	赛事名称	首届赛事时间	赛事奖金
线上赛事体系	LOL 全民线上海选赛	2016 年	12.5 万元
片区赛事体系	LOL 全国高校挑战赛	2013 年	106.2 万元
	LOL 城市英雄争霸赛	2011 年	40.1 万元
推广赛事体系	QQ 网吧冠军联赛	2012 年	数百万
TGA 大奖赛	TGA 英雄联盟项目	2011 年	305 万元
职业赛事体系	LSPL 次级联赛	2013 年	60 万元
	德玛西亚杯赛	2014 年	200 万元
	LPL 职业联赛	2014 年	495 万元
国际交流体系	MSI 季中邀请赛	2015 年	270 万元
	S 总决赛	2011 年	1200 万元
	全明星赛	2013 年	表演赛

资料来源：游久网、新三板智库。

LOL 线上海选赛：面向 LOL 所有战队用户，奖励以现金和皮肤为主，各大区最终冠军可以获得晋级当届城市英雄或者高校联赛的省赛资格；比赛以线上为主，成本非常低。

LOL 全国高校联赛：针对高校学生的校园专属赛事，面向全国所有高校，共覆盖 27 个省，超过 400 所高校学生参与其中。

LOL 城市英雄争霸赛：面向普通玩家，覆盖 27 个省和 131 个城市，报名玩家可参加本省周赛、擂台赛；该赛事能为 TGA 大奖赛选拔队伍，类似于娱乐节目的海选。

TGA 大奖赛：面向城市冠军争霸赛中挑选出的 28 支队伍，前两名有资格晋级 LSPL 联赛。TGA 长期举办，在技战术水平、赛事宣传、粉丝热度方面较为均衡。

LSPL次级联赛：也叫英雄联盟甲级联赛，是通往LPL的唯一通道，目前包含14支战队。LSPL春季赛前两名将晋级LPL，为LPL输送新鲜血液。

德玛西亚杯：连接LPL与LSPL两个联赛，起到了增加两级联赛间的互动交流与填补联赛期间的比赛空档期的作用。

LPL职业联赛：面向12支LOL职业战队，每年将产生3个名额，输送至S总决赛。LPL的每个赛季也会举办面向LSPL的升降级赛，通过优胜劣汰的方式为次级联赛战队提升晋级机会。

S总决赛：全球所有LOL比赛中的最高荣誉，是英雄联盟一年一度的最为盛大的比赛，参赛者均是来自全球各大赛区最顶尖水平的战队。

英雄联盟赛事体系对玩家的覆盖非常全面，业余LOL玩家不仅能够观赏LPL和S总决赛等顶级职业赛事，也能亲身参与到与自己实力相匹配的大众化比赛中。想要走职业路线的玩家也有非常明确的职业轨迹，只要自身实力够强，就能够从下往上一步步晋升至顶级赛事。若风、Uzi等LOL玩家就曾在TGA上一战成名，他们后来成为明星职业选手。具体见图38。

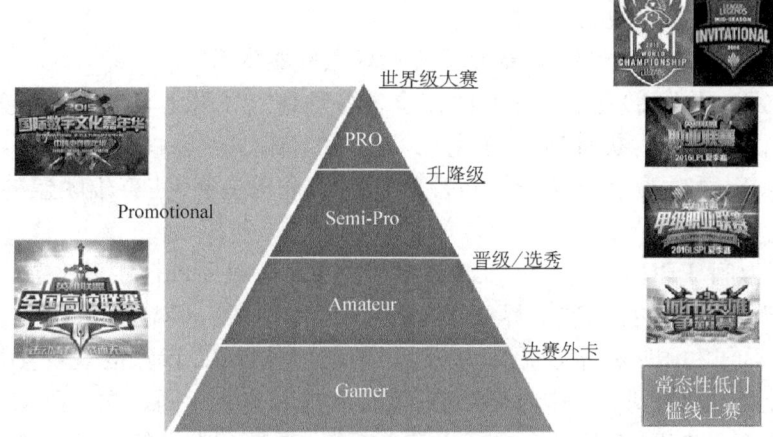

图38　英雄联盟赛事体系层次分明、用户定位明确

资料来源：游久网、新三板智库。

除了腾讯以外，网易、英雄互娱等第一梯队企业的赛事体系也都呈现出明显的金字塔结构，见图39、图40。这种结构不仅提升了电竞项目的专业化水平，而且其封闭性也形成了非常高的竞争壁垒，不易被第三方赛事所取代。

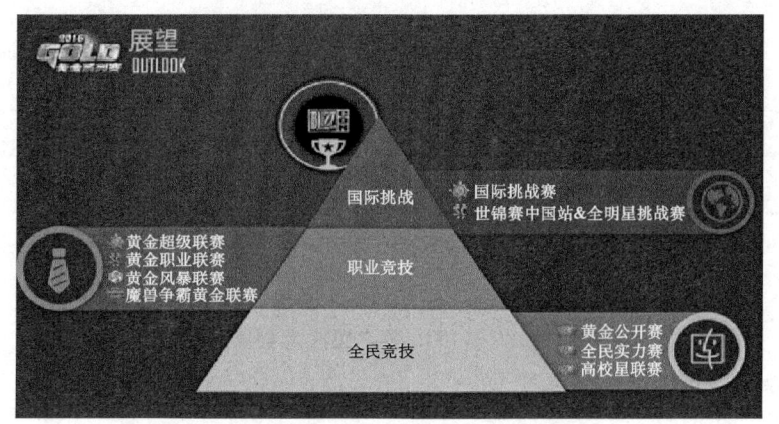

图39　网易赛事体系呈现出金字塔结构

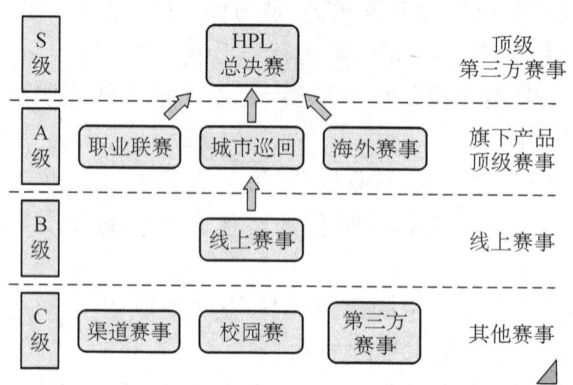

图40 英雄互娱赛事体系呈现出金字塔结构

资料来源：网易、新三板智库。

（三）联赛、杯赛相结合，打造覆盖全年的职业赛事体系

在整个电竞赛事体系中，职业赛事是竞技水平和观赏性最高的比赛，能否最大限度地扩大职业赛事的影响力是赛事成功运营的关键。

1. 英雄联盟：构建联赛为主、杯赛为辅的足球式联赛体系

拳头公司（LOL研发商）花了5年时间在全球各地建立了职业联赛体系，包括韩国OGN/LCK、中国LPL、北美LCS、欧洲LCS、东南亚GPL和CBLoL巴西职业联赛等，并辅之以每年两次的锦标赛（MSI季中赛、S总决赛）和每年一次的全明星赛，使英雄联盟的职业赛事遍布全年。

以中国赛区为例，LPL春季赛从1月初持续到4月末，每周进行4天比赛。在5月初的春季赛结束后，拳头公司会举办一次世界级锦标赛（MSI季中赛），参赛战队是来自英雄联盟全球五大赛区的冠军队伍和国际外卡赛冠军，以此来调动全球LOL玩家的观赛热情。接下来，玩家可以继续观看从5月末到8月末的夏季赛，其赛制与春季赛相同。在9月初会进行S6总决赛中国区预选赛，9月末至10月末会进行代表LOL世界最高水平的S总决赛。随后的11月末会举行德玛西亚杯赛线下总决赛，以加强LSPL和LPL队伍之间的交流。12月末会举行LOL全明星赛，由玩家选出本赛区最受欢迎的5名选手代表赛区参赛，是年末最受关注的LOL赛事。

从图41可以看出，在职业联赛的休赛季，观众对LOL赛事的关注度会出现明显下滑。每

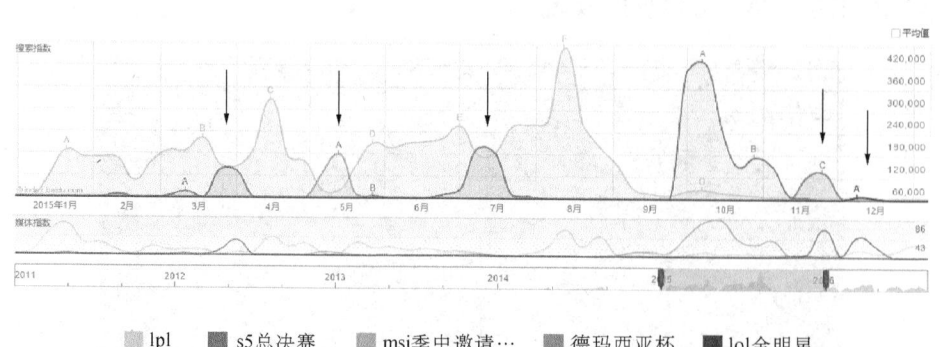

图41 2015年LOL赛事关注度全年不间断

资料来源：百度指数、新三板智库。

当这个时候,Riot和腾讯都会利用职业锦标赛、全明星赛等多种比赛形式弥补赛事空档期,最终保证了LOL职业比赛在全年都能获得充足的关注度和影响力。

2. DOTA2:奋起直追,打造全年四大锦标赛,效仿网球赛事体系

与LOL相比,DOTA2在国内的职业赛事起步较晚,体系比较松散,全年覆盖时间短,官方所主办的职业赛事较少,已经成熟的赛事主要包括2011年成立的Ti国际邀请赛和Ti中国区预选赛、2014年成立的DOTA2次级联赛(DSPL)和MDL国际精英邀请赛等。Ti赛事虽然在奖金数额上世界第一,但其在国内的影响力依旧比不上英雄联盟的S总决赛,见图42。

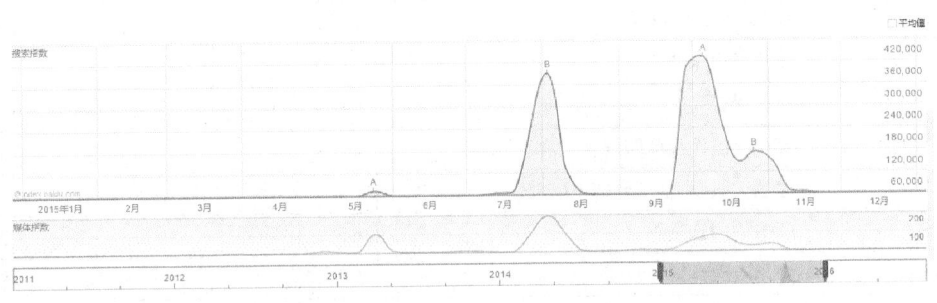

图42 Ti5在国内的影响力不及S5总决赛

资料来源:百度指数、新三板智库。

为了解决这个问题,Valve(DOTA2研发商)在2015年开始对职业赛事体系进行全新布局,宣布在Ti的基础上每年再加入三次锦标赛,即秋季赛(11月初)、春季赛(4月初)和冬季赛(3月初)。四次比赛组成一个完整的比赛体系,贯穿全年。新增的3项赛事将由V社赞助,由第三方主办方在全球不同的地方举行。在国内,国家体育总局也联合完美世界在2016年成立了DOTA2职业联赛(DPL),赛季覆盖年5月、6月、7月、10月、11月、12月,以填补全年大量的赛事空白。

虽然英雄联盟和DOTA2在国内的玩家基数不同,但通过研究两者的职业赛事体系可以发现它们存在相同点:第一,双方最终的目的都一致,就是要将职业赛事覆盖全年,保证用户随时都能够观赏到顶级选手之间的对决。第二,双方均采用了"联赛+杯赛"的形式。职业联赛以循环积分赛的方式极大地拓展了全年的赛事数量,为玩家提供更多观赛机会的同时,也保证了稳定的曝光度,相比起杯赛,更有利于次级职业队伍的生存和团队竞技水平的提高。杯赛在奖金和规模上更加庞大,其全球顶级的竞技水平和不同国籍的参赛队伍,能够有效缓解玩家对职业联赛的审美疲劳,从而在短时期内俘获大量观众。它的缺点是赛程较短,其"赢者通吃"的比赛模式也不利于其他非冠军队伍的生存。职业联赛和杯赛具有天然的优势互补性,将两者相结合,能够有效地提高电竞赛事的全年关注度。2016年中国电竞赛事统计见表15。

表15　　　　　　　　　　　2016年中国电竞赛事统计

赛事主办方	赛事名称	赛事项目	奖金(万元)
腾讯	TGA大奖赛	LOL、CF等30多款腾讯旗下游戏	305
腾讯	LOL全民线上海选赛	LOL	12.5
腾讯	LOL城市英雄争霸赛	LOL	40.1

(续表)

赛事主办方	赛事名称	赛事项目	奖金(万元)
腾讯	英雄联盟甲级联赛(LSPL)	LOL	60
腾讯	英雄联盟职业联赛(LPL)	LOL	495
Riot(腾讯收购)	英雄联盟全球总决赛(S赛)	LOL	1200
Riot(腾讯收购)	LOL季中邀请赛(MSI)	LOL	270
腾讯	德玛西亚杯	LOL	200
腾讯	LOL全国高校挑战赛	LOL	106.2
腾讯	LOL全明星赛	LOL	0
腾讯	百城联赛	CF	117.5
腾讯	穿越火线发展联盟线上联赛(CFDL)	CF	22
腾讯	穿越火线职业联赛(CFPL)	CF	150
Smile gate	CFS中国预选赛	CF	20
Smile gate	穿越火线世界总决赛(CFS)	CF	420
腾讯	穿越火线国际邀请赛(CFGI)	CF	120
腾讯	EA冠军杯	FIFAOL3	180
腾讯	城市冠军赛	FIFAOL3	未具体说明
腾讯	FIFAOL3职业联赛	FIFAOL3	100
腾讯	黄金双周赛	全民超神	0
腾讯	高校开黑赛	全民超神	18.4
腾讯	TGA白金联赛	全民超神	27.6
腾讯	微信超神杯战队赛	全民超神	0
腾讯	TGA移动游戏大奖赛	王者荣耀、全民超神等	315
腾讯	王者城市赛	王者荣耀	12
腾讯	王者冠军杯	王者荣耀	60
腾讯	王者荣耀职业联赛(KPL)	王者荣耀	尚未公布
腾讯	MMEC移动电竞娱乐赛	全民超神、全民枪战、巅峰战舰等	100
网易	炉石传说宿舍英雄	炉石传说	3.36
网易	炉石传说高校星联赛	炉石传说	30.5
网易	炉石传说全民石力赛	炉石传说	121
网易	炉石传说大公开赛	炉石传说	47.8
网易	炉石传说黄金国际挑战赛	炉石传说	60
网易	炉石传说黄金超级联赛	炉石传说	108.9
网易	风暴英雄黄金线上赛	风暴英雄	8.8
网易	风暴英雄全民实力赛	风暴英雄	13.3
网易	风暴英雄高校星联赛	风暴英雄	32
网易	黄金风暴联赛	风暴英雄	290
网易	风暴英雄世界锦标赛中国预选赛	风暴英雄	60

(续表)

赛事主办方	赛事名称	赛事项目	奖金(万元)
网易	风暴英雄时空杯	风暴英雄	4
网易	星际争霸2高校星联赛	星际争霸2	6.5
网易	星际争霸2黄金职业联赛(GPL)	星际争霸2	17.2
网易	魔兽争霸3黄金联赛	魔兽争霸3	20
网易	网易黄金总决赛	炉石、魔兽3、风暴英雄、星际2	148
暴雪	暴雪嘉年华	炉石、风暴英雄、星际2、魔兽世界	2274.6
完美世界	DOTA2次级职业联赛(DSPL)	DOTA2	25
完美世界	DOTA2亚洲邀请赛(DAC)	DOTA2	1800
完美世界	DOTA2冬季锦标赛	DOTA2	1800
Valve	DOTA2国际邀请赛(Ti)	DOTA2	11,700
空中网	KA坦克世界超级联赛S3	坦克大战	100
空中网	2016年超级杯赛	坦克大战	7
Wargaming	WGL全球总决赛	坦克大战	180
巨人网络	塔坦杯菁英赛	球球大作战	22.67
巨人网络	球球大作战职业联赛(BPL)	球球大作战	未公布
巨人网络	中国邀请赛(VCI)	虚荣	30
英雄互娱	全国高校联赛	全民枪战	20
英雄互娱	HPL线上赛	全民枪战、巅峰战舰等	0
英雄互娱	HPL中国巡回赛	全民枪战、巅峰战舰等	40
英雄互娱	HPL职业联赛	全民枪战、巅峰战舰等	100
盖娅互娱	自由之战黄金联赛	自由之战	250
Supercell(腾讯收购)	皇室战争上海锦标赛	皇室战争	66.67
NeoTV	NEOTV明星联赛(NSL)	星际2、炉石传说、风暴英雄	300
NeoTV	SL炉石联赛	炉石传说	15
NeoTV	SL风暴联赛	风暴英雄	15
NeoTV	SL星际争霸2战队联赛	星际争霸2	10
NeoTV	星际争霸2功夫杯	星际争霸2	15
MarsTV	MDL国际精英邀请赛	DOTA2	150
ImbaTV	SL i-联赛	DOTA2、炉石传说、CS：GO	180
VlongTV	移动电竞V联赛(VML)	穿越火线、王者荣耀、虚荣	50
游戏风云	G联赛	炉石传说、CS：GO、Dota2、街霸5	121
上海蓝游	创联赛	英雄联盟、DOTA2、炉石传说、FIFAOL3	200
苏宁聚力	苏宁聚力全民挑战赛	英雄联盟、DOTA2、炉石传说	17

(续表)

赛事主办方	赛事名称	赛事项目	奖金(万元)
OGN	国际高级联赛(VIPL)	虚荣	41.61
ESL	DOTA2 春季锦标赛	DOTA2	1800
ESL	DOTA2 秋季锦标赛	DOTA2	1800
ESL、英特尔	英特尔极限大师赛	CS、魔兽争霸3、星际争霸、雷神之锤	300
微星科技	MSI MGA	风暴英雄、星际2	120
阿里体育	世界电子竞技运动会(WESG)	DOTA2、炉石传说、星际2、CS：GO	3300
乐视体育	王者争霸电竞欧洲杯	FIFA Online 3	100
NiceTV、腾讯体育	IGL 联赛	英雄联盟、CS：GO、皇室战争	400
北京市体育竞赛管理中心、国家体育场	NEA 北京电子竞技公开赛	FIFAOL3、DOTA2、炉石传说、CS：GO、虚荣等	1000
国家体育总局体育信息中心	CS：GO 超级联赛(CSL)	CSGO	290
国家体育总局体育信息中心	CSG 中国杯	CSGO	36
国家体育总局体育信息中心、完美世界	DOTA2 职业联赛(DPL)	DOTA2	600
国家体育总局体育信息中心	中国电子竞技嘉年华(CEC2016)	未公布	尚未公布
国家体育总局体育信息中心	全国电子竞技公开赛(NESO)	星际2、炉石传说、FIFAOL3、魔兽3	110
国家体育总局体育信息中心、浙江省体育局、中国体育报业总社	义乌国际电子竞技大赛(IET)	英雄联盟、FIFA Online3、CS：GO	80
国家体育总局体育信息中心	全国电子竞技大赛(NEST)	FIFA Online3、炉石传说、穿越火线、英雄联盟	150
国家体育总局体育信息中心、大唐电信	全国移动电子竞技大赛(CMEG)	穿越火线、王者荣耀、虚荣等	500
全国电子竞技运动发展中心	电子竞技冠军联赛(ECL)	DOTA2、CS：GO、星际2、炉石	17
北京数字娱乐产业示范基地	PGL 传奇大师赛	CSGO、War3、DOTA2、守望先锋	200
浙江、江苏、安徽三省电子竞技协会	ESUC 电子竞技联盟杯	英雄联盟、风暴英雄、炉石传说、FIFAOL3	100
浙江省体育局、浙江日报报业集团	ZEG 浙江省电子竞技大赛	英雄联盟、FIFA Online3、炉石传说	12
银川市政府	世界电子竞技大赛(WCA)	Dota2、CS：GO、War3、星际2等	20,000

资料来源：新三板智库。

地理信息行业:政策持续发力,吹开万亿级行业风口

吴文玲 李 兰[①]

一、政策持续发力,测绘地理信息步入掘金时代

地理信息产业由来已久,不像大数据、移动互联网等属于新兴业态,另外数字政通(300075)、中海达(300177)等地信企业早在2010年就登陆A股市场,资本市场对这个行业并不陌生。当下由于政策持续发力,不动产登记、地下管网普查、农村土地确权、第三次国土调查等业务相继展开,行业将处于持续高速成长期。

测绘地理信息产业链:上游设备,中游测绘,下游GIS软件。

测绘地理信息产业作为国家战略性产业,是与现代测绘技术、信息技术、计算机技术、互联网技术等相结合产生的综合性产业。产业链上游是测绘设备,中游为地理数据获取—测绘,下游为GIS软件,包括GIS基础平台、GIS应用平台和GIS行业应用系统。具体见图1。

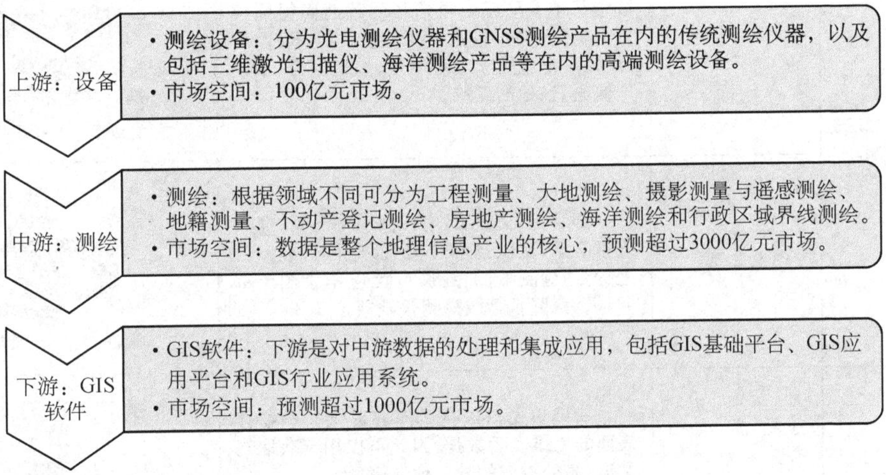

上游:设备	• 测绘设备:分为光电测绘仪器和GNSS测绘产品在内的传统测绘仪器,以及包括三维激光扫描仪、海洋测绘产品等在内的高端测绘设备。 • 市场空间:100亿元市场。
中游:测绘	• 测绘:根据领域不同可分为工程测量、大地测绘、摄影测量与遥感测绘、地籍测量、不动产登记测绘、房地产测绘、海洋测绘和行政区域界线测绘。 • 市场空间:数据是整个地理信息产业的核心,预测超过3000亿元市场。
下游:GIS软件	• GIS软件:下游是对中游数据的处理和集成应用,包括GIS基础平台、GIS应用平台和GIS行业应用系统。 • 市场空间:预测超过1000亿元市场。

图1 测绘地理信息产业链

资料来源:新三板智库。

1. 上游测绘设备

测绘设备作为地理信息数据获取工具,位于测绘地理信息产业链上游,包括传统测绘设备和高端测绘设备两类。详见表1。传统测绘设备主要分为光电测绘设备和GNSS测绘产品。光电测绘设备主要包括经纬仪、全站仪、水准仪、测距仪、投线仪、垂直仪、反射棱镜及测绘仪器附件,GNSS测绘设备是指以卫星导航定位为基础的测绘仪器。高端测绘设备包括三维激光扫描仪和海洋测绘仪器等。

[①] 吴文玲,新三板智库研究员;李兰,新三板智库研究员。

表 1　　　　　　　　　　　　主要测绘设备介绍

测绘设备类别		测绘设备名称	功　能	图　片
传统测绘设备	光电测绘设备	经纬仪	测量水平角和竖直角的仪器,是根据测角原理设计的,目前最常用的是电子经纬仪。	
		全站仪	全站型电子测距仪,是一种集光、机、电为一体的高技术测量仪器,是集水平角、垂直角、距离、高差测量功能于一体的测绘仪器系统。	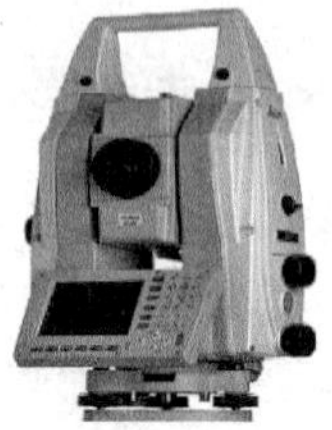
		水准仪	建立水平视线测定地面两点间高差的仪器,原理为根据水准测量原理测量地面点间高差。	
	GNSS测绘产品	GNSS测量产品	基于卫星无线电信号的载波而得到位置数据的产品,包括GNSS接收机、PTK产品等,广泛应用于工程测量、大地测量、不动产测绘、房地产测绘。	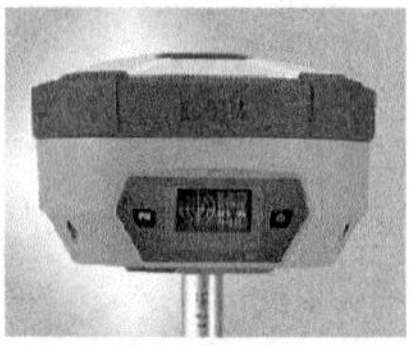
		GIS采集器	即手持GPS,都是一种手持产品,通过搜索卫星,定位当前位置后,进行采集点位坐标,达到测量的目的,广泛应用于国土部门、电力部门、管线探测等领域。	
高端测绘设备		三维激光扫描仪	三维激光扫描技术能够提供扫描物体表面的三维点云数据,因此可以用于获取高精度、高分辨率的数字地形模型。	
		声呐探测仪	声呐探测仪就是利用水中声波对水下目标进行探测、定位和通信的电子设备,是水声学中应用最广泛、最重要的一种装置。	

资料来源:互联网、新三板智库。

2. 中游测绘

测绘服务是地理信息数据的源头,处于地理信息产业核心地位。测绘是以"3S"技术,即全球导航卫星定位系统(GNSS)、遥感(RS)、地理信息系统(GIS)为核心,将地面已有的特征点和界线,通过测量手段获得反映地面现状的图形和位置信息,供工程建设的规划设计和行政管理之用。2014版《测绘资质管理规定》将测绘分为工程测量、大地测量、摄影测量与遥感测绘、测绘航空摄影、不动产登记测绘和海洋测绘等六类,其最终产品包括DOM(数字正射影像图)、DEM(数字高程模型)、DRG(数字栅格地图)、DLG(数字线划地图)等在内的数字地图。具体见图2。

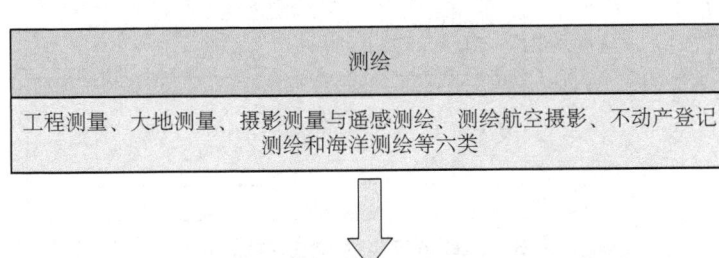

图2 测绘及其产品

资料来源:新三板智库。

3. 下游GIS软件

GIS软件主要分为三类,分别为GIS基础平台、GIS应用平台和GIS行业应用系统,见表2。GIS基础平台是整个跨行业通用的核心平台软件,技术含量最高,专业门槛高;GIS应用平台软件是针对某个行业或者几个相似行业的需求,在基础平台软件上进行二次开发的应用;GIS应用系统,又叫GIS技术开发服务,是指在基础平台或者应用平台上根据具体行业应用需求进行的定制化开发服务。

表2　　　　　　　　　　GIS软件分类对比

GIS软件业务分类	技术复杂程度	销售可重复性	毛利率
GIS基础平台软件	极高	可在所有行业、客户之间重复销售	约100%
GIS应用平台软件	很高	在某一个或者几个行业内的客户之间重复销售	约100%
GIS技术开发服务	一般	不可重复销售,针对每个客户单独定制开发	毛利率低于上述两类,视具体项目而定

资料来源:新三板智库。

4. 测绘地理信息行业

测绘地理信息行业是典型的以B2G为主、B2B为辅的市场,见图3。测绘地理信息行业的兴起源于国家国防考虑,政府是最大的需求方,80%以上的项目来自政府。政府需求一方面来自基础测绘需求,国家基础地理信息数据库包括地形数据库、地名数据库、土地覆盖数据库、航空摄影数据库等;另一方面来自国家层面主导各部门启动的包括农村土地确权、不动产登记、地下管线普查等一系列项目。企业需求主要分布在一些特定行业,如矿山实时监控、通信、物流、安防等多个行业,未来将会实现更深层次的横向及纵向的发展。

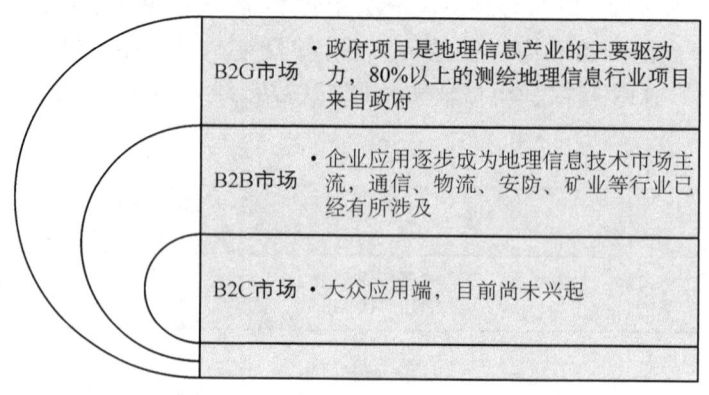

图 3　B2G 市场为主，B2B 市场为辅

资料来源：新三板智库。

5. 国家战略层面主导，政策持续发力，引发地理信息行业市场需求

2009 年，我国地理信息产业产值达到 931.9 亿元，之后每年保持将近 21% 的增速，至 2015 年产值已经超过 3600 亿元，2016 年达到 4500 亿元，见图 4。我国整个地理信息产业产值规模有望在 2020 年超过 1 万亿元。根据国家测绘地理信息局统计的结果，地理信息产业已连续多年保持了 20% 以上的增长速度。

图 4　地理信息产业市场规模发展

资料来源：新三板智库。

2014 年国家发改委和国家测绘地理信息局联合发布《国家地理信息产业发展规划（2014—2020）》（以下简称"规划"），首次将测绘地理信息行业发展上升到国家战略层面。"规划"提出，到 2020 年，产业保持年均 20% 以上的增长速度，2020 年总产值超过 8000 亿元；支持地理信息企业上市融资，到 2020 年初步形成产业发展格局，培育出一批具有较强国际竞争力的龙头企业和较好成长性的创新型中小企业。

农村土地确权、地下管线普查、不动产登记等项目相继落实，引发大量行业需求。2013 年 1 月 1 日国家一号文件提出，用 5 年时间完成农村土地确权（预计超过 1000 亿元市场空间），从目前进度预测未来仍有 2～3 年市场；2014 年住建部联合五部门发布《关于开展城市地下管线普查工作的通知》，要求2015年年底前完成城市地下管线普查（500亿元左右市场空间），建立综合管理信息系统，考虑到项目实施复杂度预计未来仍有1~2年市场；2016年国土部门发布《不动产登记暂行条例实施细则》，要求2017年完成不动产登记信息化（预计超过1000亿元市场空间），根据产业调研预计市场将在2017年开始爆发，该市场将持续2~3年；另外，2017年第三次全国土地调查项目（预计超过300亿元市场）启动。测绘地理信息相关政策见表3。在国家战略层面大力支撑下，地理信息行业相关项目的逐步推出和落实，持续引发地理信息行业需求。

表3　　　　　　　　　　　　测绘地理信息相关政策

	发布机构	时间	政策名称	简述
不动产登记相关政策	中编办	2014年1月	《中央编办关于整合不动产登记职责的通知》	明确各部门不动产登记整合的职责
	国务院	2014年11月	《不动产登记暂行条例》	标志着不动产登记制度的正式建立
	国土资源部	2015年8月	《关于做好不动产登记信息管理基础平台建设工作的通知》	明确不动产登记数据库和系统建设技术路径和标准
	国土资源部	2016年1月	《不动产登记暂行条例实施细则》	进一步规范不动产登记流程，细化不动产统一登记制度
	国土资源部	2016年6月	《建立和实施不动产统一登记制度专项督查方案》	对各级政府不动产登记实施情况严格督查
	财政部	2016年7月	《关于不动产登记收费有关政策问题的通知》	明确收取、免收与减收不动产登记费的具体情形
农村土地确权相关政策	国务院	2012年12月	《关于加快发展现代农业进一步增强农村发展活力》	明确用5年时间完成农村土地确权工作
	国土资源部	2013年9月	《关于进一步加快农村地籍调查推进集体土地确权登记发证工作的通知》	明确农村地籍调查作为今后一段时期地籍管理工作的重点
	国土资源部	2014年8月	《关于进一步加快推进宅基地和集体建设用地使用权确权登记发证工作的通知》	明确将确权登记工作经费纳入财政预算，切实保障工作开展
	农业部	2015年1月	《关于认真做好农村土地承包经营权确权登记颁证工作的意见》	确定开展农村土地承包经营权确权登记核心是确权，重点在登记
地下管线普查相关政策	国务院	2014年6月	《国务院办公厅关于加强城市地下管线建设管理的指导意见》	2015年年底前，完成城市地下管线普查，建立综合管理信息系统
	国务院	2014年11月	《关于加强城市地下管网规划管理的通知》	明确提出要强化对城市地下管网探查测量工作管理
	住建部	2014年12月	《住建部等部门关于开展城市地下管线普查工作的通知》	进一步明确地下管线普查工作内容和要求

资料来源：互联网、新三板智库。

二、投资机会集中在中下游,项目经验和资质为王

测绘地理信息产业市场主要集中在产业链的中下游,中游测绘市场规模预计2000亿元,下游GIS软件市场预计超千亿元,上游设备市场空间仅接近百亿元。

测绘地理信息产业投资机会:(1)上游设备市场规模较小,预测接近百亿元市场,竞争格局稳定。高端设备市场被国外垄断,中低端设备市场竞争激烈,投资机会不大,需要重点关注市场份额较高、设备研发能力强的设备生产商。(2)中游测绘重点关注项目经验丰富且资质良好的企业,另外服务网络覆盖广的企业发展潜力更大。(3)下游GIS重点关注拥有基础平台开发实力的企业,以及研发实力雄厚且在细分领域拥有明显优势的企业。

上游设备市场集中度高,竞争格局稳定。

测绘设备分为两类:一类是传统测绘设备,包括光电测绘产品和GNSS测绘产品;另一类是高端测绘设备,包括三维激光扫描仪、海洋声呐探测仪等。上游设备整体市场空间不大——国内高精度全球定位与测绘领域(GNSS+光电测绘+三维激光扫描仪+声呐探测),每年市场空间约百亿元。中高端设备由于技术壁垒较高,主要被为数不多的国内领先厂商以及国外知名厂商垄断,竞争格局较为稳定。

光电测绘产品国内市场空间每年约30亿元,国外市场空间每年约100亿元,往后3～5年内光电测绘仪器将维持约15%的增速,国产品牌南方测绘、苏州一光等占据国内60%的市场份额,见图5。

GNSS测绘产品中海达、南方测绘、华测导航市场份额占比分别为30%、30%、20%,实现了三足鼎立的格局,在部分高端产品中仍以外资品牌为主,见图6。据测算,国内市场空间在每年10亿～15亿元,另外政策驱动下游客户的基础建设需求持续扩张,同时行业解决方案业务(如精准农业、灾害监测等)在兴起,未来10年将保持20%左右的高复合增速。

高端测绘产品市场基本被国外品牌所垄断,目前国内尚无成熟的产品。据测算,当前三维激光扫描仪国内市场空间约为每年10亿元,海洋声呐探测产品民用市场空间约为每年30亿～50亿元。

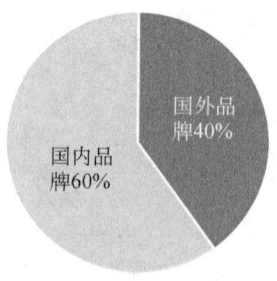

图5 国内光电测绘国产替代逐步完成

资料来源:新三板智库。

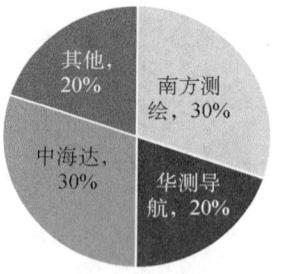

图6 国内GNSS产品市场竞争格局

资料来源:新三板智库。

测绘地理信息产业竞争格局见表4。

表4　测绘地理信息产业竞争格局

项目	测绘设备	国内市场	国外市场	竞争格局
传统测绘设备	光电测绘产品	25亿元/年	100亿元/年	在国际市场上，高端产品由国外品牌占据，我国在中低端产品占据绝对优势，约占了90%的市场份额
传统测绘设备	GNSS测量产品	10亿~15亿元/年	100亿元/年	全球主要6家厂商（3家国内+3家国外），国产品牌已占据大部分市场份额
传统测绘设备	GIS采集器	8亿元/年	40亿元/年	国内的GIS数据采集器市场仍以外资品牌为主，其中天宝占据了近50%的市场份额
高端测绘设备	三维激光扫描	10亿元/年	100亿元/年	目前市场为国外产品所垄断
高端测绘设备	声呐探测产品	30亿~50亿元/年	200亿元/年	高端海洋装备市场被国外垄断

资料来源：互联网、新三板智库。

1. 政策催生测绘超千亿元市场，参与者众多，项目经验和资质是制胜关键

测绘数据价值巨大，政策催生超千亿元数据市场。整个地理信息产业链中，测绘数据获取成本高昂，数据投入占GIS中的70%以上。测绘业务属于政策驱动型，近年来政府大力开展农村土地确权、不动产登记、地下管网普查、地理国情普查等项目，估计带来测绘数据近1500亿元市场。详见表5。测绘企业间竞争要素：项目经验，政府公开招标通常要求测绘企业在相关领域有2~3年项目经验；资质高的企业在招投标过程中优势明显；具备先进技术的企业成本控制能力强、生产效率高；服务网络，渠道广的企业更容易承接全国范围内的项目，服务能力更强。资质及项目经验是企业参与投标的一道重要门槛，另外，渠道广以及技术能力强的企业，市场竞争力强。全国甲级测绘单位数量784家，占比6%，排除部分没有相关项目经验的甲级资质企业，也依然是一个足够大的群体，整个市场竞争比较充分。

表5　相关政策带来测绘数据业务近1500亿元市场

项目	政策内容	测绘数据市场
不动产登记	从2014年开始，用3年左右时间能够全面实施不动产统一登记制度，用4年左右时间能够运行统一的不动产登记信息管理基础平台，形成不动产统一登记体系	600亿元
农村土地确权	2013年1月31日，中央一号文件提出，全面开展农村土地确权登记颁证工作	600亿元
地下管网普查	2014年12月，住建部、工信部、国家新闻出版广电总局、安监总局和能源局联合发出通知，要求在全国范围内开展地下管线普查，2015年年底前完成普查，并建立完善城市地下管线综合管理信息系统和专业管线信息系统	60亿元
第三次国土调查	2017年进行第三次国土调查，国土调查的主要任务包括调查城乡各类用地的利用状况、性质、面积等基本情况，同时建设土地调查数据库，实现调查信息的云联共享	300亿元
地理国情监测	地理国情监测通过对地理国情进行动态的测绘、统计，从地理的角度来综合分析和研究国情，为政府、企业和社会各方面提供真实、可靠和准确、权威的地理国情信息	巨大

资料来源：互联网、新三板智库。

测绘服务参与者众多,甲级资质单位稳居市场主体地位。据统计,截至 2013 年年末,全国测绘资质单位总数达到 14,040 家,其中甲级单位 784 家、乙级单位 2360 家、丙级单位 4665 家、丁级单位 6231 家,分别占资质单位总数的 5.6%、16.8%、33.2%、44.4%。2013 年年末,甲级测绘资质单位共有 784 家,仅占资质单位总数的 5.6%,但完成服务总值的数量却达到了 309.47 亿元,占全行业服务总值的比重高达 50.2%。甲级单位凭借其在人员素质、技术力量、产业规模等方面的优势,牢牢占据着测绘地理信息市场的主体地位。具体见图 7。

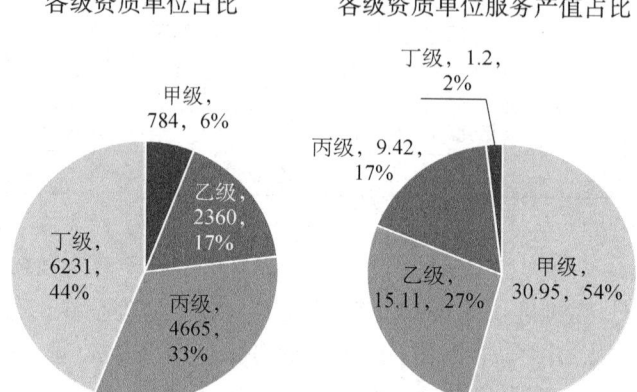

图 7　测绘服务市场参与者众多,甲级资质单位稳居市场主体

资料来源:国家测绘地理信息局、新三板智库。

除资质外,项目经验是关键。政府公开招标项目,通常要求公司在相关项目领域有 2~3 年项目经验,因而政策主导的几个大项目包括:不动产登记、农村土地确权、地下管线普查、第三次国土调查等。相关领域内有经验积累的甲级资质单位未来业绩将会实现井喷式增长。

企业间技术差异构筑成本、效率壁垒,重点关注在行业以及政策导向的先进测绘技术领域(如倾斜摄影技术、liDAR 技术、无人机航摄等)表现突出的企业。目前主要的测绘技术按照搭载及执行主体的不同可以分为人工测绘、车载测绘、机载测绘及星载测绘四种方式。具体见表 6。人工测绘已成为对其他方式的补充而绝非主体。测绘地理信息行业产业转型升级全面加速,无人机、倾斜摄影、机载 liDAR 等高新技术装备得到广泛应用。另随着测绘技术装备的不断优化,劳动生产率稳步提高,2013 年测绘地理信息行业人均测绘服务总值为 19.26 万元,同比增加 1.31 万元,增长 7.3%;其中测绘资质单位劳动生产率为 19.71 万元,同比增加 0.98 万元,增长 5.2%。具体见图 8。

表 6　测绘行业技术格局

测绘方式	工艺及技术	应用领域	优势	劣势
人工测绘	人工仪器测量	大比例尺地形测量	精度高	耗时费力,步骤烦琐,效率低
车载测绘	搭载 GPS、惯性导航系统、高精度激光扫描仪、高分辨率数码相机等先进传感器,在车辆行进中测绘	道路巡查、街景、三维建模	获取数据快捷、高效、安全	数据范围小,受交通影响大

（续表）

测绘方式		工艺及技术	应用领域	优势	劣势
机载测绘	数码航飞	集成航空遥感、GPS等技术进行航空摄影	大范围获取影像	数据范围大，影像分辨率高	受天气影响大，高程精度差
	LiDAR	飞机搭载航空遥感、GPS、激光扫描仪、航摄仪等进行三维测量	大范围数字影像获取，高精度地形测量，三维建模	不受天气影响，数据（尤其高程数据）精度高	平面影像精度不及数码航飞
	无人机	高精度传感器搭载无人机测绘	获取小范围的数字影像	获取数据快，影像分辨率高	市场占有率小，高程精度低
星载测绘		卫星搭载先进传感器测量	地形地貌检测，深空探测，全球预警	数据范围广，可全天候观测	分辨率低，受云雾天气影响大

资料来源：公开转让说明书、新三板智库。

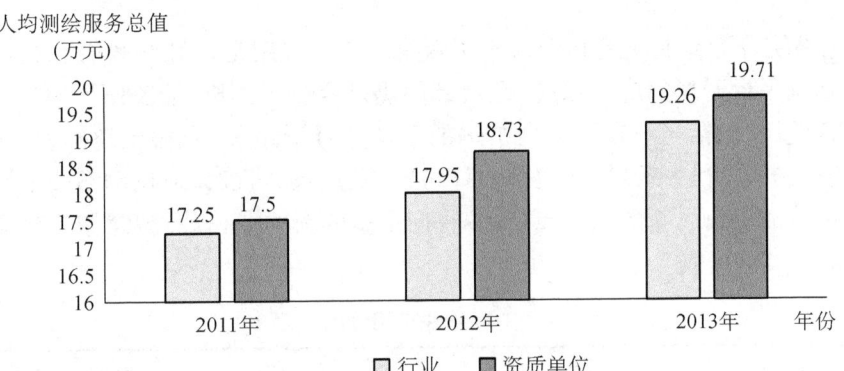

图8 测绘服务效率快、速提高

资料来源：国家测绘地理信息局、新三板智库。

2. 下游GIS软件：应用系统市场空间最大，关注研发实力强的平台类企业

GIS软件市场呈现"倒三角"结构，见图9，即GIS应用系统市场空间大，GIS基础平台和GIS应用平台虽然技术含量高、开发难度大，但是其通用性较强，导致其"市场蛋糕"有限，从而

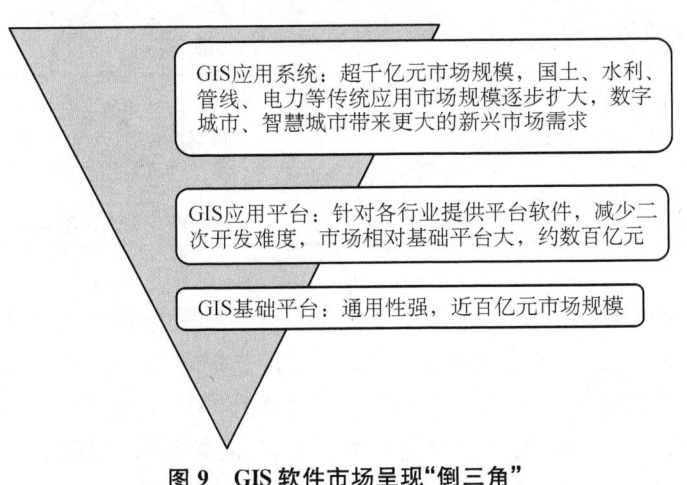

图9 GIS软件市场呈现"倒三角"

资料来源：互联网、新三板智库。

呈现"倒三角"的市场格局。2014年,基础平台和应用平台软件占市场份额比例分别约为7%、11%,合计市场空间约为10亿元。而基于基础平台和应用平台的技术开发服务市场空间最大,占有率约为80%,市场空间超千亿元。具体见图10。

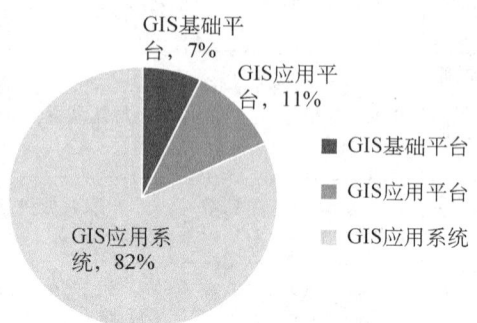

图10　GIS应用系统市场规模占比超过80%

资料来源:互联网、新三板智库。

GIS应用系统分为专业应用和个人应用两类。专业应用是指针对政府和企业提供个性化的基于GIS基础平台开发的应用系统,政府部门仍是今后相当长一段时间内GIS市场的热点。政府部门GIS应用(包括当前政策大力推进的不动产登记系统、农村土地确权系统、地下管线综合管理信息系统等)和一系列鼓励发展GIS产业的政策,将极大地拉动GIS软件的需求。非传统GIS应用将成为市场新的增长点,GIS将向更多的新领域拓展,智慧城市将驱动部分行业细分领域需求。具体见表7。

表7　GIS软件市场分类

GIS市场分类		应用领域	市场特征
专业应用	政府	应急、军事、公安、国土、规划、房产、矿产、水利、环保、地震、卫生、林业、农业、交通、测绘、统计、海洋、信息办、旅游、教育、科研等	目标用户为政府财政支持的各类政府部门和事业单位,从国家级到省级、市级,甚至县级单位。用户群体庞大,占GIS市场容量的绝大部分
	企业	通信、电力、石油石化、银行、保险、煤矿、物流、烟草、广告、大型制造企业、大型零售企业等	企业GIS未来市场空间巨大,市场总量小于政府类应用市场
个人应用(市场尚未开发)		导航(GPS)	导航软件是GIS的一个变种,比专业的GIS功能简单
		电子地图网站(如谷歌地图等)	所使用的平台软件比专业的GIS功能简单,运营商可自行设计。商业模式有待成熟,市场总量有待增长
		其他	商业模式还不成熟,市场总量较小

资料来源:新三板智库。

国内GIS市场展开竞争的企业分为三个梯队:第一梯队是国际GIS软件巨头,主要代表是美国环境系统研究所(ESRI)和美国SkyLine公司,它们定位于GIS基础平台软件市场;第二梯队是具有自主创新能力和自主知识产权的国内优秀GIS基础平台软件开发企业,该类公司已经具备了与国际著名GIS软件企业相竞争的实力、品牌和市场基础,如果能够继续保持和发挥企业优势,将有望成为国内GIS基础平台软件市场的领导者,如超图软件、武汉中地数码等,其业务模式主要是以销售基础平台软件为突破口,为用户提供行业定制与增值开发服务;第三梯队是为数众多的GIS增值应用开发企业,它们通常基于GIS基础平台软件供应商的产品,提供下游细分行业的GIS应用系统及相关服务。具体见图11。

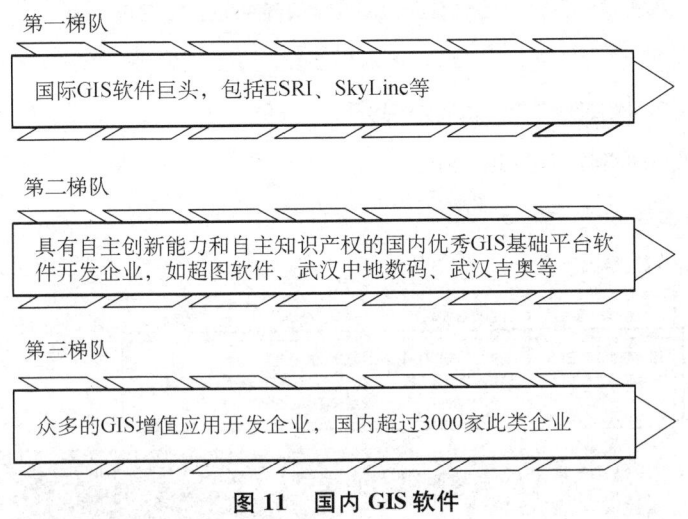

图 11　国内 GIS 软件

资料来源:互联网、新三板智库。

GIS 基础平台技术壁垒高,市场空间相对小,竞争格局稳定,国内外仅有 10 余家公司竞争,其中前三家:ESRI、超图软件、武汉中地。这三家的份额超过 65%,前五家公司市场份额占比 75%。具体见图 12。

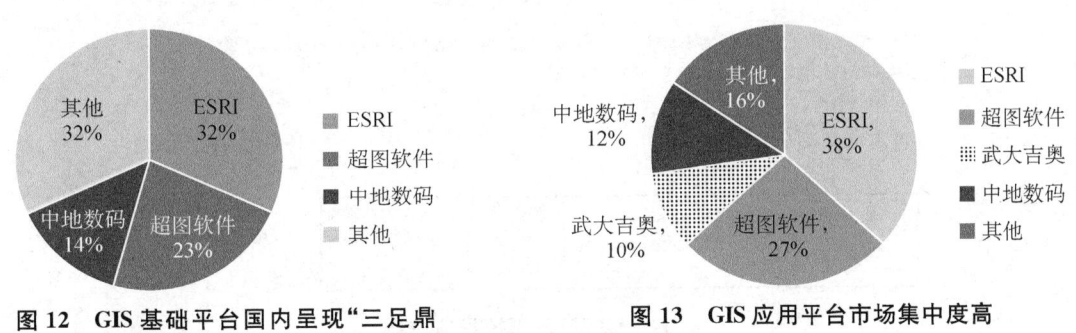

图 12　GIS 基础平台国内呈现"三足鼎立"格局

资料来源:互联网、新三板智库。

图 13　GIS 应用平台市场集中度高

资料来源:互联网、新三板智库。

在 GIS 应用平台软件供应方面,国内目前的状况是供应商数量众多,已超过 1000 家。大多数供应商通常选择一到两个应用领域向用户提供应用服务,应用范围窄、竞争能力不强。在应用平台软件供给方面,具有基础平台软件研发和推广能力的供应商因其技术实力强、对各应用领域的理解透彻,因而具有较强竞争力。另外,GIS 应用平台软件市场集中度高,ESRI 占有较大的市场份额,约为 40%;超图软件占有约为 30% 的市场份额。具体见图 13。

GIS 应用系统市场竞争分散化,竞争主体数量较多,应用系统开发商有 3000 多家,市场竞争激烈,尚未形成绝对市场领导者,具备基础平台开发能力的企业有望成为潜在的龙头。近年爆出相关企业为了争夺市场,以低于成本价的方式来竞标已是屡见不鲜,甚至出现 0 元竞标事件,见图 14。

图 14　GIS 应用系统竞争激烈

资料来源：互联网、新三板智库。

三、标的推荐

（一）测绘类企业

1. 帝测科技（831016.OC）：精密测绘细分领域龙头

北京帝测科技股份有限公司（以下简称"帝测科技"）成立于 2004 年 6 月，致力于房产、地产、地球地表附属物等不动产和地质矿产，以及文化遗产的空间数据采集、管理和动态监测等业务。公司主要提供地籍测绘、房产测绘、地形测量、市政工程测量、竣工测量（建设工程）、变形（沉降）观测和测绘航空摄影、遥感航空摄影测量、城市三维建模地理信息数据采集加工等专业技术服务。公司于 2014 年 8 月成功挂牌新三板。

（1）高端技术差异化战略，细分领域领军企业。公司聚焦于文化遗产保护和大比例尺地质成图与辅助探矿的高端技术研究,是中国文化遗产研究院首批文物信息采集处理合作单位,已完成国家 1 号石质文物大足石刻千手观音和潼南大佛、哈尔滨索菲亚教堂等多类型不可移动文物三维扫描测绘与虚拟修复工作。2016 年上半年,公司中标布达拉宫古建筑群精确测绘与数字化项目,是精确测绘细分领域国内领军企业。

(2) 利用项目经验丰富、甲级测绘资质、销售网络广等优势,承接大量不动产测绘、农村土地确权和地下管线普查等重大项目。公司深耕测绘领域 10 余年,积累了房产、地产、地下管线等多个领域的丰富项目经验。在营销方面,公司通过西安分公司辐射西北,都江堰分公司辐射西南,安徽分公司辐射华中,浙江子公司辐射华东,布局全国市场,公司近几年的重大客户主要来自这些重大项目。

2016 年上半年公司实现营业收入为 4579.47 万元,比上年同期增长 108.4%;净利润 16.49 万元,同比下降 127.12%。

2. 大地测绘(836742.OC):无人机测绘行业先锋

西安大地测绘股份有限公司(以下简称"大地测绘")成立于 1994 年,主要为客户提供不动产测绘、工程测量、地理信息系统、摄影测量和遥感以及土地规划等专业的地理信息服务。公司拥有自主研发"大地鹰"系列智能测绘无人机、不动产测绘整体解决方案、陆空一体化测绘系统、DToolboxs 大地数据处理工具包等一系列先进技术。经过多年的发展,目前公司业务已经覆盖全国 20 多个省、市、自治区。

(1) 测绘无人机技术国内领先,内外业处理效率高。公司是业内少有的掌握测绘无人机开展测绘业务中的倾斜摄影等关键性技术。"大地鹰"系列智能测绘无人机填补了国内民用微型无人机航空摄影技术的空白,兼具重量轻、尺寸轻巧、续航时间长、可飞行空间大的特点。陆空一体化系统可提高 50% 左右的外业作业效率。测绘内外业高效处理技术,能够缩短外业数据收集和内业数据处理工作间隔周期,提高整体效率。

(2) 深耕测绘领域 20 年,拥有广泛、稳定的客户资源。经过 20 多年的发展,公司积累了不动产测绘、工程测量、摄影测量与遥感领域丰富的项目经验,建立了广泛而稳定的市场区域,并且不断扩张。目前公司业务已经覆盖包括陕西、安徽、山东、湖北、山西、青海等在内的 20 多个省份,并与客户建立了稳定的合作关系,促进公司各项业务在全国范围内拓展。

公司 2016 年上半年实现营业收入 4069.35 万元,比上年同期增长 44.59%;净利润 759.17 万元,同比增长 166.32%。上半年毛利率 49.13%,比上年同期增长 12.51%。

3. 建通测绘(832255):国内机载 LIDAR 测绘领域领军者

广州建通测绘地理信息技术股份有限公司(以下简称"建通测绘"),成立于 1996 年。公司专业从事高精度空间地理信息数据采集、处理及应用系统开发,是国内最大的激光雷达测绘服务提供商。公司拥有国家甲级测绘资质,是广东省内唯一具有测绘航空摄影甲级资质的测绘单位。公司主要向客户提供专业的测绘服务,主要包含工程测量、地质测绘、地图制图、地理信息数据库建设等。公司于 2015 年 4 月 9 日在全国中小企业股份转让系统挂牌。

(1) 公司是国内唯一拥有 4 套 LIDAR 设备的测绘企业,技术领先。作为国内唯一拥有 4 套 LIDAR 设备的测绘企业以及国内最大的 LIDAR 服务提供商,公司可快速提供多种比例尺不同精度 DSM(数字表面模型)、DEM(数字高程模型)、DOM(数字正射影像)、DLG(数字线划图)和 3DM(高精度三维模型)等地理信息数据成果与应用服务,并有多个项目获得中国测绘学会颁发的优秀测绘工程金奖。

(2) 核心技术前景良好、优势明显,多样化技术辅助发展。公司以 LiDAR 机载激光雷达技术为核心,相较于无人机遥感技术、数码航拍技术等其他测绘技术,该技术具有高穿透性、三维高程精度高、高分辨率、数据产品丰富等突出优势,在公路、电力等行业具有很强的竞争力,而且其丰富数据产品有利于公司逐步建成地理信息大数据平台。同时,公司也会根据工程需求,有选择性地使用和发展数码航摄、无人机航摄等其他测绘技术,力求提高测绘效率、丰富测绘数据、紧跟测绘技术风向标。

(3) 多项甲级测绘资质,助力承接国内外大型测绘项目。测绘行业要求从事测绘活动的单位必须具备一定的资质,资质等级越高可从事范围越广。公司拥有国家甲级测绘资质,是广东省内唯一具有测绘航空摄影甲级测绘资质的测绘单位,这有助于公司承接国内外公路、电力、国土、数字城市、林业、石油管道等多个行业的大型项目。

2016年上半年公司实现营业收入3557.4万元,较上年同期增加262.92%;实现净利润813.42万元,较上年同期增加363%。

(二) GIS软件类企业

1. 南方数码(835846):GIS行业应用软件潜在龙头

广东南方数码科技股份有限公司(以下简称"南方数码")成立于2003年,专业从事地理信息软件开发和地理信息行业整体解决方案的应用,以测绘数据为基础,围绕基础测绘、房产、国土、市政等领域发展地理信息产业。在地理信息软件方面,南方数码开发了一些行业代表性软件,如CASS地形地籍成图软件、BMF房产测量软件、iData数据处理软件等。在行业解决方案方面,南方数码依托iMap、iMap3D为国土、水利、测绘、房产、应急、工业等行业提供应用示范系统。

(1) 布局GIS全产业链,研发实力突出。南方数码立足GIS全产业链,从GIS基础平台软件到GIS行业应用平台软件和GIS应用服务扩展,进行全方位布局。公司拥有自主研发的GIS基础平软件iGIS、GIS行业应用平台软件iMAP及数字房产、数字国土、智慧城市等应用服务产品。其中iGIS是底层平台,相当于电脑的Windows系统,研发难度大、技术壁垒较高,仅少数企业拥有自主产品,iMap则有助于公司实现后续产品的快速定制开发。目前,公司拥有研发人员117人,软件著作权89项,且多项软件产品获得行业高度认可。无论是从产品数量还是产品质量来看,南方数码都高于同行业其他新三板企业,研发实力突出。

(2) 产品成熟齐全,市场占有率高。公司产品涵盖了从数据采集建库到数据加工处理,再到整体解决方案(应用服务)。采集建库软件CASS(拥有各行业版的CASS软件)已经成为用户量最大、升级最快、服务最好的主流成图软件,占90%的市场份额;数据加工处理建库软件iData居同类产品前列;公司依托iGIS和iMap平台为房产、国土、地下管网、农村土地确权、地理国情监测、智慧城市等领域提供整体解决方案。总体而言,公司软件产品成熟且齐全,自制软件产品的毛利率约为80%,高于国内软件行业上市公司平均毛利率水平(50%左右)。

(3) 营销渠道布局广,国土、房产领域项目经验丰富。公司在全国22个省市设立了23家分公司,广布营销网络,通过分公司在其他城市的地理优势,积极拓展业务范围。公司在房产行业信息化、第二次国土资源大调查等业务中积累了近十年的开发经验,建立了良好的业界口碑。此外,公司面向下游的行业,在国土、房产、测绘、智慧城市四个领域中均具有丰富的经验。目前,公司已有上千个政务管理系统稳定运行在各级政府和行业管理部门。

2016年上半年,公司营业收入为8404.97万元,较上一年度同期增长12.22%;净利润为13.84万元,较去年同期增幅达到101.71%。

2. 国源科技(835184.OC)：不动产信息化行业领先

北京世纪国源科技股份有限公司(以下简称"国源科技")成立于1998年,是一家不动产信息综合服务商,主要面向国土、农业、城市管理、交通、水利、林业、公共安全等行业,围绕耕地、草地、林地承包经营权,宅基地和建设用地使用权,房屋所有权等不动产信息,从数据获取、数据处理、数据管理和应用信息系统开发各个环节,为客户提供测绘地理信息工程服务。

(1) 深耕国土、农业信息化领域GIS应用20多年,通过农业部土地承包GIS软件测评。截至目前,农业部公布的通过县级农村土地承包管理信息系统软件测评的企业共有6家,国源科技是其中1家。国源科技是第二次国土调查国家级数据库管理系统开发单位,并连续5年参与数据变更核查,并构建了国土资源中心,已经承担了20多个省、100多个县区的经营权确权工作。

(2) GIS应用软件行业覆盖广、品种丰富。公司通过自主开发,拥有软件产品七项,专业软件著作权44项,它们可以应用于国土、农业、市政、交通、船舶等多个行业,涵盖工具软件、应用平台、系统软件等多个品种。国源科技是少数拥有完整的农村土地确权登记管理软件产品和技术服务的公司,产品服务涵盖了调查、建库、质检、业务办理、监督管理、流转抵押等各个环节。

(3) 广泛的销售网络,助力有效拓展全国市场。公司已建立了由全国性中心、区域中心及省级中心构成的三级营销和服务网络,能持续、及时、有效地为客户提供技术服务和技术支持。国源科技在全国设立7个分公司作为其营销触角,助力其有效拓展全国市场。2016年上半年,公司营业收入为13,055.38万元,较上年同期增长141.48%;实现净利润3317.54万元,较上年同期增长115.15%。

第三部分

新三板并购蓝皮书

前言

徐 舜 袁莹翔[①]

短短两年多时间,新三板经历了从万众期望到带着"质疑"的阶段,全国中小企业股份转让系统有限责任公司副总经理隋强也指出,新三板市场到了再次思考、再次出发、二次创业的关键阶段,是从以往量的成长变为质的提升的阶段。

2015年,笔者在广州办第一届新三板并购论坛的时候,那时候新三板十分火爆,挂牌、投资等都相当踊跃,当时的主题是开启新三板并购的黄金时代。笔者认为,新三板的战略地位和市场化导向,使其成为创新型创业型中小企业对接资本市场的重要选择。但新三板市场是一个大浪淘沙的舞台,除了自然淘汰外,并购也就成为一个重要工具,或并购别人,或被人并购,这两者都是企业价值的实现。后面的新三板并购市场也印证了笔者的推断,尽管2016年新三板市场经历了很多"质疑",唯有并购的价值还是为数不多的"亮点"。2016年,笔者联合了更多的专业机构,以举办第二届新三板并购论坛。这次论坛的主题是"开启新三板分层时代的并购新机遇"。

新三板智库是一个专业的新三板投研机构,自2016年以来围绕火热的新三板并购市场做了系列有质量的研究。中国并购基金网是一个专业的并购研究平台,它旨在通过对产业政策、并购基金、并购事件、上市公司与地方政府产业转型升级等资讯动态的追踪报道,及时、客观研究出并购市场的总体发展态势,为大家决策提供参考。

2016年的新三板并购蓝皮书围绕2016年新三板并购市场的动态、热点与特点等进行了全面的研究,展现了这一年新三板并购市场中的经典故事,不仅具有可读性,还具有借鉴意义。

新三板给投资机构在资产端和负债端提供了更多创新空间,同时也让市场看到了包括并购等资本运作手段对于企业发展的促进作用。相信随着新三板体制、机制的不断健全,新三板企业与投资机构将紧密联合,围绕企业开展并购整合业务将更加成熟和频繁,通过外部力量提升企业在资本市场的价值。

[①] 徐舜,新三板智库CEO;袁莹翔,新三板智库高级研究员。

第一章 2016年新三板并购市场概述

数据说明:2015年统计区间为2015年1月1日至2015年12月31日,2016年统计区间为2016年1月1日至2016年10月31日。下文如无特别说明,2015年均指2015年全年,2016年均指2016年前10个月。

一、2016年新三板市场概况

截至2016年10月31日,新三板挂牌企业已经有9324家,挂牌企业比2015年底的5129家增加了4195家;其中有1646家做市转让,7678家协议转让。

在地区分布上,新三板挂牌企业数量排名前五的地区分别是广东、北京、江苏、浙江、上海,占比分别为15.28%、14.89%、12.09%、8.83%、8.71%,前4个地区的挂牌企业总数已超过全国挂牌企业的50%。详见图1-1。

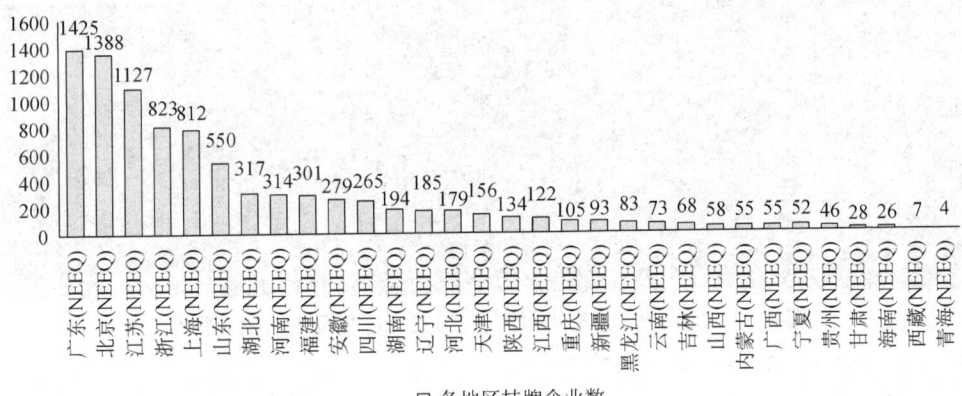

图1-1 2016年(截至10月31日)挂牌企业地区分布

资料来源:Wind、新三板智库。

在行业分布方面,挂牌企业最多的是工业、信息技术、非日常生活消费品行业。营业收入均值前三名是金融、能源、原材料行业;净利润均值前三名是日常消费、房地产、医疗保健行业。具体见图1-2。

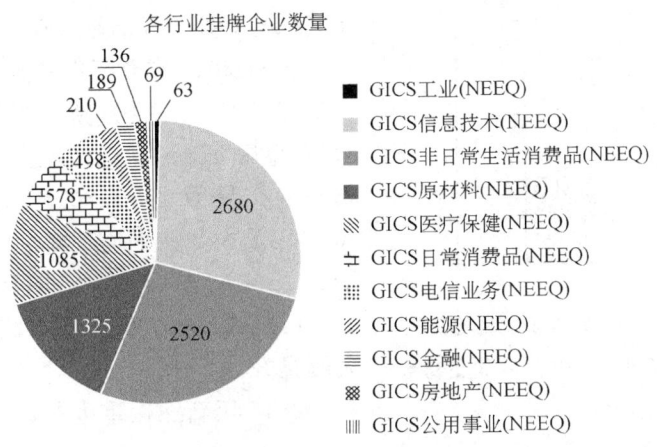

图1-2 2016年(截至10月31日)挂牌企业行业分布

资料来源:Wind、新三板智库。

股票发行情况：截至2016年10月31日（以发行日期计），新三板挂牌企业总共发行股票170.37亿股，募集资金923.57亿元，平均每家企业融资约4507万元。参与发行股票的企业有2049家，其中有5家进行了3次增发，有109家进行了2次增发，新三板资本平台的作用越来越突显。

三板成指从2016年年初的1448.29下降到1161.02。三板做市指数从2016年年初的1405.49下降至1086.88。具体见图1-3。

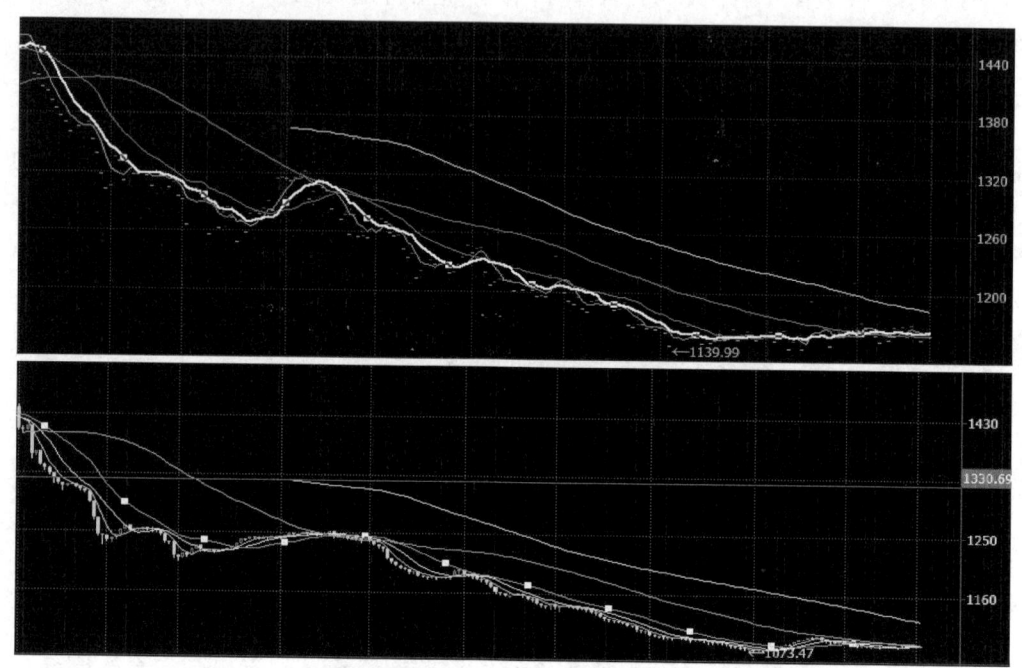

图1-3　2016年（截至10月31日）三板成指及三板做市指数

资料来源：Wind、新三板智库。

二、2016年新三板并购市场整体情况

截至2016年10月底，新三板重大资产重组并购交易（首次公告口径）为111起，总金额达334.92亿元。并购方向方面：47起交易是新三板企业被并购，其中24起是上市公司并购新三板企业；64起是新三板企业主动发起并购。

（一）2016年新三板并购热度远超2015年

2016年1—10月新三板重大并购交易有111起，总金额334.92亿元，远超2015年全年的67起并购交易数量及130.01亿元的总交易金额。2016年重大并购平均交易额为3.04亿元，也远高于2015年的1.94亿元。具体见图1-4。

（二）2016年新三板并购单笔交易金额整体大幅提升

2016年新三板重大并购无论在平均值、最大

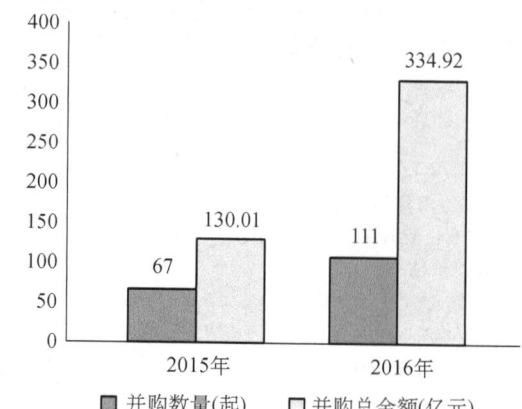

图1-4　2015年与2016年1—10月并购交易数量及成交金额

资料来源：Wind、新三板智库。

值、中位数方面,还是在前四分之一值方面,都大大高于 2015 年。2016 年前三个季度的单笔交易金额整体也是呈现增长趋势。其中,Q2 和 Q3 的均值都在 3.5 亿元以上,前四分之一值在 12 亿元以上。具体见图 1-5。

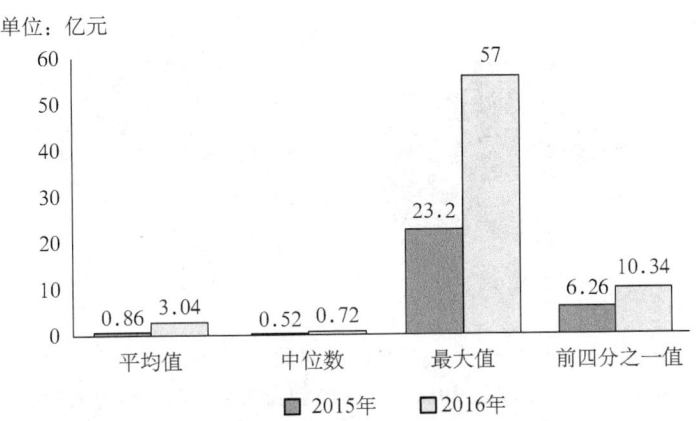

图 1-5　2015 年与 2016 年 1—10 月并购金额比较

资料来源:Wind、新三板智库。

(三) 并购方向:以发起并购为主,上市公司并购新三板公司活跃

2016 年 1—10 月,有 64 起交易是新三板企业发起并购,占总交易数的 57.66%;47 起交易是被并购,占总交易数的 42.34%。上市公司并购新三板公司活跃,有 25 起上市公司并购新三板企业的交易,占被并购交易的 53.19%,占总交易数的 22.52%,这要高于 2015 年上市公司并购新三板公司的 22 起。

(四) 并购目的方面:产业相关并购是主流

长期以来,新三板的并购都是以产业并购为主。2016 年产业相关的并购达到 84.68%,有 94 起并购属于产业并购,主要是向产业链的横向发展(88 起),纵向一体化的并购事件有 6 起。产业相关的并购加强了企业在整个行业中的竞争力,发挥规模或协同效应。与此同时,多元化并购也是并购的重要组成部分,2016 年有 17 起多元化并购,占交易总数 15.32%,涉及的标的行业有海水淡化、LED 照明节能、广告、信息安全、金属行业等。在新三板企业被并购的案例中,多元化并购有 11 起,占所有多元化并购事件的 64.7%;发起多元化并购的有 6 起,占多元化并购事件的 35.3%。具体见图 1-6。

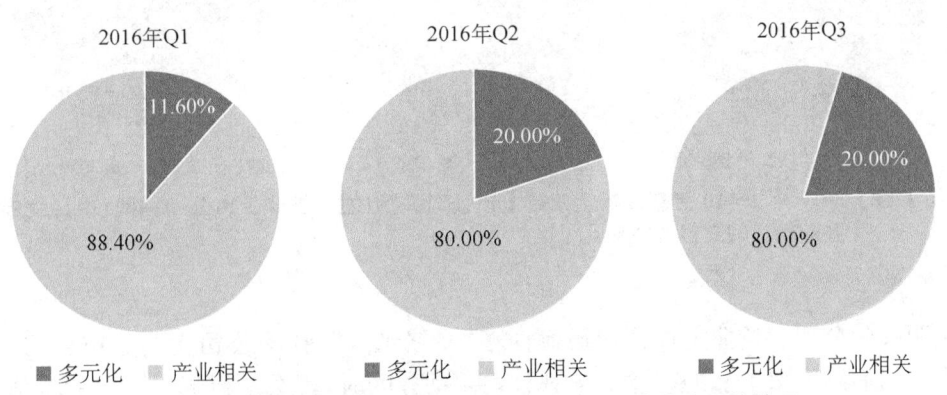

图 1-6　2016 年 Q1、2016 年 Q2、2016 年 Q3 的并购目的情况

资料来源:Wind、新三板智库。

(五) 支付方式方面：纯股份支付比例在减少，纯现金支付占比提高

2016年新三板重大并购的支付方式较2015年有了明显变化，纯股份支付的比例在下降，股份＋现金的支付比重增加，同时，纯现金支付的比重也在增加。具体见图1-7。

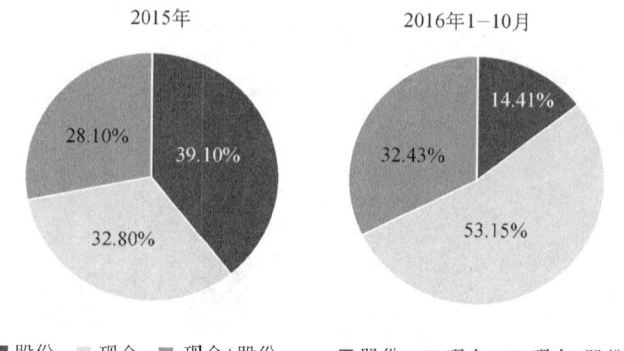

图1-7 2015年与2016年1—10月重大并购的支付方式对比

资料来源：Wind、新三板智库。

2016年新三板重大并购交易情况：

纯股份支付的交易有16起，全部是新三板企业发起并购，对象都是非公众公司，其中关联交易有4起。

股份＋现金支付有36起，其中17起是新三板企业被并购，19起是新三板企业发起并购。被并购的交易中，股份＋现金支付占被并购总交易数的36.17%，发起并购采用股份＋现金支付方式占发起并购总数的29.69%。

纯现金支付的交易有59起，其中挂牌公司发起并购交易中采用纯现金支付方式的有29起，占发起并购总数的45.31%；被并购交易中采用纯现金支付的有30起，占被并购交易数的63.83%。挂牌公司发起并购交易中采用纯现金支付比例小于被并购交易中获得纯现金支付的比例。具体见图1-8。

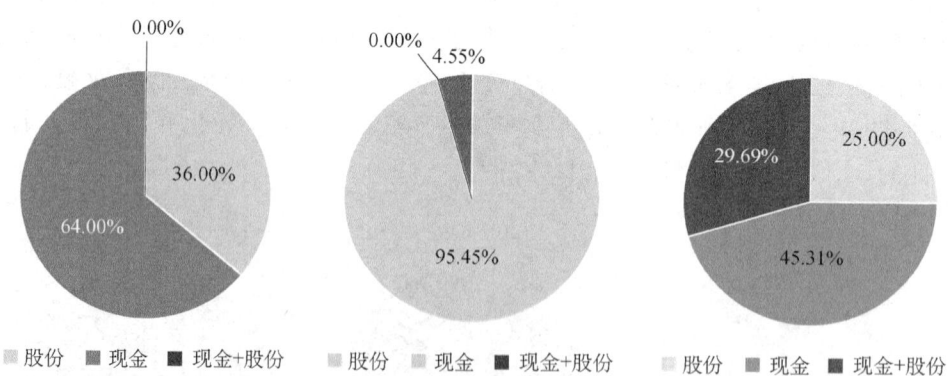

图1-8 2016年1—10月新三板企业被上市公司并购（左）、被非上市公司并购（中）、发起并购（右）的支付方式对比

资料来源：Wind、新三板智库。

这说明挂牌公司卖给非上市公司更倾向于"拿钱走人"，挂牌公司卖给上市公司更倾向于分享上市公司后续股票上涨的收益。挂牌公司主动并购时，其新三板资本平台的价值，对非公众公司的股东有一定的吸引力。

第二章 2016年上市公司并购新三板挂牌企业情况

一、2016年上市公司并购新三板挂牌企业概况

截至2016年10月底,新三板被上市公司并购的重大交易有25起,涉及25家上市公司、25家挂牌企业,已经超过2015年全年的22起。总交易金额为242.43亿元,占2016年1—10月所有重大并购交易额的72.38%,占2016年1—10月所有被并购交易总金额的94.87%,平均交易额达到10.10亿元(1起未披露金额)。具体见图2-1。

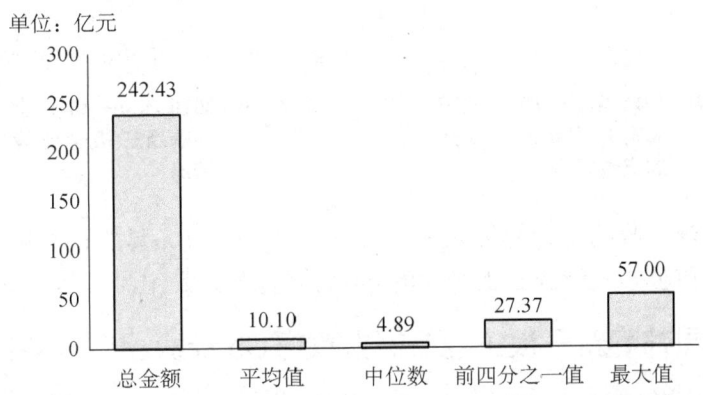

图2-1 2016年1—10月新三板企业被上市公司并购金额的情况

资料来源:Choice、新三板智库。

创业板公司在并购新三板企业方面最为积极。2016年向新三板企业发起并购的上市公司有3家是沪市A股公司,22家是深市A股公司。22家深市A股公司中有3家是深市主板企业,7家是中小板企业,11家是创业板企业。创业板和中小板公司对新三板企业的并购占上市公司并购挂牌企业总数的72%,它们是并购大军中的主力。具体见图2-2。

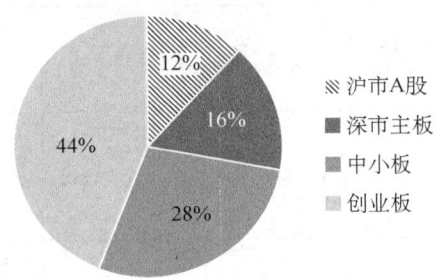

图2-2 2016年1—10月并购新三板企业的上市公司板块分布

资料来源:Choice、新三板智库。

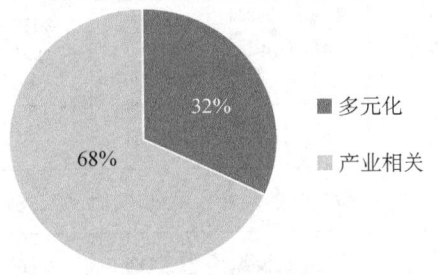

图2-3 2016年1—10月上市公司并购新三板企业的目的

资料来源:Choice、新三板智库。

并购目的方面,产业相关是主流。上市公司并购新三板企业有8起是多元化跨界并购,占比为32%,有17起是产业相关的并购,占比为68%。具体见图2-3。

支付方式方面,并购交易基本采用了股份+现金方式。2016年1—10月上市公司并购新三板企业中有16起采用现金+股份支付方式,9起采用纯现金支付方式,纯现金支付方式中的7起是所有上市公司并购挂牌企业交易中金额最小的7笔,没有采用纯股份支付的交易。具体见图2-4。

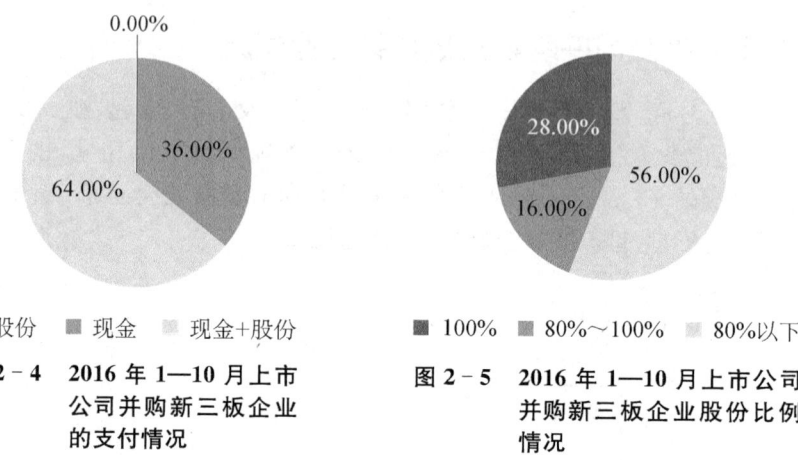

图2-4 2016年1—10月上市公司并购新三板企业的支付情况

图2-5 2016年1—10月上市公司并购新三板企业股份比例情况

整体收购是主流。收购比例为100%的有14起,80%~100%的有4起。上市公司整体收购新三板企业占上市公司收购新三板企业的56%,整件收购是主流。具体见图2-5。

二、上市公司并购新三板企业偏好业绩好、成长快、产业互补的标的

2016年上市公司并购新三板挂牌公司的交易中,只有2个标的企业2015年的归母公司净利润为负,其余23个标的企业2015年归母公司净利润都是正数,盈利标的占比达到92%。17家标的企业2015年归母公司净利润率都优于上市公司,6家新三板标的企业2015年归母公司净利润高于上市公司,它们分别是卧龙地产收购的墨麟股份、康跃科技收购的新泰材料、南洋电缆收购的天融信、ST生物收购的城光节能、摩登大道收购的悦然心动、西安旅游收购的三人行。上市公司并购这些业绩优秀的新三板企业,快速提升业绩的效应显著。具体见表2-1。

表2-1　　　　　2016年1—10月上市公司收购业绩更高的新三板公司案例

交易双方	主营业务	2015年营业收入（万元）	2015年净利润（万元）	收购比例	交易金额（万元）	支付方式	PE（2015年）
卧龙地产 600173	房地产开发	153,001	6,041	97.71%	440,854	现金+股份	29.02
墨麟股份 835067	游戏	29,310	15,545				
康跃科技 300391	重型电气设备	19,125	503		90,000	现金+股份	45.46
羿珩科技 835560	专用设备制造	17,224	1,980				
南洋电缆 002212	电线电缆	228,149	5,638		570,000	现金+股份	24.83
天融信 834032	信息安全	85,513	22,955				

(续表)

交易双方	主营业务	2015年营业收入（万元）	2015年净利润（万元）	收购比例	交易金额（万元）	支付方式	PE（2015年）
ST生物 000504	生物资源、干细胞和免疫细胞储存	1,337	-2,122	45.61%	5,448	现金	5.73
城光节能 832616	LED照明节能环保	7,797	2,094				
摩登大道 002656	服饰生产	72,424	1,022	100.00%	49,000	现金+股份	33.35
悦然心动 835625	工具类社交应用开发	2,023	1,469				
西安旅游 000610	旅游、房产、旅游餐饮	76,040	1,082	100.00%	110,400	现金+股份	45.1
三人行 832288	全媒体广告、校园公关营销	11,444	2,448				

资料来源：Choice、新三板智库。

同时，很多上市公司并购的新三板标的企业不仅业绩突出，成长性也是非常好。本期对价最高的南洋电缆57亿元收购天融信的案例中，标的方2015年业绩是并购方的4倍，近3年营业收入保持两位数增长、近3年净利增长都在20%以上。全信股份收购常康环保的交易中，收购方全信股份2015年营业收入2.51亿元，净利润4781万元；标的方2015年营业收入1.12亿元，净利润5972万元，2015年净利润也超过收购方25%。标的营业收入连续两年增幅20%以上，净利润连续两年增幅高于60%，成长性好。

（一）跨界并购的上市公司偏好业绩优良标的

2016年共有8起上市公司多元化并购新三板企业的交易，多元化并购选择的新三板企业标的大多在业绩、成长两个指标上表现优良，具体见表2-2。这表明上市公司跨界并购新三板公司的主要目的是快速提升自身业绩，进入利润空间更大的高增长行业，打造新的利润增长点。

表2-2   2016年1—10月上市公司多元化收购新三板公司的部分案例

交易双方	主营业务	2015年营业收入（万元）	2015年净利润（万元）	2015年营业收入同比增长	2015年净利润同比增长	交易信息	静态PE
国瓷材料 300285	电子陶瓷粉体材料	53,268	8,592	42.09%	35.73%	股份100%，对价12,240万元，现金	9.45
泓源光电 430711	光伏电子浆料	16,107	1,295	69.50%	72.86%		
西安旅游 000610	旅游、餐饮、房地产	76,040	1,082	8.81%		股份100%，对价110.400万元，现金+股份	45.1
三人行 832288	全媒体广告、校园公关管理营销	11,444	2,448	23.46%	94.44%		

(续表)

交易双方	主营业务	2015年营业收入（万元）	2015年净利润（万元）	2015年营业收入同比增长	2015年净利润同比增长	交易信息	静态PE
康跃科技 300391	重型电气设备	19,125	503	-21.43%	-82.49%	股份100%，对价90,000万元，现金＋股份	45.46
羿珩科技 835560	专有设备制造	17,224	1,980	124.84%	260.44%		
南洋电缆 002212	电线电缆	228,149	5,638	1%	8.86%	股份100%，对价570,000万元，现金＋股份	24.83
天融信 834032	信息安全	85,513	22,955	16%	24.81%		

资料来源：Wind、新三板智库。

（二）进行产业并购的上市公司偏好能完善战略布局的标的

2016年，上市公司以产业相关目的收购新三板企业的案例有17起。在这些交易中，上市公司的目的是完善战略布局，主要考虑标的对自身业务形成协同效应，其次才关注标的业绩。所以，这些交易的标的业绩和成长性整体低于多元化并购的新三板标的。具体见表2-3。

表2-3　　　　　　2016年上市公司产业并购新三板公司的部分案例

交易双方	主营业务	2015年营业收入（万元）	2015年净利润（万元）	收购比例	交易金额（万元）	支付方式	2015年PE
光韵达 300227	精密激光应用	22,578	2,615	100%	22,100	现金＋股份	15.3
金东唐 831089	自动检测设备	6,534	1,444				
兴民智通 002355	钢圈、车用及无线集成产品	110,605	2,731	58.23%	24,555	现金	—
九五智驾 430725	车联网智能解决方案	10,017	-3,134				
恒泰艾普 300157	油气勘探开发技术服务	83,981	7,505	100%	14,419	现金＋股份	8.68
欧美克 835563	石油工程技术开发，油田化学剂研发、生产、销售，技术服务	10,325	3,256				
楚天高速 600035	高速收费	123,065	42,965	100.00%	126,000	现金＋股份	24.19
三木智能 837418	平板电脑、手机、配件及材料、车联网及智能家居	122,310	5,210				

资料来源：Wind、新三板智库。

2016年，上市公司多元化跨界并购标的的大体量和高业绩特征明显，多元化并购标的的营业收入均值达2.38亿元、归母公司净利润均值达6483万元，而产业并购标的的营业收入均值为1.74亿元、归母公司净利润均值达1786万元。无论是体量还是业绩，产业化并购标的都比多元化并购标的逊色不少。

三、上市公司收购挂牌企业部分股权，外部中小股东退出路径不明确

被并购一直是投资者的一条重要退出路径，特别是在新三板这样一个二级市场交易非常清淡的市场，被并购已成为新三板投资者最现实、最有效的退出路径，这也是新三板投资逻辑的一个重要前提。而现在部分并购案例中，内部股东均实现当下的退出（或是对退出路径有了明确的安排），而外部的投资者却受到区别对待。这显然会打破外部投资者的退出预期，从而影响到外部投资者的投资决策。

有意思的是，机构投资者显然对于避免这种状况的出现更有影响力。比如，在九五智驾被并购的交易中，机构投资者也获得了退出的机会，见表2-4。对比之前的金力泰收购银橙传媒案例，在当时的方案下，即使是外部机构投资者也退出无门。金力泰收购银橙传媒的方案是发行股份收购银橙传媒高管持股平台公司的100%股权，从而实现间接获得银橙传媒63.57%股权。而外部包括机构股东在内的中小股东，并不在受益范围内。由于银橙传媒公司章程并没有作出全面要约的相关规定，根据《非上市公众公司收购管理办法》，金力泰是可以不进行全面要约收购的。2016年5月，同样是上市公司收购新三板企业的神州信息（000555）11.5亿元收购华苏科技（退市）96.03%股权事件，华苏科技原实际控制人给了中小股东退出的选择，充分考虑了外部股东的退出。

表2-4　　　　　2016年上市公司并购新三板公司部分股份的案例

标的方	交易金额(万元)	收购方	收购比例	本次交易中小股东的情况
九五智驾 420725	24,555	兴民智通 002355	58.23%	九五智驾原为做市转让，此次收购方现金购买九五智驾主要股东部分股票，而中小股东约34户，持投2%左右，未出让股票
世纪天源 831948	7775	华光股份 600475	51.00%	未披露是否所有股东都出让了股份，据Wind资料显示，股东户数共23户，而出让股份的仅16户。中小股东持股百分比为个位数，此次未出让股票
城光节能 832616	5448	ST生物 000504	45.61%	直接收得原第一大股东所有股份，获得控制权。中小股东未参与交易

资料来源：Wind、新三板智库。

由此可见，并购交易中，外部投资者的退出路径是非强制的，更多只能依靠博弈来影响。这对于外部投资者投资新三板会产生重大的影响。

四、典型案例

（一）案例1：兴民智通收购九五智驾58.23%股权，中小股东如何退出

2016年9月24日，兴民智通（002355）和九五智驾（430725）同时发布公告：兴民智通拟以现金2.46亿元购买朱文利、陈薇两位自然人及高德软件有限公司、深圳前海车联网产业投资基金（有限合伙）、天风证券股份有限公司等七家机构合法持有的九五智驾58.23%股权。本次交易完成后，兴民智通将持有九五智驾58.23%股权，成为九五智驾的实际控制人。具体见图2-6。

收购方：兴民智通是我国汽车钢制车轮龙头企业，业务规模在同行业处于领先地位，主要

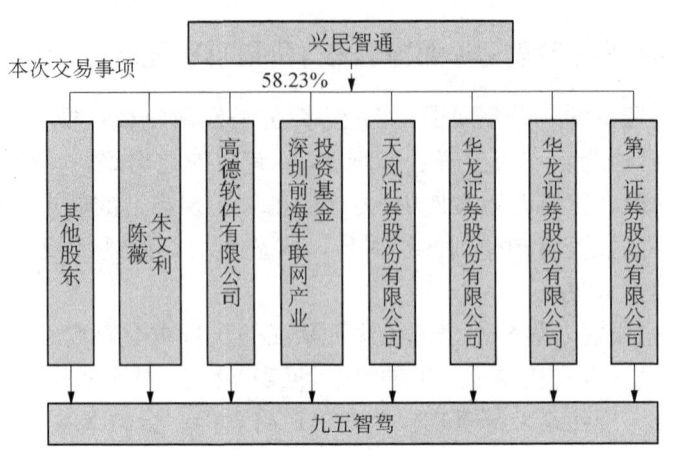

图 2-6 九五智驾被收购示意图

资料来源：Wind、新三板智库。

产品包括无内胎钢制车轮、工程机械钢制车轮、卡车钢制车轮、农用运输钢制车轮等。

兴民智通 2015 年营业收入为 11.06 亿元，归母净利润为 2730.75 万元；2016 年中期营业收入为 6.02 亿元，归母净利润为 2802.73 万元。按公告前一交易日的收盘价计算，兴民智通的总市值为 99.35 亿元。

标的：九五智驾是车联网行业解决方案提供商和服务运营商，主要面向车厂等渠道客户销售定制化车联网解决方案和服务，已为丰田、本田、奔驰等众多国际品牌用户及车主提供服务。

九五智驾 2015 年营业收入为 1 亿元，归母净利润为 -3134.26 万元；2016 年中期营业收入为 4622.39 万元，归母净利润为 -566.82 万元。九五智驾目前为做市交易，按公告前一交易日做市交易价格计算的市值为 3.06 亿元（2016 年 8 月 2 日收盘价为 6.75 元/股）。

案例特点：其一，价格相对于当时做市价格是溢价，出售方获得较高收益。朱文利、陈薇、高德软件、上海物联网创投基金都是公司挂牌新三板前的原有股东，持股成本较低，收益较高。如高德软件出资 3000 万元，获得 871.56 万股股票；深圳前海车联网是 2015 年 5 月定向增发买入股票，价格为 7.67 元/股。此次交易中，出让方价格有 9 元、10 元，各出让方都获得了不错的收益。其二，兴民智通只收购了部分股权，公众股东退出路径未明确。九五智驾的股份非常集中，前十大股东股份达到 97% 以上。深圳前海车联网产业投资基金、天风证券、西部证券 3 家出售了部分所持有股票，其他 6 家出售了所持全部股份（除有限售股外）。大股东基本都出让了股份，而未出让股票的公众股东可能完全不知道这些信息，被晾在一边。公众股东约有 34 户。九五智驾做市以来，股价最高近 23 元。所以在短期内，公众股东退出路径不明确。

（二）案例 2：南洋股份以 57 亿元收购天融信 100% 股权

2016 年新三板并购金额最高的是南洋股份 57 亿元收购天融信案例，此案例已经获得了证监会无条件通过。南洋股份拟以通过发行股份及支付现金的方式，购买明泰资本等 6 家机构及章征宇等 21 位自然人合法持有的天融信股份合计 100% 股权。交易对价采用现金＋股份方式支付，其中股份支付 36.2 亿元，现金支付 20.8 亿元，配套募集资金 21.2 亿元。此次收购构成南洋股份重大资产重组，但公司控股股东和实际控制人未发生变化。本次交易完成后，天融信将成为南洋股份的全资子公司，南洋股份将成为天融信的唯一股东，天融信股份将变更为一人有限责任公司。天融信被收购示意图见图 2-7。

收购方：南洋股份（002212）主营电线电缆以及配套用PVC料等产品，是华南地区最大的电力电缆制造企业，全国市场占有率排名靠前。2015年，南洋股份营业收入为22.85亿元，净利润为0.56万元。

标的：天融信（834032）是提供信息安全产品及服务的企业，2015年其营业收入为8.55亿元，净利润为2.3亿元，近3年营业收入保持两位数增长，净利润增长都在20%以上。

案例特点：其一，交易金额巨大，达57亿元。截至目前，该交易在所有上市公司收购新三板企业

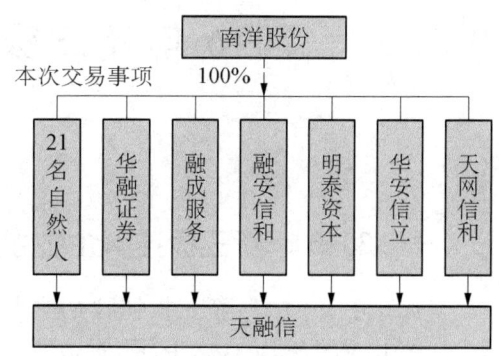

图2-7 天融信被收购示意图

资料来源：Wind、新三板智库。

的交易中位列第二，仅次于2014年大智慧（601519）并购湘财证券（430399）的85亿元。本案例已经证监会审核通过，是上市公司收购新三板企业成功方案中金额最大的。其二，标的方业绩十分突出，收购方短期业绩提升效应明显。南洋股份2015年营业收入22.81亿元，净利润仅0.56亿元；标的方天融信2015年营业收入为8.55亿元，净利润为2.3亿元。此案例呈现出非常典型的"小吃大"的特征，标的方业绩是并购方的4倍。其三，上市公司的资本平台作用突显。此次并购现金支付20.8亿元，股份支付36.2亿元，配套融资21.2亿元。上市公司资本平台优势得到充分发挥。标的企业原有股东通过并购获得估值更高、流动性更好的上市公司股份。其四，上市公司原实际控制人股份被大幅稀释。本次交易前，南洋股份实际控制人郑钟南持有上市公司54.63%股权，交易后，郑钟南直接及间接持有上市公司的股份比例为30.69%（包括郑钟南实际控制的主体鸿晟汇认购募集配套资金持股部分）。郑钟南直接持有南洋股份24.30%的股权，仍为实际控制人。本次收购后，天融信原控股股东明泰资本将持有南洋股份17.23%的股权。

南洋股份此次收购将使得公司快速切入了具备广阔市场前景和较高技术壁垒的信息安全行业。注入优质资产将提高公司盈利能力，有利于发挥协同效用，提高公司抗风险能力和可持续发展能力。

第三章 2016年新三板挂牌企业发起并购情况

一、2016年新三板挂牌企业发起并购概况

2016年1—10月新三板挂牌企业主动发起的重大并购交易有64起,交易总金额为79.37亿元,平均交易额为1.24亿元,最大单笔交易额为12.8亿元。具体见图3-1。

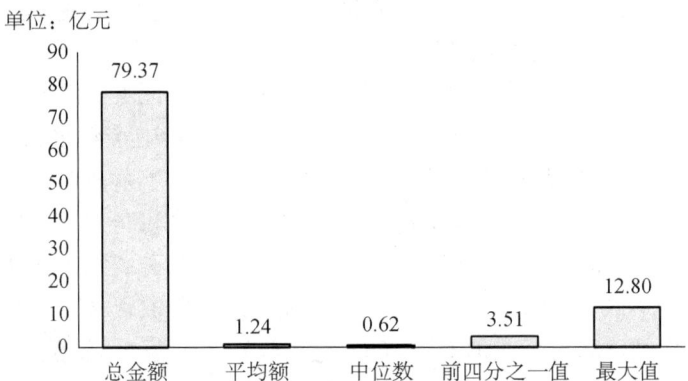

图3-1 2016年1—10月挂牌公司发起并购的金额情况

资料来源：Wind、新三板智库。

支付方式：三种支付方式并存,纯现金支付占比最高。挂牌企业发起并购的支付方式方面,纯现金支付的比例最大,达到45.31%,纯股份支付占25%,现金+股份支付占29.69%。

购买比例：100%并购是主流。挂牌企业发起并购有45起为并购标的100%股份,占比70.31%；7起并购标的80%~100%的股份,占比10.94%；5起并购标的50%~80%股份,占比7.81%；7起为并购标的50%以下的股份,占比10.94%。

并购目的：绝大多数是产业相关并购。58起为产业相关并购,占比90.63%；6起并购是挂牌企业进行的多元化并购,占比9.38%。具体见图3-2。

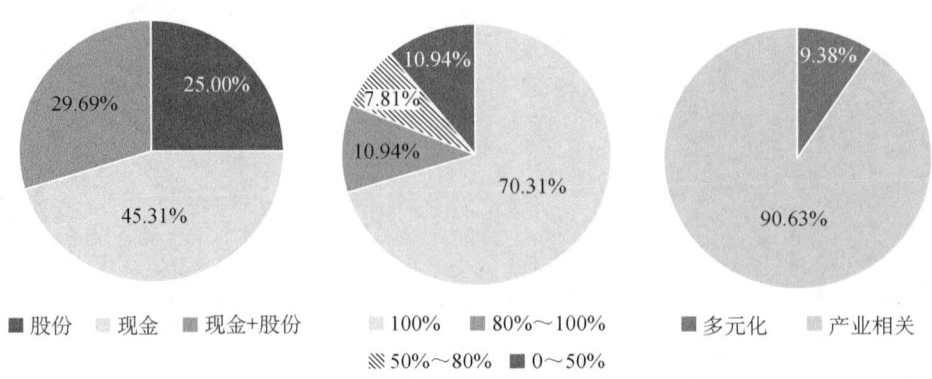

图3-2 2016年1—10月挂牌公司发起重大并购的支付方式、并购标的份额、并购目的

资料来源：Wind、新三板智库。

并购标的:绝大部分是非公众公司。2016年新三板企业发起并购,1家为并购新三板公司,占比1.56%;4家为并购海外公司,占比6.25%;其他59家并购的是非公众公司,占比92.19%。

主流是市场化行为,非关联交易为主。关联交易有16起,占比25%,其中4起为实际控制人资产注入。非关联交易48起,占比75%。具体见图3-3。

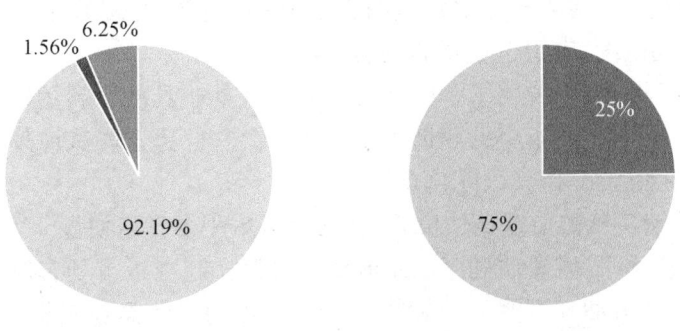

■非公众公司 ■新三板公司 ■海外公司　　■关联交易 ■非关联交易

图3-3　2016年1—10月挂牌公司发起重大并购的标的、交易性质情况

资料来源:Wind、新三板智库。

二、新三板企业试水海外并购,资本平台作用初显

截至2016年10月底,新三板挂牌企业发起的海外并购有4起。交易总金额为11.58亿元,平均交易额为2.90亿元。这4起海外并购有2起是并购标的部分股份,2起是并购标的100%股份。其中有2起是关联交易:蓝色方略董事长、总经理持有交易对方活动树科技62%股权,为交易对方的控股股东;美中嘉和是并购实际控制人的海外上市资产。具体见表3-1。

表3-1　　　　　　　　　　2016年新三板企业海外并购案例

新三板企业	交易金额(万元)	标的方	收购比例	交易介绍
蓝色方略835675	6,600	活动树科技(香港)	30%	这起交易为关联交易。蓝色方略主营活动营销,活动树主营线上活动数据管理平台,并购是为了打造全产业链的会展活动管理平台
华清飞扬834195	11,900	韩国KOSDAQ创业板上市公司COWON SYSTEMS	34.7%	华清飞扬主要经营军事游戏产品,标的主营业务为制造、销售数码产品。此次并购由华清飞扬香港子公司支付现金购买标的股份,实现控股
美中嘉和835660	39,272	傲华科技、沃华医疗	100%	这起交易为关联交易。美中嘉和主营业务为肿瘤诊疗中心的管理及肿瘤放疗医院的运营管理,标的傲华科技是提供影像诊断及放疗设备租赁、医疗技术开发及服务的公司。本次交易是注入实际控制人海外上市的资产,标的在中国境内经营。收购后续调整为只收购傲华科技,对价为3.2亿元现金
健耕医药833092	58,000	英国AIM证券市场上市公司LSI	100%	交易双方都属于医疗设备制造行业,通过设立并购基金进行海外产业收购

资料来源:Wind、新三板智库。

(一)海外并购主要目的是支持产业战略

新三板企业发起并购主要是为了实现产业战略,选择与本身业务发展相匹配的产业标的。2016年的4起海外并购也是如此,并购都以产业相关为目的。如主营军事游戏的华清飞扬并购韩国游戏公司COWON SYSTEMS、移植领域医疗设备制造商健耕医药收购英国同行企业LSI,它们都是通过并购海外产业资产,获得优质的产业能力,提升企业自身的产业实力,同时可以迅速扩大市场范围,带给企业新的成熟市场。

海外并购的不断出现,说明了一些优秀的新三板企业具备了利用资本平台,进行产业布局的清晰发展思路,同时企业本身的业绩也比较优秀。它们勇于尝试海外并购,以此迅速提升产业实力,拓展海外业务,支持其国际化布局。

(二)海外并购实施的前提是估值差,新三板资本平台作用初显

新三板的估值水平、融资便利度以及流动性虽然比起主板市场有较大的差异,但是相对于海外市场,它在这些方面却有明显的优势。这些方面的优势是新三板企业购买海外资产甚至是海外上市资产的重要前提。

非关联的海外并购案例中,购买方的估值都高于标的方的估值。如健耕医药2015年市值约2.44亿元,净利润1,609.7万元,估值约15.16倍。LSI公司2015年净利润约为7,315.21万元,此次并购的市盈率仅为7.5倍。健耕医药的估值高于标的LSI。健耕医药此次收购全部使用现金支付,资金来源为并购基金。

(三)海外并购经典案例

1. 美中嘉和:探索中概股"回归"的新模式

美中嘉和(835660)是美国纽约证券交易所上市公司——泰和医疗控股(NYSE:CCM)旗下的专业医院管理咨询服务公司。泰和医疗控股是第一家在美国纽约证券交易所上市的中国医疗服务公司,长期致力于向中国医疗领域引进具有国际最前沿技术的肿瘤影像诊断与放射治疗设备,并为国内肿瘤患者提供最好的、与国际水平接轨的治疗手段和医疗服务。美中嘉和的主营业务为肿瘤诊疗中心的管理及肿瘤放疗医院的运营管理。

标的傲华科技主营业务为肿瘤诊断及放疗设备的租赁服务及相关设备的技术咨询服务,其客户主要是以放疗为治疗手段的肿瘤治疗医院。标的世纪友好报告期内除筹备北京质子中心外无其他经营活动。两个标的企业都是泰和医疗控股的完全控制企业。具体见图3-4。

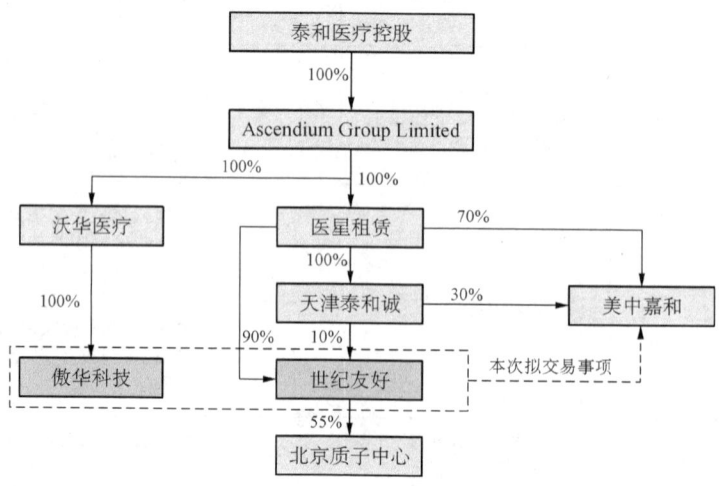

图3-4 美中嘉和收购示意图

资料来源:Wind、新三板智库。

此次并购为新三板企业实际控制人海外上市资产回归国内资本市场的探索。交易特点：其一，注入挂牌企业实际控制人海外上市的其他资产。美中嘉和是新三板企业，实际控制人是美国纽交所上市企业泰和医疗控股。标的傲华科技和世纪友好同样是泰和医疗控股的完全控制企业。此举将海外上市公司资产置入国内资本市场，开拓了一种中概股"回归"的新模式。其二，现金支付全部3.9亿元对价。初始并购方案为3.2亿元现金购买傲华科技，7,000万元现金购入世纪友好。并购方案已调整为只购入傲华科技，对价为现金3.2亿元。

2. 健耕医药收购英股LSI

新三板公司健耕医药(833092)(退市)是干细胞领域的科研和临床专家提供全面的解决方案提供者，主要产品为器官移植相关药品和相关医疗器械的销售与服务。

标的LSI公司是英国伦敦证券交易所AIM市场挂牌企业，是一家致力于研发器官移植过程所需的先进设备和服务的公司。

本次并购是新三板企业收购海外上市公司的经典案例。交易特点：其一，通过并购基金，现金购买，以小买大。健耕医药2016年上半年报数据显示，健耕医药净资产仅9838.5万元，货币资金1899万元。要收购价值超5亿元的海外同行公司，只靠自身资产是远远不够的。健耕医药此次通过设立并购基金，以小买大。其二，标的方收购市盈率仅7.5倍。健耕医药2015年估值约2.44亿元，净利润为1609.7万元，估值约15.16倍。LSI公司2015年营业收入约为2.34亿元，净利润约为7315.21万元，市盈率仅为7.5倍。并购公告发布前，LSI股价为2.9英镑，约合人民币25.52元/股，市值为5.49亿元。本次交易对价5.8亿元，这意味着收购价格较二级市场价格仅溢价5.65%。具体见3-5。

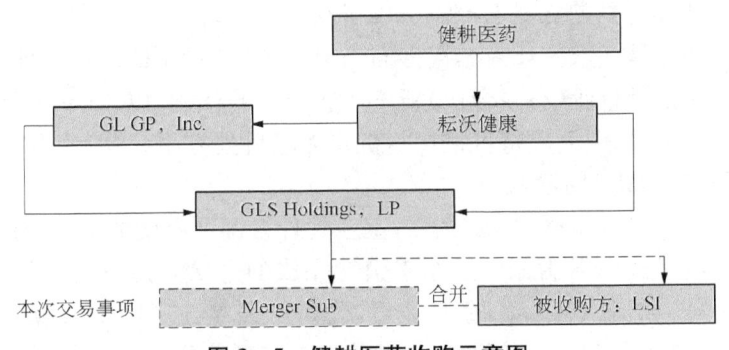

图3-5 健耕医药收购示意图

资料来源：Wind、新三板智库。

三、新三板企业试水并购基金，杠杆式产业整合成为可选项

截至2016年10月底，有67家新三板企业成立(参与)了70只并购基金，基金的平均规模为11,639万元。挂牌企业并购基金出资额在1000万元以下的有29笔，1000万～2000万元的有20笔，2000万～5000万元的有12笔，5000万元以上的有9笔，最大出资额为59.99亿元。具体见图3-6。

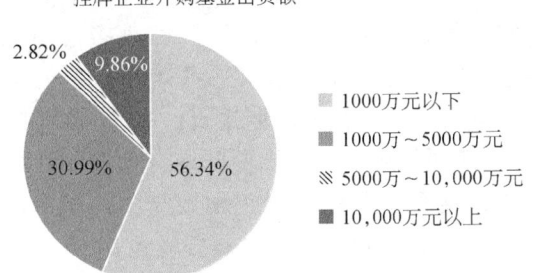

图3-6 2016年挂牌公司参与并购基金的情况

资料来源：Wind、新三板智库。

(一)并购基金产品结构简单,大部分挂牌企业在并购基金中是 LP

上市公司并购基金产品结构日趋多元化,采用夹层基金、信托资管计划等形式,自己承担劣后份额的同时引入外部杠杆资金的方式越来越常见。相对而言,新三板并购基金产品结构基本都非常简单。超过一半的案例采用了有限合伙制的形式,而且在这些案例中,挂牌企业都扮演了 LP 的角色,它们并不直接参与基金的日常运作。这说明挂牌企业现阶段还是依赖专业投资机构实施并购战略。

(二)相当多的并购基金采取了合伙企业以外的形式

2016 年挂牌企业并购基金出资来源见图 3-7。新三板并购基金的具体组织架构比较多元化,包括投资公司、资产管理公司等,合伙企业 38 个,占比约为 54%。而据相关公告披露,有些基金采用"嵌套模式",即以并购基金投资于资管计划,再以资管计划投资标的股权,模式较为创新。如金刚游戏(430092)与万思资本合作发起"万思金刚骑士 1 号游戏产业并购基金",出资 1000 万元认购该基金,基金规模 4500 万元。该产业基金主要通过投资非上市企业的资管计划,依靠资管计划投资标的股权,实现资本增值,是一个嵌套式基金。

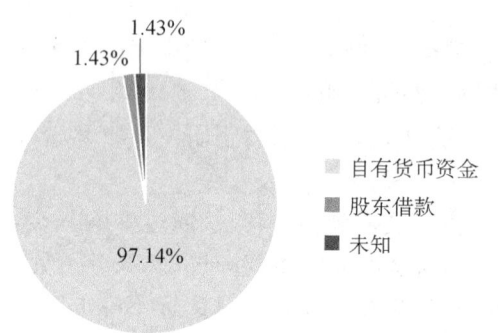

图 3-7 2016 年挂牌企业并购基金出资来源
资料来源:Wind、新三板智库。

(三)并购基金典型案例

1. 墨麟股份:借助并购基金进行横向产业并购

墨麟股份(835067)是一家游戏内容提供商,2016 年 3 月 16 日发布对外投资公告,称公司将参与国金天成创业投资企业(有限合伙)新增注册资本的认购,以 5058.8 万元认购其同等出资额。本次交易完成后,国金天成将直接投资杭州无端科技有限公司(也是一家游戏开发商),总共投资 6000 万元收购其 5%股权。

本次交易还有两个值得注意的点:其一,基金管理人国金纵横的实际控制人是公司的第二大股东。也就是说,它是以 PE 背景的股东来引导完成的这次并购投资。其二,这不是公司进行的第一例类似交易。早在 2015 年 12 月 2 日,公司已经参与了国金天惠新增注册资本的认购,交易对手依然是国金纵横。可以预见,公司将在与专业投资机构的帮助下持续通过并购基金实施产业并购。

2. 金达莱:与政府合作成立产业基金,专注于环保产业投资

金达莱(830777)是一家集污水处理技术开发与设备制造为一体的环保企业。2016 年 1 月 19 日,金达莱对外发布投资公告,称公司将参与出资设立江西鄱阳湖环保产业基金(有限合伙),基金首期规模 6.003 亿元,其中公司认缴出资 3 亿元,出资比例达 49.98%。

根据公告披露,基金投资范围包括但不限于鄱阳湖生态经济区污水处理项目、污水处理设备的研发以及相关产业投资。基金首期规模 6 亿元中,国有法人(江西省财政投资集团有限公司、江西省财投股权投资基金管理有限公司)认缴出资 3.003 亿元,国有资本的参与将有利于并购投资的开展,是政府财政与民间资本合作的良好示范。

3. 金刚游戏:采取嵌套模式,成立基金投资于资管计划

金刚游戏(430092)披露对外投资公告,拟与万思资本管理(北京)有限公司(以下简称"万思资本")合作发起"万思金刚骑士 1 号游戏产业并购基金",金刚游戏拟使用自有资金不超过

1000万元认购该基金。基金采取封闭式管理,封闭期2年,产品结构采用嵌套式,即以并购基金投资于资管计划,再以资管计划投资标的股权。

这样做,等于将基金的运作全权委托给合作资管公司,挂牌企业以类似于LP的形式参与基金。

第四章 2016年新三板企业控制权转让给非上市公司的情况

一、新三板挂牌企业控制权转让给非上市公司的概况

2016年新三板企业被并购的重大交易中,除了25起被上市公司并购的重大交易外,还有22起被非上市公司并购且发生了控制权转移的重大交易。这些交易的总交易金额为13.12亿元,平均交易额为0.60亿元,中位数为0.27亿元,前四分之一值为1.79亿元,最大值为2.87亿元。具体见图4-1。

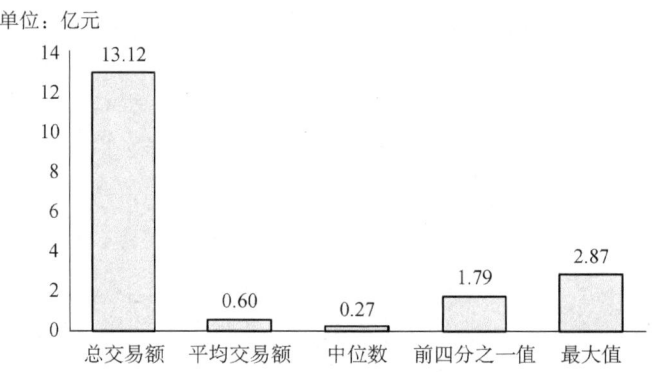

图4-1 2016年1—10月非上市公司并购新三板企业的金额情况

资料来源:Wind、新三板智库。

22起挂牌企业被非上市公司并购、控制权被转让的交易中,只有1起支付方式为现金+股份,它是新三板企业收购同为新三板挂牌公司的交易。其余21起均为纯现金支付,现金支付的比例达到95.45%。这反映出很多挂牌公司的原股东希望选择现金退出。具体见图4-2。

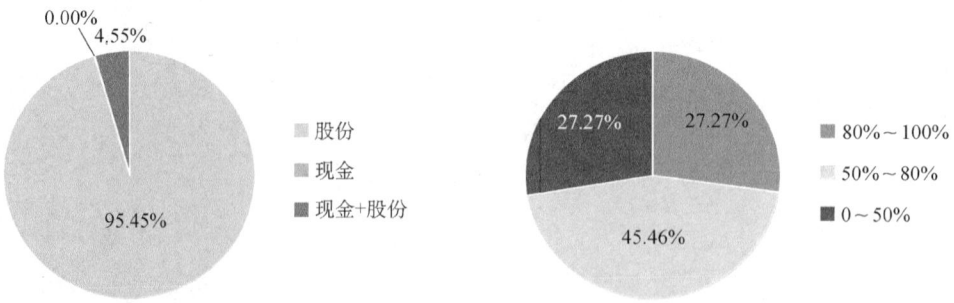

图4-2 2016年1—10月非上市公司并购新三板企业的支付情况

资料来源:Wind、新三板智库。

图4-3 2016年1—10月非上市公司并购新三板企业股份比例的情况

资料来源:Wind、新三板智库。

非上市公司收购新三板企业股份100%的为0起,收购股份比例在80%~100%的有6起,占比27.27%;收购股份比例在50%~80%的有10起,占比45.46%收购股份比例在50%以下的有6起,占比27.27%交易中获取股份比例最小的是34%。具体见图4-3。

非上市公司并购挂牌企业取得控制权的22起交易中,20起交易是非关联交易,占比达到91%。

二、方案关键点:定增与老股转让两种交易方式下的定价有很大的差异

9起交易是非上市公司认购挂牌企业定向增发股票实现控股,13起是挂牌企业通过协议转让方式转出老股和控制权。定增方式交易的平均交易额为6777万元,协议转让方式交易的平均交易额为5402万元。具体见图4-4。

非公众公司通过认购定增或受让老股方式获得控制权,区别在于,并购方更乐于认购定增股票,支付的资金是注入了公司体内,而不是由旧股东拿去了。以定增的柯立沃特与协议转让的尚洋文化来作比较,两者净资产接近,被收购后新的控股股东持股比例也接近,前者收入规模和业绩更弱,但支付价格更高,可以明显看出,定增支付的价格高于协议转让支付的价格。具体见表4-1。

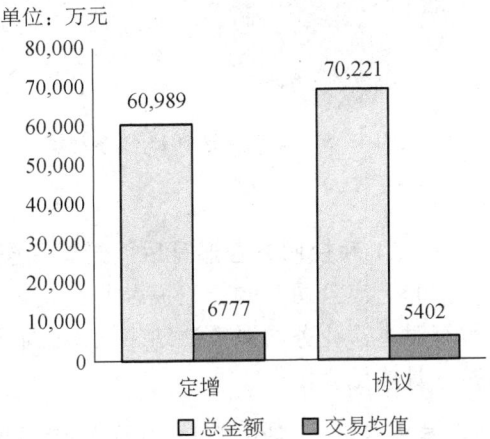

图4-4 2016年1—10月非上市公司定增与协议转让方式并购新三板企业比较

资料来源:Wind、新三板智库。

表4-1 2016年非上市公司定增与协议转让获得挂牌企业控制权的对比

简称代码	被收购方式	收购方	本次交易金额(万元)	控股比例	2015年营业收入(万元)	2015年净利润(万元)	2015年净资产(万元)	PB值
柯立沃特 832476	定向增发	陈鸿滨	1564	61%	1063	-79	917	2.79
尚洋文化 832679	协议转让	中盟控股	1000	46.67%	2656	223	878	2.44

资料来源:Wind、新三板智库。

三、非上市公司并购新三板企业获得控制权实质为借壳

(一)控制权出让给非上市公司的挂牌企业普遍体量小、盈利能力弱,经营困难

22家企业中有6家2015年净利润为负,2015年净利润在0~100万元的有5家,100万~200万元的有5家,200万~500万元的有2家,500万~1000万元的有2家,1000万元以上的仅2家,最大值为2261万元。可以看到,整体业绩不理想。详见图4-5。

这些企业的自有货币资金量情况也不乐观。2015年22家企业的自有货币资金总量为2.89亿元,平均值为1315万元。有6家企业的自有货币资金量在0~100万元,9家企业的货币资金量在100万~500万元,货币资金量在500万~2000万元的企业有3家,货币资金量在2000万元以上的有4家。

9家企业经营活动净现金流为负,13家企业经营活动净现金流虽然为正,但大部分是几百万元具体见图4-6。

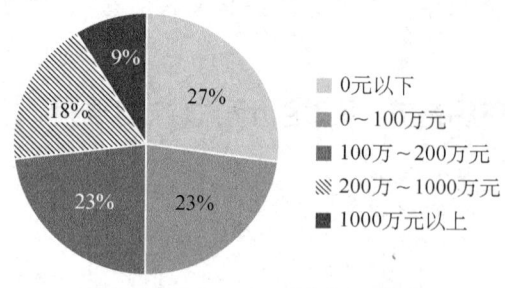

图 4-5 挂牌企业 2015 年净利润

资料来源：Wind、新三板智库。

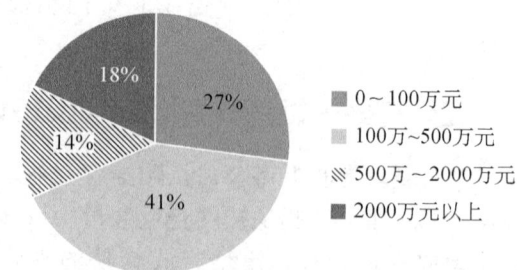

图 4-6 挂牌企业 2015 年自有货币资金量

资料来源：Wind、新三板智库。

（二）新控制方普遍有后续经营调整计划

非上市公司并购新三板企业且获得控制权的交易中，有不少收购方在后续计划中明确表示有对主营业务的调整计划。大多数收购方表示，会"根据需要"或"适时"对主营业务进行调整。具体见表 4-2。

表 4-2　2016 年 1—10 月非上市公司收购新三板公司且获得控制权的部分案例

简称代码	收购方式	收购方	交易金额（万元）	控股比例	2015年营业收入（万元）	2015年净利润（万元）	2015年净资产（万元）	PB值	后续计划
北亚时代 833268	定向增发	王岩	5050	90.91%	422	−77	5,494	1.01	有对公众公司主要业务、管理层、组织结构的调整计划，对公司章程修改计划不排除对资产进行重大处置，12个月内无对员工聘用的重大变动计划
尚洋文化 .832679	协议转让	中盟控股	1000	46.67%	2656	223	878	2.44	将对主营业务进行调整，根据实际需要对管理层、组织结构、公司章程、资产、员工聘用等方面进行调整
双盛锌业 832550	协议转让	沃控智能	948	35.09%	8879	103	3034	0.89	未来12个月内，收购人将积极寻求具有市场发展潜力的投资项目并纳入公司，改善公司经营情况，提高公众公司盈利能力。公司将根据实际需要对管理层、组织结构、公司章程、资产、员工聘用等方面进行调整
建云科技 833915	定向增发	智能管家	20,000	98.25%	803	103	356	57.26	本次收购完成后，收购人拟利用公众公司平台有效整合智能硬件资源，并根据实际需要对管理层、组织结构、公司章程进行调整、修改，不排除对资产进行重大处置，根据业务对员工聘用进行调整

(续表)

简称代码	收购方式	收购方	交易金额(万元)	控股比例	2015年营业收入(万元)	2015年净利润(万元)	2015年净资产(万元)	PB值	后续计划
中天管桩 832330	协议转让	毅马五金	9566	58%	32,048	−336	6078	2.71	根据需要对公众公司主要业务、管理层、组织结构、章程、资产及员工进行调整

资料来源：Wind、新三板智库。

（三）优胜劣汰，新三板资源配置作用显现

控制权转移、现金支付比重大、非关联交易占比高、挂牌公司盈利能力弱、新实际控制方的后续经营调整计划，都说明这些交易的实质是借壳。

一方面，部分出让控制权的新三板企业经营业绩不佳、经营困难，在新三板平台又存在较高合规成本希望，希望转出控制权，取得现金收益；另一方面，新三板的平台使得挂牌公司具备一定的壳价值，一些有实力的非上市通过并购快速获得挂牌公司的控制权，这对其未来借助资本市场力量，发展自身业务，以及提高公司治理水平，都有巨大的作用。因此，这一类的交易正是新三板资源配置作用的显现。

四、典型案例——中盟控股收购尚洋文化（832679）股份

交易简介：尚洋文化2016年8月31日发布收购报告书披露，中盟控股拟收购黄剑艇、曹雅洁持有的大爱投资100%的股权，通过大爱投资间接拥有尚洋文化46.67%股权。本次交易对价1000万元，以现金支付。具体见图4-7。

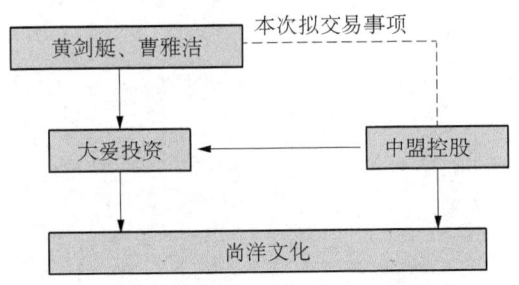

图4-7 尚洋文化被收购示意图

资料来源：Wind、新三板智库。

新三板标的：尚洋文化主要从事文化工程整体解决方案及专业技术服务两大板块业务，是广东省内知名的文化创意产业专业技术整体解决方案提供商。2015年，尚洋文化的营业收入为2655.5万元、净利润为222.66万元，2016上半年，尚洋文化的营业收入为612.83万元、净利润为−13.56万元。

收购方：中盟控股的主营业务是以中盟集团及控股子公司深圳中盟商学控股有限公司为平台开展讲座、组织会议等，并针对企业或企业负责人进行管理咨询、管理服务和信息服务，此外还包括部分投资业务。

本次收购前，收购人中盟控股持有尚洋文化32.5%的股权，这些股份是2016年1月6日中盟控股股东海宁鼎和聚富投资管理合伙企业通过协议转让增持的。可以看出，中盟控股是

有计划地谋求尚洋文化的控制权。

本次收购后,收购人中盟控股间接和直接共计持有尚洋文化79.17%的股权,变成尚洋文化的实际控制人。

方案评价:在这次收购事件中,收购方通过获得大比例的新三板企业股份,来获得控制权。从披露的后续计划来看,收购方中盟控股将在主营业务、管理层、组织结构、公司章程、人员等方面进行调整、包括对主要资产进行处置,但是承诺未来没有对尚洋文化置入公司所控制的、主营业务为金融类企业的资产或股权的计划,也不存在将尚洋文化主营业务变更为互联网金融、私募股权基金管理、担保、保理、融资租赁、资产管理等金融类业务的计划。

本次并购方案,在相关政策法规的框架下,收购方获取了新三板企业的控制权,为后续资产注入等整体业务布局清除了障碍。

第五章　新三板并购市场与上市公司并购市场的差异

一、新三板与上市公司并购方向的差异

(一)新三板市场发起并购、被并购、借壳情况分析

2016年1—10月,新三板市场发起的并购有64起,数量占比57.66%,总金额为79.37亿元,占比23.70%;被并购案例47起,占所有交易数量的42.34%,被并购交易总金额255.55亿元,占所有重大交易总金额的76.30%。其中被借壳22起,数量占比19.82%,被借壳总金额为13.12亿元,金额占比3.92%。被上市公司并购数量占比22.53%,金额占比72.38%。

发起并购、被借壳、被并购交易都有一定的规模,具体见图5-1。

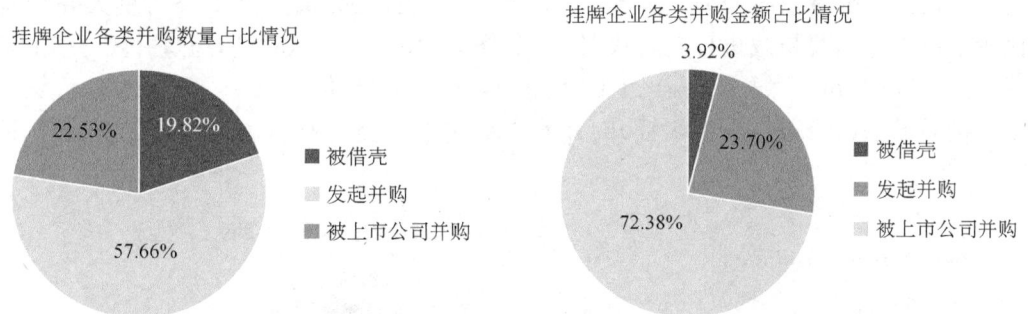

图5-1　2016年1—10月挂牌企业与主板企业并购的情况对比

资料来源:Wind、新三板智库。

(二)主板市场发起并购与被借壳是主流

主板市场基本以发起并购为主。2016年1—10月,上市公司233起重大并购中,上市公司被并购的重大交易有16起,占比6.87%,上市公司发起的重大并购有217起,占93.13%,其中上市公司被借壳的案例有15例,占比6.84%。在数量上,发起并购占绝大多数。

上市公司被并购交易的总金额是173.28万元,占所有交易额的1.96%;而上市公司发起并购的金额占77.8%;被借壳部分交易总额为1792.28万元,金额占比20.24%。可见无论在数量还是金额上,主板市场发起并购与被借壳是主流。具体见图5-2。

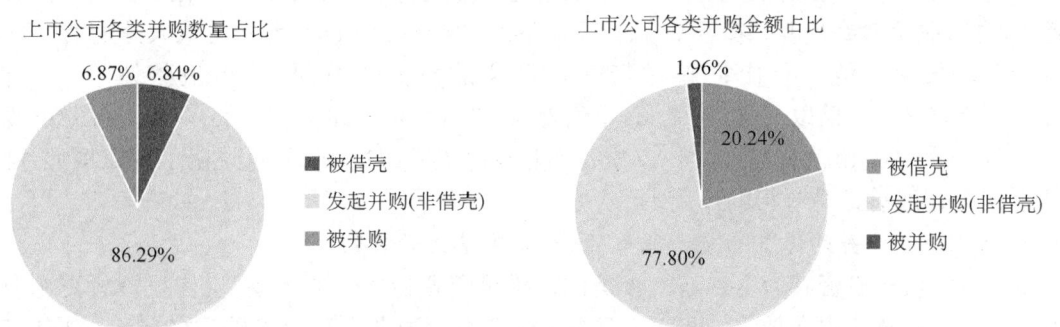

图5-2　2016年1—10月上市公司并购交易情况

资料来源:Wind、新三板智库。

二、新三板市场与主板市场发起并购交易的差异

因为新三板市场和主板市场发起并购均为并购交易中的最大部分,所以下文重点讨论这两类交易之间的差异。

(一) 并购目的的差异

1. 上市公司发起并购,有很多是出于市值管理目的

上市公司跨领域并购兴起,且被并购标的多属新兴领域。本轮上市公司并购浪潮一个非常显著的特征是跨领域并购的兴起。并购标的与上市公司原有主业分别处于完全不同的领域,且并购标的多在 TMT 等热门新兴领域。跨领域的、针对新兴行业的并购往往对上市公司市值的提升,有立竿见影的效果。仅从 2016 年上市公司多元化并购新三板企业的案例来看,上市公司跨界并购选择的标的有信息安全、游戏、教育、互联网营销等增长快速的领域。这些标的本身业绩良好,所处行业发展势头良好,对上市公司提升业绩具有帮助作用。

上市公司并购财富效应明显。截至 2016 年 10 月底,已完成的上市公司重大并购有 185 起。比较市值在并购前与截止日期的数据,整体增长 145%。可以看到,通过并购,上市公司市值普遍提升。其中,市值增长 10 倍以上的上市公司有 4 家,市值增长 5~10 倍的有 6 家。市场对完成并购后的上市公司信心大幅提升,并购本身对上市公司业绩也有显著的提升作用。具体见图 5-3。

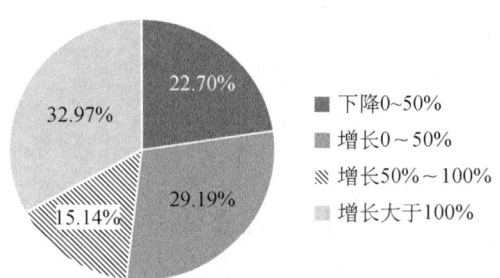

图 5-3　2016 年 1—10 月完成并购的上市公司市值变化统计图

资料来源:Wind、新三板智库。

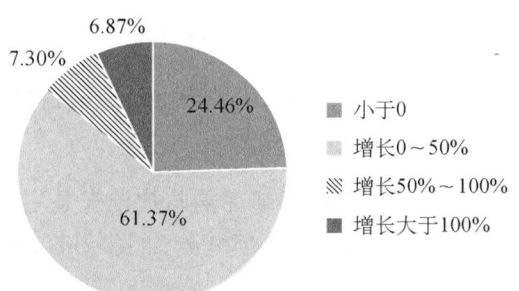

图 5-4　2016 年 1—10 月已发布并购公告的上市公司市值变化统计图

资料来源:Wind、新三板智库。

A 股市场对并购的反应一贯非常积极且迅速,上市公司仅仅是公布并购信息,就会引来投资者的追捧,股价得到提升。截至 2016 年 10 月底,首次披露的上市公司重大并购有 233 起,这些上市公司的市值以首次披露时与截止日期的数据进行对比,市值整体平均增长了 33.19%。市值增长 1 倍以上的有 16 家,市值增长 50%~100% 的有 17 家。具体见图 5-4。

75.54% 的企业市值有提升,14.17% 的企业市值提升超过 50%,这说明了发布重大并购信息对 A 股公司股价提升有帮助作用。

2. 新三板企业并购更多的是产业目的,而非市值提升目的

新三板以机构投资者为主。新三板是以机构投资者为主体的市场,机构投资者更专业,更看重挂牌企业本身的内在价值。相对并购本身,机构投资者更看重并购后的整合协同效应能否真正实现,是否能够提升公司的内在价值。2016 年主板市场与新三板市场开户要求对比见表 5-1。

表 5-1　　　　　　　　　　2016 年主板市场与新三板市场开户要求对比

	机构投资者开户条件	个人投资者开户条件
主板市场	必须持有证明中国法人资格的合法证件	（一）办理股票开户要求投资者年龄为 18～70 周岁（16～18 周岁要求提交收入证明才能开户），非法定禁入证券市场人员； （二）必须持有证明中国公民身份的合法证件。
新三板市场	具备以下条件之一，才能参与全国股份转让系统挂牌证券买卖： （一）注册资本 500 万元人民币以上的法人机构； （二）实缴出资总额 500 万元人民币以上的合伙企业； （三）集合信托计划、证券投资基金、银行理财产品、证券公司资产管理计划，以及由金融机构或者相关监管部门认可的其他机构管理的金融产品或资产，可以申请参与挂牌公司股票公开转让。	同时符合下列条件的自然人投资者可以申请参与挂牌公司股票公开转让： （一）投资者本人名下前一交易日日终证券类资产市值 500 万元人民币以上。证券类资产包括客户交易结算资金、在沪深交易所和全国股份转让系统挂牌的股票、基金、债券、券商集合理财产品等，信用证券账户资产除外； （二）具有两年以上证券投资经验，或具有会计、金融、投资、财经等相关专业背景或培训经历。 投资经验的起算时间点为投资者本人名下账户在全国股份转让系统、上海证券交易所或深圳证券交易所发生首笔股票交易之日。

资料来源：互联网、新三板智库。

新三板二级市场不活跃，流动性差。相对于主板市场这一完全的公开市场，新三板更像私募股权市场和公开市场的结合体，一级、一级半市场的特征更明显，二级市场不活跃，流动性较差。具体见表 5-2。

表 5-2　　　　　　　2016 年主板市场与新三板市场开户数及活跃用户数对比

市场	开户数（万户）	活跃用户数（万户）	持仓用户数（万户） （2016 年 10 月 28 日）
主板市场	A 股 自然人：11,385.92 A 股非自然人：29.43	约 9272（81.23%）	4929.72
新三板市场	30	0.5（1.67%）	—

资料来源：中国证券登记结算有限公司、股转系统副总经理陈永民讲话、新三板智库。

挂牌公司与非挂牌、非上市的公司之间并不存在大的估值差。主板市场纯粹市值管理为目的的并购实施的前提，是上市公司和并购标的之间巨大的估值差。上市公司的市盈率普遍明显高于新三板及非公众公司整体水平，具体见表 5-3。而新三板发起并购的主要对象是非公众公司，这个估值差在挂牌公司与非公众公司之间较小，这一估值差往往不足以覆盖并购过程中的各种风险和成本。所以在新三板市场，新三板企业进行市值管理目的的并购几乎没有出路。新三板企业发起并购更多是为了进行产业布局，支持产业战略。

表 5-3　　　　　　2016 年上市公司与新三板企业平均市盈率（2015 年）对比

	全部 A 股	上证 A 股	深圳 A 股	深圳主板 A 股	中小企业板	创业板	新三板做市企业
市盈率	19.28	13.98	42.44	26.23	51.74	78.39	26.75

注：市值为 2016 年 10 月 31 日市值（剔除异常值）。
资料来源：Wind、新三板智库。

（二）并购方案设计的差异

上市公司方案设计除了考虑市场因素之外，更多的是要应对监管要求。由于对上市公司的并购监管要求更多，上市公司在设计并购方案时，除了考虑市场因素外，更主要的是如何符合监管的要求，或者说，在监管的框架内达成并购目标。比如，一些上市公司并购交易实际是被借壳，但方案通常设计成规避借壳。

新三板的方案设计更市场化。虽然新三板市场上已经出现了一些并购方案设计非常专业且复杂的并购，但主要是一些体量较大、业绩较好、公司治理水平较高的挂牌企业，尤其是在一些复杂的并购事件中。大多数新三板企业发起并购的方案内容比较简单，方案设计的主要目的是成交，所以方案设计更多是采用市场化的做法，保证方案能帮助快速完成交易。

（三）并购支付方式的差异

上市公司并购支付方式更多使用股份。2016年1—10月，上市公司首次披露的重大并购重组交易中，纯股份支付的有52起，占总交易数的22.32％；纯现金支付的有67起，占总交易数的28.76％；其余113起（剔除1起终止未披露支付方式交易）为股份＋现金（少数为股份＋资产）混合支付，占比48.50％。

新三板公司并购支付方式更多使用现金。而同期间内，新三板公司重大重组并购交易中，纯现金支付最多，占比为53.15％，现金＋股份支付占比32.43％。

（四）并购交易金额的差异

上市公司并购交易的金额远远超过新三板公司的并购交易金额。2016年1—10月上市公司首次披露的233起重大并购交易总金额为8853.31亿元，平均交易额为38亿元。而新三板企业对应的交易是111起，总金额为334.92亿元，平均交易额为3.04亿元。具体见图5-5。

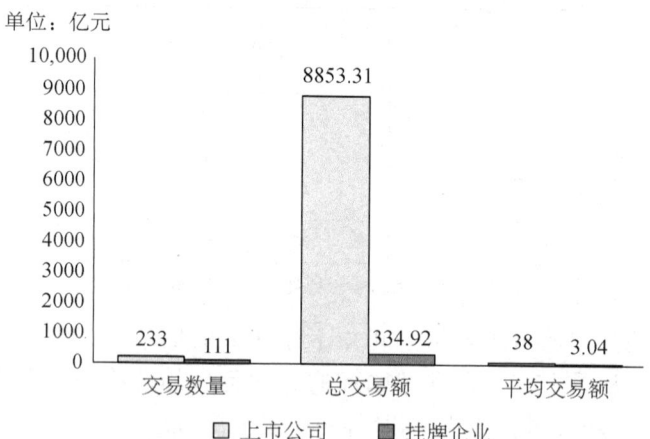

图5-5 主板企业与挂牌企业并购金额情况

资料来源：Wind、新三板智库。

第六章 政策建议

新三板对中国经济转型的战略意义不言而喻。一方面,在短短的几年时间内,它对创新型、创业型企业及私募股权市场的发展,均产生了巨大的、积极的影响;另一方面,它还是一个尚未成熟的市场,在制度建设方面还需要不断优化。

随着并购在新三板市场的兴起,新三板并购相关的政策制度也引起了广泛的关注和讨论。本文基于对新三板大量案例的研究,提出了相应的政策建议。本文认为,首先,新三板并购相关的政策应该坚持市场化的导向,提升效率、降低成本,让并购在新三板市场中充分发挥其优胜劣汰、资源配置的作用;其次,新三板并购政策应该坚持公平、公正,让所有的投资者有平等的选择权,对于处于劣势地位的外部投资者,应在制度层面保障其平等选择的权利。

一、新三板并购监管与主板并购监管

除了《证券法》《公司法》等基本的法律法规外,新三板并购相关的法规主要有《非上市公众公司收购管理办法》《非上市公众公司重大资产重组管理办法》。

由于上市公司的并购制度已经运行多年,在实践上被证明是成熟且行之有效的制度。所以,新三板的并购制度在设计时,在某些方面仍坚持和沿用了上市公司的并购制度。如收购人准入资格、控股股东或实际控制人退出的管理要求、收购人的股份限售要求、违法违规的处罚等方面。具体见表6-1。

表6-1　上市公司与新三板企业并购和重组的制度体系

制度体系	上市公司	新三板公众公司
法律法规	《中华人民共和国证券法》	
	《中华人民共和国公司法》	
规范性文件	《上市公司规范管理条例》	《国务院关于全国中小企业股份转让系统有关问题的决定》
		《国务院关于进一步优化企业兼并重组市场环境的意见》
部门规章	《上市公司重大资产重组管理办法》	《非上市公众公司收购管理办法》
	《上市公司收购管理办法》	
	《财务顾问管理办法》	《非上市公众公司重大资产重组管理办法》
	《上市公司回购社会公众股份管理办法》	
自律规则业务细则	《证券登记结算业务规则》	《全国中小企业股份转让系统非上市公众公司重大资产重组业务指引》
		《全国中小企业股份转让系统重大资产重组业务指南第2号:非上市公众公司发行股份购买资产构成重大资产重组文件报送指南》
	《证券交易所业务规则》	《全国中小企业股份转让系统重大资产重组业务指南第1号:非上市公众公司发行股份购买资产构成重大资产重组内幕信息知情人报备指南》

资料来源:互联网、新三板智库。

与上市公司相比,非上市公众公司有着天然的不同,见表 6-2。新三板市场以中小微企业为主,企业数量较多,对公众公司收购的监管范围广、难度大,在具体制度方面应该根据公众公司的具体情况来设计。目前对公众公司收购的监管也是从这个原则出发的,监管要求适度、适当,监管制度简便、灵活、高效,充分体现了对公众公司对外收购的鼓励。

表 6-2　　　　　上市公司与新三板公司投资者、融资方式、流动性对比

交易双方	上市公司	新三板挂牌企业
投资者	机构投资者	机构投资者为主＋高净值人群
融资方式	IPO＋增发	定增
流动性	高	低

资料来源:新三板智库。

具体的差异主要体现在以下方面。

一是减少前置性审核:就重大资产重组来讲,股转系统只对发行股份购买资产后股东人数超过 200 人的重大资产重组实行行政审批;对借壳行为无单独规定,标的资产符合挂牌标准即可。

二是交易核心要素由市场决定:不限定股份发行价格和支付手段等。

三是减少硬性规定:不强制要求对重组资产进行评估,不强制要求对重组做出盈利预测,不强制要求公司对重组拟购买资产的业绩进行承诺,不强制要约收购等。

四是降低公司成本:不强制被收购方聘请独立财务顾问,股份锁定要求期限与上市公司相比也大幅缩短等。

具体见表 6-3。

表 6-3　　　　　上市公司和新三板公司并购重组政策对比

项目	新三板挂牌公司	上市公司
单纯重大资产重组	无行政许可	行政许可
发行股份购买资产	发行股票后股东不超过 200 人的,由 NEEQ 自律管理;超过 200 人的,报证监会批准	行政许可
独立财务顾问	不强制被收购方聘请,原则上是主办券商	必须聘请独立财务顾问
股份发行价格	不限定	有限定
全面要约收购	不强制	强制、豁免
股份锁定	一般对象 6 个月,控股股东 12 个月	一般对象 12 个月,原控股股东 36 个月,从原控股股东、原实际控制人及其控制的关联人直接或间接受让该上市公司股份的特定对象 36 个月
权益变动披露触发比例	10%	5%

二、新三板并购监管应坚持市场化导向,让并购成为新三板发挥资源配置的重要手段

(一)新三板企业基本面差异大,优胜劣汰是市场应有的功能

截至 2016 年 10 月 31 日,新三板市场已经有 9324 家企业。新三板的顶层设计一直秉承市场化导向,挂牌几乎不设前置性审核条款(随着新三板挂牌数量的增长,股转公司对某些特殊

的行业和持续经营能力可能有问题的企业提高了门槛,但相比主板市场的上市条件和时间成本,新三板挂牌依然是低门槛)。因此,新三板挂牌企业个体之间存在巨大的差异。

以 2015 年营业收入来看,有 40 家挂牌企业营业收入为 0,72 家营业收入小于 100 万元,营业收入在 1000 万元以下的挂牌企业有 600 家,营业收入在 1000 万～5000 万的有 3393 家,营业收入在 5000 万至 1 亿元的有 2162 家,营业收入 1 亿～2 亿的有 672 家,营业收入在 2 亿元以上的有 1491 家。

从 2015 年净利润来看,净利润为负数的有 1388 家,其中亏损 1000 万元以上的有 305 家,净利润为 0 的企业有 31 家,净利润 0～2000 万的有 1749 家,净利润 2000 元～5000 万元的有 5804 家,净利润 5000 万至 1 亿元的 243 家,净利润 1 亿～2 亿元的有 73 家,净利润 2 亿元以上的有 48 家。

资源配置、优胜劣汰是市场应有的功能,对于新三板这样一个个体差异巨大的市场,更需要优胜劣汰,让资金、资源得到有效利用。

(二)并购能加快市场的优胜劣汰

证券交易市场上,并购历来是市场发挥资源配置功能的主要形式之一。并购往往能更快地促使产业整合、升级,并形成竞争格局。在新三板这样一个显著分化的市场,并购显得更为重要。

对基本面好的公司而言,一方面,它可以卖给上市公司。卖给上市之后,它既能充分利用上市公司的资本平台加快发展,又能分享上市公司股权所带来的巨大收益;另一方面,它也可以利用新三板的资本平台,发起并购,实施产业扩张战略。无论是哪种情况,这些公司借助并购均能加快自身的发展。

对基本面不好的公司而言,它在新三板市场难以享受到市场的好处,反而面临越来越高的合规成本。与其苦苦支撑,不如把企业的控制权让给更有实力的经营者,原来的股东通常也能获得一定的收益。

(三)市场化导向的监管有利于发挥并购的资源配置功能

并购本质上也是交易,在交易的过程中让市场发挥基础性作用,将使交易效率更高、成本更低。所以,新三板政策监管应该坚持市场化导向。

鼓励新三板企业并购,监管必然要适度、适当,监管制度更要简便、灵活和高效,这样才能促进新三板的并购。坚持市场化导向,降低企业成本,提升企业效率,通过深化市场监管,让新三板市场更多地进行自发的资源整合活动。具体可通过以下途径。

一是减少非关键环节的前置性审批,简化业务流程、提升效率。比如,在交易价格、对价方式方面,可由交易参与方协商,监管层不做前置性审批,只对决策程序进行规范。

二是鼓励第三方机构对挂牌企业提供并购顾问服务。新三板并购需求大,券商的服务供给相对有限,应该鼓励更多的专业机构参与到新三板并购市场的中介服务。

三是鼓励资本参与并购,降低并购的成本。比如,对并购基金实施税收优惠,单个项目退出时无须立刻缴纳税款,而是基金整体清算后才纳税。

三、新三板并购监管要注意保护外部中小股东

(一)多起新三板并购损害了外部中小股东利益,对新三板投资逻辑产生负面影响

新三板公司作为公众公司,除了原来创始股东还有诸多利益相关群体,特别是融资、做市后,往往引入了大量的外部股东。然而,在新三板并购交易中,外部股东相对内部股东的弱势

表露无遗,特别是在被上市公司并购的交易中,多起案例均是内部股东获得高收益,外部股东利益被损害。具体见表6-4。

表6-4 上市公司非全资并购挂牌企业案例中,外部股东退出路径未明确

新三板企业简称	收购方式	收购方上市公司	交易股份比例	交易金额(万元)
城光节能	协议转让	南华生物 000504	45.61%	5448
世纪天源	协议与定增	华光股份 600475	51.00%	7775
万特电气	协议转让	新天科技 300259	52.50%	10,496
九五智驾	协议转让	兴民智通 002355	58.23%	24,555

资料来源:Wind、新三板智库。

被并购一直是投资者的一条重要退出路径,特别是在新三板这样一个二级市场交易非常清淡的市场,被并购已成为新三板投资者最现实、最有效的退出路径,这也是新三板投资逻辑的重要前提。而现在部分并购案例中,内部股东均实现当下的退出(或是对退出路径有了明确的安排),而外部投资者却受到区别对待,这显然会打破外部投资者的退出预期,从而影响外部投资者的投资决策。

(二)现行制度下外部股东的利益保护有待完善

多起收购挂牌公司部分股权而未考虑中小股东的交易,并未违反相关的制度规定,主要表现在以下方面。

首先,新三板无强制性的全面要约收购。涉及上市公司的收购,一旦股份比例达到30%,将触发强制性的要约收购条款。而新三板公司作为非上市公众公司,对其收购在法律层面并无强制性的要约收购义务,是否触发要约收购,要视公司章程或者投资者的主动意愿而定。新三板与主板在全面要约收购方面的规定对比见表6-5。

表6-5 新三板与主板在全面要约收购方面的规定对比

法规	新三板	主板
触发要约	《非上市公众公司收购管理办法》第二十三条:公众公司应当在公司章程中约定在公司被收购时收购人是否需要向公司全体股东发出全面要约收购,并明确全面要约收购的触发条件以及相应制度安排;第二十二条:投资者自愿选择以要约方式收购公众公司股份	触发要约的情况:《上市公司收购管理办法》第四十七条规定,"收购人拥有权益的股份达到该公司已发行股份的30%时,继续进行收购的,应当依法向该上市公司的股东发出全面要约或者部分要约"
要约收购的相关规定	投资者自愿选择以要约方式收购公众公司股份的,可以向被收购公司所有股东发出收购其所持有的全部股份的要约,也可以向被收购公司所有股东发出收购其所持有的部分股份的要约	协议转让方式进行收购情况:《上市公司收购管理办法》第四十七条规定,"收购人拟通过协议方式收购一个上市公司的股份超过30%,超过30%的部分,应当改以要约方式进行"
要约收购数量的相关规定	要约数量:收购人自愿以要约方式收购公众公司股份的,其预定收购的股份比例不得低于该公众公司已发行股份的5%	从二级市场买入进行收购的情况:《上市公司收购管理办法》第二十四条规定,"通过证券交易所的证券交易,收购人持有一个上市公司的股份达到该公司已发行股份的30%时,继续增持股份的,应当采取要约方式进行,发出全面要约或者部分要约"

资料来源:Wind、新三板智库。

其次,并购交易方案在董事会、股东会表决时,也没有强制性的特殊制度安排。目前,新三板公司普遍股权集中度高,董事会也普遍受到内部股东的控制,外部股东很难通过董事会、股

东会层面来反对内部股东的决议。这就使在并购交易中,即使外部股东的利益被忽略或侵犯,外部股东也无法通过公司治理的安排来维护自己的利益。

(三)建议优化制度加强对外部股东的保护

基于以上分析,我们建议对目前的新三板并购制度进行优化改进,主要包括:

其一,部分收购时,明确外部股东的退出方案,可以是本次收购时给予外部股东退出的选择,也可以承诺在一定时间内给予外部股东退出选择。

其二,强制性全面要约收购,触发股权比例可以高一点,如收购股份超过三分之二时。

其三,如果因为被并购而摘牌时,强制要求该公司明确外部股东的退出安排。

其四,股东会表决权的特殊安排。并购方案在股东会表决时,对内部股东、外部股东表决权实施特殊安排,如出售股份方的回避表决等。

感谢以下单位的大力支持:

中关村股权投资协会	广东省创业投资协会
中山大学并购重组研究中心	清华长三角研究院新三板服务中心
北京久银投资控股股份有限公司	安赐资产管理有限公司
中关村股权交易服务集团有限公司	广东省新三板研究会
前海德润资本管理(深圳)有限公司	国信证券股份有限公司
国泰君安证券股份有限公司	国海证券股份有限公司
天风证券股份有限公司	CCTV证券资讯频道
中国证券报	万得信息技术股份有限公司
北京天融信科技股份有限公司	南京华苏科技股份有限公司
武汉卡特工业股份有限公司	易简广告传媒集团股份有限公司
西安华新新能源股份有限公司	湖南绿蔓生物科技股份有限公司
北京美中嘉和医院管理股份有限公司	北京华清飞扬网络股份有限公司
广州金鹏源康精密电路股份有限公司	北京英雄互娱科技股份有限公司
上海金昌投资控股有限公司	北京洪泰好运科技有限公司
北京洞见知行投资管理有限公司	新三板智库华东研究院
金电慧眼(深圳)大数据信息技术服务有限公司	前海万里挑一互联网金融服务(深圳)有限公司

第四部分

新三板智库最新观点

流动性是新三板要解决的第一要务吗？

罗党论

新三板做市指数持续走低，大家会离场吗？

2017年11月13日，三板做市指数（899002），跌破基准点位1000点，盘中最低达到999.18点，此后微涨，收盘1001.12点，全天下跌0.2%。当天市场一片哗然，认为新三板已经跌到历史最低点了。

当天，有一篇在网上流传的文章提出了这样一个观点：新三板怎么就成了火葬场？

三板做市指数于2015年3月发布，以2014年12月31日为基准，发布后一路上涨，2015年4月7日，到达历史最高的2673点。此后，三板做市指数便是一波连续"阴跌"，尽管在2015年四季度、2016年四季度和2017年一季度都有过短暂上涨，但终究敌不过漫漫熊市。

截至2018年1月26日，三板做市指数收于954.68点，下跌2.67点，跌幅为0.28%，成交额为0.97亿元。具体见下图。

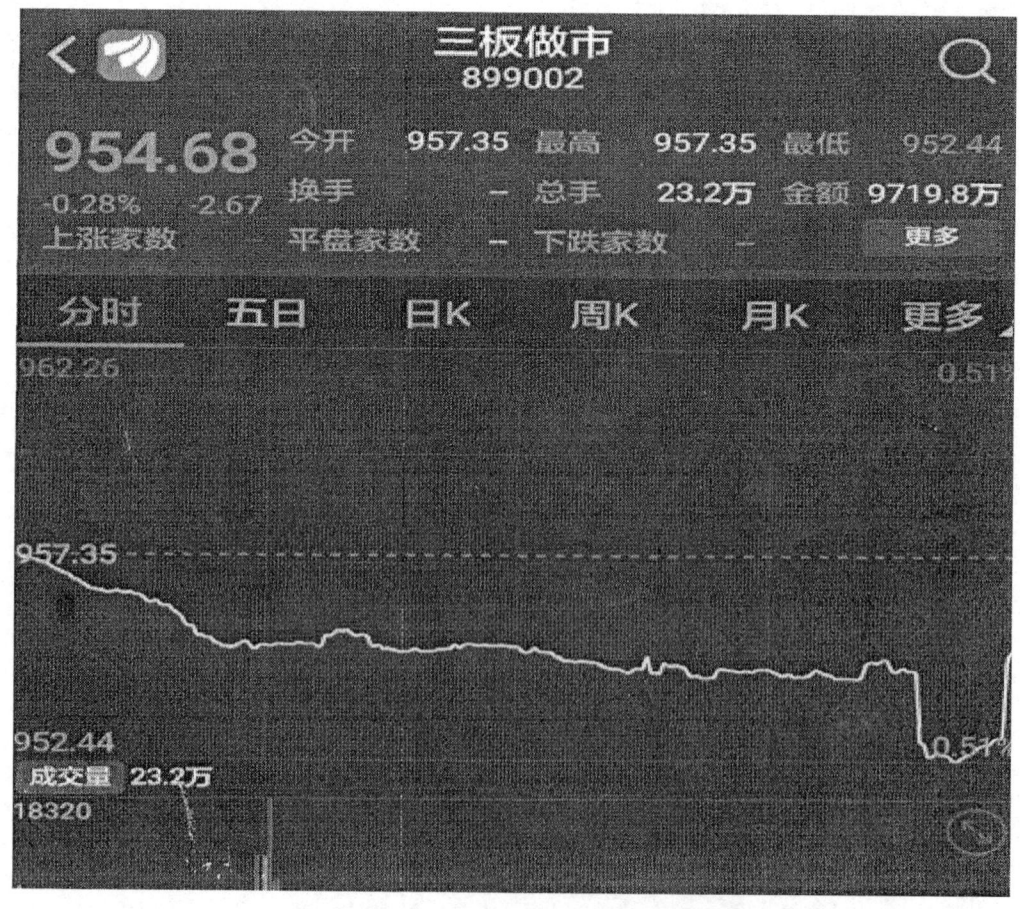

截至2018年1月26日的三板做市指数图

但是，新三板的指数真的能完全代表新三板的现状吗？

全国中小企业股份转让系统于 2015 年 3 月 18 日正式发布指数行情，首批指数为全国中小企业股份转让系统成分指数（指数简称：三板成指，指数代码：899001）和全国中小企业股份转让系统做市成分指数（指数简称：三板做市，指数代码：899002）。在编制方法方面，上述两只指数均综合考虑了市值及股票流动性，剔除了无成交记录的挂牌公司；指数计算采用流通股本加权法；采用市值覆盖标准（不固定样本数）确定样本股数量；样本股选取综合考虑市值和股票流动性指标，按季度调整；指数样本股行业分类参照全球行业分类系统（简称 GICS）标准；以 2014 年 12 月 31 日为基期，基点为 1000 点。

从这个编制的方法来看，原来的思路属于对新三板未来发展的过度乐观化。这个指数的基础是建立在其他制度都发展得很好的基础上的：协议制度和做市制度都较好地反映了新三板公司的交易选择；分层制度对新三板企业做了层次分类；新三板企业都很喜欢这个市场，愿意留在这里绽放青春……

但实际呢？一厢情愿！因此，这个指数已经失真了。

流动性是当前的第一要务吗？出台的制度解决了流动性问题吗？

很多人都希望新三板能向上交所与深交所看齐，都羡慕那两个交易所的交易量、流动性。但是每次拿新三板的交易量和流动性与沪深股市对比，新三板常常还不如人家一只股票！

更多的人都在忧虑：新三板如果没有流动性，新三板还会有未来吗？换言之，还会有人进场吗？

于是很多人提出一系列的解决流动性的建议，其中一直存在的一个观点，就是降低投资者的门槛。有人提出要降到 300 万元，有人甚至提出要降到 50 万元，都恨不得一降到底，立马就有成千上万的人进入市场。这样前面的人解套了，后面的人期待再后面的人进来，这不就是 A 股市场的生态吗？

就他们提出降低门槛与流动性之间关系的真正逻辑而言，笔者不知道究竟有多少人是深刻理解到了新三板这个市场应有的发展规律。

相比外面的喧嚣，证监会和股转系统是相当冷静和清醒的：投资者适当性制度是资本市场的重要基础制度。

新三板的挂牌公司多处于创业期和成长期，大部分公司都存在治理不够规范、业绩波动较大、风险较高的特点。这个市场如果让大量没有风险识别和承受能力的投资者进来，必然会让社会存在不稳定性，并且带来巨大的风险。

我们或许会认为，投资者应该对自己的投资行为承担责任，谁让你进场的呢？但我们忽略了这样一个事实：总是会有别有用心的人从中设局，欺骗大量的没有风险识别和承受能力的投资者进来，当前的老股江湖不就是一个最好的例子吗？

由于新三板市场前期的制度安排，大量"地雷重重"的公司也得以挂牌上市。

况且对专业的投资来说，新三板的投资都是泪，更不要说远不如这些专业投资者的广大散户们。

流动性绝对不是靠降低投资者门槛就能解决的，换言之，当前如果有人再提降低投资者门槛，只能证明这部分人是无知的，而且这种行为也令人恐惧。

新三板的设立有两大目标，最主要的出发点是解决中小企业融资难这一直长期困扰各经济体的世界性课题。其次是完成金融改革的任务。我国经过了 20 多年的资本市场建设，有必要在一个新型的交易场所里,解决已有交易所发展中存在的问题和历史性的难题。

我们围绕这两大目标来看,解决所有中小企业融资难的问题显然是不现实,而且根本不可能。但努力解决相当多的优质中小微企业的融资问题,或者说为这些优质的中小微企业提供一个好的资本工具或资本舞台,是有可能做到的。

另外一个目标是金融改革的任务。如果我们构建一个新型的交易所,来解决已有的交易所发展中存在的问题和历史难题,这个目标有点大,而且我们的前提是假设已有交易所是一成不变的。但是新三板可以做很多已有交易所不能做的,或者说他们能做,但没必要去做的事情,这就是笔者一直认为必须要将差异性的战略清晰化。

当一个市场定位于为解决优质中小微企业提供一个好的资本工具或资本舞台,并且真正做到了,大家会认为广大的中小微企业、广大的投资机构会不支持这个市场吗?我们的流动性会成为问题吗?

如何去做,其实我们可以集思广益,做各种政策的讨论,不忙着出台政策。如果政策不适合,提高调整政策修订的速度。比已有交易所更灵活、更高效地面对市场,这也是一个新型交易所可以做到的。

新三板前进的方向——让众多优质的中小微企业利用新三板这个资本工具做大做强

罗党论

引言：新三板的发展为中小微企业融资做出了巨大贡献

新三板担负着服务中小企业，提高直接融资比例的历史使命，因此走在了资本市场改革的最前沿，继而被市场寄予厚望。新三板改革重启后，市场未来向何处去，如何定位，都受到市场的关注。

第五次全国金融工作会议对金融服务中小微企业做出具体部署，党的十九大也强调深化金融体制改革，增强金融服务实体经济能力，提高直接融资比重，促进多层次资本市场健康发展。

在 2018 年新三板创新发展论坛上，股转系统总经理李明指出，新三板作为服务中小企业的市场，其对企业的帮扶作用体现在两个方面：(1) 首先是发挥苗圃功能，企业在新三板做强做大后去 IPO 或被并购；(2) 其次新三板应发挥土壤功能，一些企业做大以后，还愿意继续留在新三板发展，那么就应该为它们配备更有效的制度，对它们融资发行方式、交易方式的新需求，要努力满足。

在 2017 年由新三板智库与久银控股联合承办的第三届中国新三板并购高峰中，全国股转系统副总经理隋强指出：新三板经过 5 年的探索实践，完成了基本的制度设计、基础设施建设和初次规模积累，进入了从量的积累到质的提升的关键阶段。近五年来，实现股权融资 3900 多亿元，一批处于研发阶段尚未盈利的企业也实现了融资。将近 3900 亿元的企业融资汇集了将近 6000 家公司，平均单次融资额度在 4500 万元左右，意义非凡。

从最新统计数据来看：2017 年，新三板市场股权融资达到 1336 亿元，重大资产重组和收购分别为 115 次和 336 次，总交易金额分别高达 167 亿元和 476 亿元。

新三板市场的发展不仅有效拓宽了资本市场对不同发展阶段企业的覆盖，让数以万计的中小微企业走上了持续规范的道路，更通过制度创新和市场化机制，帮助大量中小微企业解决了融资难题，实现了高速成长，积极意义不可估量（隋强，2017）。

大家之所以还觉得不够，或许也是因为期待过高。

那么，我们还应该如何做得更好？

新三板为优质中小微企业提供了一个资本舞台，但是融资最核心的还是要靠企业自身实力。

中国的多层次资本市场远没完成，大量的优质企业都把登陆 A 股市场作为一个重要的目标，甚至很多企业将其当作终极目标。不少企业的中期目标是"五年后成功上市"，将 IPO 作为一个终极目标去追求，而忽视了它作为重要资源杠杆，放大业务增长所发挥的过程性作用；也有不少投资人为了资本的"安全退出"，"强推"企业 IPO，有的企业在与资本方的对赌中"完败"，有的企业在勉强上市后，面临着业绩不佳所导致的退市风险。

在 IPO 市场停滞发展的 2013 年和 2014 年,新三板的出现给大量中小企业提供了一个广阔的舞台。在各种政策推动、中介发动下,新三板迎来了"大跃进"。不少中小企业以为登陆新三板就可以融资,就像 IPO 那样,只要上了就可以实现"一夜翻身",因此根本不管自己实力是否适合,而正好新三板挂牌门槛不高,挂牌的审核也要求不高,挂牌新三板也就成了一件确定的事情。早期挂牌的新三板企业享受了短暂的"政策红利",那个时候不管是什么企业,只要在新三板挂牌,要融资,大家一拥而上抢筹,最后甚至还得靠关系。有的新三板企业在短短一个月就成功融资 2 次。那个时候,没人理会企业资质是怎么样的,也没人管企业融资用来干什么,大家都觉得现在投了,以后肯定能以更高的价格退出,这个套利空间是巨大的,后面总有"韭菜"进来。这跟 2017 年的区块链中的 ICO 融资何其相像,各种炒币的蜂拥而来,都指望能翻几十甚至上百倍,实现财富自由。

这种现象注定只是短暂的,也注定会为后面那些新进来的、没退场的投资者带来无尽的痛苦。这也是新三板 2016 年与 2017 年陷入低迷的原因,大量挂牌的企业融资无望。我们尽管看到了新三板的融资总额,但其实有相当多的公司都没有获得融资。

新三板智库统计:2017 年新三板市场累计有 2501 家公司融资共计 2714 次,共募集资金 1331.41 亿元,而 2016 年 2660 家新三板公司完成了 3042 次增发。考虑到 2017 年净增加了 1400 余家挂牌企业,这显示出新三板定增融资涵盖的企业数量减少,企业融资能力分化凸显。这个如果扣除那些巨额融资,如神州优车:70 亿元;齐鲁银行:50 亿元;大运汽车:17.7 亿元等,其实中小企业融资情况并没想象中那么好。

从数据来看,除了齐鲁银行、神州优车等大体量企业外,资金明显偏爱营业收入靠前的头部企业。数据显示,从 2015 年到 2017 年,营业收入在 5000 万元以下的新三板挂牌企业融资额占比从 19.46% 下降到 10.44%;净利润 1000 万元以下的企业融资金额占比从 300 下降到 23%,降幅明显(齐金钊,2018)。

还有一个数据也值得留意。2017 年以来,新三板制造业企业、新兴实体经济的吸金能力进一步加强,融资主要集中在制造业、信息传输、软件和信息技术服务业、金融业。其中,制造业企业融资 547 亿元,占比 42.57%,而 2016 年占比仅为 35%;信息传输、软件和信息技术服务业共融资 267 亿元,占比 20.79% 左右。"由于政策调整,私募机构超大额融资领衔增发市场的情形在 2017 年没有出现。除了齐鲁银行等金融机构外,资金越来越多流向实体企业和新兴行业(付立春,2018)。"

融资市场分化加剧,使得中小微企业的融资门槛进一步提升。我们认为,根本性途径还是挂牌企业自身需提高经营、治理水平。当然,市场也应通过改革,为挂牌企业提供更加完善、便捷的融资环境。

隋强(2017)从 20 世纪 30 年代英国政府首次提出的"麦克米伦缺口"谈起,剖析了中小微企业普遍存在融资难、融资贵问题的内在原因:从企业的角度看,许多处于早期发展阶段的企业存在治理不规范、经营不稳定、财务不透明的问题,导致长期社会资本因信息不对称等原因对其望而却步;从市场的发展角度看,资本市场服务对象从大中型企业拓展到广大的中小微企业,需要一个漫长的过程。

我们在想,没有新三板市场的时候,中小企业融资一直是个老大难,有了新三板市场,也并不代表这个老大难就得到了解决,只是多了一种解决的途径而已。笔者始终认为,新三板是一个中小企业走向资本市场的一个工具,或者说是一个阶段性的舞台,没有好坏之分,而是到底适不适合企业本身,真的不是所有企业都能用到这个资本工具的。正如笔者前文所说:对优质的中小微企业,新三板是一个不应该错过的资本工具,应用好就能助力成长。

不久的将来,所有的(哪怕大部分)优质中小微企业都把这个工具用上了,新三板也就成功了。中国多层次资本市场的建设也就能取得实质性的进展。这也是众多新三板人为之努力的目标吧。

一切有利于这个目标的政策都应该高效推进,排除万难;一切不利于这个目标推进的问题,都应该坚决推倒,有勇气重来。这也是笔者对新三板未来政策的期盼。

新三板的公司治理问题不容忽视

罗党论

最近,笔者指导的 MBA 学生忙着写毕业论文,学生让我提供研究方向。我对他们说,你们可以到新三板企业来找素材,绝大部分新三板公司都存在着公司治理问题,不少公司甚至存在严重的公司治理问题。过了没几天,他们把挖掘到的案例来找我讨论,结果越讨论越惊心。

根据新三板智库最新的统计,在 2017 年 9 月以来的 20 天里,共有 1481 位三板公司高管离职,平均每天 74 位高管离职。如果把时间拉长至年初,新三板公司离职高管已达 15,546 人。即使考虑上新三板挂牌公司的增长,平均每家挂牌公司的高管离职率也较 2017 年同期增加了 40%。这个比例如此之高很不正常,表面上的原因是换届、个人原因、工作调动等,可能真实原因更多的是风险与压力。

众所周知,在新三板挂牌的公司都属于非上市公众公司。2012 年,证监会推出《非上市公众公司监督管理办法》;2013 年,《全国中小企业股份转让系统业务规则》开始施行。对于在新三板挂牌的企业来说,挂牌就意味着成为公众公司,传统家族企业的那一套玩法已经不适用了,企业必须具有作为公众公司的自觉性,不仅得遵守证监会的规定,还得遵守股转系统的规定。

但是众多新三板公司尤其是民营新三板公司,显然还没意识到这种挂牌后的公司治理监管压力。自 2017 年以来,股转系统就处分了挂牌公司 739 家次,涉及处罚金额 4596 万元,其中,违规类型包括资金占用、信息披露虚假或严重误导性陈述、未依法履行其他职责等。同时,有 977 名公司高管、公司股东或公司其他关联方遭遇处分,涉及处罚金额 444 万元,违规行为也主要集中在未及时披露公司重大事项、未依法履行其他职责等。

新三板的公司治理问题严重的几大因素

第一,大多数新三板公司的股权高度集中,"一股独大"相当普遍。这些企业大多由家族成员携手创业而成,因此,创业者对自己的企业往往保持着相当的控制权。其股权结构必然要"一股独大",才能保证其对企业的控制权。因此在决策方面多以个人决策或家庭决策为主,企业的决策很容易由企业经济目标向大股东经济目标的偏移。这样一来,频繁出现大股东违规、侵害中小股东利益现象就十分正常。

第二,又有很多新三板公司股权相对分散,几个合伙人都相对均衡。这种公司发展到一定阶段就容易出现内耗。在扯不清理不顺的感情纠结下,利益分割仍然不彻底,导致挂牌后的利益纷争频频发生,形成新的利益帮派、内耗升级、明争暗斗,成为企业成长的绊脚石。

第三,缺乏专业人才。股东会、董事会、监事会都是流于形式。大批创业团队不太愿意参加系统的培训和实操性学习,从股改到上报材料到挂牌都是主办券商一手主导,企业除了老板和财务负责人参与外,其他中高层人员只是偶尔参加会议,对股转说明书、审计报告和法律意见书知之甚少,基本上是券商辅导团队一手包办。因此,企业真正的财务规范、内部控制、战略规划、商业模式、盈利规划怎么来的仍然是一头雾水。

……
有研究表明，对投资机构来说，大部分投资失败案例不是源于公司行业、业务不行，而是公司治理问题。对投资新三板的机构来说，新三板公司的治理能力也很大程度决定了其投资的前景。

还有许多人存在着这样的认识误区：只有大公司、国有大型企业才需要去考虑公司治理的问题，而中小企业对此是无关紧要的。实际上，对中小企业、新进企业和成长型企业来讲，公司治理的问题同样重要。创业公司尤其要注意整个公司的治理结构，应该从一开始，就要把公司治理结构问题解决好。

具体来看，第一，公司治理结构是公司的核心问题。公司治理结构相当于一座楼宇的地基，考虑地基问题的最有效的时期是在楼宇建设之初。第二，中国人情社会的许多传统习惯使创业者漠视公司治理，留下创业的隐患。在中国，人们通常看重的是面子、人情，很多时候没有"亲兄弟明算账"的习惯。创业的时候，不愿意谈钱，但是，成功之后，恰恰是这些"其他事情"构成反目、内乱的导火索。公司治理结构在创业初期没有得到重视所造成的恶果此时呈现出来。第三，目前中国尚未形成一整套详尽、完善的公司治理法规体系。这就导致在遇到矛盾时，所有人都莫衷一是，公说公有理，婆说婆有理。有限的精力被掷在无限的内耗中。对于创业者而言，人生最痛苦的事，莫过于此。在此情况下，投资者更应该注重公司自身制度的建设。

良好公司治理结构的意义

良好的公司治理结构不仅有利于减少公司代理成本，提升公司的竞争能力，改进公司绩效，也有利于在更大范围内优化资源配置。

对新三板公司来说，良好的公司治理结构是企业融资、吸引资本的重要条件。坚守良好的公司治理准则，也能够增强外部投资者对该公司的信心，从而降低融资成本，最终能够吸引更稳定的资金来源。

还要在新三板挂牌吗？理性运用资本工具，无所谓对错，只在乎适合与否

罗党论

2014年下半年与2015年上半年，正是新三板发展最红火的时候。在各地政府、各种中介机构的推动下，中小企业到新三板挂牌热情屡创新高，不到三年，新三板家数"破万"。

新三板的困境

但进入2017年以来，新三板期待的政策利好消息迟迟没出现，尤其是精选层可能无望，对三类股东态度迟迟不明朗，与此同时，优质新三板拟IPO不断增加，已摘牌和拟摘牌企业数持续增加。据新三板智库统计，至2017年6月19日，正接受IPO辅导的新三板企业已达462家，同时，这种现象有进一步提速的趋势。相关数据还显示，2010年接受IPO辅导的企业家数为1家，2012年上升至8家，2013年再升至11家，但2014年又下降至4家。进入2015年这种趋势开始加速，2015年拟IPO的企业已经上升至57家，到2016年则为188家。而进入2017年后，这种趋势更趋明显。自2017年1月1日起至6月19日止，新增IPO企业数就已经多达190家，该数值已超过2016年全年新增数。

从一定程度上看，众多挂牌企业挂牌后非但没享受到政策红利，反而为此付出巨大的代价，更因"三类股东"、定增融资效率低下等问题怨气纷纷。

要不要挂牌

第六届中国创新创业大赛广东广州赛区决赛已经圆满结束，有近3000家企业参加了比赛，500多家企业进入了决赛，最后拿到名次的企业都相当不错，但这些拿到名次的企业尽管是中小企业，但很大部分都不是新三板企业。当问到它们要不要下一步考虑到新三板挂牌，大多数被问到的企业负责人都表示了犹豫。同样，笔者参加了广东经信委办的中小企业人才培育项目（上市培育高级研修班），班上60多个企业家，有相当多的企业都很不错，但是对资本市场都还相对陌生，却由于企业发展的阶段不能不去接触，他们都问一个问题：新三板都发展成这样，我们还要去挂牌吗？

笔者在2016年年初就提出新三板未来面临的是"分化"问题：企业分化、投资机构分化、监管分化……对企业来说，新三板挂牌固然有好处，如扩大融资渠道、完善公司治理、增强公司品牌、实现股权激励、体现股权价值、打通资本路径……，但坏处也是挺多的，如由于规范导致的纳税成本、信息披露成本、监管成本……

实际上，对相当多的企业来说，如果不立足企业本身的情况来考虑，挂牌后的成本远大于收益，甚至只有成本，没有收益。笔者曾经在一个公开论坛上讲：有可能50%企业在新三板市场是"误挂"。很多人都觉得危言耸听。可实际上我又是坚定看好新三板的发展，认为当前市场的所有问题其实都是发展中的问题，解决的办法与路径其实都是现成的，一切只欠东风而已。

在现实中,当企业家来咨询要不要挂新三板的时候,我经常耐心地与企业家探讨企业的问题。笔者认为,新三板挂牌不是终极目的,这只是企业发展的一个资本工具,但这个资本工具其实不适合很多中小企业。这个判断标准其实也不神秘:

首先,企业是否具备了在当前或经过资本孵化后可以成为在足够细分行业龙头的潜力,同时这个足够细分行业还得有相对的空间。这个问题其实大部分企业都没法确定回答的,但可以通过与行业研究人员沟通,结合自身情况,寻找到定位。

其次,企业规范成本可预期。大多数情况下,我们都是可以对企业从不规范到规范的过程中多出来的成本做出估计的。同时,如果找到专业的人员,还可以对企业规范后的资本化路径有相应的设计与规划。当这个估计出来的结果,企业不可承受,也就是成本大于收益,那是坚决不能走的,反之,可能要加快。

再次,企业管理团队的水平。中小企业成长中会有各种的路障,除了资金路障外,很大就是人才路障。尤其是要从不公开到公开这个过程,老板的格局、团队的构建等,都是至关重要的。

总之,如果我们冷静把新三板作为一个企业发展的资本工具,那么工具就无所谓对错,只有适合与否。如果企业具备了很好的条件,就要尽快使用好这个工具,如果不具备,千万不要贸然使用。

陷入低迷的新三板市场,更容易培育理性的新三板人。当然,我们更期待新三板市场能再次"火"起来。

新三板是中场,赛跑刚刚开始

罗党论

2017年1月11日,由中关村股权投资协会主办,北京中关村软件园发展有限责任公司支持,北大后EMBA促进会、中国新三板联盟联合主办,无极道控股集团、中科创资产管理集团、天星资本、新三板智库及全国几十家创投行业协会特别支持的2017(第五届)国际视野下的创新与资本论坛在北京成功举办。天星资本总裁、创始合伙人王骏先生作为圆桌主持,深圳创新投资集团总裁孙东升、北京久银控股董事长李安民、新三板智库联合创始人中山大学岭南学院教授罗党论、前海先行投资李铁、北大纵横管理咨询集团王璞、东北证券股转业务总部胡乾坤、企巢新三板学院程晓明院长、新三体资本管理公司董事长唐勇先生作为圆桌嘉宾,为观众呈现一场"新三板并购资本运作新舞台"的巅峰对话。

本文是新三板智库联合创始人中山大学岭南学院教授罗党论在论坛上发表的观点。

回顾2016年,大家说新三板2016年很惨淡,很少有人赚到钱,但是站在监管层的角度来说,梳理一下可以发现,2016年没有想象那么糟糕,站在他们的角度,监管层已经出台了很多政策,短期效果虽然不明显,但是从长期来看,这是必需的。作为监管机构,这已经是难能可贵了。任何的制度都不是我们讨论出来的,现在市场也不怎么领情,因为市场上比较冷。在这个角度上再看三板,可以发现一开始我们把新三板的"调"起高了,总是不由自主地将它与A股对比,不只是投资机构这么做,更多的是新三板的企业。笔者接触过大量的三板企业,如果新三板企业不错,就融资来说不是难事,难的是企业很一般,但要价很高。某种角度来说,新三板的市场的确起到了融资的功能,但是企业自己估值存在问题。市场的定价,一个企业值多少钱,坦白来讲,我们认为是谈出来的,这个与市场和人有关系,如果这个市场没有很好地解决估值的问题,后面的交易和流动性是不可能解决的。

当前,这个市场才发展数年,而笔者认为,新三板是中场比赛,很多时候赚不到钱,但长期来看,对新三板企业和新三板的投资机构来说,往后再看,这个市场是站在国际角度来说,它不应该发展不起来,因为整个实体经济太需要这样的市场。笔者的观点是,长期来看这个市场是有前途的,但是短期来看,从投资赚钱的角度来说,一两年内很多人可能不一定在这里赚到钱。

对企业和机构来讲,新三板是中场,赛跑刚刚开始,终点还远着呢,这里一切碰到的问题都将得到解决,所以笔者觉得在三板的生态圈,笔者也希望它变得越来越好。

扎实高效服务优质中小微企业的资本舞台是新三板发展的重要机遇

罗党论

新三板迎来瘦身时代

截至 2018 年 1 月 25 日,新三板总挂牌家数 11,609 家。

笔者用年度数据来统计:股转系统数据显示,截至 2017 年 12 月 31 日,新三板挂牌公司总家数为 11,630 家,较 2017 年年底的 10,163 家微增 1467 家。具体见下图。2017 年全年新增挂牌 2176 家公司,平均每天有 6 家企业挂牌,较 2016 年下滑幅度超过 50%。储备情况方面,东方财富 Choice 显示,截至 2017 年 12 月 31 日,在股转系统上申报挂牌的企业数量为 266 家。而在 2016 年年末这个数字是 1138 家。

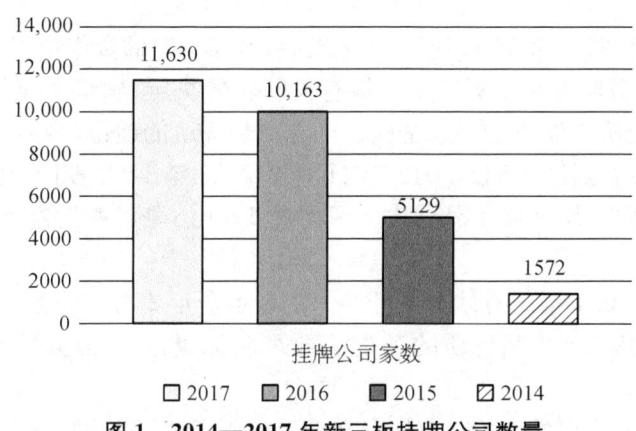

图 1　2014—2017 年新三板挂牌公司数量

这是一个必然的过程,对中小企业来说,该上或能上的,在前面几年政府推动、中介发动等的作用下,基本上都接触了新三板。当然目前还有很多优秀的中小企业,它们的情况是:新三板市场发展不好,它们看不上,甚至不屑。

我们再来看新三板的退市情况:2017 年 12 月,挂牌公司数量继同年 7 月再次出现下滑,较 2017 年 11 月减少了 15 家。

新三板摘牌数量呈稳定上升趋势,全年摘牌公司总数达 709 家,是 2016 年摘牌数量(56 家)的 12.66 倍,平均每天有 2 家公司摘牌。具体见图 2。从退市企业数量和挂牌公司总数量的对比来看,新三板退市率已经从年初的 1% 快速上升至当前的 6.10%,已经逐渐接近欧美发达国家资本市场的退市率水平——纽交所的退市率大约为 6%,纳斯达克每年大约有 8% 的公司退市。

经历了 3 年多的发展,新三板总算迎来了一个瘦身的时代。尽管这个瘦身行动是无奈的。面对新三板估值较低、流动性不足的境况,有上市意愿的企业望而生畏,直接选择去 A 股上市;

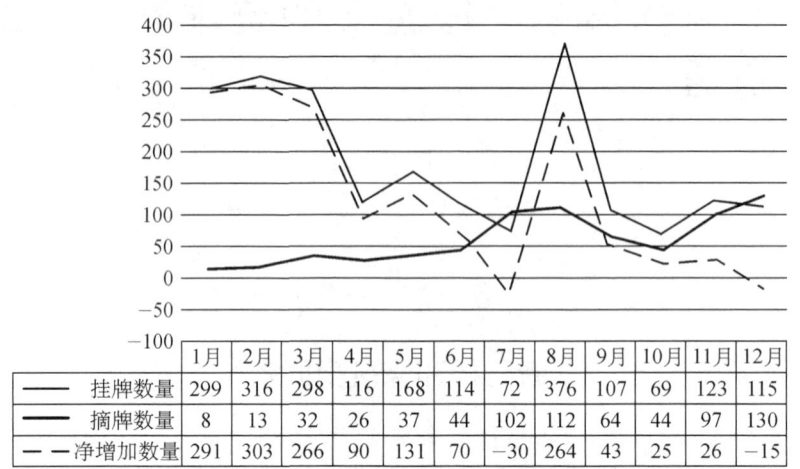

图 2　2017 年每月新增挂牌、摘牌数量一览

还有的企业自认难以承担信息披露责任、挂牌费用等,打消挂牌的念头,还有些是因为各种违规而被取消资格。

飞速发展已成历史,未来需要重新找好机遇

新三板在 2014 年、2015 年和 2016 年飞速发展,是与当时的资本市场环境密切相关的。

2013 年 12 月,国务院发布了关于新三板有关问题的决定,确认了全国中小企业股份转让系统作为上交所、深交所之外的第三家全国性证券交易场所的地位,令新三板备受瞩目。

那个时候,A 股发行遥遥无期。2012 年 11 月至 2013 年 12 月期间,中国的 A 股发行第八次暂停。主要原因是监管层开展了号称史上最严的 IPO 公司财务大检查,以挤干拟上市公司财务上的"水分"。

这次暂停一直到 2014 年 1 月才开始重启,2014 年全年才有 124 家企业首发上市,IPO 堰塞湖成为市场关注的焦点。大量优质的企业登陆 A 股无望,这个时候才给新三板发展迎来了一次历史的机会。

如张可亮(2017)所指出的:A 股市场存在着一些先天性的问题,这些问题基本上是硬伤。所以最好的方法是另起炉灶,存量难改的话,就先做增量。这就是新三板的机会。

那个时候,股转对拟挂牌公司的宽容性较高,虽不是来者不拒,但也称得上兼收并蓄。这样的后果就是,新三板发展成了"宇宙第一大板",涵盖一万多家中小企业,在数量上独领风骚。各种各样的公司都可以登陆资本市场,这包括了那些 PE 公司、小贷公司等。大家都在畅想中国的纳斯达克。在 2014 年,有的投资人甚至这样说:"如果你今年没有关注到新三板,那么你的投资从方向上就是错误的。"现在想想,这是一个笑话,但当时很多人都是这样认为的。

新三板的市场冷点也来得很快,因为股灾,2015 年第九次 A 股发行被叫停,随后当年又被重启。新一届的证监会班子对 A 股发行制度显然有了新思路。

到 2016 年与 2017 年,A 股发行大幅度加快。仅在 2017 年度,上市新股高达 438 家,该数据成为 A 股市场有史以来新股年度发行数量最多的一年。438 家新股扎堆上市,此前让人忧心的 IPO 排队"堰塞湖"现象得到了初步解决,排队在审公司数量由 2016 年的 895 家高点下降至目前不足 500 家。

与此同时,新三板也感受到市场快速发展的痛楚:融资制度不完善、交易制度不完善、监管

制度不完善,大量的新三板企业板财务造假、隐瞒信批、不当理财、违规担保等乱象……

股转不得不到处"救火",各种制度层出不穷。笔者从来没怀疑过股转要把新三板搞好的决心,正如笔者始终相信新三板会成为一个创新性企业资本摇篮一样。

为何新三板乱象丛生

为什么会出现新三板各种乱象,以及新三板发展各种不顺呢？我觉得应从以下方面来梳理:

我们始终没明确新三板的市场定位,而且这个定位不能含糊。比如,新三板绝对不是要发展成为与现有的深交所、上交所一样的"北交所",我们的差异化竞争是否真的满足了市场的需求。

一旦定位清晰后,我们的制度设计就应该围绕差异化的服务来展开。正如笔者之前文章所提到的,成为一个服务优质的中小微企业的资本工具,自然我们就可以针对性地研究中小企业的支持、辅导、孵化、培育的机制。

新三板市场作为多层次资本市场的重要部分,服务的是优质的中小微企业。但这种"优质"的挑选不应该是由政府之手来完成,完全可以交给市场之手。政府之手要做的就是提供舞台,设置"负面清单",对违反"负面"清单把违规成本搞得很高。

作为一个新兴的交易所,要实现反超不是一件容易的事情,这个从财力、人力等都不大可能。但是可以做到一点,就是创新,创新,再创新。现有的上交所、深交所服务的公司不一定要成为我们羡慕和争取的对象,这两个交易所一些好的制度设计可以借鉴,但股转可以推出更多的这两个交易所短时间不可能的制度,来服务优质的中小微企业。新三板的特殊定位(如对挂牌企业资质包容性更大,对投资者资质则要求更高等),使其历史性地被赋予了资本市场改革试验田的重任。

记得在2016年中国新三板高峰论坛上,股转副总经理隋强先生谈道:新三板还很年轻,年轻意味着不成熟,还有很多不足;但年轻也意味着活力、潜质,作为有中国特色的多层次资本市场的一部分,未来发展前景充满希望！我们应该本着一个较长发展时间的眼光看这个两三岁的孩子,抱有信心,值得所有媒体和市场人士共同呵护！

同样,在2018新三板创新发展论坛上,股转总经理李明先生说,固本强基方能行稳致远。在新时代的新征程上,全国股转公司将坚持问题导向,优化改革路径,争取各方支持,凝聚市场信心,也将汇聚支持创新、创业、成长型中小微企业的资源,不忘初心,共同实现新三板市场的责任和使命。

政策不确定性下的新三板该何去何从

罗党论

前段时间,在刘纪鹏教授的带领下,我们十多位高校教授写了一封《新三板市场发展中面临的问题、挑战及对策建议》公开信。公开信指出了当前新三板面临的诸多问题,其中很关键的一个问题就是新三板当前生态圈的各种参与者的信心严重受到影响。一方面,企业挂牌意愿下降,优秀企业加速流失,已挂牌企业怨气纷纷;另一方面,投资者盈利很难,退出更难,中介机构风险加大而收益无法匹配,这种多重困境一旦形成负反馈,对新三板市场将是重大打击。

在当前的环境下,券商、投资机构乃至企业其实都知道新三板问题的症结所在,但是在发声音方面,也许只有通过高校学者这个相对公立的渠道,这也是不得已而为之。我们还曾笑言,不如搞个"新三板公车上书"?当然,我们不是想给政府添乱,更多是站在市场的角度,实在不想看到大好开局,现在却人心涣散……

一个热点是,证监会针对全国人大代表唐一林提交的《关于发展新三板市场的建议》进行了回复,这也是证监会首次对新三板三大问题进行信息披露。但这个回复对新三板市场还是"利空"居多,因为今年大家热切期待的精选层被证明是遥遥无期,更不要说三类股东,转板以及新三板 IPO 绿色通道问题了。

新三板做市指数盘中最低跌至 1047.33 点,刷新两年以来的新低。比起指数创新低,更冰冷的现实是大家都不多谈新三板了……

市场最低迷的时候,也是市场各参与主体最能够深刻反思的时候。新三板从诞生那一刻起,各方均寄予厚望。新三板不仅是中国多层次资本市场改革的关键举措,也是缓解中小企业融资难的利器,是推动创新型企业发展的基本金融安排。从企业的角度来看,新三板市场给出了明确的资本路径;从投资人的角度来看,他们无疑希望在新三板市场中掘金,找到未来的"微软"。正是由于各方的期望都很美好,也就产生了矛盾。企业对估值的过高期待和风险的忽视直接导致了融资难,而投资人面对市场的清淡、制度的滞后和企业暴露出来诸多风险,不得不望而却步。实际上,市场的发展成熟需要时间,市场主体的客观冷静也需要时间,企业的成长更需要时间。如今,在经历了近三年的探索之后,各方才冷静下来。这时候,或许是各方考虑制度建设的关键时刻。

从具体的新三板改革来看,我们觉得这些方面可能是比较快推进的:

在改革发行制度方面,可以提高挂牌企业融资效率,突破定增 35 人限制,建立电子化发行系统,尽快推出公开发行制度试点。

在完善交易制度体系方面,可以规范协议交易方式,改革做市交易制度,尽快推出竞价交易制度。

在丰富扩大合格投资者群体方面,目前市场中的合格投资者主要是高净值个人投资者、风险投资机构和券商系机构。新三板应尽快放开私募机构做市试点并扩大规模,引入公募资金投资,有序安排银行等资金进入的时间表。

在明确和消除新三板和 A 股市场之间的对接机制和制度障碍方面,其实我们完全可以做到该 IPO 的去 IPO,该转板的转板,合理引导挂牌公司的资本发展预期。

新三板市场在发展过程中也不可避免地存在许多局限性,各方对于提高公司质量、改善市场流动性、完善融资功能等有许多迫切期盼。

新三板制度建设可以循序渐进,应该有一定的规划,而且这种规划在一定程度上可以公开,也就是有一个渐进的路径图,增加市场的合理预期。在我们看来,新三板最大瓶颈可能就在政策不确定性。

新三板的制度应该有一定统筹方法,紧急、重要的制度应该先出,容易的制度可以先出,没有争议的制度可以先出。股转系统承诺的制度,要如期推出,至少要推出征求意见稿。这是政府诚信问题,会影响市场信心。我们不能把所有制度研究得差不多了才推出,那样市场等不来,完全可以成熟一个推出一个。更重要的是,制度建设不能闭门造车,需要借力,借助各种专业机构的力量,借助各市场参与主体的力量,广泛吸收意见,允许试错,用发展来解决问题。

走在新三板的路上,我始终相信,一定还是有很多同路人,坚持一下,也许光明就在前方了!

与新三板同路人共勉!